LETTRES PHILOSOPHIQUES

DERNIERS ÉCRITS SUR DIEU

Tout en Dieu. Commentaire sur Malebranche
Dieu. Réponse au Système de la nature
Lettres de Memmius à Cicéron
Il faut prendre un parti, ou le Principe d'action

Présentation, notes, choix de variantes,
chronologie, bibliographie et index
par
Gerhardt STENGER

GF Flammarion

Récemment parus
dans la collection

© Éditions Flammarion, Paris, 2006.
ISBN : 2-08-071224-1.

PRÉSENTATION

> – Je n'entends pas trop bien le grec, dit
> le géant. – Ni moi non plus, dit la mite
> philosophique. – Pourquoi donc, reprit
> le Sirien, citez-vous un certain Aristote
> en grec ? – C'est, répliqua le savant, qu'il
> faut bien citer ce qu'on ne comprend
> point du tout dans la langue qu'on
> entend le moins [1].

VOLTAIRE PHILOSOPHE

Voltaire philosophe ? La réponse semble aller de soi puisque le XVIIIᵉ siècle, le siècle de la philosophie, est également appelé le siècle de Voltaire. Pourtant, on a souvent nié l'existence même d'une philosophie voltairienne. On a reproché à Voltaire, par exemple, de ne pas avoir employé le vocabulaire technique de la philosophie, d'avoir refusé ce jargon où l'on entasse tant de paroles qui paraissent avoir du sens et qui n'en ont point. À tort d'ailleurs : comme les rédacteurs de l'*En-*

---

1. *Micromégas*, chap. 7. La plupart des ouvrages auxquels nous ferons référence sont précisément découpés en livres, parties, chapitres, paragraphes, etc. Lorsqu'elles permettent de retrouver facilement les textes cités, nous n'indiquerons que ces subdivisions.

cyclopédie, comme Diderot lui-même, Voltaire reprend
malgré lui, malgré ses prétentions à la méthode expérimentale, les procédés et le langage de l'École chaque
fois qu'il discute de métaphysique. On l'a aussi taxé de
légèreté : selon le mot célèbre d'Émile Faguet, Voltaire
était un « chaos d'idées claires ». Mais ceux qui ont
parlé et parlent encore ainsi prennent souvent pour de
la profondeur l'obscurité, voire l'inintelligibilité (parfois
volontaires). Voltaire est clair, comme l'ensemble des
philosophes du XVIIIᵉ siècle français, trop clair pour certains qui ont peur de la force que cette clarté – et
l'ironie combative qui la sert – donne à la critique impi-
toyable qu'il a fait de la théologie et de la métaphysique.
On n'est profond que lorsque ce que l'on a à dire va
loin, et peut-être les choses que Voltaire avait à dire
allaient trop loin au gré de beaucoup.

   Si Diderot est un philosophe qui est venu (tard) à la
littérature [1], Voltaire, en revanche, est né poète et le
resta toute sa vie. Pour ses contemporains, il était le
Virgile français, il cumulait à lui seul le génie de Corneille et de Racine. Mais Voltaire était aussi historien,
philosophe, politique, géographe, ethnologue, économiste, créateur d'entreprises industrielles, financier,
moraliste, contestataire, naturaliste, voyageur, etc., et
cela avec une énergie qui rendait tout possible. On
prétend qu'une grande partie de son œuvre a vieilli.
On le calomnie encore et toujours en l'accusant d'avoir
trempé dans le commerce négrier alors qu'on connaît
depuis longtemps l'origine de cette diffamation [2].
Depuis quelques années, on peut vérifier quotidienne-

---

1. En dehors de son roman *Les Bijoux indiscrets*, qui doit son existence à une gageure, l'œuvre proprement littéraire de Diderot
(1713-1784) commence en 1757 avec deux drames, qui furent
d'ailleurs un échec. À cette date, il avait déjà à son actif près de dix
ouvrages classés parmi la philosophie et les sciences, sans compter
plusieurs milliers d'articles écrits pour l'*Encyclopédie*.
2. Il s'agit du pamphlet *Voltaire, ses hontes, ses crimes, ses œuvres et
leurs conséquences sociales* publié en 1877 par Armel de Kervan
(pseudonyme). La source – une prétendue lettre de Voltaire féli-
citant un négrier de Nantes – ne se trouve pas à l'endroit indiqué
par l'auteur (p. 127).

ment l'actualité de son combat pour la tolérance, les droits de l'homme et contre le fanatisme religieux : l'Infâme, qu'il appelait à écraser, n'a pas encore disparu, il continue à sévir sous d'autres cieux. Plus que jamais, il est urgent de redécouvrir la pensée de celui qui jugeait que rien n'est aussi dangereux que la certitude d'avoir raison.

Les *Lettres philosophiques* sont le premier ouvrage polémique de Voltaire. On y trouve en germe l'ensemble des idées qui constitueront, peu à peu, la philosophie voltairienne et qui feront de lui le maître à penser de toute une époque. Héritier de la libre pensée française qui précéda, au XVIIᵉ siècle, les principales manifestations de la pensée des Lumières, Voltaire a ouvert le chemin, en 1734, à la diffusion de l'esprit philosophique, d'un esprit d'examen critique vis-à-vis des autorités que l'on n'avait pas le droit de remettre en question. Dans les années 1730, le Français moyen est encore pétri de certitudes : sur l'excellence du goût français en matière d'art et de littérature (ce dont Voltaire convient volontiers), sur la vérité du catholicisme et la supériorité de la raison cartésienne, c'est-à-dire française (Descartes, c'est la France !). Voici qu'un de ces Français, imbu de lui-même, traverse la Manche pour visiter, on ne sait trop pourquoi d'ailleurs, l'Angleterre protestante. Il décide de rendre visite à un quaker comme on va au zoo le dimanche : « J'ai cru que la doctrine et l'histoire d'un peuple si extraordinaire méritaient la curiosité d'un homme raisonnable » (p. 75). C'est alors que se produit l'impensable : cet animal exotique qu'est le quaker se révèle être plus sage, plus poli, voire plus noble que son visiteur français. Le reste est à l'avenant : au fil des pages, Voltaire opère un renversement des valeurs en procédant à une critique implacable de tout ce qu'un bon Français avait jusqu'alors jugé digne de foi.

Gabriel Bonno l'a montré de manière convaincante : à l'exception du genre comique, il n'est pratiquement pas un sujet abordé dans les *Lettres philosophiques* qui n'ait été connu, et, dans le cas de Newton ou des quakers, très bien connu des spécialistes, parfois même du grand public [1]. La raison de la condamnation, par le parlement de Paris, des Lettres « philosophiques, politiques, critiques, poétiques, hérétiques et diaboliques [2] » n'est donc pas à chercher dans leur nouveauté, somme toute assez relative, mais principalement dans la désinvolture avec laquelle les matières y sont présentées. Il transpire de cet ouvrage un *irrespect* pour la chose religieuse, pour le sacré en général, inconnu à cette époque. Nul n'avait jamais osé traiter aussi cavalièrement, dans un écrit destiné au public, les articles de la foi [3]. Treize ans plus tôt, l'ironie mordante des *Lettres persanes* n'avait pourtant ému personne. La comparaison insolente du pape à « une vieille idole qu'on encense par habitude » (XXIXe *Lettre*) était fortement atténuée par la fiction épistolaire et orientale qui faisait office de filtre et conférait à l'auteur une certaine immunité. La publication, en 1734, des *Lettres philosophiques* eut l'effet d'une bombe ; ce fut la « première bombe lancée contre l'Ancien Régime » (Gustave Lanson) [4] : avant d'éclater au visage de la royauté de droit divin, elle contraignit l'auteur imprudent à l'exil.

1. G. Bonno, *La Culture et la civilisation britanniques devant l'opinion française, de la paix d'Utrecht aux Lettres philosophiques*, Philadelphie, American Philosophical Society, 1948.

2. Voltaire à Formont vers le 15 août 1733.

3. Voici la réaction d'un des premiers lecteurs des *Lettres*, l'abbé Leblanc : « je suis choqué d'un ton de mépris qui y règne partout et ce mépris porte également sur sa nation, sur notre gouvernement, sur nos ministres, sur tout ce qu'il y a de plus respectable, en un mot sur la religion. [...] Les jansénistes surtout le vont beaucoup décrier, il tire sur eux dès qu'il en trouve l'occasion, et il tire à boulets rouges. Il les attaque de front. M. Pascal, le géomètre si renommé, cet homme de tant d'esprit et de savoir, l'auteur des *Provinciales*, en un mot l'un des patriarches du parti, il le traite comme un misérable, comme un laquais. Ce sont ses *Pensées sur la religion* qu'il attaque, et cela d'un ton cavalier qu'on n'avait peut-être encore jamais porté dans des matières si graves et avec un ton aussi méprisant » (lettre au président Bouhier du 15 avril 1734).

4. G. Lanson, *Voltaire*, Hachette, 1906, p. 52.

Et pourtant, Voltaire était sur ses gardes. Conscient du caractère explosif de sa XIIIe *Lettre* sur Locke, il la retira au dernier moment pour lui substituer une version plus anodine – qui le perdit. Il ne pouvait cependant ignorer que sa mise en cause de l'immortalité de l'âme aurait des conséquences autrement plus graves dans la France toute catholique que les chicaneries auxquelles Locke s'était exposé quarante ans plus tôt en Angleterre. « Voici un petit précis de M. Locke que je censurerais si j'étais théologien », avoue-t-il ingénument dans la première version de la *Lettre* (p. 285). Cette ironie à l'égard des théologiens n'est guère atténuée dans la version finale : « les théologiens commencent trop souvent par dire que Dieu est outragé quand on n'est pas de leur avis » (p. 133).

De nos jours, le conte philosophique voltairien, la quintessence de la littérature des Lumières, a éclipsé une grande partie de ses autres écrits, en particulier ceux de la dernière période de sa vie. Voltaire se répète, dit-on volontiers, il radote, il ne démord pas de son « rémunérateur-vengeur [1] ». Circulez, il n'y a rien à voir ! Personne, en dehors des spécialistes, n'est capable de citer une œuvre de Voltaire écrite après le *Dictionnaire philosophique* (1764). Les textes publiés ci-après, que nous avons rassemblés sous le titre « Derniers écrits sur Dieu », témoignent pourtant du constant renouvellement de Voltaire. De *Tout en Dieu* (1769) à *Il faut prendre un parti* (1775), on découvre non seulement un Voltaire plus que jamais féru de métaphysique, mais aussi un philosophe qui, sous l'influence tardive de Spinoza, congédie le Dieu tout-

---

1. « Il est donc absolument nécessaire pour les princes et pour les peuples, que l'idée d'un Être suprême, créateur, gouverneur, rémunérateur et vengeur, soit profondément gravée dans les esprits », écrivait Voltaire dans le *Dictionnaire philosophique* (article *Athée, athéisme*). L'expression dédaigneuse « rémunérateur-vengeur » est une trouvaille de Grimm pour qualifier le Dieu de Voltaire dans son compte rendu de la brochure *Dieu. Réponse au Système de la nature* pour la *Correspondance littéraire*.

puissant et libre de Newton en faveur d'un principe d'action général et anonyme auquel tous les êtres sont soumis. Pourquoi Voltaire s'accroche-t-il à ce fantôme au lieu de sauter le dernier pas qui le sépare du matérialisme athée auquel il s'affronte, en 1770, dans sa réfutation du *Système de la nature* intitulée *Dieu* ? D'abord, parce qu'il continue à défendre l'explication finaliste, qui lui semble plus vraisemblable, contre l'interprétation évolutionniste de la nature [1]. Ensuite, parce qu'il est farouchement opposé à une société athée dans laquelle les hommes ne sont plus retenus par aucun frein [2]. Enfin, parce que le principe d'action lui permet de sauvegarder l'idée d'une morale universelle tout en disculpant Dieu de l'existence du mal. Les *Lettres de Memmius à Cicéron* (1771), l'une des dernières méditations voltairiennes, d'une gravité qui demeure attachante, expliquent que l'Être suprême a fait ce qu'il a pu et qu'il ne pouvait faire mieux ; qu'il est puissant, sage, juste et bon comme un bon père, mais un père qui n'a pu faire le bien de tous ses enfants. Tous les maux ne sont pas nécessaires au monde. Il faut se soumettre au mal inévitable tout en essayant de le limiter ; il faut combattre le mal dont les hommes sont eux-mêmes responsables et dont une bonne partie provient des querelles religieuses.

L'HÉRITAGE CLASSIQUE

La jeunesse de Voltaire est partagée entre un jansénisme familial et une éducation jésuite. À la maison, il apprend très tôt à détester cette religion sévère, étroite

---

1. Le célèbre distique, « L'univers m'embarrasse et je ne puis songer / Que cette horloge existe et n'ait point d'horloger », date précisément de 1772 (*Les Cabales*).
2. Le vers non moins célèbre, « Si Dieu n'existait pas, il faudrait l'inventer », apparaît quant à lui pour la première fois en 1768 dans l'*Épître à l'auteur du livre des Trois Imposteurs*.

et pointilleuse que pratiquent son père et surtout son frère Armand, cette sombre théologie d'un Dieu caché et terrible, cette obsession du salut, cette écrasante doctrine selon laquelle sont damnées d'avance, quels que soient leurs mérites, les créatures que Dieu n'a pas élues. En revanche, l'éducation que le jeune Arouet reçoit chez les jésuites au collège Louis-le-Grand le marque profondément et ne se résume nullement à ce qu'il en dira plus tard : « du latin et des sottises [1] ». Il y apprend d'abord les principes de l'esthétique classique, à l'aune de laquelle il jugera plus tard les œuvres dramatiques et poétiques anglaises. Pénétré de ces principes et des perspectives sur la littérature de ses professeurs, Voltaire est convaincu qu'il n'y a de littérature qu'universelle (« du ressort de toutes les nations ») – après la latine, l'italienne, puis la française. L'auteur du *Temple du goût*, véritable essai sur le beau publié un an avant les *Lettres philosophiques*, juge des œuvres comme s'il existait une vérité absolue qui permettrait de distribuer éloges et blâmes aux artistes de toute époque et de tout pays, sans tenir compte du contexte et des différences de culture. Qu'il s'agisse de Shakespeare ou de tel autre poète anglais, leurs œuvres présentent, aux yeux de Voltaire, un mélange de grossièretés inouïes et d'inventions originales et délicates. Aussi faut-il que le génie soit conduit par le goût, conçu comme une faculté intellectuelle de juger, une justesse d'esprit sans quoi ce talent supérieur commet des « fautes grossières ». Malgré un bel effort pour démontrer la relativité du goût, l'approche de la littérature anglaise dans les *Lettres philosophiques* est faite pour l'essentiel par référence aux règles et aux modèles du classicisme français : les pièces des dramaturges anglais sont « presque toutes barbares, dépourvues de bienséance, d'ordre, de vraisemblance », écrit-il par exemple dans la XVIIIe *Lettre* (p. 188). Voltaire relève ce qu'il considère comme des défauts sans

---

1. *Questions sur l'Encyclopédie*, article *Éducation*.

soupçonner que ceux-ci pourraient résulter d'une
autre conception de l'art.

À côté du latin qui était quasiment enseigné comme
une langue vivante, Voltaire n'a appris que peu de
mathématiques, et point de sciences. Après sept ans
passés au collège, il dut s'initier à l'anglais et à l'italien
par ses propres moyens et se donner par lui-même
toute sa culture scientifique et mathématique. Quant à
la philosophie qu'il découvre en 1710-1711, c'est toujours la vieille scolastique, agrégat archaïque d'Aristote et de saint Thomas. L'emploi de cette philosophie
n'était pas de trouver la vérité, mais des arguments
rationnels en faveur d'une vérité déjà trouvée, ou
plutôt donnée, par la Révélation. Voltaire ne cessera de
railler les « formes substantielles » et les « qualités
occultes » des scolastiques, même quand le public ne
saura plus très bien ce qu'elles signifient au juste. La
révolution scientifique du XVIIᵉ siècle, qui inaugure la
période moderne de l'histoire européenne, rencontre
encore bien des résistances : les textes officiels continuent d'évoquer les trois systèmes d'explication des
mouvements des astres, ceux de Ptolémée, de Tycho
Brahe et de Copernic, entre lesquels ils ne choisissent
pas au prétexte que ce ne sont que des hypothèses non
démontrées ; ce n'est qu'en 1757 que l'Église catholique prendra la résolution de ne plus interdire les
livres « enseignant l'immobilité du Soleil et la mobilité
de la Terre » (mais deux ans plus tard l'*Encyclopédie*
sera condamnée par le pape).

Au moment où Voltaire termine sa classe de philosophie, les doctrines cartésiennes, si mal reçues au
XVIIᵉ siècle par l'autorité ecclésiastique, pénètrent
dans la Sorbonne et dans les universités, et tendent à
devenir la philosophie officielle. L'université de Paris
organise, un peu tard il est vrai, la relève du péripatétisme par le cartésianisme auquel on s'adresse pour
défendre les idées innées et condamner l'ancienne
maxime aristotélicienne, *nihil est in intellectu quod
non prius fuerit in sensu* (« il n'y a rien dans l'entendement qui n'eût été antérieurement dans la sensa-

tion [1] »), alors même qu'elle avait repris faveur sous les auspices de Locke, dont l'*Essay concerning Human Understanding* (*Essai sur l'entendement humain*) était paru en Angleterre en 1690. Voltaire, à la suite de celui-ci, exécutera dans la XIIIe *Lettre philosophique* les dogmes fondamentaux de la philosophie de Descartes dans une formule qui, toute caricaturale qu'elle est, n'en contient pas moins une large part de vérité :

> Notre Descartes [...] s'imagina avoir démontré que l'âme était la même chose que la pensée, comme la matière, selon lui, est la même chose que l'étendue. Il assura que l'on pense toujours, et que l'âme arrive dans le corps pourvue de toutes les notions métaphysiques, connaissant Dieu, l'espace, l'infini, ayant toutes les idées abstraites, remplie enfin de belles connaissances, qu'elle oublie malheureusement en sortant du ventre de sa mère (p. 131-132).

Descartes, dans les *Méditations métaphysiques* (1641), avait déduit du *cogito* qu'il existait deux formes différentes de réalité (ou deux « substances ») : l'esprit ou l'âme, et l'étendue ou la matière. Ces deux réalités, spirituelle et matérielle, sont selon lui tout à fait indépendantes l'une de l'autre : la pensée est entièrement libre par rapport à la matière, et inversement les processus matériels peuvent se produire indépendamment de la pensée. Descartes rejetait vivement la tradition scolastique qui distinguait entre trois sortes d'âme, une âme végétative pour les plantes, une âme sensitive pour les animaux et une âme intellective réservée à l'homme [2]. En préférant *esprit* à *âme*, il excluait toute résonance « animiste » : la chose qui pense n'assure aucune fonction vitale. Par voie de conséquence, l'homme de Descartes juxtapose un esprit,

---

1. La célèbre formule ne se trouve pas littéralement chez Aristote, mais chez Thomas d'Aquin (*Quæstiones disputatæ de veritate*, qu. 2, ar. 3, arg. 19).

2. Voir Aristote, *De l'âme* (notamment 413b12-415a23) et Thomas d'Aquin, *Somme de théologie*, Ia, 76-79.

dont toute l'essence n'est que de penser, et une machine corporelle, dont le fonctionnement biologique est autonome ; les animaux, quant à eux, appartiennent à la seule réalité matérielle puisque leur vie et leurs mouvements sont soumis à des lois mécaniques.

Mais ce n'est pas seulement l'homme et les bêtes, c'est tout l'univers qui change entre Paris et Londres, comme Voltaire le rappelle plaisamment au début de la XIVe *Lettre philosophique* : « Un Français qui arrive à Londres trouve les choses bien changées en philosophie comme dans tout le reste. Il a laissé le monde plein, il le trouve vide » (p. 146). Voltaire se souvient ici des *Principes de la philosophie* (1644) dans lesquels Descartes avait essayé de démontrer que le monde est fait d'une même et unique matière étendue en longueur, largeur et profondeur, et divisible à l'infini. Or si la matière a pour attribut essentiel l'étendue, il n'y a pas de vide dans la nature. Un espace vide serait une étendue sans matière, mais il ne peut exister d'étendue sans quelque chose d'étendu. Aucun objet ne se déplace dans le monde sans qu'un autre objet vienne immédiatement occuper le lieu que le premier a quitté. Ainsi, par exemple, autour du poisson qui se meut, l'eau forme des tourbillons tels qu'il ne se produit jamais aucun vide ni devant ni derrière lui [1]. De la même manière, poursuit Descartes, l'espace étant plein de matière, le ciel est comme une masse liquide qui entraîne avec elle la Terre et les planètes dans un vaste tourbillon de matière subtile (c'est-à-dire une matière extrêmement fluide constituée de parties infiniment petites qui s'agitent très rapidement) dont le Soleil occupe le centre [2] : « de supposition en supposition et de vraisemblance en vraisemblance, on a imaginé un vaste tourbillon de matière subtile, dans lequel les planètes sont entraînées autour du Soleil », résume Voltaire dans sa XVe *Lettre* (p. 153). Cette matière subtile, ou éther, n'est pas seulement l'agent producteur

---

1. Voir *Principes de la philosophie*, II, 33.
2. Voir *ibid.*, III, 24-30.

et propagateur de la lumière (d'où l'idée que celle-ci se transmet instantanément alors qu'il lui faut une seconde pour parcourir 300 000 km), elle explique une foule d'autres phénomènes comme l'attraction, la pesanteur, la capillarité, etc. – à condition, toutefois, d'admettre, comme le reconnaît Descartes lui-même, que les cieux sont liquides et n'offrent aucune forme de résistance au mouvement [1].

Si Voltaire feint de tenir la balance égale entre la physique cartésienne et celle de Newton – mais qui peut réellement prendre au sérieux cette suspension de jugement au milieu de la XIVe *Lettre* [2] ? –, il condamne sans la moindre ambiguïté les conceptions métaphysiques du philosophe français : « Il se trompa sur la nature de l'âme, sur les preuves de l'existence de Dieu [...], et on dit avec raison que l'homme de Descartes n'est en effet que celui de Descartes, fort éloigné de l'homme véritable » (p. 150-151). Le dualisme radical issu du *cogito* veut que l'homme « pense » toujours [3] et que son entendement conçoive certaines idées sans le secours des organes du corps. Nous nous trompons quand nous croyons devoir des connaissances aux sens : « nos sens ne nous enseignent pas la

---

1. Voir *Principes de la philosophie*, IV, 206. C'est ce point que Newton va contester dans les *Principia*, notamment dans la section 9 du livre II.

2. « *Non nostrum inter vos tantas componere lites* », écrit Voltaire en exposant dans la XIVe *Lettre* (p. 147) les divergences entre les physiques cartésienne et newtonienne, ce qui signifie : « Il ne m'appartient pas de trancher entre vous d'aussi graves débats. »

3. Quand Descartes écrit, dans la sixième *Méditation*, qu'« il est certain que ce moi, c'est-à-dire mon âme, par laquelle je suis ce que je suis, est entièrement et véritablement distincte de mon corps », il postule que la pensée n'est pas une *faculté* de l'âme mais constitue son *essence* même. La critique de cette doctrine apparaîtra dès les *Cinquièmes Objections* de Gassendi : « Je ne sais pas bien si, lorsque vous dites que la pensée est inséparable de vous, vous entendez que, tandis que vous êtes, vous ne cessez jamais de penser. [...] il sera malaisé de persuader ceux qui ne pourront comprendre comment il serait possible que vous pussiez penser au milieu d'un sommeil léthargique, ou que vous eussiez pensé dans le ventre de votre mère. » Voltaire se souviendra de cet argument dans la XIIIe *Lettre*.

nature des choses, mais seulement ce en quoi elles
nous sont utiles ou nuisibles [1] ». S'opposant à l'empirisme qui veut qu'il n'y ait rien dans notre esprit qui
n'ait été auparavant dans nos sens, Descartes prétend
que la raison tire les idées claires et distinctes (comme
le triangle, la sphère, l'idée de perfection, mais aussi
celle de Dieu) de son propre fonds, où elles ont été
déposées par Dieu. Ces idées « innées » sont directement aperçues par l'esprit et ne sont pas des notions
générales tirées par la réflexion de la confrontation
entre données sensorielles. La véritable expérience,
celle qui ne trompe jamais, est intérieure, non extérieure à l'esprit, c'est la conscience immédiate des
idées manifestes en nous par la lumière naturelle.
Chez Descartes, la possibilité d'accéder à la connaissance par l'exercice de la pensée repose, en dernière
instance, sur Dieu.

Dans la première moitié du XVIIIᵉ siècle, nombre de
philosophes se proclament « cartésiens » sans adopter
tous les détails de son système. Après l'enseignement
des grands professeurs cartésiens, Rohault ou Régis,
après l'œuvre de vulgarisation mondaine d'un Fontenelle, le cartésianisme a fini par surmonter les plus
grandes résistances. Qu'ils s'appuient sur Descartes
ou qu'ils le discutent, Malebranche, Spinoza et Leibniz se retrouvent unis dans leur refus des anciennes
ténèbres de la scolastique. Descartes apprit aux
hommes à raisonner, conclut Voltaire en substance
dans la XIVᵉ *Lettre*, ils virent les fautes de l'Antiquité... et les siennes. Au moment où il écrit ces
lignes, la science newtonienne, appuyée sur la technique du calcul infinitésimal, ainsi que la nouvelle
analyse des idées entreprise par Locke, sont sur le
point de reléguer les idées innées et les tourbillons au
musée des anciens systèmes. Voltaire croit pouvoir
fixer à l'année 1730 le début de cette décadence de la
philosophie de Descartes : « Ce n'est guère, dit-il, que
depuis l'année 1730 qu'on a commencé à revenir en

---

1. *Principes de la philosophie*, II, 3.

France de toutes les erreurs de cette philosophie chimérique, quand la géométrie et la physique expérimentale ont été plus cultivées [1]. » Ce que Voltaire et les Lumières retiennent de Descartes, c'est le rejet des préjugés, la valeur du doute méthodique, le refus de tout ce qui, sous une forme ou une autre, ressemble à un argument d'autorité, l'affirmation du libre examen, l'évidence de la raison et non de l'opinion ; quant à ses travaux, ils ont cessé, pour la plupart, de paraître scientifiquement fondés.

Les maîtres anglais

« En partant pour l'Angleterre, écrivait naguère John Morley, Voltaire était un poète ; en revenant, c'était un sage [2]. » Voltaire, simple bel esprit en France, serait-il devenu sur le sol anglais un philosophe ? Il n'est plus possible d'accepter un schéma aussi commode. On sait aujourd'hui qu'avant même l'exil outre-Manche il lisait Locke, annotait Malebranche et commençait à rédiger des remarques sur Pascal, c'est-à-dire contre Pascal.

Voltaire n'attendit donc pas jusqu'en 1726 pour s'initier aux choses anglaises. Il avait envoyé à George Ier d'Angleterre sa tragédie *Œdipe* parue au début de 1719. Entre 1722 et 1726, il s'était rendu à plusieurs reprises auprès de lord Bolingbroke, grand seigneur anglais exilé en France auquel il attribua en 1767 un de ses livres les plus osés (*Examen important de milord Bolingbroke*). Il avait aussi rencontré Everard Fawkener, le parangon du mercantilisme civilisateur, qui le reçut à son arrivée à Wandsworth. Avant l'affaire Rohan, Voltaire était déjà décidé à se rendre à Londres ;

---

1. *Le Siècle de Louis XIV* (*Catalogue des écrivains français*). Cette date coïncide avec l'introduction à l'Académie des sciences du système de Newton.

2. J. Morley, *Voltaire*, Londres, Macmillan, 1913 [1872], p. 14.

les coups de bâton précipitèrent son départ. Mais on n'a aucun indice qu'avant ce voyage il ait prévu d'écrire un livre sur l'Angleterre. C'est bien en Angleterre qu'il devint l'auteur des *Lettres philosophiques...* qui le poussèrent de nouveau à l'exil. Ce qu'il avait semé allait éclore bientôt en France et en Europe, ruinant définitivement le cartésianisme au profit d'une nouvelle approche de l'homme et de la nature dont Bacon, Locke et Newton étaient les représentants les plus illustres.

Une nouvelle méthode : la méthode expérimentale

Voltaire a bien vu que l'essor de la philosophie anglaise moderne était lié au nom de Francis Bacon, qui allait devenir, en 1751, le père spirituel de l'*Encyclopédie* : « Le chancelier Bacon ne connaissait pas encore la nature, mais il savait et indiquait tous les chemins qui mènent à elle », écrit-il dans la XIIe *Lettre* (p. 126). Comme Descartes en France [1], mais d'une tout autre manière, Bacon avait ouvert le chemin à ses successeurs en jetant les bases d'une nouvelle philosophie ou physique [2], par la mise au point d'une méthode inédite d'investigation de la nature. Son *Novum scientiarum organum*, précise Voltaire, est « l'échafaud avec lequel on a bâti la nouvelle philosophie » (*ibid.*) : l'œuvre, parue en 1620, posa les fondements de la méthode « expérimentale ». La méthode de Bacon s'avéra autrement plus féconde que l'esprit de système qui s'était emparé de son homologue français et que dénonce Voltaire à différentes reprises dans ses *Lettres*. Peu de temps après sa mort, « la physique expérimentale commença tout d'un coup à être cultivée à la fois dans presque toutes les parties de l'Europe. C'était un

---

1. Le *Discours de la méthode* a été publié en 1637, quelques années après la mort de Bacon survenue en 1626.
2. Jusqu'au XVIIIe siècle, la philosophie (naturelle) et la physique désignent plus généralement les sciences de la nature.

trésor caché dont Bacon s'était douté, et que tous les
philosophes, encouragés par sa promesse, s'efforcèrent de déterrer » (p. 128) [1].

L'importance de la philosophie anglaise se situe
donc d'abord, pour Voltaire, dans sa méthode. Critiquant vivement Aristote, Bacon proclamait que
l'observation impartiale des choses telles qu'elles sont
est la première des conditions requises pour faire pro-
gresser le savoir. Sans recourir ni à la Bible ni à Dieu,
Locke, quelques années plus tard, posait les premiers
jalons d'une nouvelle science de la nature humaine en
partant des seules données fiables, les faits observés :
« Il prend un enfant au moment de sa naissance, il suit
pas à pas les progrès de son entendement ; il voit ce
qu'il a de commun avec les bêtes et ce qu'il a au-
dessus d'elles », résume Voltaire dans la XIIIe *Lettre*
(p. 132), faisant allusion au livre II de l'*Essai* [2]. Dans
le *Traité de métaphysique*, rédigé sans doute immédiatement après les *Lettres philosophiques*, Voltaire s'est
approprié cette méthode et l'a portée à sa perfection :
« Je vais tâcher, explique-t-il dans l'introduction, en
étudiant l'homme, de me mettre d'abord hors de sa
sphère et hors d'intérêt, et de me défaire de tous les
préjugés d'éducation, de patrie, et surtout des préjugés de philosophie. » On reconnaît ici le procédé du
regard étranger mis en œuvre à la même époque par
des romanciers, des journalistes et des philosophes,

---

1. Descartes, quant à lui, se forgea une géométrie nouvelle qui,
au dire de Voltaire, « était un guide [...] qui l'aurait conduit sûrement dans sa physique » ; mais il l'abandonna et « sa philosophie ne
fut plus qu'un roman ingénieux » (p. 150).
2. En réalité, Locke n'a jamais *comparé* les animaux et les enfants
afin de faire ressortir, comme le suggère Voltaire, l'identité foncière
dans le processus d'acquisition des idées : quand il évoque les animaux au chapitre 10 du livre II de l'*Essai*, c'est bien plutôt pour
souligner les différences entre eux et les hommes. C'est tout le
contraire de Voltaire qui, dès la première version de la XIIIe *Lettre*,
suit pas à pas les progrès d'un nouveau-né ainsi que de trois animaux, un chien, un chat et un serin, pour insinuer que l'homme
n'est point le couronnement de la Création, parce que rien ne le distingue essentiellement des autres êtres vivants.

que Voltaire a dû expérimenter lui-même après son
arrivée en Angleterre comme en témoignent les deux
premières *Lettres* sur les quakers. Grâce à cette astuce,
Voltaire crée une distance suffisamment grande pour
pouvoir juger sans *a priori* philosophiques ou théologiques, de manière purement phénoménale. Après les
Persans de Montesquieu, voici un extraterrestre qui
débarque en Afrique et se met à chercher un homme.
En bon empiriste, il commence par rassembler pêle-
mêle les impressions qui s'offrent à sa réflexion, sans
porter de jugement définitif :

> Je vois des singes, des éléphants, des nègres, qui sem-
> blent tous avoir quelque lueur d'une raison imparfaite
> [...]. Si je jugeais des choses par le premier effet qu'elles
> font sur moi, j'aurais du penchant à croire d'abord que de
> tous ces êtres, c'est l'éléphant qui est l'animal
> raisonnable [1].

Pour décider lequel de ces « animaux » est l'homme,
l'extraterrestre mis en scène par Voltaire a recours à la
méthode lockienne qui avait déjà si bien fonctionné
dans la XIIIᵉ *Lettre* :

> Je prends des petits de ces différentes bêtes ; j'examine
> un enfant nègre de six mois, un petit éléphant, un petit
> singe, un petit lion, un petit chien ; je vois, à n'en pouvoir
> douter, que ces jeunes animaux ont incomparablement
> plus de force et d'adresse, qu'ils ont plus d'idées, plus de
> passions, plus de mémoire, que le petit nègre, qu'ils expri-
> ment bien plus sensiblement tous leurs désirs ; mais au
> bout de quelque temps, le nègre a tout autant d'idées
> qu'eux tous. [...] Enfin, à force de considérer le petit
> degré de supériorité qu'ils ont à la longue sur les singes et
> sur les éléphants, j'ai hasardé de juger qu'en effet, c'est là
> l'homme.

Ayant ainsi distingué l'homme parmi les autres êtres
vivants, il hasarde une première définition :

---

1. *Traité de métaphysique*, chap. 1. Les citations qui suivent proviennent de ce même chapitre.

L'homme est un animal noir qui a de la laine sur la tête, marchant sur deux pattes, presque aussi adroit qu'un singe, moins fort que les autres animaux de sa taille, ayant un peu plus d'idées qu'eux, et plus de facilité pour les exprimer ; sujet d'ailleurs à toutes les mêmes nécessités, naissant, vivant, mourant tout comme eux.

Cette définition ne prétend pas à l'universalité ; au contraire, elle sera corrigée au fur et à mesure que l'extraterrestre fictif rencontrera de nouvelles races d'hommes.

La démarche expérimentale est prudente et se contente de résultats modestes, toujours « falsifiables », pour parler comme Popper qui y voit son principal critère de scientificité ; il s'en faut de peu, en revanche, que la philosophie systématique ne vienne occuper la place du Créateur : Descartes, s'indigne Voltaire, « inventa de nouveaux éléments, il créa un monde, il fit l'homme à sa mode » (p. 151). Plus sérieusement, Voltaire lui reproche d'avoir voulu découvrir, par la seule puissance de la pensée, les ressorts secrets de la nature : qu'on me donne l'étendue et le mouvement, disait Descartes en substance, et je vais refaire le monde [1]. *Hypotheses non fingo*, « Je n'invente pas d'hypothèses », écrivait au contraire Newton dans le fameux scholium général des *Principia* (1687), créant la devise de toute science qui se veut empiriste. Newton ne rejetait évidemment pas les hypothèses scientifiques qui sont le pain quotidien de tout chercheur moderne ; il s'insurgeait en revanche contre les hypothèses – ou plutôt les spéculations – métaphysiques concernant des questions qui ne sont pas susceptibles de recevoir une réponse scientifique. Si le rationalisme classique se définit par le postulat qu'une méthode purement déductive, partant de principes irrécusables, doit permettre à toutes les sciences de parvenir à la connaissance vraie, l'empirisme du XVIIe siècle assigne l'*expérience* à l'origine de toute connaissance.

---

1. Voir *infra*, p. 33, note 1.

Voyons comment Newton rendit compte de sa méthode pour parvenir à la théorie de la gravitation universelle :

La vraie méthode, vous le savez, pour s'enquérir des propriétés des choses, c'est de les déduire des expériences. Et je vous ai dit que la théorie que j'ai proposée m'est venue, non pas en inférant *c'est ainsi parce que ce n'est pas autrement* [...], mais en la dérivant d'expériences d'où elle se conclut positivement et directement. C'est pourquoi la manière dont il convient de l'examiner, c'est de considérer si les expériences que je propose prouvent effectivement les parties de la théorie auxquelles elles s'appliquent, ou encore de poursuivre d'autres expériences auxquelles on peut penser pour soumettre la théorie à l'examen [1].

Notons que, dans ce texte, Newton use du mot équivoque d'*expérience* dans deux sens qui ne sont pas identiques : une expérience première, ensemble d'observations accumulées dont on peut dériver une théorie ; et une expérience seconde, élaborée, à l'examen de laquelle on soumet la théorie. Cette forme seconde de l'expérience, en tant qu'elle peut être reproduite avec un contrôle rigoureux de ses variables, en tant qu'elle est construite et non pas donnée, s'apparente à ce qu'on nomme plus exactement une *expérimentation*. L'expérience, d'après Newton, remplit donc deux fonctions, celle de source de la connaissance scientifique, et celle de vérification des théories scientifiques.

Or la connaissance ne se tient pas tout entière dans l'élément de l'observation : ce que Newton a oublié de dire dans son exposé de la méthode dite empiriste, c'est qu'entre le point de départ et le point d'arrivée, il y a un moment intermédiaire, irréductible à toute observation et essentiel, celui de l'hypothèse (au sens de conjecture). C'est la vraie méthode expérimentale telle qu'elle est illustrée, dans la XIe *Lettre philosophique*, par la découverte de l'insertion de la petite

---

1. Lettre à Oldenbourg de juillet 1672 (nous traduisons).

vérole : observation (on n'a jamais deux fois la petite
vérole), hypothèse (si l'on donne la petite vérole à un
enfant de six mois, il ne l'aura plus jamais), et vérification par l'expérience. L'*empirisme*, en fait, ne consiste
pas à dériver par induction [1] des théories générales à
partir de l'expérience, c'est une doctrine qui affirme
que l'expérimentation seule est le critère décisif de
vérité d'une théorie qui est en son fond hypothétique.

À lire le célèbre récit fait par Voltaire dans la
XVe *Lettre philosophique*, on pourrait croire que la
théorie de l'attraction ou gravitation universelle aurait
été dérivée directement d'une observation. Que la
chute d'une pomme ait pu inspirer à un savant som-
nolent la théorie de la gravitation paraît cependant
improbable. Pas plus que la théorie newtonienne de la
lumière, elle n'a pu se passer d'une hypothèse fonda-
trice. Dans la XVIe *Lettre*, Voltaire fait allusion à la
célèbre expérience du prisme décrite par Newton
dans une lettre à Oldenbourg en date du 6 février
1672. Or le récit de Newton ne correspond pas à un
événement réel ; il s'agit, de toute évidence, d'une
reconstruction fictive, qui omet l'étape de la conjecture : elle débute par une observation qui semble avoir
été faite par hasard au cours d'une séance de physique
pour en arriver rapidement à une expérience cruciale
destinée à trancher entre la théorie traditionnelle et la
nouvelle conception de la lumière proposée par
Newton. « Cette relation dramatisée, commente Loup
Verlet, rassemble dans l'éclat de l'instant le plaisir de la
découverte et les années de tâtonnements, d'essais
obscurs, d'avancées et de repentirs que rapportent les
carnets de notes [2]. » Quand Newton prétend qu'il ne
forge pas d'hypothèses, il pose en réalité les bases de la
méthodologie scientifique moderne : la science ne
recherche pas les causes ultimes ou la nature des

---

1. Opération inverse de la déduction, l'induction procède des cas
particuliers à un énoncé général.
2. L. Verlet, *La Malle de Newton*, Gallimard, 1993, p. 105.

choses, elle s'arrête à la formulation de lois mathématiques justifiées par des généralisations inductives.

Une nouvelle explication de l'homme : Locke

Il n'est guère exagéré de dire que la place occupée par Locke dans la lutte philosophique en France au XVIIIᵉ siècle est à peu près comparable à celle d'Aristote dans la pensée médiévale, ou à celle de Kant dans la philosophie moderne [1]. Si Voltaire a incontestablement contribué à vulgariser quelques-uns des principaux thèmes de la philosophie lockienne en Europe – la critique des idées innées et l'hypothèse de la « matière pensante » –, on sait de nos jours que, grâce au rôle intermédiaire des traducteurs, des éditeurs et des journalistes, la transmission et la transformation médiatique de l'*Essay concerning Human Understanding* ont commencé bien avant 1734 [2] : les *Lettres philosophiques* ont fait rayonner dans le public qui lisait des idées connues d'un petit nombre de savants, faisant de l'*Essai* [3] le livre de chevet du XVIIIᵉ siècle. Par ce texte dépouillé qui concentrait tous les efforts sur l'essentiel, Voltaire est devenu ce négociant en idées qu'il s'était proposé d'être [4].

---

1. Voir G. Bonno, *La Culture et la civilisation britanniques devant l'opinion française*, op. cit., p. 82.
2. Voir J. Schøsler, « L'*Essai sur l'entendement* de Locke et la lutte philosophique en France au XVIIIᵉ siècle : l'histoire des traductions, des éditions et de la diffusion journalistique (1688-1742) », *Studies on Voltaire and the Eighteenth Century*, 2001 : 04, p. 1-259.
3. Ou plus précisément de la deuxième édition de la traduction française publiée à Amsterdam en 1729, où P. Coste a inséré, entre autres, un extrait des réponses de Locke à Stillingfleet concernant la possibilité de la matière pensante, sous forme d'une longue note de bas de page au fameux passage du livre IV, chap. 3, § 6. C'est surtout cette dernière note qui, selon J. Schøsler (art. cité, p. 193), a déterminé dans une large mesure la lecture de l'*Essai* en France au XVIIIᵉ siècle.
4. Voir Chr. Mervaud, « Voltaire négociant en idées ou *"merchant of a nobler kind"* dans les *Lettres philosophiques* », *L'Information littéraire*, 3-4, 1988, p. 29-35.

Le premier mérite de Locke, selon Voltaire, est d'avoir ruiné l'innéisme cartésien [1] et *prouvé* – le terme n'est pas trop fort – que toutes les idées nous viennent par les sens, y compris les évidences mathématiques (XIIIe *Lettre*). Sorte de terre vierge au départ, l'esprit humain acquiert, par des expériences successives, tout ce qu'il sait. Seule est postulée une capacité de l'esprit à coordonner, comparer, confronter le fruit de ses expériences, mais ses associations n'ont plus de caution transcendante, car Dieu, selon Locke, est en dehors de la réflexion philosophique, qui consiste à livrer la raison à elle-même dans la quête de la vérité. Que pouvons-nous connaître ? L'être derrière les apparences, répondent les cartésiens (au sens large). Rien que des apparences, répliquent les empiristes (au sens courant). La valeur de notre connaissance est proportionnelle aux bornes – étroites – de l'esprit humain : voilà une autre leçon fondamentale que Voltaire ne cessera de répéter après son maître anglais.

Si Locke a réhabilité le vieil axiome selon lequel nos sens sont les portes de l'entendement, il ne s'est pas assez expliqué sur la manière dont ils font entrer les perceptions dans l'esprit ni sur la nature même de l'esprit : c'est là, selon Voltaire, une insuffisance de sa théorie de la connaissance. Car une fois qu'on a répété que nos idées viennent de nos sensations, il reste un problème de taille : comment la sensation se transforme-t-elle en idée ? Par quel miracle un phénomène matériel comme un son ou un objet devient-il « image » dans le cerveau ? « On sait assez qu'il n'y a aucun rapport entre l'air battu, et des paroles qu'on me chante, et l'impression que ces paroles font dans mon cerveau » : tel est le constat de l'article *Sensation* du

---

1. Il est suffisamment établi aujourd'hui que Locke n'avait pas vraiment Descartes pour interlocuteur dans le premier livre de l'*Essai* – celui-ci s'était même fermement défendu contre une caricature de sa doctrine –, mais qu'il s'en prenait avant tout aux philosophes anglais comme Herbert de Cherbury, Ralph Cudworth ou Henry More, qui défendaient l'innéité de toutes sortes de principes logiques et moraux.

Dictionnaire philosophique. Voltaire a longtemps refusé
d'apporter une réponse à ce problème, car « demander comment nous pensons et comment nous sentons,
comment nos mouvements obéissent à notre volonté,
c'est demander le secret du Créateur [1] ». Le *Dictionnaire
philosophique* avancera prudemment, en 1764, la solution du « tout en Dieu » héritée de Malebranche : « Je
suis bien sûr au moins que, si nous ne voyons pas les
choses en Dieu même, nous les voyons par son action
toute-puissante [2]. » Selon Malebranche, Dieu sent et
pense à notre place ; selon Voltaire, Dieu produit en
nous nos pensées et nos sensations : « Puisque nous
sommes ainsi sous sa main, Malebranche, malgré toutes
ses erreurs, a donc raison de dire philosophiquement que nous sommes dans Dieu, et que nous voyons
tout dans Dieu », affirmera Voltaire dans *Tout en Dieu*
(p. 313). De là, il tirera la conséquence que nous ne
sommes qu'une machine dont Dieu fait mouvoir tous
les ressorts, et que l'âme est inutile, Dieu même nous
en tenant lieu. Ce « malebranchisme tronqué [3] » permettra au vieillard de Ferney d'élaborer une philosophie essentiellement moniste [4] sans pour autant donner
de gages à l'athéisme.

La critique du spiritualisme cartésiano-chrétien constitue déjà le principal sujet de la XIIIᵉ *Lettre philosophique*, selon l'aveu même de Voltaire : « Ma *Lettre* sur
Locke se réduit uniquement à ceci : *La raison humaine ne
saurait démontrer qu'il soit impossible à Dieu d'ajouter la
pensée à la matière* [5]. » Voltaire fait allusion ici à l'hypothèse célèbre de la *thinking matter* que Locke a introduite
dans le livre IV de l'*Essai* comme une illustration carac-
téristique des limites de la connaissance humaine. Après

---

1. *Traité de métaphysique*, chap. 4.

2. *Dictionnaire philosophique*, article *Idée*.

3. Jean Deprun, « Le *Dictionnaire philosophique* et Malebranche »,
dans *Voltaire. Dictionnaire philosophique*, éd. M.-H. Cotoni, Klinck-
sieck, 1994, p. 92.

4. Le monisme s'oppose au dualisme en ce qu'il proclame l'unité
de l'univers, sans antithèse entre l'esprit et la matière.

5. Lettre à La Condamine du 22 juin 1734.

avoir expliqué que nous sommes incapables de savoir
quelles relations entretiennent la pensée et la matière,
Locke propose l'alternative suivante : soit Dieu a donné
à la matière le pouvoir de percevoir et de penser, soit il a
joint à la matière une substance immatérielle pensante ;
car, écrit-il, « par rapport à nos notions, il n'est pas plus
éloigné de notre compréhension de concevoir que Dieu
peut, s'il Lui plaît, surajouter à la matière *une faculté de
penser*, plutôt que de lui surajouter *une autre substance
dotée d'une faculté de penser*, puisque nous ne savons pas
en quoi consiste la pensée, ni à quelle sorte de substances il a plu au Tout-Puissant de donner ce pouvoir [1] ».
Moins prudent que Locke qui n'avance l'hypothèse de la
« matière pensante » que de façon spéculative [2], Voltaire
estime qu'il est *vraisemblable* que Dieu a doué la matière
de la faculté de penser, la notion d'âme spirituelle n'étant
selon lui qu'un concept vide de sens [3].

   Qu'est-ce que l'âme ? Rien, selon Voltaire, qu'une
simple faculté de la matière et des organes, et non une
personne ; une propriété, et non une substance.
Jusqu'à la fin de sa vie, Voltaire se plaît à exercer sa
verve contre ce « quelque chose qu'on ne voit jamais,
qu'on ne touche jamais, de laquelle on ne peut avoir la
moindre image, la moindre idée » (*Lettres de Memmius
à Cicéron*, p. 359). L'hypothèse lockienne de la matière

---

   1. Locke, *Essai*, IV, 3, 6 (toutes les citations de l'*Essai* proviennent
de la traduction de P. Coste, Amsterdam et Leipzig, J. Schrender et
P. Mortier, 1700).
   2. De nombreux commentateurs s'accordent aujourd'hui à dire
que Locke considérait l'âme comme une substance immatérielle,
unie au corps matériel de manière incompréhensible (voir par
exemple Ph. Hamou, « L'opinion de Locke sur la "matière pensante" », *Methodos*, 4, 2004).
   3. En bon nominaliste, Voltaire affirme après son maître Locke
que seules existent réellement les choses individuelles et que les
termes généraux comme homme, cheval, chien, ou encore sensation, volonté, mémoire ou mouvement, ne sont que des êtres de langage forgés par abstraction à partir du réel (*a parte rei*, selon la ter-
minologie scolastique épinglée dans la XIIᵉ *Lettre*). Admettre une
réalité essentielle en plus des réalités sensibles particulières, c'est
être victime d'une illusion langagière consistant à accorder une réalité à des universaux qui n'existent que sous forme de mots.

pensante ne conduit cependant pas à l'athéisme, elle
requiert impérieusement un Créateur intelligent. À
l'encontre des matérialistes athées, Voltaire affirme
que c'est Dieu qui a donné à la matière la puissance de
penser car il estime que le passage insensible de la
matière brute à la matière organisée, sensible et pensante, est une aberration : « défiez-vous d'une telle
physique, conseille-t-il à l'auteur du *Système de la
nature*. Vous ne voulez pas, sans doute, nous ramener
au temps d'ignorance où l'on croyait que les rats
d'Égypte se formaient de la fange du Nil, que le blé
devait pourrir pour germer, et mourir pour naître, etc.,
etc., etc. » (*Dieu*, p. 326). Après avoir, dans la XIIIᵉ *Lettre
philosophique*, rapproché l'homme de l'animal en
montrant qu'aucune différence essentielle ne traçait
entre eux de frontière irréductible du point de vue
métaphysique, Voltaire affirme que la spécificité du
genre humain réside dans cette faculté de penser qui
le caractérise, et le distingue des autres animaux.

Une nouvelle explication du monde : Newton

En même temps que Voltaire oppose Locke à la
métaphysique de Descartes, il oppose Newton à sa
physique, battant ainsi en brèche le cartésianisme par
deux côtés à la fois. L'adhésion inconditionnelle de Voltaire au système newtonien date seulement de 1732,
grâce aux éclaircissements du savant Maupertuis [1]. Il
ne se doutait pas alors que la science – qu'il appellera
plus tard la *philosophie* – de Newton reposait sur des
fondements théologiques et métaphysiques ; quand il
notait, au début de la XVIIᵉ *Lettre philosophique*, que le
savant anglais s'était amusé à réformer la chronologie

---

1. Voir la Notice des *Lettres philosophiques*, p. 65-66. Maupertuis
avait publié, en 1732, un *Discours sur la figure des astres* où il combattait Descartes et défendait Newton, mais avec la plus grande cir-
conspection, et prétendant seulement vouloir mettre sous les yeux
du public les pièces du procès, sans le juger lui-même. Voltaire se
disputera plus tard avec lui et le traitera durement.

du monde « pour se délasser », il était loin de soupçonner que ces recherches revêtirent peut-être pour
lui autant d'importance que ses découvertes mathématiques et scientifiques. Voltaire eût été encore plus
surpris d'apprendre que, jugeant la science nouvelle
théologiquement dangereuse, Newton avait développé,
à partir de 1670, une profonde aversion pour les
Modernes et tourné son regard vers l'esprit scientifique... des Anciens.

Au XVIIᵉ siècle, la nouvelle science promue par
Galilée et Descartes avait conduit plusieurs de leurs
partisans à embrasser et à afficher des thèses dangereuses : certains allaient jusqu'à nier l'existence de
Dieu, puisque le fonctionnement de la mécanique du
monde suit les lois mathématiques nécessaires du
mouvement. Au mieux, Dieu serait le créateur d'un
univers qui, une fois l'œuvre faite, peut se développer
à sa guise, sans autre intervention divine [1]. Newton
abhorrait ces thèses : il était convaincu que la Providence divine se manifeste à tout instant et que c'est
une grave hérésie de nier ou de marginaliser l'action
de Dieu dans la nature. Soupçonnant la philosophie
mécaniste d'assujettir Dieu à une sorte de nécessité
naturelle et de limiter ainsi la toute-puissance divine,
Newton tenait que Dieu, partout présent, ordonne et
conserve le monde selon sa libre volonté : loin d'être
nécessaire, l'ordre actuel de l'univers n'est qu'un arrangement particulier de la matière, choisi parmi bien des
possibles. Bien plus, sa toute-puissance est seule en
mesure d'assurer le maintien du bel ordre que nous
admirons : de l'action mutuelle des comètes et des
planètes naissent des irrégularités qui sont sujettes à
augmenter jusqu'à ce que ce système ait besoin d'être

---

1. On connaît le mot célèbre de Pascal cité par sa sœur Margue-
rite Périer dans son *Mémoire concernant M. Pascal et sa famille* : « Je
ne puis pardonner à Descartes : il aurait bien voulu, dans toute sa
philosophie, pouvoir se passer de Dieu ; mais il n'a pu s'empêcher
de lui faire donner une chiquenaude, pour mettre le monde en
mouvement ; après cela, il n'a plus que faire de Dieu » (Pascal,
Œuvres complètes, 1998, « Bibliothèque de la Pléiade », t. I, p. 106).

réformé [1]. C'est Dieu qui rétablit périodiquement l'ordre ainsi troublé, Dieu qui, dans l'esprit de Newton, n'est pas une abstraction, mais se révèle omniprésent en tenant l'univers sous sa constante et toute-puissante domination. Comme l'écrira Voltaire dans le *Traité de métaphysique* : « Les lois mathématiques sont immuables, il est vrai ; mais il n'était pas nécessaire que telles lois fussent préférées à d'autres. Il n'était pas nécessaire que la terre fût placée où elle est ; aucune loi mathématique ne peut agir par elle-même [2]. »

Ce que Voltaire, dans ses écrits postérieurs aux *Lettres philosophiques*, retiendra principalement de l'artisan suprême de Newton, c'est qu'il préside à un univers *ordonné* : « Je ne sais s'il y a aucune preuve métaphysique plus frappante, et qui parle plus fortement à l'homme, que cet ordre admirable qui règne dans le monde ; et si jamais il y a eu un plus bel argument que ce verset : *Cœli enarrant gloriam Dei* [3]. » « Les cieux annoncent la gloire de Dieu » : en 1770, Voltaire objectera ce verset [4] à l'auteur du *Système de la nature* auquel il reprochera de vouloir substituer une nature aveugle à un « agent intelligent » : « Gloire doit signifier ici *intelligence* et *puissance*. Je suis convaincu que le cours des seize planètes, tant primitives que secondaires, suivant des lois mathématiques dans un espace non résistant, est une démonstration de la Divinité, ainsi que la formation d'un insecte. On a dit, il y a quelques années : un catéchiste enseigne DIEU aux enfants, et Newton le démontre aux sages » (*Dieu*, p. 327). Contrairement à l'univers cartésien dont l'absence de finalité a conduit certains philosophes à

---

1. Voltaire, quant à lui, n'a jamais adhéré à cette conception d'un Dieu-Ingénieur, attentif à réparer les défaillances de sa machine, qui attira les railleries de Leibniz, lequel tendait à accorder une relative autonomie à la Création, seule digne de la sagesse divine. Comme on le verra plus loin, Voltaire se rangera du côté de Leibniz sous l'influence de Spinoza et de Malebranche.

2. *Traité de métaphysique*, chap. 2.

3. *Éléments de la philosophie de Newton*, I, 1.

4. Newton l'a lui-même cité à la fin des *Principia* et de l'*Optique*.

l'athéisme, l'univers newtonien est l'œuvre d'une providence divine qui a tout réglé jusqu'au moindre détail.

Au moment où il met la dernière main aux *Lettres philosophiques*, cependant, Voltaire n'a probablement pas encore conscience des implications religieuses de la science newtonienne. Il souligne en revanche deux aspects inattendus de son activité scientifico-religieuse : l'arianisme et l'exégèse biblique. Dans la VIIe *Lettre*, Voltaire compte Newton parmi la secte des ariens ou unitaires (partisans de l'unicité de Dieu), car de nombreux soupçons avaient commencé à peser sur l'orthodoxie trinitaire du savant anglais après sa mort : « Le grand Monsieur Newton faisait à cette opinion [celle de l'arianisme] l'honneur de la favoriser ; ce philosophe pensait que les unitaires raisonnaient plus géométriquement que nous » (p. 102). Issu des enseignements d'Arius (vers 250-336), prêtre d'Alexandrie, l'arianisme fut la première grande hérésie chrétienne ; il mettait en cause la Trinité et la divinité de Jésus-Christ qu'il considérait comme subordonné au Père, comme simple instrument de Dieu. Newton, qui identifiait l'Église catholique à l'Antéchrist, était convaincu que le concile de Nicée (325), qui imposa le dogme de la Trinité contre l'arianisme, était un événement clé du processus de corruption de la religion véritable et originelle, révélée par Dieu aux patriarches et aux prophètes. À rebours de l'orthodoxie protestante, il refusait d'admettre la divinité du Christ et entreprenait de réhabiliter Arius, qu'il considérait comme le défenseur de la vraie religion monothéiste [1]. On comprend que Voltaire fût ravi de pouvoir présenter à ses lecteurs catholiques un savant de la

---

1. Dans son ouvrage *An Historical Account of Two Notable Corruptions of the Scripture* sur l'histoire de la falsification de deux versets des Écritures (1 Jean 5, 7 et 1 Tim 3, 16), publié seulement en 1754, Newton recourut aux écrivains de l'Église primitive, aux manuscrits grecs et latins et au témoignage des premières versions de la Bible pour démontrer que les mots « dans le ciel : le Père, la Parole, et le Saint-Esprit ; et ces trois-là sont un » (1 Jean 5, 7), censés appuyer la doctrine de la Trinité, n'existaient pas dans le texte original grec des Écritures.

trempe de Newton dont les recherches avaient soi-
disant prouvé que le Père était plus grand que le Fils. Il
jugeait toutefois moins favorablement son interprétation des prophéties, publiée en 1733 sous le titre *Observations upon the Prophecies of Daniel and the Apocalypse
of St. John*, dans laquelle Newton tenta de décrypter,
derrière le langage mystique des prophètes, le message
caché de Dieu [1]. Et Voltaire n'aurait guère été plus
indulgent pour ses recherches alchimico-hermétiques,
mais la fameuse malle de Newton, qui renfermait des
milliers de pages traitant essentiellement d'alchimie et
de théologie, ne fut rendue publique qu'en… 1936.

On a beaucoup discuté depuis sur le rôle que le
concept alchimique de sympathie [2] a pu jouer dans la
genèse de la gravitation ou attraction universelle dont
l'expression définitive est donnée en 1687 dans les
Principia à l'occasion de l'étude du mouvement de la
Lune. Quoi qu'il en soit, la découverte de Newton
prend sa source dans un raisonnement par analogie,
qu'illustre la célèbre anecdote de la pomme : les phénomènes de pesanteur et les mouvements des planètes
relèvent d'une même structure mathématique et se
comprennent à partir du même calcul. Voltaire rapporte fidèlement, dans la XVᵉ *Lettre*, comment
Newton compara la trajectoire que parcourrait la
Lune en une seconde si elle était privée de tout autre
mouvement que celui dirigé vers la Terre, avec la hauteur que parcourt une pierre en tombant dans le
même temps sur la Terre. Il montra ensuite que la
force qui retient la Lune sur son orbite n'est rien

---

1. Newton était en effet convaincu que la Bible était un livre écrit
dans un code à déchiffrer à la manière des textes de la tradition her-
métique, regorgeant de symboles numérologiques.

2. Dans le cosmos de la Renaissance, toutes choses étaient liées
par des connexions occultes de sympathie et d'antipathie. Paracelse,
par exemple, décrivit un onguent qui était censé guérir les blessures
à distance pourvu que l'on en frottât l'arme qui les avait causées.
Dans la première moitié du XVIIᵉ siècle, le chevalier anglais Kenelm
Digby prétendait encore avoir inventé une « poudre de sympathie »
semblable.

d'autre que la force de gravité, c'est-à-dire la force par l'action de laquelle les corps tombent. C'est alors que l'imagination de Newton fit un bond révolutionnaire. Il supposa en effet que le Soleil *attire* constamment les planètes vers lui (y compris la Terre) et que la Terre elle-même *attire* constamment les pierres qui tombent et la Lune. Non content de cela, il imagina, par une autre conjecture révolutionnaire, que *tous* les corps s'attirent les uns les autres, le Soleil exerçant une attraction sur Mars, tout autant que Mars sur le Soleil, et la Terre attirant la pierre tout autant que la pierre attire la Terre. C'est ainsi que la théorie de la gravitation, généralisée à l'ensemble des phénomènes astronomiques et terrestres, a conduit Newton à une réorganisation et une unification totale des savoirs sur les mondes céleste et terrestre.

Quand Voltaire publia ses *Lettres philosophiques*, l'antinewtonianisme de la plupart des savants français n'était guère moins prononcé que l'anticartésianisme dans les milieux scientifiques anglais. Un Français qui débarque à Londres, note Voltaire au début de la XIVᵉ *Lettre philosophique*, arrive dans un autre univers. Tout est différent, à commencer par l'explication du mouvement : « Chez vos cartésiens, tout se fait par une impulsion qu'on ne comprend guère ; chez M. Newton, c'est par une attraction dont on ne connaît pas mieux la cause » (p. 146). Alors que Descartes considérait le mouvement comme une action mécanique *par contact*, se traduisant par le couple impulsion-répulsion, Newton postulait que la nature se comporte comme s'il existait une force d'*attraction* entre les corps (ou plus précisément les masses), démontrant qu'elle est directement proportionnelle au produit de leurs masses et inversement proportionnelle au carré de la distance séparant leurs deux centres [1]. Ce que l'on traduit aujourd'hui par la célèbre formule :

---

1. En d'autres termes, si un corps est deux fois plus lourd, il exerce une force d'attraction deux fois plus grande, et s'il est deux fois plus loin, celle-ci devient quatre fois plus faible.

$F = (m_1\, m_2\, G)/r^2$, dans laquelle F est la force d'attraction, m_1 et m_2 les deux masses, r la distance entre leurs centres et G une constante universelle. Mais que signifie cette constante ? pourquoi celle-là et pas une autre ? La loi dit implicitement que l'attraction est instantanée : comment ? par quel mécanisme ? L'incroyable, le scandaleux pour un savant français, c'est que Newton n'a pas proposé de réponses à ces questions. Sa loi fonctionne, elle explique les lois de Kepler, rend compte de nombreux phénomènes et permet d'en prédire une foule d'autres qui sont cachés, mais elle ne nous dit rien sur le mécanisme à l'œuvre. Trois siècles après lui, personne n'a encore, sur ce sujet, apporté quelque réponse que ce soit, mais au XVIIIe siècle, une fois admise son existence, la nature de la force d'attraction donna lieu à des débats passionnés dans lesquels Voltaire ne fut pas le dernier à prendre part [1].

Après son retour d'Angleterre, Voltaire a fait sienne la méthodologie empirique dans l'étude des phénomènes naturels. Grâce à Newton et à Locke, il est désormais en mesure de proposer une explication du monde et de l'homme sans quitter le domaine de l'observable. En découvrant le plan de l'univers, le premier a apporté un argument de poids en faveur de l'existence de Dieu, cause première et libre qui a déclenché le mécanisme du monde et maintient son ordonnance par des lois mathématiques. En ruinant définitivement le système des idées innées, le second a démontré que l'homme n'est pas un être à part dans l'univers et que, selon toute vraisemblance, Dieu a attribué à la matière la faculté de penser et de sentir. L'âme spirituelle des cartésiano-chrétiens n'est qu'une chimère : l'univers est fait de la seule matière dont les propriétés (chaleur, froid, dureté, pesanteur, mouvement, etc.) lui ont été conférées par Dieu après la Création.

---

1. Le rôle de Voltaire comme vulgarisateur, ou plutôt comme « passeur de savoir », a été analysé par V. Le Ru dans *Voltaire newtonien. Le combat d'un philosophe pour la science*, Vuibert/Adapt, 2005.

Un matérialisme « déiste »

La XVᵉ *Lettre philosophique*, rédigée en 1732, se termine sur une réflexion apparemment fort innocente que Newton n'aurait pu désavouer : si l'expérience révèle l'existence de l'attraction comme cause de certains effets, « la cause de cette cause est dans le sein de Dieu » (p. 163). Voltaire essaya-t-il d'atténuer, par cette conclusion lénifiante, les propos autrement subversifs tenus quelques lignes plus haut ? Quand il gratifiait Newton de la découverte d'« une nouvelle propriété de la matière », il n'était sans doute pas sans savoir que celui-ci s'était vigoureusement défendu contre cette interprétation philosophiquement dangereuse de l'attraction [1]. Voltaire ne fut d'ailleurs pas le premier à considérer cette force nouvelle comme une propriété de la matière : l'idée avait très tôt fait son chemin, grâce notamment à la préface de Roger Cotes à la

---

1. En 1693, collaborant activement à l'entreprise du grand érudit Richard Bentley, qui voulait utiliser les *Principia* pour démontrer l'intervention de Dieu dans la marche du monde, Newton rejetait fermement toute interprétation matérialiste de l'attraction en soulignant que la gravité n'était point une propriété de la matière, qu'elle avait une cause sur la nature de laquelle, toutefois, il ne voulait pas se prononcer : « Il est inconcevable que la matière brute, inanimée, puisse, sans la médiation de quelque autre chose non matérielle, agir sur une autre matière et l'affecter sans contact mutuel ; ce qui serait le cas si la gravité, au sens où l'entend Épicure, était essentielle et inhérente à la matière. C'est une des raisons pour lesquelles je désirerais que vous ne m'attribuiez point la gravité innée. Que la gravité puisse être innée, inhérente et essentielle à la matière, de sorte qu'un corps puisse agir sur un autre à distance, dans le vide, sans aucune médiation à travers et par laquelle leur action et leur force puissent passer de l'un à l'autre, c'est pour moi une si grande absurdité que je crois qu'aucun homme tant soit peu compétent en matière de philosophie ne pourra jamais tomber dans cette erreur. La gravité doit être causée par un agent agissant constamment selon certaines lois ; mais quant à savoir si cet agent est matériel ou immatériel, je laisse cela au jugement de mes lecteurs » (lettre à Richard Bentley du 25 février 1693 ; nous traduisons. Il est avéré que les convictions intimes de Newton étaient moins tranchées. Voir R. Westfall, *Newton. 1642-1727*, Flammarion, 1994, p. 501-504).

deuxième édition des *Principia* (1713), où ce disciple de Newton n'hésitait pas à présenter l'attraction comme une propriété primitive de la matière, mettant ainsi sur le même plan la gravité ou pesanteur, l'impénétrabilité, la mobilité et l'étendue [1]. Trente ans plus tard, Voltaire oppose au spiritualisme cartésiano-chrétien dominant dans son pays une séduisante synthèse de ce qu'il présente comme *la* position anglaise. Dans la XIIIᵉ *Lettre*, on l'a vu, il suggère, en s'engouffrant dans le chemin ouvert par Locke, que Dieu a pu douer la matière de la faculté de penser ; ici il promeut l'hypothèse que Dieu a doué la matière de la force d'attraction. Or si l'on fait de l'attraction une force inhérente à la matière, si l'on enrichit le concept de matière d'une nouvelle propriété, on favorise le développement de la pensée matérialiste, qui commence alors à sortir timidement des cercles érudits où elle s'était prudemment confinée depuis un siècle. Alerté de cette hardiesse qu'il réprouve, le *Dictionnaire de Trévoux* dénoncera ce nouveau danger en consacrant un article à ce terme encore fort rare en 1740 :

> *Matérialisme* : Dogme très dangereux, suivant lequel certains philosophes, indignes de ce nom, prétendent que tout est matière, et nient l'immortalité de l'âme. Le matérialisme est un pur athéisme, *ou pour le moins un pur déisme* ; car si l'âme n'est point esprit, elle meurt aussi bien que le corps ; et si l'âme meurt, il n'y a plus de religion. M. Locke disputait pour le matérialisme.

Sous le patronage de Newton et de Locke, Voltaire devient ainsi le héraut d'une sorte de matérialisme déiste [2] qui déjà révolte les autorités, mais qui sera bientôt dépassé par une nouvelle génération de philo-

---

1. Sur les différentes rédactions de ce passage, voir A. Koyré, *Études newtoniennes*, Gallimard, 1968, appendice C : « La gravité, une propriété essentielle de la matière ? », p. 188-202.
2. On n'a pas l'habitude de classer le déiste Voltaire parmi les matérialistes, mais on rappellera que ni Hobbes ni Gassendi, qui ont renouvelé la pensée matérialiste au XVIIᵉ siècle, n'étaient athées.

sophes, les matérialistes athées : ceux-ci, comme nous allons le voir, ne cesseront de reprocher à Voltaire son adhésion au Dieu de Newton.

Voltaire contre le matérialisme athée

Après le scandale provoqué par la publication des *Lettres philosophiques*, l'accalmie que le débat philosophique retrouve va durer une quinzaine d'années. C'est l'époque où triomphent Marivaux, Crébillon fils et l'abbé Prévost, pendant que Voltaire continue sa carrière d'auteur dramatique. Cette heureuse période sous le règne de Louis le Bien-Aimé est brutalement interrompue à la fin des années 1740 par la publication de deux écrits matérialistes qui valent à leurs auteurs de sérieux ennuis. Dans *L'Homme-machine*, La Mettrie débarrasse le cartésianisme de son aspect dualiste en étendant la doctrine des animaux-machines à l'homme ; dans la *Lettre sur les aveugles*, Diderot déclare que l'homme n'est pas le couronnement de la Création, comme on peut le lire au premier chapitre de la Genèse, mais le produit fortuit d'une évolution aveugle. Il passera plus de trois mois en prison d'où il ne sera libéré que grâce à la pression exercée sur le gouvernement par les éditeurs de l'*Encyclopédie* alors en préparation. La Mettrie finira ses jours à la cour de Frédéric II où il aura juste le temps de rencontrer Voltaire avant de mourir en 1751 d'un pâté avarié. Cette mort d'un « épicurien [1] » impénitent qui, dans ses écrits provocateurs, avait légitimé tous les plaisirs, contribua à jeter le discrédit sur la philosophie matérialiste en particulier et, en général, sur le mouvement philosophique qui prenait alors son véritable essor.

L'athéisme affiché des nouveaux matérialistes ainsi que leurs certitudes irritent Voltaire. S'ils se servent, comme lui, de la méthode expérimentale, ils imagi-

---

1. Jusqu'à la fin du XVIIIᵉ siècle, la philosophie matérialiste était le plus souvent désignée par le terme épicurisme.

nent aussi des hypothèses. Et c'est précisément cette
témérité d'abandonner le terrain sûr des faits en faveur
de spéculations hasardeuses que Voltaire, pour des raisons de prudence épistémologique, ne cesse de leur
reprocher : « vous tombez dans le défaut, écrira-t-il
plus tard à l'auteur anonyme du *Système de la nature*,
que vous reprochez avec raison à tant de théologiens,
de commencer par admettre ce qui est en question »
(*Dieu*, p. 323). Dans les *Dialogues entre Lucrèce et Posidonius* (1756), Posidonius-Voltaire accorde à Lucrèce-
Diderot que la matière est éternelle mais qu'« il ne
s'ensuit point du tout qu'elle puisse former des
ouvrages dans lesquels éclatent tant de sublimes desseins. […] Vous le supposez sans aucune preuve, et je
ne dois rien admettre sans preuve. […] Il faudrait
avoir vu naître des hommes et des animaux du sein de
la terre, et des blés sans germe, etc., etc., pour oser
affirmer que la matière toute seule se donne de telles
formes ; personne, que je sache, n'a vu cette opération : personne ne doit donc y croire [1] ». Conclusion : la nature est l'œuvre d'un Être intelligent qui a
donné aux corps organisés et inorganisés, animés et
inanimés, toutes les propriétés imaginables.

Au moment où Voltaire défend ainsi l'existence
d'un Dieu ordonnateur de l'univers, il ignore encore
que les expériences d'un prêtre catholique (mais non
jésuite) anglais, John T. Needham, servent de base,
depuis leur publication en 1745, à un puissant renou-
veau de l'athéisme. Après avoir étudié les « anguilles »
responsables de la nielle du blé [2], Needham s'achar-
nait à prouver l'existence d'une force végétative universelle de la matière expliquant la génération de tous
les êtres vivants. On connaît la suite : pendant plus de
dix ans, Voltaire va écrire plus de vingt-cinq ouvrages,

----

1. Voltaire, *Mélanges*, Gallimard, « Bibliothèque de la Pléiade »,
1961, p. 318-319.
2. La même expérience répétée avec de l'eau et de la farine persuada Needham que ces animalcules aquatiques doués de mouvement et baptisés « anguilles » étaient vivipares.

traités, dialogues, satires et contes, tous dirigés, en totalité ou en partie, contre l'athéisme et son support scientifique. Depuis les *Questions sur les miracles* (1767) jusqu'aux *Lettres de Memmius à Cicéron* (1771), il combattra l'explication de la naissance des animaux par génération spontanée, s'en prenant sans relâche à Needham « l'Anguillard », dont le microscope passe « pour être le laboratoire des athées [1] ». Et que dire de l'auteur du *Telliamed*, Benoît de Maillet, et de ses prétentions à faire descendre l'homme d'un poisson [2] ? Face à ces élucubrations farfelues, le premier devoir du philosophe et du savant, c'est le scepticisme : « Dans la physique comme dans toutes les affaires du monde, commençons par douter. [...] Le plus sûr est donc de n'être sûr de rien, ni dans le ciel, ni sur la terre, jusqu'à ce qu'on en ait des nouvelles bien constatées [3]. » Les spéculations des athées ne sont que des hypothèses sans fondement scientifique. Mieux vaut partir de faits avérés et avancer pas à pas grâce à l'expérimentation, sans se laisser emporter par l'imagination dans des rêveries dépourvues de substance. Toute sa vie, Voltaire maintiendra pour l'essentiel la même démonstration : l'ordre du monde suppose une intelligence ordonnatrice, comme une horloge suppose un horloger ; cet ordre n'est pas un simple arrangement, il obéit à des lois universelles, chacun de ses éléments organisés fonctionne en vue d'une fin ; l'agencement le plus adroit de la matière ne saurait produire le mouvement, la sensation, le sentiment ni la pensée, qui sont conférés par Dieu à cette matière ; n'importe quoi ne peut naître de n'importe quoi, la

---

1. *Questions sur les miracles*, IV, Avertissement.
2. Un siècle avant Darwin, il n'était pas évident d'ajouter foi à un transformisme aussi radical. Moins hardi que Diderot, Voltaire se méfiait instinctivement de tout ce qui, à tort ou à raison, lui paraissait déraisonnable. Du moins n'aurait-il pas succombé à toutes les impostures scientifiques qui ont vu le jour depuis un siècle et sont malheureusement tombées trop vite dans les oubliettes de l'histoire pour servir de leçon.
3. *Les Singularités de la nature*, introduction.

matière se compose d'atomes irréductibles, inaltérables, différents, qui ne sauraient se transmuer l'un dans l'autre – voilà ce que Voltaire oppose à ceux qui, comme d'Holbach, veulent mettre la nature à la place de Dieu.

Les propos mesurés de la brochure *Dieu. Réponse au Système de la nature* font ressortir une certaine sympathie de leur auteur à l'égard du livre explosif qu'il réfute en 1770 [1]. Entre un « principe d'action » inaccessible et la négation de toute transcendance, la différence est mince du point de vue philosophique, mais l'affirmation brutale du matérialisme athée effraie Voltaire. Voici les principales thèses du livre incriminé telles qu'elles ont été résumées par Robert Sasso [2] :

Thèse 1 : Toute injustice vient de la superstition, en tant que celle-ci permet la constitution de la religion, auxiliaire nécessaire de la tyrannie.

Thèse 2 : La superstition repose sur l'ignorance des causes naturelles. Cette ignorance conduit à forger une cause suprême : Dieu. Inversement, la connaissance des causes naturelles conduit à l'athéisme.

Thèse 3 : La nature est une totalité matérielle qui se suffit à elle-même.

Thèse 4 : La matière possédant originellement le mouvement, tout dans la nature procède des suites nécessaires de ce mouvement.

Thèse 5 : L'athéisme seul peut émanciper l'humanité, fonder la vertu et réaliser le bonheur dans une société juste.

Voltaire est prêt à admettre la première thèse de d'Holbach, la dénonciation de la collusion entre la religion et le despotisme. Tout son combat contre l'Infâme ne peut qu'en souligner le bien-fondé. Il peut aussi accepter la troisième thèse en introduisant la distinction entre nature naturante et naturée (la nature n'est pas Dieu mais une émanation de Dieu), ainsi qu'une partie de la deuxième. Il conteste, on l'a déjà vu, la

---

1. Voir la Notice des « Derniers écrits sur Dieu », p. 300-302.
2. Voir « Voltaire et le *Système de la nature* de d'Holbach », *Revue internationale de philosophie*, 32, 1978, p. 281.

quatrième qui repose plus sur un postulat que sur une véritable démonstration. Mais il rejette catégoriquement la dernière. Voltaire combat moins le matérialisme que l'athéisme, parce qu'il ne conçoit pas la vie en société sans un Dieu gendarme.

Finalisme et fatalisme

Voltaire n'a cessé de le répéter tout au long de son œuvre : les structures, les propriétés et le comportement des êtres vivants répondent visiblement à un dessein. « Le hasard n'est rien ; il n'est point de hasard. Nous avons nommé ainsi l'effet que nous voyons d'une cause que nous ne voyons pas. Point d'effet sans cause ; point d'existence sans raison d'exister : c'est là le premier principe de tous les vrais philosophes », affirmet-il dans les *Lettres de Memmius à Cicéron* (p. 341). Si l'on considère un organisme un peu complexe, avec l'évidente finalité de tous ses organes, comment ne pas conclure qu'il a été produit par la volonté d'un Créateur ? L'auteur de *Candide* écarte cependant l'usage anthropocentrique des causes finales préconisé par la tradition apologétique chrétienne en vue de chanter les louanges d'un Dieu personnel qui a organisé l'univers, jusque dans ses moindres détails, pour le confort, l'agrément et l'édification du genre humain. Chez Voltaire, les causes finales ne servent qu'à donner une explication, satisfaisante pour la raison, de certains phénomènes naturels réguliers et universels :

Il ne faut pas sans doute abuser des causes finales. [...] Pour qu'on puisse s'assurer de la fin véritable pour laquelle une cause agit, il faut que cet effet soit de tous les temps et de tous les lieux. Il n'y a pas eu de vaisseaux en tout temps et sur toutes les mers ; ainsi l'on ne peut pas dire que l'océan ait été fait pour les vaisseaux. On sent combien il serait ridicule de prétendre que la nature eût travaillé de tout temps pour s'ajuster aux inventions de nos arts arbitraires, qui tous ont paru si tard ; mais il est bien évident que si les nez n'ont pas été faits pour les

besicles, ils l'ont été pour l'odorat, et qu'il y a des nez
depuis qu'il y a des hommes. De même les mains n'ayant
pas été données en faveur des gantiers, elles sont visiblement destinées à tous les usages que le métacarpe et les
phalanges de nos doigts, et les mouvements du muscle
circulaire du poignet, nous procurent [1].

À l'opposé des discours délirants de Pangloss dans
Candide, et de ceux de l'abbé Pluche – apologiste
chrétien auteur du *Spectacle de la nature* (1732-1750),
qui s'efforça de démontrer la sagesse de la création
divine dans chaque détail de la nature –, Voltaire se révèle
être un « cause-finalier » modéré. L'éternel Démiurge,
ce Dieu impersonnel hors de notre portée et de notre
mesure, a créé un ordre que rien ne perturbe et qui se
désintéresse des cas particuliers. En fin de compte, le
déisme de Voltaire et le matérialisme athée aboutissent
au même résultat : « Ou le monde subsiste par sa propre
nature, par ses lois physiques, ou un Être suprême l'a
formé selon ses lois suprêmes : dans l'un et l'autre cas,
tout est nécessaire [2]. »

Tout n'est pas bien, mais tout est nécessaire : voici
Voltaire convaincu de fatalisme, adhésion revendiquée
ouvertement dans les *Lettres de Memmius à Cicéron*.
Qu'est-ce que le fatalisme ? L'un des meilleurs connais-
seurs de cette doctrine, l'abbé Pluquet, l'a définie ainsi :
« Le fatalisme est un système qui suppose que tout existe
nécessairement, et qui attribue tous les phénomènes de
la nature à une force sans liberté [3]. » L'abbé Nonnotte,
l'un des contradicteurs les plus acharnés de Voltaire, a
précisé de son côté : « C'est une force aveugle qui entraîne invinciblement tous les êtres et toutes les créatures ; qui détermine nécessairement tout en elles indépendamment de leur volonté, et décide inévitablement
de tous les cours de leur vie, et enfin de leur sort [4]. » La

---

1. *Questions sur l'Encyclopédie*, article *Causes finales*.
2. *Dictionnaire philosophique*, article *Destin*.
3. F.A.A. Pluquet, *Examen du fatalisme*, Paris, 1757, t. I, p. I.
4. C.F. Nonnotte, *Dictionnaire philosophique de la religion* (1772),
article *Destin*.

nécessité, on le voit, exclut catégoriquement la liberté, ou plus précisément le libre arbitre, c'est-à-dire la faculté qui permettrait à l'homme de choisir indifféremment, sans contrainte ni nécessité, entre deux actions. À l'instar de Locke et des déistes anglais comme Collins, Voltaire a professé très tôt un déterminisme psychologique et moral selon lequel l'homme dirige sa conduite en fonction de ses inclinations et penchants ; l'homme est libre, mais sa volonté ne l'est pas – il est donc plus ou moins libre selon la possibilité d'agir ou de ne pas agir conformément à sa préférence. Or la doctrine du fatalisme telle qu'elle prend forme au milieu du siècle proclame une nécessité morale *et* physique qui agit partout dans l'univers, y compris sur l'homme. *Jupiter est quodcumque vides, quocumque moveris*, « Jupiter est tout ce que tu vois, tout ce que tu éprouves » : ce vers célèbre d'inspiration stoïcienne, dont Jean Deprun a montré les connotations matérialistes, apparaît de nombreuses fois dans les dernières œuvres de Voltaire (voir *Tout en Dieu*, p. 307) [1].

S'il avait pu lire *Jacques le Fataliste* que Diderot rédigeait dans les années 1770, il aurait peut-être reconnu dans le « grand rouleau » auquel le héros éponyme attribue tous les événements arrivés ici-bas, le « grand Être » évoqué à la même époque dans *Il faut prendre un parti* :

> Tout événement présent est né du passé, et est père du futur, sans quoi cet univers serait absolument un autre univers [...]. La chaîne éternelle ne peut être ni rompue ni mêlée. Le grand Être qui la tient nécessairement ne peut la laisser flotter incertaine, ni la changer ; car alors il ne serait plus l'Être nécessaire, l'Être immuable, l'Être des êtres [...]. Un destin inévitable est donc la loi de toute la nature [...]. L'homme est libre [...] quand il peut ce qu'il veut, mais il n'est pas libre de vouloir ; il est impossible

1. J. Deprun, « "Jupiter est tout ce que tu vois" : note sur la fortune d'un vers "matérialiste" à l'âge classique », dans *Être matérialiste à l'âge des Lumières*, PUF, 1999, p. 109-116.

qu'il veuille sans cause. Si cette cause n'a pas son effet
infaillible, elle n'est plus cause. Le nuage qui dirait au
vent : « Je ne veux pas que tu me pousses », ne serait pas
plus absurde (p. 387) [1].

Gardons-nous cependant de confondre le fatalisme
tel que Voltaire le professe à la fin de sa vie avec la
« fatalité invincible » à laquelle les partisans de Leibniz
et de Pope, au dire de Voltaire, ont parfois identifié
l'optimisme [2]. C'est la position d'un Pangloss qui invariablement s'interroge sur la raison suffisante des
catastrophes que subissent les personnages de *Candide*, position dont le *Poème sur le désastre de Lisbonne*
s'indigne explicitement :

> Tranquilles spectateurs, intrépides esprits,
> De vos frères mourants contemplant les naufrages,
> Vous recherchez en paix les causes des orages.

Ce causalisme, qui consiste à ramener l'événement
singulier à l'enchaînement de la « raison universelle », a
pour effet de dissoudre la souffrance des individus dans
une loi abstraite. L'explication fait taire les cris, le dis-

---

1. Voir aussi le discours de l'athée (p. 395) et la réponse du
théiste (p. 405) pour la similitude de leur point de vue. Le déterminisme physique, tel qu'il s'exprime dans le fameux démon de
Laplace (en connaissant l'état de l'univers à un moment donné, une
intelligence supérieure pourrait en calculer tous les états passés et
futurs), est étroitement tributaire de la physique newtonienne.
Grâce à la force d'attraction qui s'exerce sur les corps, on peut
déduire l'accélération de son mouvement et calculer sa trajectoire
entière à partir de sa position et de sa vitesse initiales. Ainsi, la
connaissance de l'état actuel du monde doit nous permettre de prévoir son évolution future. On dispose aujourd'hui d'éphémérides
qui s'étendent sur quarante-quatre siècles, ce qui n'est cependant
qu'un instant infime dans l'histoire de l'univers dont l'évolution est
désormais considérée comme *chaotique* (mais les instabilités
démentant le déterminisme laplacien n'apparaissent qu'à une
échelle de temps de cent millions d'années).

2. « Tout est bien, dites-vous, et tout est nécessaire... », *Poème sur
le désastre de Lisbonne*. Le mot « optimisme » apparaît pour la première fois en 1737 dans le périodique des jésuites intitulé *Mémoires
de Trévoux*.

cours des causes et des effets couvre le bruit des souffrances humaines. « Ceux qui ont crié que tout est bien
sont des charlatans », s'indigne Voltaire dans *Il faut
prendre un parti* (p. 391). L'optimisme *justifie* le mal en
disculpant Dieu, alors que le grand Être de Voltaire est
impuissant face au mal dont il n'a pu éviter l'apparition.
Si, pour reprendre un terme qu'utilisa Rousseau dans
sa réponse au *Poème sur le désastre de Lisbonne*, l'optimisme rend « patient [1] », il réduit l'homme à n'être rien
qu'une chose parmi d'autres, obéissant au jeu aveugle
et impassible des causalités. Or ni le grand rouleau ni le
grand Être ne conduisent l'homme à l'inaction.

Exposé aux sarcasmes de la « synagogue [2] », Voltaire
était pourtant d'accord sur l'essentiel avec les philosophes matérialistes dont il combattait l'athéisme.
D'une part, il a critiqué le matérialisme spéculatif quand
il prétendait rendre compte des phénomènes de la vie
et de la pensée par la seule matière en mouvement ;
d'autre part, il a surtout récusé la notion de substance
spirituelle et libre. Dans ses derniers écrits, Voltaire
met en avant l'unité de l'homme sentant et pensant,
le replaçant dans l'ensemble de la nature et le montrant soumis comme elle aux lois des mouvements
matériels. Si l'une des thèses fondamentales du matérialisme est que les faits de conscience peuvent et
doivent être ramenés à des données physiques, la
pensée de Voltaire a bien sa place dans l'histoire de ce
courant majeur de la philosophie. « Je ne serais pas
fâché, reconnaît Évhémère, son dernier porte-parole,
d'avoir quelque chose de commun avec les vrais épicuriens, qui sont d'honnêtes gens, très sages et très
respectables [3]. »

---

1. Voir la « Lettre de J.-J. Rousseau à M. de Voltaire » du 18 août
1756, dans *Œuvres complètes*, t. IV, Gallimard, « Bibliothèque de la
Pléiade », 1969, p. 1060
2. Il s'agit du cercle qui se réunissait dans le salon de d'Holbach :
Diderot, Naigeon, Morellet, Marmontel, Saint-Lambert, Helvétius,
Raynal, le chevalier de Chastellux et quelques autres encore.
3. *Dialogues d'Évhémère*, chap. 2.

Le Dieu de Voltaire,
une impossible synthèse ?

Pendant que Voltaire approfondit, après 1734, la science de Newton en vue de la rendre accessible à un vaste public, le newtonianisme devient pour lui non pas un système scientifique parmi d'autres, mais véritablement une religion. « Un catéchiste enseigne Dieu aux enfants, aime-t-il à répéter, et Newton le démontre aux sages » (*Dieu*, p. 327) [1]. Pendant trente ans, Voltaire se représentera Dieu comme un roi dans son palais, agissant d'une liberté absolue :

> Toute la philosophie de Newton conduit nécessairement à la connaissance d'un Être suprême qui a tout créé, tout arrangé librement. Car si selon Newton (et selon la raison) le monde est fini, s'il y a du vide, la matière n'existe donc pas nécessairement, elle a donc reçu l'existence d'une cause libre. Si la matière gravite, comme cela est démontré, elle ne gravite pas de sa nature, ainsi qu'elle est étendue de sa nature : elle a donc reçu de Dieu la gravitation. Si les planètes tournent en un sens, plutôt qu'en un autre, dans un espace non résistant, la main de leur créateur a donc dirigé leur cours en ce sens d'une liberté absolue [2].

Pourquoi, peut-on donc se demander, Dieu a-t-il laissé le mal envahir le monde alors qu'il était entièrement libre de l'empêcher ? Dans la XXVe *Lettre philosophique*, Voltaire répond assez cavalièrement que « si l'homme était parfait, il serait Dieu » (p. 240). Peu enclin à s'interroger sur l'origine du mal, il est avant

---

1. En réalité, Voltaire ne connaissait qu'une version assez plate du système newtonien, diffusée notamment par Pemberton, Clarke et les physiciens hollandais, sans parler de la légende dorée du savant et de ses découvertes, que Newton avait lui-même soigneusement entretenue. Voir P. Casini, « Briarée en miniature : Voltaire et Newton », *Studies on Voltaire and the Eighteenth Century*, 179, 1979, p. 64-68.
2. *Éléments de la philosophie de Newton* (I, 1).

tout préoccupé à réfuter le pessimisme pascalien par un optimisme bien tempéré :

> Pourquoi nous faire horreur de notre être ? Notre existence n'est point si malheureuse qu'on veut nous le faire accroire. Regarder l'univers comme un cachot, et tous les hommes comme des criminels qu'on va exécuter, est l'idée d'un fanatique. Croire que le monde est un lieu de délices où l'on ne doit avoir que du plaisir, c'est la rêverie d'un sybarite. Penser que la terre, les hommes et les animaux sont ce qu'ils doivent être dans l'ordre de la Providence, est, je crois, d'un homme sage (p. 244).

Voltaire souscrit encore peu ou prou, à cette époque, à la vulgate leibnizienne selon laquelle le « meilleur des mondes possibles » est celui qui « convient le mieux » : ce qui apparaît aux créatures comme une déficience, comme un mal, doit être compris comme l'élément d'un ensemble. « Tout ce qui est, est bien », disait Pope dans son *Essai sur l'homme* (*Essay on Man*, 1733), et Voltaire répétait religieusement après lui :

> Rien n'est grand ni petit ; tout est ce qu'il doit être.
> D'un parfait assemblage instruments imparfaits,
> Dans votre rang placés demeurez satisfaits [1].

Mais la catastrophe de Lisbonne (1755) conduit Voltaire à effectuer un revirement spectaculaire dans son approche du mal. Désormais, il ne peut plus croire que le mal est l'inévitable contrepartie du bien dans le meilleur des mondes possibles. Si le mal existe, c'est parce qu'il est *nécessaire*. Si tout est en Dieu, comme le veut Malebranche commenté par Voltaire, le mal aussi appartient à Dieu, non pas au Dieu libre de Newton, mais à un Dieu qui « n'agit jamais sans raison [2] ». Quand Voltaire identifie, au soir de sa vie, l'Être des êtres à un

---

1. VIᵉ *Discours en vers sur l'homme* (1739).
2. Malebranche, *Traité de morale*, I, 8, 6. Leibniz, quant à lui, estime que Dieu n'agit jamais sans raison *suffisante*, sa liberté consistant à « agir en perfection selon la souveraine raison » (*Discours de métaphysique*, § 3).

Démiurge [1], son artisan suprême emprunte les traits du
Dieu de Malebranche, qui gouverne le monde selon la
« loi de la simplicité des voies ». Dans l'acte premier de la
création, expliquait Malebranche dans le *Traité de la
nature et de la grâce* (1680), Dieu a réglé toutes choses, et
pour tous les temps. Il n'a pas choisi le meilleur des
mondes possibles, mais seulement le meilleur compte
tenu des voies nécessaires pour le réaliser, voies qui doivent être les plus simples. En d'autres termes, pour créer
le monde et le maintenir dans l'être, le Dieu de Malebranche a pris en compte non seulement la perfection
du produit, mais aussi celle de ses « voies », c'est-à-dire
les manières d'agir qu'il a employées pour créer. L'ordre
de l'univers n'est pas en soi le plus parfait, quoique Dieu
l'ait voulu tel, à cause de la simplicité des voies dont il ne
lui fut pas permis de s'écarter. Sans suivre l'oratorien
jusqu'au bout, Voltaire retient l'idée que Dieu a fait le
monde imparfait pour le faire simple, au lieu de le faire
d'abord parfait, puis après le plus simple possible :
« Peut-être, dans la vaste machine de la nature, le bien
l'a-t-il emporté nécessairement sur le mal, et l'éternel
artisan a été forcé dans ses moyens en faisant encore
(malgré tant de maux) ce qu'il y avait de mieux » (*Lettres
de Memmius à Cicéron*, p. 349).

Voltaire disciple de Malebranche ? La thèse demande
à être nuancée, car les derniers écrits philosophiques
de Voltaire, en réalité, portent moins l'empreinte de
Malebranche que celle de Spinoza [2] : *Tout en Dieu.
Commentaire sur Malebranche* (1769), malgré son titre,
s'affirme plus spinoziste que malebranchiste [3]. On y

---

1. Voltaire emprunte le concept à Cicéron, *De la nature des dieux*,
II, 11, et à Platon, *Timée*, 28c.

2. Malebranche a lui-même signalé la tendance spontanée qui le
menait au spinozisme. « Je me sens porté à croire que ma substance
est éternelle, que je fais partie de l'Être divin, et que toutes mes
diverses pensées ne sont que des modifications particulières de la
Raison universelle » (*Méditations chrétiennes*, IX, 15).

3. La formule *Tout en Dieu* apparaît d'ailleurs à plusieurs reprises
dans l'*Éthique* : *Quicquid est, in Deo est* (I, 15) ; *omnia in Deo esse* (I,
17, dém.) ; dans la phrase *Cum autem omnia in Deo sint et per Deum
conspicantur* (II, 47, scolie), on a même la « vision en Dieu ».

décèle aussi un ton nouveau, grave et solennel, qui tranche avec la désinvolture habituelle que Voltaire réserve aux sujets philosophiques, surtout quand il s'agit de dénoncer des systèmes jugés absurdes. Comme la plupart de ses contemporains, Voltaire n'a de Spinoza qu'une connaissance de seconde main. Pendant longtemps, il ne le connaît qu'à travers l'article *Spinoza* du *Dictionnaire historique et critique* de Bayle [1] et la paraphrase du comte de Boulainvilliers éditée à Bruxelles en 1731 sous le titre *Réfutation des erreurs de Benoît de Spinoza*. À partir de 1765, les références au philosophe maudit se multiplient soudainement avec une fréquence qui tient quasiment de l'obsession. Spinoza attire et repousse Voltaire : l'idée d'un Dieu faisant corps avec le monde le choque, car si Dieu est le monde, on doit supposer qu'il se mange et se digère lui-même. Mais l'essentiel n'est pas là. L'« erreur » de Spinoza concernant Dieu peut, selon lui, être corrigée d'un trait de plume – l'universalité des choses *n'est pas* Dieu (« *Deus sive Natura* »), mais elle *émane* de Dieu : « On ne peut m'opposer les objections faites à Spinoza. On lui disait qu'il faisait un Dieu intelligent et brute, esprit et citrouille, loup et agneau, volant et volé, massacrant et massacré ; que son Dieu n'était qu'une contradiction perpétuelle. Mais ici on ne fait point Dieu l'universalité des choses. Nous disons que l'universalité des choses émane de lui » (p. 315) [2]. Et cela pour une raison décisive, inspirée de la physique newtonienne – dont Voltaire s'attribue la paternité, « avec quelque orgueil » selon Paul Vernière [3] :

Il me semble qu'on pourrait battre les remparts du spinozisme par un côté que Bayle a négligé. Spinoza pense qu'il ne peut exister qu'une seule substance ; et il paraît par tout son livre qu'il se fonde sur la méprise de Des-

---

1. Voir la remarque sur l'âme du monde dans une addition de la XIIIe *Lettre* (p. 144).
2. Cette idée apparaît dès *Le Philosophe ignorant*, chap. 20.
3. P. Vernière, *Spinoza et la pensée française avant la Révolution*, PUF, 1954, p. 520.

cartes que *tout est plein*. Or, il est aussi faux que tout soit
plein qu'il est faux que tout soit vide. [...] Or, si tous les
mouvements exigent absolument des espaces vides, que
deviendra la substance unique de Spinoza ? Comment la
substance d'une étoile, entre laquelle et nous est un
espace vide si immense, sera-t-elle précisément la substance de notre terre, la substance de moi-même, la substance d'une mouche mangée par une araignée [1] ?

Voltaire se souvient de la fameuse querelle qui avait
opposé, au début du siècle, Leibniz, partisan du plein,
et Clarke, porte-parole de Newton et défenseur du
vide. En relisant leur *Correspondance* publiée en 1720 [2],
il emprunte à Clarke la notion de « principe d'action [3] » qu'il va présenter, dans sa diatribe *Il faut
prendre un parti*, comme une sorte de synthèse de
Newton, Spinoza et Leibniz. Dans son échange de
lettres avec Clarke, Leibniz avait vigoureusement critiqué les principes qui régissent l'univers newtonien
(le bon plaisir du Créateur, le vide), leur opposant son
principe de raison suffisante :

[...] rien n'arrive sans qu'il y ait une raison pourquoi
cela est ainsi plutôt qu'autrement. [...] [Newton] admet,
outre la matière, un espace vide, et [...] selon lui, la
matière n'occupe qu'une très petite partie de l'espace.
Mais Démocrite et Épicure ont soutenu la même chose,
excepté qu'ils différaient en cela de M. Newton du plus
au moins ; et que peut-être selon eux, il y avait plus de

---

1. *Questions sur l'Encyclopédie*, article *Dieu, dieux*. Voir aussi *Il faut
prendre un parti*, p. 374.
2. *Recueil de diverses pièces sur la philosophie, la religion naturelle,
l'histoire, les mathématiques, etc. par MM. Leibniz, Clarke, Newton, et
autres auteurs célèbres*, Amsterdam, H. du Sauzet, 1720. Une édition
récente de cette dispute qualifiée par Voltaire de « plus beau monument que nous ayons des combats littéraires » (*Éléments de la philosophie de Newton*, I, 2) fut donnée par André Robinet dans *Correspondance Leibniz-Clarke*, Paris, 1957.
3. Cette expression figure dans la « Troisième réplique de
M. Clarke », § 7-8 (*Recueil de diverses pièces sur la philosophie...*,
ibid.). Dans *Tout en Dieu*, Voltaire parle d'un « principe universel,
éternel et agissant » (p. 313).

matière dans le monde que selon M. Newton. En quoi je crois qu'ils étaient préférables, car plus il y a de la matière, plus y a-t-il de l'occasion à Dieu d'exercer sa sagesse et sa puissance. Et c'est pour cela, entre autres raisons, que je tiens qu'il n'y a point de vide du tout [1].

Rien n'existe, dit Leibniz, sans raison d'exister ; il ne saurait y avoir de hasard dans la volonté d'un Dieu qui se détermine absolument en conformité à des raisons. Par voie de conséquence, l'univers doit être plein. S'il y a une raison qui fait que le monde existe au lieu de n'exister pas, ce ne peut être que la supériorité de l'existence sur le non-être. Du vide serait du néant, il serait une carence de la puissance infinie du Créateur.

Sans adhérer pour autant au système de Leibniz, Voltaire est prêt à rejeter avec celui-ci la « fort plaisante opinion de l'ouvrage de Dieu » défendue par les newtoniens : l'Être suprême, proclame-t-il dans *Tout en Dieu*, n'est pas un « ouvrier occupé des roues de sa machine » – autrement dit, un horloger tenu de remonter régulièrement sa montre qui sans lui cesserait d'agir –, mais un « principe toujours agissant », une « mathématique générale qui dirige toute la nature » (p. 308 et 315). Voltaire s'empresse de préciser que ce Dieu n'est point non plus « l'universalité des choses », autrement dit le Dieu de Spinoza. D'abord, parce que le monde ou la nature n'est pas Dieu mais une émanation de Dieu ; ensuite, parce que l'existence du vide, prouvée depuis Newton, interdit d'identifier Dieu à la nature : celle-ci est faite de matière et de vide, mais Dieu est « partout où il y a quelque chose, et non pas où il n'y a rien » (*Il faut prendre un parti*, p. 374). Les cartésiens comme Leibniz commettent une erreur en assimilant le vide et le rien. L'espace vide de matière est sans doute un espace dans lequel il n'y a rien, mais cela ne l'identifie pas pour autant au

1. Cité d'après la traduction de P. Desmaizeaux dans *Recueil de diverses pièces sur la philosophie...*, *op. cit.*, « Second écrit de M. Leibniz », § 1-2.

rien : c'est une quantité immense étendue. Si Voltaire
est prêt à accorder à l'Être suprême « intelligence » et
« éternité » [1], il rechigne devant sa « puissance infinie », car l'existence d'un infini en espace lui paraît
inconcevable :

> Comment puis-je concevoir un infini actuellement
> existant ? Comment puis-je imaginer que l'intelligence
> suprême est dans le vide ? Il n'en est pas de l'infini en
> étendue comme de l'infini en durée. Une durée infinie
> s'est écoulée au moment que je parle, cela est sûr ; je ne
> peux rien ajouter à cette durée passée, mais je peux
> toujours ajouter à l'espace que je conçois, comme je
> peux ajouter aux nombres que je conçois. L'infini en
> nombre et en étendue est hors de la sphère de mon
> entendement [2].

Dans le débat entre Clarke, porte-parole de Newton,
et Leibniz sur la nature de l'espace, Voltaire rejette
avec Clarke l'idée cartésiano-leibnizienne que l'univers est plein, mais tient à préciser, à l'encontre de
Clarke, que ni Dieu ni l'univers ne sont infinis. Ils sont
limités, bornés [3] : non seulement parce que l'idée d'un
Dieu infini donne trop de gages au spinozisme [4], mais

---

1. Voir *Le Philosophe ignorant*, chap. 15 et 16.
2. *Ibid.*, chap. 17.
3. Voir *Lettres de Memmius*, p. 349. Cette idée fort originale d'un
Dieu limité se retrouve dans l'article *Infini* des *Questions sur
l'Encyclopédie* : « Quand nous disons qu'il est infini en puissance,
avons-nous d'autre idée sinon que sa puissance est très grande ?
Mais de ce qu'il y a des pyramides de six cents pieds de haut,
s'ensuit-il qu'on ait pu en construire de la hauteur de six cents milliards de pieds ? / Rien ne peut borner la puissance de l'être éternel
existant nécessairement par lui-même. D'accord, il ne peut avoir
d'antagoniste qui l'arrête, mais comment me prouvez-vous qu'il
n'est pas circonscrit par sa propre nature ? »
4. Voir encore ce passage des *Éléments de la philosophie de
Newton* : « Il est bon de faire attention à cet ancien argument, auquel
on n'a jamais répondu. Qu'un homme aux bornes de l'univers
étende son bras, ce bras doit être dans l'espace pur, car il n'est pas
dans le rien. Et si l'on répond qu'il est encore dans la matière, le
monde en ce cas est donc infini, le monde est donc Dieu » (I, 2).

aussi parce que seul un Dieu borné, tout intelligence
suprême qu'il est, peut être disculpé de l'existence du
mal. Désormais Voltaire impose à Dieu une loi naturelle
contraignante, la même qui pèse sur les hommes :
« Dieu, en formant le soleil lumineux, ne pouvait lui
ôter ses taches. Dieu, en formant l'homme avec des
passions nécessaires, ne pouvait peut-être prévenir ni
ses vices ni ses désastres » (*Lettres de Memmius à
Cicéron*, p. 350-351). La matière n'est pas infiniment
malléable à l'action divine, elle limite la liberté de Dieu
comme celle de l'homme : « Peut-être la matière a été
rebelle à l'intelligence qui en disposait les ressorts »
(p. 349). Sous l'influence conjuguée de Malebranche
et Spinoza, Voltaire a fini par congédier le Dieu newtonien en faveur d'un principe universel qui n'a rien
créé, qui est « dans la nature », qui ne se distingue de
la nature « tout court » que par sa « sagesse », concept
fort vague qui ne fâche personne et qui permet de
sauver le finalisme dont Voltaire n'a jamais voulu se
départir.

La philosophie de Voltaire apparaît ainsi comme le
chaînon manquant – ou l'impossible synthèse – entre le
spiritualiste Malebranche et le matérialisme athée tel
qu'il s'exprime dans le *Système de la nature*. Comme Voltaire n'a pas plus de goût que Locke pour toute doctrine
suspecte de mysticisme, le commentateur de Malebranche qui se cache derrière le pseudonyme de l'abbé
de Tilladet apparaît bien plus proche du spinozisme
dont il partage l'anticréationnisme et l'affirmation inces-
sante d'une intelligence universelle, que du cartésianisme revu et corrigé par le « grand rêveur de l'Oratoire [1] ». À partir de 1769, l'affaire paraît entendue : la
nature n'est pas Dieu, elle émane de Dieu, mais d'un
Dieu éloigné et transcendant qui n'est, comme il l'avoue
lui-même, « aux yeux de bien des philosophes qu'une
force secrète répandue dans la nature [2] ». Et d'ajouter

---

1. *Épître à M. de Formont en lui envoyant les œuvres de Descartes et
de Malebranche.*
2. *Sophronime et Adélos* (1776).

avec beaucoup de lucidité : « Nous retomberons peut-être dans le matérialisme de Straton en voulant l'éviter. » Inaccessible à l'homme, le Dieu de Voltaire ne réclame aucun culte, car un principe ne peut rien réclamer.

Apparue entre Malebranche et Kant, contemporaine de Hume, Diderot, Montesquieu et Rousseau, l'œuvre philosophique de Voltaire ne semble pas peser lourd face à la production de ces mastodontes. Il n'a pas fait avancer la réflexion philosophique du point de vue de son histoire, autrement dit il ne fait pas le lien entre le XVIIᵉ et le XIXᵉ siècle. Aucun philosophe postérieur ne s'est réclamé de lui alors que la France du XIXᵉ siècle était divisée entre voltairiens et antivoltairiens. La philosophie, pour Voltaire, n'était pas un corps de doctrine digne d'être mesuré à l'aune d'une *philosophia perennis*, mais une action nécessaire au changement du monde, une entreprise de *démystification* dont l'intérêt commence seulement à être pleinement perçu aujourd'hui. C'est mal le comprendre que de dire qu'il comprenait mal la philosophie parce qu'il lui arrivait de ridiculiser certains philosophes et scientifiques. Voltaire se moque de savoir si le système de Malebranche est cohérent, et encore plus si la présentation qui en est faite est cohérente ou fidèle : ce qui l'intéresse, c'est l'usage qu'il peut en faire et la pertinence que telle de ses doctrines peut avoir eu égard aux questions qu'il se pose lui-même. Comme Descartes, Marx et quelques autres, Voltaire nous a légué une approche du monde, mais plus prudent qu'eux, il a renoncé à la couler dans un système qu'il savait d'avance condamné. Acharné à briser et à bouger les idées, il nous a « seulement » appris à nous défier de tous les maîtres d'ignorance qui nous abrutissent depuis la nuit des temps [1].

Gerhardt STENGER.

1. Voir *Il faut prendre un parti*, p. 408.

LETTRES PHILOSOPHIQUES

NOTICE

L'argent est ici souverainement estimé, l'honneur et la vertu peu.

Les Anglais ne sont plus dignes de leur liberté. Ils la vendent au roi ; et si le roi la leur redonnait, ils la lui vendraient encore.

Un gentilhomme nommé ***, qui a quinze écus sterling de rente, avait donné, à plusieurs temps, cent guinées, une guinée à lui en rendre dix lorsqu'il jouerait sur le théâtre [*sic*]. Jouer une pièce pour attraper mille guinées, et cette action infâme n'est pas regardée avec horreur ! Il me semble qu'il se fait bien des actions extraordinaires en Angleterre, mais elles se font toutes pour avoir de l'argent. Il n'y a pas seulement d'honneur et de vertu ici, mais il n'y en a pas seulement l'idée. Les actions extraordinaires, en France, c'est pour dépenser de l'argent ; ici, c'est pour en acquérir.
Je ne juge pas de l'Angleterre par ces hommes, mais je juge de l'Angleterre par l'approbation qu'elle leur donne ; et si ces hommes y étaient regardés comme ils le seraient en France, ils n'auraient jamais osé cela.

Ces lignes, on s'en doute, ne sont pas de Voltaire. Elles proviennent de la plume d'un authentique aristocrate, le baron de Montesquieu [1], non moins anglophile cependant que l'auteur des *Lettres philosophiques*. Mais leur vision de l'Angleterre, ou plutôt leur appréciation de la *liberté* anglaise, n'est point la même. Annonçant les célèbres pages de l'*Esprit des*

---

1. *Voyages en Europe*, « Notes sur l'Angleterre » (1728-1732). Ces carnets de voyage ne furent publiés qu'en 1894-1896, à l'exception des notes sur l'Angleterre, connues dès 1818.

lois (XI, 6) sur la Constitution anglaise, Montesquieu précise après son séjour sur l'île entre 1729 et 1731 :

> L'Angleterre est à présent le plus libre pays qui soit au monde, je n'en excepte aucune république. J'appelle libre, parce que le prince n'a le pouvoir de faire aucun tort imaginable à qui que ce soit, par la raison que son pouvoir est contrôlé et borné par un acte. Mais si la chambre basse devenait maîtresse, son pouvoir serait illimité et dangereux, parce qu'elle aurait en même temps la puissance exécutive ; au lieu qu'à présent le pouvoir illimité est dans le parlement et le roi, et la puissance exécutive dans le roi, dont le pouvoir est borné [1].

Au XVIII⁰ siècle, le peuple anglais apparaît à tous comme un modèle, jaloux de son indépendance et de ses droits, soucieux de faire respecter les lois fondamentales du royaume et celui-ci comme une terre de liberté. Victime d'une société figée dans ses archaïsmes, le roturier Voltaire fustige les préjugés sociaux en France, où la noblesse est adulée et la bourgeoisie commerçante méprisée. En Angleterre, l'aristocratie ne se prive pas de participer à une activité économique comme le commerce ; la naissance et la fortune n'impliquent pas le mépris des belles-lettres, bien au contraire ; enfin, l'homme de lettres a droit à la considération qui lui est due, et cette considération débouche sur une reconnaissance sociale.

Quand il revendique, à travers l'exemple anglais, dignité et respect pour l'homme de lettres français, quand il demande pour lui des places et des charges dignes de son talent, Voltaire se souvient avec amertume des coups de bâton infligés par les sbires du chevalier de Rohan-Chabot : en France, l'honneur d'un écrivain n'est rien à côté de celui d'un fils de grande famille.

Tout a été dit sur les circonstances qui ont contraint Voltaire à s'exiler en Angleterre. On sait comment, un soir de janvier 1726, au foyer de la Comédie-Française (ou dans la loge de l'actrice Adrienne Lecouvreur), il fut provoqué par le chevalier de Rohan-Chabot qui faisait semblant d'ignorer et de confondre les noms de Voltaire et d'Arouet : « Monsieur de Voltaire ? Monsieur Arouet ?... » L'interpellé réplique vertement : « Voltaire ! Je commence mon nom et vous finissez le vôtre » (ou quelque chose comme ça). À ces mots, quels

---

1. *Ibid.*

qu'ils fussent, le chevalier lève sa canne puis, se ravisant, ne frappe pas ; il dit qu'on ne devait répondre qu'à coups de bâton.

Trois jours plus tard, lors d'un dîner chez le duc de Sully, Voltaire est appelé dans la rue où il se fait battre, sous l'œil du chevalier, par trois ou quatre de ses laquais. Aucun de ses amis titrés – même pas le duc de Sully qui avait servi d'appât – ne veut prendre ouvertement le parti de Voltaire contre un descendant de la grande famille des Rohan. Les jours suivants, la victime s'efforce de dresser l'opinion contre son agresseur. Quand ses amis aristocratiques lui tournent le dos, Voltaire le roturier exige une réparation en duel. Les Rohan ayant peur d'un attentat, Voltaire est arrêté et incarcéré à la Bastille dans la nuit du 17 au 18 avril. Malgré les consignes données au gouverneur de traiter le prisonnier avec ménagement, celui-ci demande à partir incessamment en Angleterre dont il a entendu vanter la liberté d'esprit [1]. L'ordre de libération est signé le 29 avril. Le 2 mai, Voltaire part pour Calais d'où il embarque, une semaine plus tard, pour la patrie de la liberté. Il n'oubliera jamais le fossé qui sépare les classes.

Une ébauche, non retenue, de *Lettre philosophique* fait de l'arrivée de Voltaire à Londres un récit pittoresque et tout ensoleillé [2]. Ce n'est cependant qu'une aimable fiction imaginée deux ans après l'événement. Sa correspondance rend en 1726 un tout autre ton : malade, victime de la faillite de son banquier, moralement isolé par son ignorance de la langue anglaise, il est surtout obsédé de rêves de vengeance, atrocement humilié par les coups reçus et plus encore par la trahison de ses amis de la haute société. Dans l'été, il va jusqu'à hasarder, sous un déguisement, un voyage à Paris dans l'esprit de rencontrer Rohan et de le tuer. En août, il s'installe à Wandsworth, alors dans la banlieue de Londres, chez le négociant Everard Fawkener (qu'il orthographie Falkener), dont il avait fait la connaissance à Paris l'année précédente et qui servira de modèle au bon anabaptiste de *Candide*. Il se met à apprendre l'anglais et parvient, en trois mois, à s'exprimer avec une maîtrise incontestable dans la

---

1. Voltaire a d'emblée une image favorable de son pays d'accueil : « Je sais que c'est un pays où les arts sont tous honorés et récompensés, où il y a de la différence entre les conditions, mais point d'autre entre les hommes que celle du mérite » (Lettre à Thiriot du 12 août 1726).

2. Voir l'annexe 1, p. 277.

langue de Shakespeare (ses lettres et ses carnets écrits en anglais en témoignent). Le 12 août, Voltaire écrit à Thiriot que l'Angleterre lui « apprend à penser » : « c'est un pays où on pense librement et noblement, sans être retenu par aucune crainte servile ».

En novembre, Voltaire vient s'installer dans la capitale où il retrouve bientôt la vie de société. L'Angleterre n'ignore pas le succès inouï des quarante-cinq représentations de son *Œdipe* et, surtout, elle n'est pas fâchée d'accueillir un Français malheureux. Bien accueilli par le roi George Ier, puis par son successeur George II et la reine Caroline, Voltaire est reçu à la fois chez les whigs et chez les tories. Il retrouve Bolingbroke dont il a déjà été l'hôte en France à La Source, se lie avec Swift et Young, sympathise avec Gay, fréquente Pope, Congreve, Berkeley et Clarke. Le 8 avril 1727, il assiste aux funérailles de Newton à Westminster Abbey, puis rend visite à l'un de ses plus éminents commentateurs, le théologien anglican Samuel Clarke, ainsi qu'à la nièce du savant, Mrs. Conduitt (ou Conduit) qui lui raconte la fameuse anecdote de la pomme. À Drury Lane, il voit *Jules César*, *Hamlet* et *Othello* de Shakespeare, dont il ignorait auparavant jusqu'au nom. Tantôt conquis tantôt révolté par ces spectacles – ses jugements ont leur origine dans sa culture française et son attachement aux règles classiques –, Voltaire donnera plus tard quelques tragédies dans le goût anglais comme *Brutus*, *La Mort de César*, *Ériphile* et *Zaïre* : inspirée d'*Othello*, cette dernière va imposer sa suprématie au théâtre.

Le 29 juin, Voltaire obtient la permission de revenir à Paris pour trois mois, mais renouvelables. Or il reste en Angleterre où il a noué bien des relations. Il retourne à Wandsworth où il prend des leçons d'anglais du jeune maître d'école Edward Higginson. Fin 1727 ou début 1728, Voltaire fait paraître à Londres une première édition de deux *Essais* en anglais : *Essay upon the Civil Wars in France* et *Essay upon the Epic Poetry*, dont les origines sont liées à ses efforts pour assurer la diffusion de la nouvelle version de son poème épique *La Ligue* qui est sur le point de paraître à Londres sous le nouveau titre *La Henriade*. En tête du volume, il insère un « Advertisement to the reader » dans lequel il commence par s'excuser d'avoir écrit un livre dans une langue qu'il connaît encore mal. Il ajoute qu'il a étudié l'anglais non seulement pour son plaisir et sa culture, mais aussi pour remplir une sorte de devoir. Car, explique-t-il, on lui a commandé une relation sur son séjour sur l'île : « I am

ordered to give an account to my journey into England. »
C'est l'annonce des futures *Lettres philosophiques*.

Témoin vigilant, volontiers reporter, Voltaire avait dès
1722 composé une « lettre hollandaise » dans laquelle il
s'efforçait de saisir « l'esprit des nations » : il y décrivait Amsterdam, ville laborieuse, où il n'y a pas « un oisif, pas un
pauvre, pas un petit maître, pas un homme insolent », où l'on
croise dans la rue le Grand Pensionnaire marchant à pied
sans laquais, où « calvinistes, arminiens, sociniens, rabbins,
anabaptistes » vivent en bonne intelligence. Ce « magasin de
l'univers », cette prospérité allant de pair avec la liberté de
penser et d'écrire lui offrent l'image d'une société moderne,
loin des archaïsmes français. Autant de choses vues qu'il
retrouvera en Angleterre. « J'étais devenu Anglais à Londres »,
déclare-t-il après son séjour britannique [1]. Le projet d'écrire
une relation sur l'Angleterre était né très tôt dans l'esprit de
Voltaire. Dès le 26 octobre 1726, il avait annoncé à son con-
fident Thiriot son intention de l'entretenir quelque jour du
« character of this strange people ». L'« Advertisement » précise son projet : au lieu de décrire les curiosités touristiques de
l'Angleterre, il présentera ses grands hommes et leurs contributions à la civilisation. Le dessein de Voltaire ne se définit pas
encore comme « philosophique » et il n'est plus question du
caractère anglais : il veut mettre en évidence la vitalité de la
nation anglaise où s'amorcent des rapports nouveaux entre
l'homme et le monde. Le projet initial d'un reportage a cédé
la place à une vision de l'Angleterre, schématique sans doute,
mais surtout opératoire, où se lisent en creux les insuffisances
françaises. C'est à la fin seulement que cette vision aboutira à
un manifeste, à travers les Anglais, de la « philosophie » [2].

---

1. Lettre à Mme du Deffand du 26 avril 1754. Mais Voltaire ajoute
aussitôt : « je suis Allemand en Allemagne » (il se trouve alors à
Colmar).

2. Les *Lettres philosophiques* veulent favoriser les échanges, inviter
à la comparaison, voire à la confrontation. D'où le sacrifice du pittoresque narratif qui faisait encore toute la matière de la *Lettre à
M**** en 1727. De même sera effacé tout ce qui a trait à l'histoire
du voyage, à la personnalité du voyageur. Rien non plus sur ses premières impressions, sur ses difficultés d'intégration ni sur son
retour. « Ce que l'œuvre a perdu en agrément, conclut Christiane
Mervaud, elle l'a gagné en efficacité polémique, en accord avec son
dessein premier qui était non de plaire, mais d'être utile » (« Voltaire
négociant en idées ou "*merchant of a nobler kind*" dans les *Lettres
philosophiques* », *L'Information littéraire*, 3-4, 1988, p. 32).

On ne sait pas exactement quand Voltaire commence à
écrire l'ouvrage projeté. Il est à peu près sûr en revanche
qu'avant de quitter l'Angleterre il a esquissé en grande
partie au moins les lettres traitant de la religion, de la politique et de la littérature anglaises. Mais en quelle langue ?
Dans un article publié en 1967, Harcourt Brown a sug-
géré que Voltaire avait écrit directement en anglais la
partie de l'ouvrage rédigée en Angleterre et qu'il n'avait
composé en français que la partie élaborée plus tard en
France [1]. Son livre achevé, Voltaire aurait réécrit en français la partie anglaise et aurait fait traduire en anglais la
partie qu'il venait d'écrire en français, l'ensemble ayant
paru à Londres en 1733 sous le titre *Letters concerning the
English Nation*. Nicolas Cronk a récemment jeté un doute
légitime sur cette thèse séduisante [2]. Non seulement
l'anglais des *Letters* semble bien plus sophistiqué que
l'anglais des deux *Essays*, mais surtout Voltaire lui-même
ne s'est jamais vanté d'avoir écrit les *Letters* en anglais : au
contraire, il en parle à deux reprises dans sa correspondance comme d'une traduction. Sans écarter définitivement la thèse de Brown, il est – du moins dans l'état actuel
de la question – plus raisonnable de conclure que Voltaire
rédigea son texte entièrement en français, et que le traducteur John Lockman fut responsable pour l'ensemble de
l'édition anglaise.

Accueilli à bras ouverts par la société politique et littéraire en 1726, Voltaire commence à traîner de fâcheuses affaires à
la fin de son séjour. Vraisemblablement à court d'argent, il
commet peut-être des maladresses, voire des malversations,
qui lui ferment les portes des maisons aristocratiques. Une
lettre de lord Peterborough, datée de novembre, annonce le
départ pour Constantinople (!) d'un Voltaire dégoûté de
l'Angleterre et des Anglais. En réalité, Voltaire fit la traversée
jusqu'à Dieppe où il passa tout l'hiver chez un apothicaire
amateur de sciences, Jacques Tranquillain Féret, attendant

---

1. « The composition of the *Letters concerning the English
Nation* », dans *The Age of Enlightenment : Studies presented to Theodore Besterman*, Édimbourg et Londres, Oliver and Boyd, 1967,
p. 15-34.
2. « The *Letters concerning the English nation* as an English work :
reconsidering the Harcourt Brown thesis », dans *From Letter to
Publication. Studies on Correspondence and the History of the Book*,
Oxford, Voltaire Foundation, 2001, p. 226-239.

une autorisation de revenir à Paris où il n'osa se montrer qu'en avril 1729. Ce départ troublant, presque une fuite, clôt le cycle divers et fécond de ces trente mois passés en Angleterre.

De retour en France, Voltaire reprend contact avec la société parisienne. Comptant sur le théâtre pour revenir au premier plan, il donne avec succès des tragédies imitées de Shakespeare, mais écrit aussi des vers vengeurs sur la mort de Mlle Lecouvreur et provoque un véritable scandale littéraire avec son poème *Le Temple du goût* dont la liberté de jugement paraît impertinente. Tandis que le poète s'inspire du théâtre anglais pour rénover la tragédie française, le philosophe prépare la publication des *Lettres philosophiques* qu'il appelle « lettres anglaises » dans sa correspondance. Au début de 1731, il annote avec fièvre les exemplaires des œuvres complètes de Descartes et de Malebranche qu'il a empruntés à M. de Formont[1]. L'ouvrage est révisé et complété en 1732-1733, avec addition des IXe, XIe, XIIIe, XIVe à XVIIe et XXVe *Lettres*. « Je compte vous envoyer mon manuscrit, écrit Voltaire à Thiriot le 6 décembre 1732, dès que j'aurai tâché d'expliquer Newton et d'obscurcir Locke. » C'est alors seulement que se produit sa « conversion » au newtonianisme avec l'aide du savant français Maupertuis, qui vient d'exposer publiquement les systèmes de Descartes et de Newton. « J'ai recours à vous dans mes doutes, lui mande-t-il le 30 octobre 1732, bien fâché de ne pouvoir jouir du plaisir de vous consulter de vive voix. Il s'agit du grand principe de l'attraction de M. Newton. [...] Je vous supplie très instamment de vouloir bien employer un moment de votre temps à m'éclairer. J'attends votre réponse pour savoir si je dois croire ou non à l'attraction. Ma foi dépendra de vous, et si je suis persuadé de la vérité de ce système comme je le suis de votre mérite, je serai assurément le plus ferme newtonien du monde. »

La réponse de Maupertuis, qui ne nous est pas parvenue, ne fait qu'augmenter l'ardeur de Voltaire à accepter les théories newtoniennes : « Je ne vous avais demandé qu'une démonstration, Monsieur, et vous m'en donnez deux [...]. Vous avez éclairci mes doutes avec la netteté la plus lumineuse. Me voici newtonien de votre façon. Je suis votre pro-

---

1. Voir la lettre à Formont de mai 1731 où Voltaire annonce le renvoi des ouvrages.

sélyte et fais ma profession de foi entre vos mains. [...] On
ne peut plus s'empêcher de croire à la gravitation newtonienne, et il faut proscrire les chimères des tourbillons [1]. »
Puis, décidé à profiter de plus en plus des conseils de Maupertuis, Voltaire lui envoie, avant de les faire imprimer, ses
Lettres concernant Newton et l'attraction, en le priant de les
examiner. Plus tard, c'est Émilie du Châtelet, la traductrice
des *Principia*, qui l'assistera dans la rédaction des *Éléments
de la philosophie de Newton*.

En décembre 1732, le dispositif stratégique de publication se précise. Le libraire rouennais Jore, habitué de l'édition clandestine, imprimera les *Lettres philosophiques* en
France tandis que Thiriot s'occupera à Londres de l'édition
des *Letters concerning the English Nation* ainsi que des *Lettres
sur les Anglais* (avec la fausse adresse de « Basle » sur la page
de titre). Mais les libraires anglais n'acceptent le marché
qu'à condition de diffuser la version anglaise avant toute
version française, qui les aurait privés du bénéfice de la surprise. Au début de 1733, Voltaire envoie à Thiriot retenu à
Londres par les appâts d'une danseuse, Mlle Sallé, un
manuscrit anglais et un manuscrit français auxquels il ne
touche plus. À partir du 8 août, les journaux londoniens
annoncent la mise en vente des *Letters concerning the English
Nation* qui, malgré les critiques [2], feront dans le Royaume-
Uni une belle carrière commerciale. En 1734, le texte français est publié simultanément à Londres et à Rouen. Ce que
Jore imprime, c'est une nouvelle copie, peut-être déjà remaniée selon une habitude chère à Voltaire, en tout cas corrigée

---

1. Lettre du 3 novembre 1732. Mais Voltaire éprouva aussi les
angoisses du néophyte : « Ah ! il me vient un scrupule affreux, et
toute ma foi est ébranlée. Si vous n'avez pitié de moi, la grâce va
m'abandonner. » Cette lettre non datée est suivie, le 15 novembre,
d'un acte de résignation totale : « Pardon, Monsieur. Mes tenta-
tions sont allées au diable d'où elles venaient. Votre première
lettre m'a baptisé dans la religion newtonienne, votre seconde m'a
donné la confirmation. En vous remerciant de vos sacrements.
Brûlez, je vous prie, mes ridicules objections, elles sont d'un
infidèle. »
2. *The Present State of the Republic of Letters*, par exemple, ne
goûte pas le portrait exagérément flatteur des quakers, les railleries
déplacées, le matérialisme de la XIIIe *Lettre*, l'anticléricalisme,
l'incompréhension de la tragédie anglaise, etc. Le magazine, on l'a
compris, représente le point de vue de l'orthodoxie nationaliste et
anglicane.

en cours d'impression [1]. En guise de bonus, elle comporte pour la première fois la XXVe *Lettre*, une sorte d'appendice qui contient des remarques critiques sur différentes pensées de Pascal et qui peut être considéré comme l'aboutissement philosophique des leçons de l'Angleterre [2]. Le parlement de Paris, qui est pieux et janséniste, ordonne le 10 juin que soit lacéré et brûlé « comme scandaleux, contraire à la religion, aux bonnes mœurs et au respect dû aux puissances » le livre des *Lettres philosophiques*. Or Voltaire n'a pas attendu ce moment pour quitter Paris. Averti le 3 mai de l'imminence de son arrestation, il s'est réfugié chez Mme du Châtelet à Cirey (en Haute-Marne), où il préparera la suite de ses *Lettres* : le *Traité de métaphysique* et les *Éléments de la philosophie de Newton*.

Deux semaines après la condamnation des *Lettres*, Voltaire est revenu sur l'horrible scandale qu'elles ont provoqué :

> Je les ai relues hier avec attention pour voir ce qui a pu choquer si vivement les idées reçues. Je crois que la manière plaisante dont certaines choses y sont tournées aura fait généralement penser qu'un homme qui traite si gaiement les quakers et les anglicans [...] est un très mauvais chrétien ; ce sont les termes et non les choses qui révoltent l'esprit humain [...]. Si je n'avais pas égayé la matière, personne n'eût été scandalisé, mais aussi personne ne m'aurait lu.
>
> On a cru qu'un Français qui plaisantait les quakers, qui prenait le parti de Locke et qui trouvait de mauvais raisonnements dans Pascal était un athée. Remarquez, je vous prie, si l'existence d'un Dieu dont je suis réellement très convaincu, n'est pas clairement admise dans tout mon livre ? [...] Les esprits ainsi prévenus ont crié contre les *Lettres* sur Locke et sur Pascal [3].

Jusqu'à la veille de sa mort, Voltaire s'est attaqué à Pascal comme son adversaire direct. Il voit en lui un fanatique intellectuel qui égare l'homme dans la métaphysique et le dégoûte de la vie terrestre. Par rapport au modèle anglais

---

1. Le changement de titre n'est pas anodin. L'édition de Londres présente un livre « sur les Anglais et autres sujets », l'édition française offre au lecteur un brûlot philosophique dans lequel un quart du texte est occupé par la polémique contre Pascal.

2. D'après deux lettres du 14 juillet, la volonté de Voltaire était de les faire aussi entrer dans l'édition Thiriot.

3. Lettre à La Condamine du 22 juin 1734.

vanté dans les vingt-quatre premières *Lettres*, l'auteur des
Pensées représente le pôle adverse : le pessimisme, la misanthropie et le fanatisme religieux. L'attaque contre Pascal
porte sur sa conception même de l'homme. L'homme selon
Pascal est un ange déchu qui se souvient des cieux ; sa
misère provient du péché originel qui a vicié son âme et sa
chair ; il est grand et semblable à la bête en même temps.
Voltaire refuse cet être contradictoire, mélange de grandeur
et de petitesse, dont le sort n'est qu'un tissu de misères. À
l'obsession pascalienne du salut, il oppose l'acceptation du
« divertissement », qui fait de l'homme « un être utile à la
société ». L'homme est né pour agir, pour inventer et construire. Céder aux séductions apparemment logiques de
Pascal, s'abandonner à l'angoisse, c'est dévaloriser les vraies
valeurs terrestres – travail, loisirs, prospérité –, c'est se poser
en fanatique détenteur de la vérité. En critiquant le péché
originel, Voltaire sape tout le système de l'Incarnation et de
la Rédemption, et restaure la dignité de l'homme ; en refusant l'angoisse métaphysique et l'obsession de l'au-delà, il
fonde une sagesse terre à terre, mais efficace et réconfor-
tante. En 1734, Voltaire se fait le porte-parole d'une époque
optimiste, sûre d'elle-même, et éprise de bonheur. En cela,
l'Angleterre dynamique, prospère et libre que Voltaire a
connue pendant son séjour peut montrer le chemin.
Démenti cinglant au rigorisme moral d'un jansénisme
intransigeant, critique à peine voilée des croyances
irraisonnées et irrationnelles qui fortifient les servitudes religieuses, politiques et sociales, l'« anti-Pascal » de Voltaire est
la conclusion naturelle des *Lettres philosophiques* ; il renferme
la quintessence de ce qui a scandalisé l'opinion moyenne :
cette désinvolture insultante à l'égard de tout ce qui est respectable, et d'abord de la religion, que l'auteur attaque sans
cesse en faisant semblant de la respecter.

NOTE SUR L'ÉTABLISSEMENT DU TEXTE

Les tirages des différentes éditions et contrefaçons des
Lettres philosophiques entre 1734 et 1739 témoignent de
l'extraordinaire succès à scandale de la brochure de Voltaire.
Sans entrer dans le détail de l'histoire de sa publication qui
fut minutieusement établie par Gustave Lanson dans son
édition critique, il nous faut rappeler en quelques mots les

principales étapes de son aventure éditoriale au XVIIIᵉ siècle.
Voici tout d'abord les deux premières éditions de 1734 :

1. *Lettres écrites de Londres sur les Anglais et autres sujets*,
par M. D.V ***, à Basle, in-8°, 228 p. C'est l'édition procurée par Thiriot à Londres qui ne comporte pas la
XXVᵉ *Lettre*. Cette édition est désignée par le sigle *1734 (L)*
dans les variantes que nous proposons.

2. *Lettres philosophiques par M. de V…*, à Amsterdam, chez
É. Lucas, au Livre d'or, in-12, 387 p. C'est l'édition de
Rouen faite par Jore et revue sur épreuves par Voltaire.

Après leur première publication simultanée en 1734, les
Lettres philosophiques connaissent encore quelques réimpressions avant de disparaître en 1739. Dans les différentes éditions des *Œuvres* de Voltaire qui voient le jour de son vivant
à partir de 1738-1739 (une soixantaine !), le texte n'est pas
présenté sous son titre – l'arrêt du Parlement de 1734 ayant
contraint Voltaire à le faire disparaître – et les *Lettres* sont
devenues de simples chapitres. Parmi les nombreuses éditions où figure l'œuvre condamnée mais toujours augmentée, nous n'avons retenu, dans nos variantes, que celles
faites avec le concours de Voltaire [1] :

1. *Œuvres de M. de Voltaire*, Amsterdam, Ledet, 4 tomes
(1738-1739), t. IV, 1739. Cette édition inaugure un nouvel
état du texte. Un exemplaire de la bibliothèque de l'Arsenal
porte des corrections manuscrites ; nous le désignons par le
sigle *1739 (corr.)*.

2. *Œuvres mêlées de M. de Voltaire*, Genève, Bousquet,
5 tomes, 1742, t. IV. Cette édition est restée en dehors de la
tradition car un certain nombre de changements n'ont pas
été reportés dans les éditions ultérieures.

3. *Œuvres diverses de M. de Voltaire*, Londres, Jean Nourse,
6 tomes, 1746, t. IV. Cette édition est devenue le point de
départ des éditions ultérieures.

4. *Œuvres de M. de Voltaire*, Dresde, Walther, 8 tomes,
1748, t. II. Deux exemplaires de la Bibliothèque nationale
de France portent des cartons et des corrections manuscrites ; nous les désignons par les sigles *1748a* et *1748b* [2].

5. *Œuvres de M. de Voltaire* [Paris, Lambert], 11 tomes,
1751, t. XI. Cette édition, qui reprend la plupart des correc-

---

1. À l'instar de G. Lanson, nous ne tenons pas compte de l'édition de Kehl qui est sans autorité.

2. L'exemplaire *1748a*, d'acquisition récente, était inconnu de
Lanson. Je remercie David Smith de m'avoir signalé sa présence.

tions de *1748b*, est restée en dehors de la tradition car un grand nombre de changements n'ont pas été reportés dans les éditions ultérieures.

6. *Œuvres de M. de Voltaire*, Dresde, Walther, 7 tomes, 1752, t. II.

7. *Collection complète des Œuvres de M. de Voltaire* [Genève, Cramer, 1756], 17 tomes, t. III et IV. Il faut aussi tenir compte de la réimpression en 1770.

Voici en bref les conclusions auxquelles est arrivé Gustave Lanson au terme de son étude comparée de toutes les éditions :

1. Le texte des *Lettres philosophiques*, reproduit à l'identique ou sous une forme remaniée dans les éditions précitées, est celui de Londres ; seule la XXVe *Lettre* provient de l'édition de Rouen.

2. Voltaire a revu les différentes éditions de son œuvre mais jamais il n'a eu le soin d'établir un texte *ne varietur*. Il a laissé des fautes, et l'imprimeur ou le libraire ont fait pour lui des corrections de détail. Il est par exemple impossible de décider si c'est Voltaire qui en certains endroits remet *pas* à la place de *point*, et autres détails de même sorte.

3. Le développement du texte n'a pas été continu : les corrections n'ont pas toujours été répercutées d'une édition à l'autre.

Faute d'une édition fiable parue dans les *Œuvres*, on ne peut que recourir à l'une des éditions séparées de 1734. Nous présentons, après Lanson et tous ceux qui ont suivi, le texte de Jore, premièrement parce que Voltaire en a corrigé les épreuves alors qu'il n'a pas suivi l'impression faite à Londres [1], deuxièmement parce que l'édition de Londres ne contient pas la XXVe *Lettre*, et troisièmement parce que c'est l'édition de Jore qui a été condamnée par le parlement de Paris l'année de sa publication. Le choix de Lanson a cependant été critiqué de nos jours : on lui reproche de n'avoir tenu aucun compte de la traduction anglaise – reproche justifié si on adopte l'hypothèse d'une première rédaction des *Lettres philosophiques* en anglais, ce qui est loin d'être

---

1. Dans cette perspective, André M. Rousseau (« Naissance d'un livre et d'un texte : les *Letters concerning the English Nation* », *Studies on Voltaire and the Eighteenth Century*, 179, 1979, p. 37) n'a pas tort de considérer que l'édition de Rouen est déjà une variante qui s'éloigne de l'original.

définitivement acquis – et d'avoir préféré l'édition française pour des raisons idéologiques : quatre ans après la loi sur la séparation des Églises et de l'État, le républicain et laïque éditeur de Voltaire eut le tort, dit-on, de penser que « l'intérêt et l'importance des *Lettres philosophiques* viennent de leur rôle dans l'histoire des idées : elles furent une œuvre de combat. Il faut donc les prendre dans le texte qui choqua le pouvoir, qui fut condamné, c'est-à-dire dans l'édition de Jore et ses contrefaçons ¹ ». Si l'édition de Rouen n'est sans doute pas meilleure que celle de Londres, il demeure difficile, cependant, de choisir cette dernière comme texte de base. Pour des raisons de cohérence simplement : d'une part, il faudrait la publier sous le titre *Lettres sur les Anglais*, inconnu du public ; d'autre part, parce qu'en absence de la XXVᵉ *Lettre*, il faudrait la panacher avec l'édition Jore, ce qui est contraire aux lois de l'édition critique. Les scrupules éditoriaux modernes interdisent de même de reproduire la dernière version, parue en 1756, des *Lettres philosophiques*. Or Voltaire aurait sans doute trouvé bizarre que l'on revienne à une des premières versions de 1734 sans incorporer les additions et corrections dont il a enrichi son texte pendant plus de vingt ans. Les deux éditions de 1734 sont des documents historiques, mais les reproduire sans les variantes des éditions ultérieures eût été tout simplement trahir Voltaire. Personne ne s'aviserait de nos jours de publier la première version des *Essais* de Montaigne !

Dans les éditions parues au XIXᵉ siècle, le texte est établi et disposé d'après l'édition de Kehl. Cette première édition posthume des œuvres de Voltaire, animée par Beaumarchais, ne donne pas non plus les *Lettres philosophiques*, mais des morceaux épars dans le *Dictionnaire philosophique* et dans les *Mélanges littéraires*. En 1818, Beuchot, premier restaurateur des *Lettres philosophiques* depuis leur interdiction du 10 juin 1734, sépare la XXVᵉ *Lettre* des vingt-quatre autres, suivi en cela par l'édition Moland (1877-1882), qui fait encore autorité aujourd'hui. Mais enfin Lanson vint…

Monument de rigueur scientifique, l'édition des *Lettres philosophiques* établie par l'érudit français au début du XXᵉ siècle demeure le chef-d'œuvre du positivisme philologique. Reproduit « à l'identique » d'après l'édition de Jore, assorti d'innombrables variantes en bas de page et entrecoupé de centaines de commentaires et de quelques appen-

---

1. *Lettres philosophiques*, Paris, 1909, t. I, p. XI.

dices, sans parler des suppléments et autres additions et corrections, le texte de Voltaire est devenu presque illisible pour tout autre que le philologue averti. S'expliquant sur son entreprise démesurée, Lanson écrivit modestement : « Mon but a été d'aider à comprendre comment Voltaire a fait son livre, comment et sur quels matériaux son esprit a travaillé. J'ai voulu présenter un commentaire de sources, rien de plus [1]. » Dans la perspective de la critique textuelle qui était alors la sienne, l'éditeur s'est abstenu de *commenter* le texte au profit d'une accumulation quasi exhaustive du plus grand nombre d'informations historiques sur la circonstance de sa genèse. On rechercherait en vain, parmi l'immense masse des notes consacrées aux sources, quelques remarques explicatives sans lesquelles les *Lettres philosophiques* demeureraient incompréhensibles pour le lecteur moderne.

L'édition procurée par Raymond Naves en 1939 pour la collection des « Classiques Garnier » revient à des proportions plus modestes. Reproduisant parmi les variantes « celles qui étaient les plus expressives et permettaient au lecteur de mesurer l'évolution de la pensée de Voltaire », son édition se distingue surtout par de nombreux rapprochements instructifs avec d'autres œuvres de l'auteur, notamment *Le Siècle de Louis XIV*, l'*Essai sur les mœurs*, le *Dictionnaire philosophique* et les *Questions sur l'Encyclopédie*, afin de permettre au lecteur de suivre la destinée des thèmes philosophiques inaugurés dans les *Lettres*. Enfin, on y trouve les 94 remarques sur Pascal écrites en marge de l'édition des *Pensées* publiée par Condorcet en 1777.

L'édition de Frédéric Deloffre, publiée en 1986 chez Gallimard, est un judicieux compromis entre les deux éditions précitées. Si l'on y trouve peu de variantes et de renvois aux œuvres futures, elle présente en revanche de nombreux commentaires explicatifs devenus indispensables aux lecteurs d'aujourd'hui. Ajoutons que l'éditeur n'a pas souhaité sauter le pas et présenter, à l'encontre de la tradition inaugurée par Lanson, le texte de l'édition de Londres. Car si le *projet* de Voltaire fut de présenter des *Lettres* « anglaises », le terme « philosophiques », remarque-t-il judicieusement, apparaît sous sa plume à partir de 1733 pour désigner le *produit* abouti.

---

1. *Ibid.*, p. L.

Notre édition est la première, depuis près d'un siècle, qui présente autant de variantes ainsi qu'un commentaire explicatif aussi complet que possible. Le lecteur trouvera en bas de page les variantes ainsi que les notes de Voltaire, et, en fin de volume, nos commentaires. Les variantes les plus consistantes sont données en appendice à la suite de chaque lettre. Nous proposons également, en annexe, un fragment – dit *Lettre à M.* *** – écarté de la version définitive des *Lettres philosophiques*, la première version de la *Lettre* sur Locke, et un morceau intitulé *De Newton*, qui remplaçait dans l'édition de 1756 les XVe et XVIe *Lettres* et le commencement de la XVIIe.

Toutes les variantes retenues de l'édition Lanson ont été vérifiées dans les textes. Afin de ne pas alourdir l'apparat critique outre mesure, nous nous sommes le plus souvent contentés d'indiquer la première occurrence d'une variante sans en poursuivre la trace dans les éditions ultérieures, notre but n'étant pas de fournir une édition impeccable du point de vue philologique mais de permettre plus modestement au lecteur de suivre le travail de révision effectué par Voltaire. Nous avons tacitement incorporé les corrections provenant d'*Errata* de différentes éditions, et écarté la plupart des variantes mineures (*pas* au lieu de *point*, article défini ou indéfini, etc.), n'étant pas sûrs de leur authenticité. Nous avons renoncé à relever les sources et à opérer les rapprochements que le lecteur curieux pourra facilement trouver dans les éditions antérieures.

Dans le texte de Voltaire, l'orthographe et la ponctuation ont été modernisées, ainsi que les graphies des noms propres, sauf dans de rares cas où il nous a paru préférable de respecter les libertés prises par l'auteur (lorsque celui-ci transforme un nom de façon significative, en écrivant par exemple « Cavalliero » au lieu de « Cavalieri »).

LETTRES PHILOSOPHIQUES

PREMIÈRE LETTRE

Sur les quakers [a]

J'ai cru que la doctrine et l'histoire d'un peuple si extraordinaire [b] méritaient la curiosité d'un homme raisonnable [1]. Pour m'en instruire, j'allai trouver un des plus célèbres quakers d'Angleterre [2], qui, après avoir été trente ans dans le commerce, avait su mettre des bornes à sa fortune et à ses désirs, et s'était retiré dans une campagne auprès de Londres. Je fus [c] le chercher dans sa retraite ; c'était une maison petite, mais bien bâtie, pleine de propreté sans ornement [d]. Le quaker [e] était un vieillard frais qui n'avait jamais eu de maladie, parce qu'il n'avait jamais connu les passions ni l'intempérance : je n'ai point vu en ma vie d'air plus noble ni plus engageant que le sien. Il était vêtu, comme tous ceux de sa religion, d'un habit sans plis dans les côtés, et sans boutons sur les poches ni sur les manches, et portait un grand chapeau à bords rabattus, comme nos ecclésiastiques. Il me reçut avec

---

a. *1739 :* De la religion des *quakers*
b. *1739 :* aussi extraordinaire que les quakers
c. *1734 (L) :* J'allai
d. *1739 :* bâtie, et ornée de sa seule propreté
e. *Dans 1739, Voltaire ajoute en note :* Il s'appelait André Pitt, et tout cela est exactement vrai, à quelques circonstances près. André Pitt écrivit depuis à l'auteur pour se plaindre de ce qu'on avait ajouté un peu à la vérité, et l'assura que Dieu était offensé de ce qu'on avait plaisanté les quakers.

son chapeau sur la tête, et s'avança vers moi sans faire la moindre inclination de corps ; mais il y avait plus de politesse dans l'air ouvert et humain de son visage qu'il n'y en a dans l'usage de tirer une jambe derrière l'autre et de porter à la main ce qui est fait pour couvrir la tête. « Ami, me dit-il, je vois que tu es un étranger ; si je puis t'être de quelque utilité, tu n'as qu'à parler. – Monsieur, lui dis-je, en me courbant le corps et en glissant un pied vers lui, selon notre coutume, je me flatte que ma juste curiosité ne vous déplaira pas, et que vous voudrez bien me faire l'honneur de m'instruire de votre religion. – Les gens de ton pays, me répond-il, font trop de compliments et de révérences ; mais je n'en ai encore vu aucun qui ait eu la même curiosité que toi. Entre, et dînons d'abord ensemble. » Je fis encore quelques mauvais compliments, parce qu'on ne se défait pas de ses habitudes tout d'un coup, et, après un repas sain et frugal, qui commença et qui finit par une prière à Dieu, je me mis à interroger mon homme. Je débutai par la question que de bons catholiques ont fait [a] plus d'une fois aux huguenots : « Mon cher Monsieur, lui dis-je, êtes-vous baptisé ? – Non, me répondit le quaker, et mes confrères ne le sont point [3]. – Comment, morbleu, repris-je, vous n'êtes donc pas chrétiens ? – Mon fils [b], repartit-il d'un ton doux, ne jure point ; nous sommes chrétiens et tâchons d'être bons chrétiens, mais nous ne pensons pas que le christianisme consiste à jeter de l'eau froide sur la tête, avec un peu de sel. – Eh ! ventrebleu [c], repris-je, outré de cette impiété, vous avez donc oublié que Jésus-Christ fut baptisé par Jean [4] ? – Ami, point de jurements, encore un coup, dit le bénin quaker. Le Christ reçut le baptême de Jean, mais il ne baptisa jamais personne ; nous ne

---

a. *Toutes les éditions donnent la leçon* fait.

b. *1734 (L) : Mon* ami

c. *1734 (L) : jeter de l'eau* sur la tête d'un enfant. – Eh, bon Dieu ! ; *1739 : jeter de l'eau* sur la tête d'un enfant avec un peu de sel. – Eh ! bon Dieu

sommes pas les disciples de Jean, mais du Christ.
– Hélas ! dis-je, comme vous seriez brûlé en pays
d'inquisition, pauvre homme !… Eh ! pour l'amour de
Dieu, que je vous baptise et que je vous fasse
chrétien ! – S'il [a] ne fallait que cela pour condescendre
à ta faiblesse, nous le ferions volontiers, repartit-il
gravement ; nous ne condamnons personne pour user
de la cérémonie du baptême, mais nous croyons que
ceux qui professent une religion toute sainte et toute
spirituelle doivent s'abstenir, autant qu'ils le peuvent,
des cérémonies judaïques. – En voici bien d'un autre [b],
m'écriai-je ! Des cérémonies judaïques ? – Oui, mon
fils [c], continua-t-il, et si judaïques que plusieurs juifs
encore aujourd'hui usent quelquefois du baptême de
Jean. Consulte l'Antiquité ; elle t'apprendra que Jean
ne fit que renouveler cette pratique, laquelle était en
usage longtemps avant lui parmi les Hébreux,
comme le pèlerinage de La Mecque l'était parmi les
Ismaélites. Jésus voulut bien recevoir le baptême de
Jean, de même qu'il s'était soumis à la circoncision ;
mais, et la circoncision, et le lavement d'eau doivent
être tous deux abolis par le baptême du Christ, ce
baptême de l'esprit, cette ablution de l'âme qui
sauve les hommes. Aussi, le précurseur Jean disait :
*Je vous baptise à la vérité avec de l'eau, mais un autre
viendra après moi, plus puissant que moi, et dont je ne
suis pas digne de porter les sandales ; celui-là vous bap-
tisera avec le feu et le Saint-Esprit* [5]. Aussi le grand
apôtre des Gentils, Paul, écrit aux Corinthiens : *Le
Christ ne m'a pas envoyé pour baptiser, mais pour prêcher l'Évangile* [6] ; aussi, ce même Paul ne baptisa
jamais avec de l'eau que deux personnes, encore fut-
ce malgré lui ; il circoncit son disciple Timothée [7] ;

---

a. *1734 (L)* : *mais du Christ.* » La bonne foi de mon quaker me faisait compassion, et je voulais à toute force qu'il se fît baptiser. « *S'il ;
1739* : *mais du Christ.* – Ah ! comme vous seriez brûlé par la sainte
Inquisition, m'écriai-je ! Au nom de Dieu, cher homme, que je vous
baptise ! – *S'il*
b. *1734 (L)* : d'une *autre*
c. *1734 (L)* : *mon* ami

les autres apôtres circoncisaient aussi tous ceux qui
voulaient [a]. Es-tu circoncis ? » ajouta-t-il. Je lui répondis que je n'avais pas cet honneur. « Eh bien, dit-il,
l'ami, tu es chrétien sans être circoncis, et moi, sans
être baptisé. »

Voilà comme mon saint homme abusait assez spé-
cieusement de trois ou quatre passages de la Sainte
Écriture, qui semblaient favoriser sa secte ; mais il
oubliait de la meilleure foi du monde une centaine de
passages qui l'écrasaient. Je me gardai bien de lui rien
contester ; il n'y a rien à gagner avec un enthousiaste [8] : il ne faut point s'aviser de dire à un homme
les défauts de sa maîtresse, ni à un plaideur le faible de
sa cause, ni des raisons à un illuminé ; ainsi je passai à
d'autres questions.

« À l'égard de la communion, lui dis-je, comment
en usez-vous ? – Nous n'en usons point, dit-il. – Quoi !
point de communion ? – Non, point d'autre que celle
des cœurs. » Alors il me cita encore les Écritures. Il me
fit un fort beau sermon contre la communion, et me
parla d'un ton inspiré pour me prouver que tous les
sacrements étaient tous d'invention humaine, et que le
mot de sacrement ne se trouvait pas une seule fois
dans l'Évangile. « Pardonne, dit-il, à mon ignorance, je
ne t'ai pas apporté la centième partie des preuves de
ma religion ; mais tu peux les voir dans l'exposition de
notre foi par Robert Barclay [9] : c'est un des meilleurs
livres qui soit [b] jamais sortis de la main des hommes.
Nos ennemis conviennent qu'il est très dangereux,
cela prouve combien il est raisonnable. » Je lui promis
de lire ce livre, et mon quaker me crut déjà converti.

Ensuite il me rendit raison en peu de mots de
quelques singularités qui exposent cette secte au
mépris des autres. « Avoue, dit-il, que tu as eu bien de
la peine à t'empêcher de rire quand j'ai répondu à
toutes tes civilités avec mon chapeau sur ma tête et en

---

a. *1734 (L) : qui voulaient l'être.*
b. *Toutes les éditions donnent* soit *au singulier. C'est l'usage constant
de Voltaire.*

te tutoyant ; cependant tu me parais trop instruit pour ignorer que du temps du Christ aucune nation ne tombait dans le ridicule de substituer le pluriel au singulier. On disait à César Auguste : *je t'aime, je te prie, je te remercie* ; il ne souffrait pas même qu'on l'appelât Monsieur, *Dominus*[10]. Ce ne fut que très longtemps après lui que les hommes s'avisèrent de se faire appeler *vous* au lieu de *tu*, comme s'ils étaient doubles, et d'usurper les titres impertinents de Grandeur, d'Éminence, de Sainteté[a], que des vers de terre donnent à d'autres vers de terre, en les assurant qu'ils sont, avec un profond respect et une fausseté infâme, leurs très humbles et très obéissants serviteurs. C'est pour être plus sur nos gardes contre cet indigne commerce de mensonges et de flatteries que nous tutoyons également les rois et les savetiers[b], que nous ne saluons personne, n'ayant pour les hommes que de la charité, et du respect que pour les lois.

« Nous portons aussi un habit un peu différent des autres hommes, afin que ce soit pour nous un avertissement continuel de ne leur pas ressembler. Les autres portent les marques de leurs dignités, et nous, celles de l'humilité chrétienne ; nous fuyons les assemblées de plaisir, les spectacles, le jeu ; car nous serions bien à plaindre de remplir de ces bagatelles des cœurs en qui Dieu doit habiter ; nous ne faisons jamais de serments, pas même en justice ; nous pensons que le nom du Très-Haut ne doit point être prostitué dans les débats misérables des hommes. Lorsqu'il faut que nous comparaissions devant les magistrats pour les affaires des autres (car nous n'avons jamais de procès), nous affirmons la vérité par un *oui* ou par un *non*, et les juges nous en croient sur notre simple parole, tandis que tant de chrétiens[c] se parjurent sur l'Évangile. Nous n'allons jamais à la guerre ; ce n'est pas que nous craignions la mort, au contraire nous

---

a. *1739 : de Sainteté,* de divinité même
b. *1734 (L) :* charbonniers
c. *1734 (L) : tant* d'autres *chrétiens*

bénissons le moment qui nous unit à l'Être des Êtres ;
mais c'est que nous ne sommes ni loups, ni tigres, ni
dogues, mais hommes, mais chrétiens. Notre Dieu,
qui nous a ordonné d'aimer nos ennemis et de souffrir
sans murmure, ne veut pas sans doute que nous passions la mer pour aller égorger nos frères, parce que
des meurtriers vêtus de rouge, avec un bonnet [a] haut
de deux pieds [11], enrôlent des citoyens en faisant du
bruit avec deux petits bâtons sur une peau d'âne bien
tendue ; et lorsque après des batailles gagnées tout
Londres brille d'illuminations, que le ciel est enflammé
de fusées, que l'air retentit du bruit des actions de
grâces, des cloches, des orgues, des canons, nous gémissons en silence sur ces meurtres qui causent la publique
allégresse. »

---

a. *1748 : vêtus de rouge,* coiffés *d'un bonnet*

SECONDE LETTRE

Sur les quakers [a]

Telle fut à peu près la conversation que j'eus avec cet homme singulier ; mais je fus bien plus surpris quand, le dimanche suivant, il me mena à l'église des quakers. Ils ont plusieurs chapelles à Londres ; celle où j'allai est près de ce fameux pilier qu'on appelle le *Monument* [1]. On était déjà assemblé lorsque j'entrai avec mon conducteur. Il y avait environ quatre cents hommes dans l'église, et trois cents femmes : les femmes se cachaient le visage avec leur éventail [b], les hommes étaient couverts de leurs larges chapeaux ; tous étaient assis, tous dans un profond silence. Je passai au milieu d'eux sans qu'un seul levât les yeux sur moi. Ce silence dura un quart d'heure. Enfin un d'eux se leva, ôta son chapeau, et, après quelques grimaces et quelques soupirs [c], débita, moitié avec la bouche, moitié avec le nez, un galimatias tiré de l'Évangile, à ce qu'il croyait [d], où ni lui ni personne n'entendait rien. Quand ce faiseur de contorsions eut fini son beau monologue, et que l'assemblée se fut

a. *1739 :* De la religion des *quakers*
b. *1739 supprime les mots* avec leur éventail *(La suppression est sans doute motivée par l'information, recueillie par Voltaire dans le journal de l'abbé Prévost* Le Pour et Contre *[t. I, p. 287, note], selon laquelle les quakeresses n'avaient pas d'éventail.)*
c. *1739 supprime les mots* quelques grimaces et
d. *1734 (L) : tiré,* à ce qu'il croyait, de l'Évangile

séparée toute édifiée et toute stupide [2], je demandai à
mon homme pourquoi les plus sages d'entre eux souf-
fraient de pareilles sottises. « Nous sommes obligés de
les tolérer, me dit-il, parce que nous ne pouvons pas
savoir si un homme qui se lève pour parler sera inspiré
par l'esprit ou par la folie ; dans le doute, nous écou-
tons tout patiemment, nous permettons même aux
femmes de parler. Deux ou trois de nos dévotes se
trouvent souvent inspirées à la fois, et c'est alors qu'il
se fait un beau bruit dans la maison du Seigneur. – Vous
n'avez donc point de prêtres ? lui dis-je. – Non, mon
ami, dit le quaker, et nous nous en trouvons bien. À
Dieu ne plaise que nous osions ordonner à quelqu'un
de recevoir le Saint-Esprit le dimanche à l'exclusion
des autres fidèles [a]. Grâce au Ciel nous sommes les
seuls sur la terre qui n'ayons point de prêtres. Vou-
drais-tu nous ôter une distinction si heureuse ? Pourquoi abandonnerons-nous notre enfant à des nour-
rices mercenaires, quand nous avons du lait à lui
donner ? Ces mercenaires domineraient bientôt dans
la maison, et opprimeraient la mère et l'enfant. Dieu a
dit : *Vous avez reçu gratis, donnez gratis* [3]. Irons-nous
après cette parole marchander l'Évangile, vendre l'Esprit-
Saint, et faire d'une assemblée de chrétiens une bou-
tique de marchands ? Nous ne donnons point d'argent
à des hommes vêtus de noir pour assister nos pauvres,
pour enterrer nos morts, pour prêcher les fidèles ; ces
saints emplois nous sont trop chers pour nous en
décharger sur d'autres.

   – Mais comment pouvez-vous discerner, insistai-je,
si c'est l'Esprit de Dieu qui vous anime dans vos
discours ? – Quiconque, dit-il, priera Dieu de l'éclairer, et qui annoncera des vérités évangéliques qu'il
sentira, que celui-là soit sûr que Dieu l'inspire. » Alors
il m'accabla de citations de l'Écriture qui démon-

---

a. *1734 (L) : bien.* Alors, ouvrant un livre de sa secte, il lut avec
emphase ces paroles : « À Dieu ne plaise que nous osions ordonner
à quelqu'un de recevoir le Saint-Esprit le dimanche à l'exclusion de
tous les autres fidèles. »

traient, selon lui, qu'il n'y a point de christianisme sans une révélation immédiate, et il ajouta ces paroles remarquables : « Quand tu fais mouvoir un de tes membres, est-ce ta propre force qui le remue ? Non sans doute, car ce membre a souvent des mouvements involontaires. C'est donc celui qui a créé ton corps qui meut ce corps de terre. Et les idées que reçoit ton âme, est-ce toi qui les formes ? Encore moins, car elles viennent malgré toi. C'est donc le créateur de ton âme qui te donne tes idées ; mais comme il a laissé à ton cœur la liberté, il donne à ton esprit les idées que ton cœur mérite ; tu vis dans Dieu, tu agis, tu penses dans Dieu ; tu n'as donc qu'à ouvrir les yeux à cette lumière qui éclaire tous les hommes ; alors tu verras la vérité, et la feras voir. – Eh ! voilà le père Malebranche tout pur, m'écriai-je. – Je connais ton Malebranche, dit-il ; il était un peu quaker, mais il ne l'était pas assez [4]. » Ce sont là les choses les plus importantes que j'ai apprises touchant la doctrine des quakers. Dans la première lettre, vous aurez leur histoire, que vous trouverez encore plus singulière que leur doctrine.

TROISIÈME LETTRE

Sur les quakers [a]

Vous avez déjà vu que les quakers datent depuis Jésus-Christ, qui fut, selon eux, le [b] premier quaker. La religion, disent-ils, fut corrompue presque après sa mort, et resta dans cette corruption environ seize cents années ; mais il y avait toujours quelques quakers cachés dans le monde qui prenaient soin de conserver le feu sacré éteint partout ailleurs, jusqu'à ce qu'enfin cette lumière s'étendit en Angleterre en l'an 1642 [1].

Ce fut dans le temps que trois ou quatre sectes déchiraient la Grande-Bretagne par des guerres civiles entreprises au nom de Dieu [2], qu'un nommé Georges Fox, du comté de Leicester, fils d'un ouvrier en soie, s'avisa de prêcher en vrai apôtre, à ce qu'il prétendait, c'est-à-dire sans savoir ni lire ni écrire [3] ; c'était un jeune homme de vingt-cinq ans, de mœurs irréprochables et saintement fou. Il était vêtu de cuir depuis les pieds jusqu'à la tête ; il allait de village en village criant contre la guerre et contre le clergé. S'il n'avait prêché que contre les gens de guerre, il n'avait rien à craindre, mais il attaquait les gens d'Église : il fut bientôt mis en prison. On le mena à Derby devant le juge de paix. Fox se présenta au juge avec son bonnet

---

a. *1739* : Histoire des *quakers*
b. *1746* : *qui*, selon eux, est *le*

de cuir sur la tête. Un sergent lui donna un grand souf-flet, en lui disant : « Gueux, ne sais-tu pas qu'il faut paraître nu-tête devant Monsieur le juge ? » Fox tendit l'autre joue, et pria le sergent de vouloir bien lui donner un autre soufflet pour l'amour de Dieu [4]. Le juge de Derby voulut lui faire prêter serment avant de l'interroger. « Mon ami, sache, dit-il au juge, que je ne prends jamais le nom de Dieu en vain. » Le juge, voyant que cet homme le tutoyait, l'envoya [a] aux petites-maisons [5] de Derby pour y être fouetté. Georges Fox alla, en louant Dieu, à l'hôpital des fous, où l'on ne manqua pas d'exécuter à la rigueur la sentence du juge. Ceux qui lui infligèrent la pénitence du fouet furent bien surpris quand il les pria de lui appliquer encore quelques coups de verges pour le bien de son âme. Ces messieurs ne se firent pas prier ; Fox eut sa double dose, dont il les remercia très cordialement. Il [b] se mit à les prêcher ; d'abord on rit, ensuite on l'écouta ; et, comme l'enthousiasme est une maladie qui se gagne, plusieurs furent persuadés, et ceux qui l'avaient fouetté devinrent ses premiers disciples.

Délivré de sa prison, il courut les champs avec une douzaine de prosélytes [6], prêchant toujours contre le clergé, et fouetté de temps en temps. Un jour, étant mis au pilori, il harangua tout le peuple avec tant de force qu'il convertit une cinquantaine d'auditeurs, et mit le reste tellement dans ses intérêts qu'on le tira en tumulte du trou où il était ; on alla chercher le curé anglican, dont le crédit avait fait condamner Fox à ce supplice, et on le pilora à sa place.

Il osa bien convertir quelques soldats de Cromwell, qui quittèrent le métier des armes [c] et refusèrent de prêter le serment. Cromwell ne voulait pas d'une secte où l'on ne se battait point, de même que Sixte Quint augurait mal d'une secte, *dove non si chiavava* [7]. Il se

a. *1756 : Le juge,* en colère d'être tutoyé, et voulant qu'on jurât, *l'envoya*

b. *1739 :* Puis *il*

c. *1756 : qui* renoncèrent au métier de tuer

servit de son pouvoir pour persécuter ces nouveaux
venus, on en remplissait les prisons ; mais les persécutions ne servent presque jamais qu'à faire des prosélytes : ils sortaient des prisons affermis dans leur
créance et suivis de leurs geôliers qu'ils avaient conver-
tis. Mais voici ce qui contribua le plus à étendre la
secte. Fox se croyait inspiré. Il crut par conséquent
devoir parler d'une manière différente des autres
hommes ; il se mit à trembler, à faire des contorsions
et des grimaces, à retenir son haleine, à la pousser avec
violence ; la prêtresse de Delphes n'eût pas mieux fait [8].
En peu de temps il acquit une grande habitude d'inspiration, et bientôt après il ne fut plus guère en son
pouvoir de parler autrement. Ce fut le premier don
qu'il communiqua à ses disciples. Ils firent de bonne
foi toutes les grimaces de leur maître, ils tremblaient
de toutes leurs forces au moment de l'inspiration. De
là ils en eurent le nom de *quakers*, qui signifie *trem-
bleurs*. Le petit peuple s'amusait à les contrefaire. On
tremblait, on parlait du nez, on avait des convulsions,
et on croyait avoir le Saint-Esprit. Il leur fallait quelques
miracles, ils en firent.

Le patriarche Fox dit publiquement à un juge de
paix, en présence d'une grande assemblée : « Ami,
prends garde à toi ; Dieu te punira bientôt de persécuter les saints. » Ce juge était un ivrogne qui buvait
tous les jours trop de mauvaise bière [a] et d'eau-de-vie ;
il mourut d'apoplexie deux jours après, précisément
comme il venait de signer un ordre pour envoyer
quelques quakers en prison. Cette mort soudaine ne
fut point attribuée à l'intempérance du juge ; tout le
monde la regarda comme un effet des prédictions du
saint homme.

Cette mort fit plus de quakers que mille sermons et
autant de convulsions n'en auraient pu faire. Cromwell, voyant que leur nombre augmentait tous les
jours, voulut les attirer à son parti : il leur fit offrir de
l'argent, mais ils furent incorruptibles ; et il dit un jour

---

a. *1734 (L)* : *qui* s'enivrait tous les jours *de mauvaise bière*

que cette religion était la seule contre laquelle il n'avait pu prévaloir avec des guinées.

Ils furent quelquefois persécutés sous Charles II, non pour leur religion, mais pour ne vouloir pas payer les dîmes au clergé, pour tutoyer les magistrats, et refuser de prêter les serments prescrits par la loi.

Enfin Robert Barclay, Écossais, présenta au roi, en 1675, son *Apologie des quakers*, ouvrage aussi bon qu'il pouvait l'être. L'Épître dédicatoire à Charles II contient, non de basses flatteries, mais des vérités hardies et des conseils justes. « Tu as goûté, dit-il à Charles à la fin de cette Épître, de la douceur et de l'amertume, de la prospérité et des plus grands malheurs ; tu as été chassé des pays où tu règnes ; tu as senti le poids de l'oppression, et tu dois savoir combien l'oppresseur est détestable devant Dieu et devant les hommes. Que si, après tant d'épreuves et de bénédictions, ton cœur s'endurcissait et oubliait le Dieu qui s'est souvenu de toi dans tes disgrâces, ton crime en serait plus grand et ta condamnation plus terrible. Au lieu donc d'écouter les flatteurs de ta cour, écoute la voix de ta conscience, qui ne te flattera jamais. Je suis ton fidèle ami et sujet BARCLAY. »

Ce qui est plus étonnant, c'est que cette lettre, écrite à un roi par un particulier obscur, eut son effet, et la persécution cessa.

QUATRIÈME LETTRE

Sur les quakers [a]

Environ ce temps parut l'illustre Guillaume Penn, qui établit la puissance des quakers en Amérique, et qui les aurait rendus respectables en Europe, si les hommes pouvaient respecter la vertu sous des apparences ridicules. Il était fils unique du chevalier Penn, vice-amiral d'Angleterre et favori du duc d'York, depuis Jacques II [1].

Guillaume Penn, à l'âge de quinze ans, rencontra un quaker à Oxford, où il faisait ses études [2] ; ce quaker le persuada, et le jeune homme, qui était vif, naturellement éloquent, et qui avait de la noblesse dans sa physionomie et dans ses manières, gagna bientôt quelques-uns de ses camarades. Il établit insensiblement une société de jeunes quakers qui s'assemblaient chez lui ; de sorte qu'il se trouva chef de secte à l'âge de seize ans.

De retour chez le vice-amiral son père au sortir du collège, au lieu de se mettre à genoux devant lui et de lui demander sa bénédiction, selon l'usage des Anglais, il l'aborda le chapeau sur la tête, et lui dit : « Je suis fort aise, l'ami, de te voir en bonne santé. » Le vice-amiral crut que son fils était devenu fou ; il s'aperçut bientôt qu'il était quaker. Il mit en usage tous les

a. *1739* : Histoire des *quakers* ; *1770* : Suite de l'histoire des *quakers*

moyens que la prudence humaine peut employer pour l'engager à vivre comme un autre ; le jeune homme ne répondit à son père qu'en l'exhortant à se faire quaker lui-même.

Enfin le père se relâcha [3] à ne lui demander autre chose, sinon qu'il allât voir le roi et le duc d'York le chapeau sous le bras, et qu'il ne les tutoyât point. Guillaume répondit que sa conscience ne le lui permettait pas, et le père [a], indigné et au désespoir, le chassa de sa maison. Le jeune Penn remercia Dieu de ce qu'il souffrait déjà pour sa cause ; il alla prêcher dans la Cité ; il y fit beaucoup de prosélytes.

Les prêches des ministres éclaircissaient [b] [4] tous les jours ; et comme Penn était jeune, beau et bien fait, les femmes de la cour et de la ville accouraient dévotement pour l'entendre. Le patriarche Georges Fox vint du fond de l'Angleterre le voir à Londres sur sa réputation ; tous deux résolurent de faire des missions dans les pays étrangers. Ils s'embarquèrent pour la Hollande [5] après avoir laissé des ouvriers en assez bon nombre pour avoir soin de la vigne de Londres [6]. Leurs travaux eurent un heureux succès à Amsterdam ; mais ce qui leur fit le plus d'honneur et ce qui mit le plus leur humilité en danger, fut la réception que leur fit la princesse palatine Élisabeth, tante de Georges Ier, roi d'Angleterre, femme illustre par son esprit et par son savoir, et à qui Descartes avait dédié son roman de philosophie [7].

Elle était alors retirée à La Haye, où elle vit ces *amis*, car c'est ainsi qu'on appelait alors les quakers en Hollande [8]. Elle eut plusieurs conférences avec eux ; ils prêchèrent souvent chez elle, et, s'ils ne firent pas d'elle une parfaite quakeresse, ils avouèrent au moins qu'elle n'était pas loin du royaume des Cieux.

Les amis semèrent aussi en Allemagne, mais ils recueillirent peu. On ne goûta pas la mode de tutoyer

---

a. *1739 : pas, et* qu'il valait mieux obéir à Dieu qu'aux hommes ; *le père (La variante de 1739 paraphrase Act 4, 19.)*

b. *1751 : s'éclaircissaient*

dans un pays où il faut toujours avoir à la bouche les termes [a] d'Altesse et d'Excellence. Penn repassa bientôt en Angleterre, sur la nouvelle de la maladie de son père ; il vint recueillir ses derniers soupirs. Le vice-amiral se réconcilia avec lui et l'embrassa avec tendresse, quoiqu'il fût d'une différente religion. Guillaume [b] l'exhorta en vain à ne point recevoir le sacrement et à mourir quaker ; et le vieux bonhomme recommanda inutilement à Guillaume d'avoir des boutons sur ses manches et des ganses à son chapeau.

Guillaume hérita de grands biens, parmi lesquels il se trouvait des dettes de la Couronne, pour des avances faites par le vice-amiral dans des expéditions maritimes. Rien n'était moins assuré alors que l'argent dû par le roi ; Penn fut obligé d'aller tutoyer Charles II et ses ministres plus d'une fois pour son paiement. Le gouvernement lui donna en 1680, au lieu d'argent, la propriété et la souveraineté d'une province d'Amérique, au sud de Maryland [9] : voilà un quaker devenu souverain. Il partit pour ses nouveaux États avec deux vaisseaux chargés de quakers qui le suivirent. On appela dès lors le pays *Pennsylvania*, du nom de Penn. Il y fonda la ville de Philadelphie, qui est aujourd'hui très florissante. Il commença par faire une ligue avec les Américains ses voisins [10]. C'est le seul traité entre ces peuples et les chrétiens qui n'ait point été juré, et qui n'ait point été rompu. Le nouveau souverain fut aussi le législateur de la Pennsylvanie ; il donna des lois très sages, dont aucune n'a été changée depuis lui. La première est de ne maltraiter personne au sujet de la religion, et de regarder comme frères tous ceux qui croient un Dieu.

À peine eut-il établi son gouvernement que plusieurs marchands de l'Amérique vinrent peupler cette colonie. Les naturels du pays, au lieu de fuir dans les forêts, s'accoutumèrent insensiblement avec les paci-

_____

a. *1734 (L) omet les mots* avoir à la bouche *; 1739 : il faut* prononcer toujours *les termes*

b. *1734 (L) :* Mais *Guillaume*

fiques quakers : autant ils détestaient les autres chrétiens conquérants et destructeurs de l'Amérique, autant
ils aimaient ces nouveaux venus. En peu de temps un
grand nombre de ces prétendus sauvages, charmés de
la douceur de ces voisins ᵃ, vinrent en foule demander
à Guillaume Penn de les recevoir au nombre de ses
vassaux. C'était un spectacle bien nouveau qu'un souverain que tout le monde tutoyait et à qui on parlait le
chapeau sur la tête, un gouvernement sans prêtres, un
peuple sans armes, des citoyens tous égaux à la magistrature près, et des voisins sans jalousie.

Guillaume Penn pouvait se vanter d'avoir apporté
sur la terre l'âge d'or dont on parle tant, et qui n'a
vraisemblablement ᵇ existé qu'en Pennsylvanie. Il revint
en Angleterre pour les affaires de son nouveau pays.
Après la mort de Charles II, le roi Jacques ᶜ, qui avait
aimé son père, eut la même affection pour le fils, et ne
le considéra plus comme un sectaire obscur, mais
comme un très grand homme. La politique du roi
s'accordait en cela avec son goût ; il avait envie de
flatter les quakers en abolissant les lois faites contre les
non-conformistes [11], afin de pouvoir introduire la religion catholique à la faveur de cette liberté. Toutes les
sectes d'Angleterre virent le piège, et ne s'y laissèrent
pas prendre ; elles sont toujours réunies contre le
catholicisme, leur ennemi commun [12]. Mais Penn ne
crut pas devoir renoncer à ses principes pour favoriser
des protestants qui le haïssaient, contre un roi qui
l'aimait. Il avait établi la liberté de conscience en Amérique ; il n'avait pas envie de vouloir paraître la détruire
en Europe ; il demeura donc fidèle à Jacques II, au
point qu'il fut généralement accusé d'être jésuite. Cette
calomnie l'affligea sensiblement ; il fut obligé de s'en

---

a. *1742 omet les mots* un grand nombre de *; 1746 :* temps *ces prétendus sauvages, charmés de* ces nouveaux *voisins*

b. *1742 :* véritablement

c. *1734 :* de son nouveau pays, *après la mort de Charles II. Le* roi
Jacques *(Nous rétablissons la ponctuation de 1734 (L), plus conforme à
la vérité des faits et à la source de Voltaire :* A Collection of the Works
of W. Penn, *Londres, 1726, t. I, p. 124.)*

justifier par des écrits publics. Cependant, le malheureux Jacques II, qui comme presque tous les Stuarts
était un composé de grandeur et de faiblesse, et qui
comme eux en fit trop et trop peu, perdit son royaume
sans [a] qu'on pût dire comment la chose arriva [13].

Toutes les sectes anglaises reçurent de Guillaume III
et de son Parlement cette même liberté qu'elles n'avaient
pas voulu tenir des mains de Jacques [14]. Ce fut alors
que les quakers commencèrent à jouir, par la force des
lois, de tous les privilèges dont ils sont en possession
aujourd'hui. Penn, après avoir vu enfin secte établie
sans contradiction [15] dans le pays de sa naissance,
retourna en Pennsylvanie [16]. Les siens et les Américains le reçurent avec des larmes de joie comme un
père qui revenait voir ses enfants. Toutes ses lois avaient
été religieusement observées pendant son absence, ce
qui n'était arrivé à aucun législateur avant lui. Il resta
quelques années à Philadelphie ; il en partit enfin
malgré lui pour aller solliciter à Londres des avantages
nouveaux en faveur du commerce des Pennsylvains ;
il vécut depuis à Londres jusqu'à une extrême vieillesse, considéré comme le chef d'un peuple et d'une
religion. Il n'est mort qu'en 1718 [b] [17].

[c] On conserva à ses descendants la propriété et le
gouvernement de la Pennsylvanie, et ils vendirent au
roi le gouvernement pour douze mille pièces [18]. Les
affaires du roi ne lui permirent d'en payer que mille.
Un lecteur français croira peut-être que le ministère
paya le reste en promesses et s'empara toujours du
gouvernement : point du tout ; la Couronne n'ayant

---

a. *1739 : son royaume* sans qu'il y eût une épée de tirée, et *sans*

b. *1734 (L) : Il* ne les revit plus ; il mourut à Londres *en 1718*

c. *Le paragraphe suivant manque dans 1734 (L). 1756 intercale ce
passage :* Ce fut sous le règne de Charles II qu'ils obtinrent le noble
privilège de ne jamais jurer, et d'être crus en Justice sur leur parole.
Le chancelier, homme d'esprit, leur parla ainsi : « Mes amis, Jupiter
ordonna un jour que toutes les bêtes de somme vinssent se faire
ferrer. Les ânes représentèrent que leur loi ne le permettait pas. Eh
bien, dit Jupiter, on ne vous ferrera point ; mais au premier faux pas
que vous ferez, vous aurez cent coups d'étrivières. »

pu satisfaire dans le temps marqué au paiement de la somme entière, le contrat fut déclaré nul, et la famille de Penn rentra dans ses droits.

Je ne puis deviner quel sera le sort de la religion des quakers en Amérique ; mais je vois qu'elle dépérit tous les jours à Londres. Par tout pays, la religion dominante, quand elle ne persécute point, engloutit à la longue toutes les autres. Les quakers ne peuvent être membres du Parlement, ni posséder aucun office, parce qu'il faudrait prêter serment et qu'ils ne veulent point jurer. Ils sont réduits à la nécessité de gagner de l'argent par le commerce [19] ; leurs enfants, enrichis par l'industrie de leurs pères, veulent jouir, avoir des honneurs, des boutons et des manchettes ; ils sont honteux d'être appelés quakers, et se font protestants pour être à la mode.

CINQUIÈME LETTRE

Sur la religion anglicane [a]

C'est ici le pays des sectes [b]. Un Anglais, comme homme libre, va au Ciel par le chemin qui lui plaît [c].

Cependant, quoique chacun puisse ici servir Dieu à sa mode [1], leur véritable religion, celle où l'on fait fortune, est la secte des épiscopaux, appelée l'Église anglicane, ou l'Église par excellence [2]. On ne peut avoir d'emploi, ni en Angleterre ni en Irlande, sans être du nombre des fidèles anglicans [3] ; cette raison, qui est une excellente preuve, a converti tant de non-conformistes qu'aujourd'hui il n'y a pas la vingtième partie de la nation qui soit hors du giron de l'Église dominante.

Le clergé anglican a retenu beaucoup des cérémonies catholiques, et surtout celle de recevoir les dîmes avec une attention très scrupuleuse. Ils ont aussi la pieuse ambition d'être les maîtres [d].

De plus, ils fomentent autant qu'ils peuvent dans leurs ouailles un saint zèle contre les non-conformistes. Ce zèle était assez vif sous le gouvernement des tories, dans les dernières années de la reine Anne ;

---

a. *1739 :* De *la religion anglicane*

b. *1734 (L) : sectes :* multæ sunt mansiones in domo patris mei. *(Citation tirée de Jean 14, 2.)*

c. *1746 : chemin* qu'il lui *plaît*

d. *1739 ajoute ces mots :* car quel vicaire de village ne voudrait pas être pape ?

mais il ne s'étendait pas plus loin qu'à casser quelquefois les vitres des chapelles hérétiques ; car la rage des
sectes a fini en Angleterre avec les guerres civiles, et ce
n'était plus, sous la reine Anne, que les bruits sourds
d'une mer encore agitée longtemps après la tempête.
Quand les whigs et les tories déchirèrent leur pays,
comme autrefois les guelfes et les gibelins [a] [4], il fallut
bien que la religion entrât dans les partis. Les tories
étaient pour l'Épiscopat ; les whigs le voulaient abo-
lir [5], mais ils se sont contentés de l'abaisser quand ils
ont été les maîtres.

Du temps que le comte Harley d'Oxford et milord
Bolingbroke faisaient boire la santé des tories [6], l'Église
anglicane les regardait comme les défenseurs de ses
saints privilèges. L'assemblée du bas clergé, qui est
une espèce de Chambre des communes composée
d'ecclésiastiques, avait alors quelque crédit ; elle jouis-
sait au moins de la liberté de s'assembler, de raisonner
de controverse, et de faire brûler de temps en temps
quelques livres impies, c'est-à-dire écrits contre elle.
Le ministère, qui est whig aujourd'hui, ne permet pas
seulement à ces messieurs de tenir leur assemblée ; ils
sont réduits, dans l'obscurité de leur paroisse, au triste
emploi de prier Dieu pour le gouvernement qu'ils ne
seraient pas fâchés de troubler. Quant aux évêques,
qui sont vingt-six en tout, ils ont séance dans la
Chambre haute en dépit des whigs, parce que le vieil
abus [b] de les regarder comme barons subsiste encore [c] ;
mais ils n'ont pas plus de pouvoir dans la Chambre que
les ducs et pairs dans le parlement de Paris. Il y a une
clause dans le serment que l'on prête à l'État, laquelle
exerce bien la patience chrétienne de ces messieurs.

On y promet d'être de l'Église, comme elle est établie par la loi. Il n'y a guère d'évêque, de doyen,
d'archiprêtre, qui ne pense être de droit divin ; c'est
donc un grand sujet de mortification pour eux d'être

---

a. *1751 : gibelins* désolèrent l'Italie
b. *1739 : parce que* la coutume ou l'*abus*
c. *1734 (L) omet la suite de la phrase.*

obligés d'avouer qu'ils tiennent tout d'une misérable
loi faite par des profanes laïques. Un religieux [a] (le
père Courayer) a écrit depuis peu un livre pour
prouver la validité et la succession des ordinations
anglicanes [7]. Cet ouvrage a été proscrit en France ;
mais croyez-vous qu'il ait plu au ministère d'Angleterre ? Point du tout. Ces maudits whigs se soucient
très peu que la succession épiscopale ait été interrompue chez eux ou non, et que l'évêque Parker ait
été consacré dans un cabaret (comme on le veut) ou
dans une église [8] ; ils aiment mieux même que les
évêques tirent leur autorité du Parlement plutôt que
des apôtres [9]. Le lord B. [10] dit que cette idée de droit
divin ne servirait qu'à faire des tyrans en camail et en
rochet [11], mais que la loi fait des citoyens.

À l'égard des mœurs, le clergé anglican est plus
réglé que celui de France, et en voici la cause : tous les
ecclésiastiques sont élevés dans l'université d'Oxford
ou dans celle de Cambridge, loin de la corruption de
la capitale ; ils ne sont appelés aux dignités de l'Église
que très tard, et dans un âge où les hommes n'ont
d'autres passions que l'avarice, lorsque leur ambition
manque d'aliments. Les emplois sont ici la récompense
des longs services dans l'Église aussi bien que dans
l'armée ; on n'y voit point de jeunes gens évêques ou
colonels au sortir du collège. De plus, les prêtres sont
presque tous mariés ; la mauvaise grâce [12] contractée
dans l'université, et le peu de commerce qu'on a ici
avec les femmes, font que d'ordinaire un évêque est
forcé de se contenter de la sienne. Les prêtres vont
quelquefois au cabaret, parce que l'usage le leur
permet, et s'ils s'enivrent, c'est sérieusement et sans
scandale.

Cet être indéfinissable qui n'est ni ecclésiastique ni
séculier, en un mot ce que l'on appelle un abbé [13], est
une espèce inconnue en Angleterre ; les ecclésiastiques sont tous ici réservés et presque tous pédants.
Quand ils apprennent qu'en France de jeunes gens

---

a. *1734 (L)* : *Un* savant *religieux*

connus par leurs débauches, et élevés à la prélature par des intrigues de femmes, font publiquement l'amour [14], s'égaient à composer des chansons tendres, donnent tous les jours des soupers délicats et longs, et de là vont implorer les lumières du Saint-Esprit, et se nomment hardiment les successeurs des apôtres, ils remercient Dieu d'être protestants. Mais ce sont de vilains hérétiques, à brûler à tous les diables, comme dit maître François Rabelais [15] ; c'est pourquoi je ne me mêle de leurs affaires.

SIXIÈME LETTRE

Sur les presbytériens [a]

La religion anglicane ne s'étend qu'en Angleterre et en Irlande. Le presbytéranisme est la religion dominante en Écosse [1]. Ce presbytéranisme n'est autre chose que le calvinisme pur, tel qu'il avait été établi en France et qu'il subsiste à Genève [2]. Comme les prêtres de cette secte ne reçoivent de leurs Églises que des gages très médiocres, et que par conséquent ils ne peuvent vivre dans le même luxe que les évêques, ils ont pris le parti naturel de crier contre des honneurs où ils ne peuvent atteindre. Figurez-vous l'orgueilleux Diogène qui foulait aux pieds l'orgueil de Platon [3] : les presbytériens d'Écosse ne ressemblent pas mal à ce fier et gueux raisonneur. Ils traitèrent le roi Charles II avec bien moins d'égards que Diogène n'avait traité Alexandre [4]. Car lorsqu'ils prirent les armes pour lui contre Cromwell, qui les avait trompés, ils firent essuyer à ce pauvre roi quatre sermons par jour, ils lui défendaient de jouer, ils le mettaient en pénitence, si bien que Charles se lassa bientôt d'être roi de ces pédants et s'échappa de leurs mains comme un écolier se sauve du collège [5].

Devant un jeune et vif bachelier [b][6], criaillant le matin dans les écoles de théologie, et le soir chantant

---

a. *1739* : Des *presbytériens*
b. *1734 (L)* : bachelier français *(C'est sans doute la leçon originale.)*

avec les dames, un théologien anglican est un Caton ;
mais ce Caton paraît un galant devant un presbytérien
d'Écosse. Ce dernier affecte une démarche grave, un
air fâché, porte un vaste chapeau, un long manteau
par-dessus un habit court [7], prêche du nez, et donne le
nom de la prostituée de Babylone [8] à toutes les Églises
où quelques ecclésiastiques sont assez heureux pour
avoir cinquante mille livres de rente, et où le peuple
est assez bon pour le souffrir, et pour les appeler
Monseigneur, Votre Grandeur, Votre Éminence.

Ces messieurs, qui ont aussi quelques églises en
Angleterre, ont mis les airs graves et sévères à la mode
en ce pays. C'est à eux qu'on doit la sanctification du
dimanche dans les trois royaumes ; il est défendu ce
jour-là de travailler et de se divertir, ce qui est le
double de la sévérité des Églises catholiques ; point
d'opéra, point de comédies, point de concerts à Londres le dimanche ; les cartes même y sont si expressément défendues qu'il n'y a que les personnes de qualité et ce qu'on appelle les honnêtes gens qui jouent ce
jour-là. Le reste de la nation va au sermon, au cabaret
et chez les filles de joie.

Quoique la secte épiscopale et la presbytérienne
soient les deux dominantes dans la Grande-Bretagne,
toutes les autres y sont bien venues et vivent toutes [a]
assez bien ensemble, pendant que la plupart de leurs
prédicants se détestent réciproquement avec presque
autant de cordialité qu'un janséniste damne un jésuite.

Entrez dans la Bourse de Londres, cette place plus
respectable que bien des cours, vous y voyez rassemblés [b] les députés de toutes les nations pour l'utilité
des hommes. Là le juif, le mahométan et le chrétien
traitent l'un avec l'autre comme s'ils étaient de la
même religion, et ne donnent le nom d'infidèles qu'à
ceux qui font banqueroute ; là le presbytérien se fie à
l'anabaptiste, et l'anglican reçoit la promesse du quaker.
Au sortir de ces pacifiques et libres assemblées, les uns

a. *1734 (L) omet* toutes
b. *1734 (L) : cours* dans laquelle s'assemblent

vont à la synagogue, les autres vont boire ; celui-ci va se faire baptiser dans une grande cuve au nom du Père par le Fils au Saint-Esprit ; celui-là fait couper le prépuce de son fils et fait marmotter sur l'enfant des paroles hébraïques qu'il n'entend point ; ces autres vont dans leur église attendre l'inspiration de Dieu leur chapeau sur la tête, et tous sont contents.

S'il n'y avait en Angleterre [a] qu'une religion, le despotisme serait à craindre ; s'il y en avait deux, elles se couperaient la gorge ; mais il y en a trente, et [b] elles vivent en paix heureuses [c].

---

a. *1739 (corr.) ajoute :* et en Hollande
b. *1742 omet* et
c. *1734 (L) : en paix* et *heureuses*

SEPTIÈME LETTRE

*Sur les sociniens [a], ou ariens,
ou antitrinitaires*

Il y a ici une petite secte composée d'ecclésiastiques et de quelques séculiers très savants, qui ne prennent ni le nom d'ariens ni celui de sociniens, mais qui ne sont point du tout de l'avis de saint Athanase sur le chapitre de la Trinité, et qui vous disent nettement que le Père est plus grand que le Fils [1].

Vous souvenez-vous d'un certain évêque orthodoxe qui, pour convaincre un empereur de la consubstantiation [b] [2], s'avisa de prendre le fils de l'empereur sous le menton et de lui tirer le nez en présence de sa sacrée Majesté ? L'empereur allait se fâcher contre l'évêque [c], quand le bon homme lui dit ces belles et convaincantes paroles : « Seigneur, si Votre Majesté est en colère de ce que [d] l'on manque de respect à son fils, comment pensez-vous que Dieu le Père traitera ceux qui refusent à Jésus-Christ les titres qui lui sont dus [3] ? » Les gens dont je vous parle disent que le saint évêque était fort mal avisé, que son argument n'était rien moins que concluant, et que l'empereur devait lui répondre : « Apprenez

a. *1739* : Des *sociniens*
b. *1752* : consubstantialité
c. *1734 (L)* : *allait* faire jeter l'évêque par les fenêtres
d. *1734 (L)* : *est* si fâché *que*

qu'il y a [a] deux façons de me manquer de respect : la première, de ne rendre pas assez d'honneur à mon fils ; et la seconde, de lui en rendre autant qu'à moi. »

Quoi qu'il en soit, le parti d'Arius commence à revivre en Angleterre, aussi bien qu'en Hollande et en Pologne. Le grand Monsieur [b] Newton faisait à cette opinion l'honneur de la favoriser ; ce philosophe pensait que les unitaires raisonnaient plus géométriquement que nous. Mais le plus ferme patron de la doctrine arienne est l'illustre docteur Clarke. Cet homme est d'une vertu rigide et d'un caractère doux, plus amateur de ses opinions que passionné pour faire des prosélytes, uniquement occupé de calculs et de démonstrations, une vraie [c] machine à raisonnements.

C'est lui qui est l'auteur d'un livre assez peu entendu, mais estimé, sur l'existence de Dieu, et d'un autre plus intelligible, mais assez méprisé, sur la vérité de la religion chrétienne [4].

Il ne s'est point engagé dans de belles disputes scolastiques, que notre ami... [5] appelle de vénérables billevesées ; il s'est contenté de faire imprimer un livre qui contient tous les témoignages des premiers siècles pour et contre les unitaires, et a laissé au lecteur le soin de compter les voix et de juger [6]. Ce livre du docteur lui a attiré beaucoup de partisans, mais l'a empêché d'être archevêque de Cantorbéry ; je crois que le docteur s'est trompé [d] [7] dans son calcul, et qu'il valait mieux être primat [e] d'Angleterre que curé arien.

Vous voyez quelles révolutions arrivent dans les opinions comme dans les empires. Le parti d'Arius, après

---

a. *1739 (corr.) : qu'il y a* dans cette affaire

b. Monsieur *biffé dans 1739 (corr.)*.

c. *1739 : démonstrations,* aveugle et sourd pour tout le reste, *une vraie*

d. *1739 : de Cantorbéry.* Car, lorsque la reine Anne voulut lui donner ce poste, un docteur nommé Gibson, qui avait sans doute ses raisons, dit à la reine : « Madame, M. Clarke est le plus savant et le plus honnête homme du royaume, il ne lui manque qu'une chose. – Et quoi ? dit la reine. – C'est d'être chrétien », dit le docteur bénévole. Je crois que Clarke *s'est trompé*

e. *1734 (L) : primat* orthodoxe

trois cents ans de triomphe et douze siècles d'oubli, renaît enfin de sa cendre ; mais il prend très mal son temps de reparaître dans un âge où le monde est rassasié de disputes et de sectes. Celle-ci est encore trop petite pour obtenir la liberté des assemblées publiques ; elle l'obtiendra sans doute, si elle devient plus nombreuse, mais on est si tiède à présent sur tout cela qu'il n'y a plus guère de fortune à faire pour une religion nouvelle ou renouvelée. N'est-ce pas une chose plaisante que Luther, Calvin, Zwingle, tous écrivains qu'on ne peut lire, aient fondé des sectes qui partagent l'Europe, que l'ignorant Mahomet ait donné une religion à l'Asie et à l'Afrique, et que messieurs Newton, Clarke, Locke, Le Clerc, etc., les plus grands philosophes et les meilleures plumes de leur temps, aient pu à peine venir à bout d'établir un petit troupeau qui même diminue tous les jours [a] ?

Voilà ce que c'est que de venir au monde à propos. Si le cardinal de Retz reparaissait aujourd'hui, il n'ameuterait pas dix femmes dans Paris [8].

Si Cromwell renaissait, lui qui a fait couper la tête à son roi et s'est fait souverain, serait [b] un simple marchand [c] de Londres.

---

a. *1756 supprime les mots* qui même diminue tous les jours
b. *1746* : il *serait*
c. *1756* : citoyen

HUITIÈME LETTRE

Sur le Parlement [a]

Les membres du Parlement d'Angleterre aiment à se comparer aux anciens Romains autant qu'ils le peuvent.

Il n'y a pas longtemps que M. Shipping [1], dans la Chambre des communes, commença son discours par ces mots : *La majesté du peuple anglais serait blessée*, etc. La singularité de l'expression causa un grand éclat de rire ; mais, sans se déconcerter, il répéta les mêmes paroles d'un air ferme, et on ne rit plus [2]. J'avoue que je ne vois rien de commun entre la majesté du peuple anglais et celle du peuple romain, encore moins entre leurs gouvernements. Il y a un sénat à Londres dont quelques membres sont soupçonnés, quoique à tort sans doute [3], de vendre leurs voix dans l'occasion, comme on faisait à Rome : voilà toute la ressemblance. D'ailleurs les deux nations me paraissent entièrement différentes, soit en bien, soit en mal. On n'a jamais connu chez les Romains la folie horrible des guerres de Religion ; cette abomination était réservée à des dévots prêcheurs d'humilité et de patience. Marius et Sylla, Pompée et César, Antoine et Auguste ne se battaient point pour décider si le *flamen* devait porter sa chemise par-dessus sa robe ou sa robe par-dessus sa chemise [4], et si les poulets

---

a. *1739* : Du *Parlement*

sacrés doivent manger et boire, ou bien manger seulement, pour qu'on prît les augures [5]. Les Anglais se sont fait pendre [a] réciproquement à leurs assises, et se sont détruits en bataille rangée pour des querelles de pareille espèce ; la secte des épiscopaux et le presbytéranisme ont tourné pour un temps ces têtes sérieuses [b]. Je m'imagine que pareille sottise ne leur arrivera plus ; ils me paraissent devenir sages à leurs dépens, et je ne leur vois nulle envie de s'égorger dorénavant pour des syllogismes [c].

Voici une différence plus essentielle entre Rome et l'Angleterre, qui met tout l'avantage du côté de la dernière : c'est que le fruit des guerres civiles à Rome a été l'esclavage [6], et celui des troubles d'Angleterre la liberté. La nation anglaise est la seule de la terre qui soit parvenue à régler le pouvoir des rois en leur résistant, et qui d'efforts en efforts ait enfin établi ce gouvernement sage où le prince, tout-puissant pour faire du bien, a les mains liées pour faire le mal [7], où les seigneurs sont grands sans insolence et sans vassaux, et où le peuple partage le gouvernement sans confusion [d] [8].

La Chambre des pairs et celle des communes sont les arbitres de la nation, le roi est le sur-arbitre [9]. Cette balance manquait aux Romains : les grands et le peuple étaient toujours en division à Rome [10], sans qu'il y eût un pouvoir mitoyen qui pût les accorder. Le sénat de Rome, qui avait l'injuste et punissable orgueil de ne vouloir rien partager avec les plébéiens, ne connaissait d'autre secret pour les éloigner du gouvernement que de les occuper toujours dans les

---

a. *1734 (L) : pendre* autrefois

b. *1739 : ces têtes* mélancoliques

c. *Dans 1739, le paragraphe se termine par cette phrase :* Toutefois qui peut répondre des hommes ?

d. *Dans 1739, Voltaire ajoute en note :* Il faut ici bien soigneusement peser les termes. Le mot de roi ne signifie point partout la même chose. En France, en Espagne, il signifie un homme qui par les droits du sang est le juge souverain et sans appel de toute la nation. En Angleterre, en Suède, en Pologne, il signifie le premier magistrat.

guerres étrangères. Ils regardaient le peuple comme
une bête féroce qu'il fallait lâcher sur leurs voisins de
peur qu'elle ne dévorât ses maîtres. Ainsi le plus
grand défaut du gouvernement des Romains en fit
des conquérants ; c'est parce qu'ils étaient malheureux chez eux qu'ils devinrent les maîtres du monde,
jusqu'à ce qu'enfin leurs divisions les rendirent
esclaves.

Le gouvernement d'Angleterre n'est point fait pour
un si grand éclat, ni pour une fin si funeste ; son but
n'est point la brillante folie de faire des conquêtes,
mais d'empêcher que ses voisins n'en fassent. Ce
peuple n'est pas seulement jaloux de sa liberté, il l'est
encore de celle des autres. Les Anglais étaient acharnés contre Louis XIV, uniquement parce qu'ils lui
croyaient de l'ambition. Ils lui ont fait la guerre de
gaieté de cœur, assurément sans aucun intérêt [a] [11].

Il en a coûté sans doute pour établir la liberté en
Angleterre ; c'est dans des mers de sang qu'on a noyé
l'idole du pouvoir despotique, mais les Anglais ne
croient point avoir acheté trop cher de bonnes lois [b].
Les autres nations n'ont pas eu moins de troubles [c],
n'ont pas versé moins de sang qu'eux ; mais ce sang
qu'elles ont répandu pour la cause de leur liberté n'a
fait que cimenter leur servitude.

Ce qui devient une révolution en Angleterre n'est
qu'une sédition dans les autres pays. Une ville prend
les armes pour défendre ses privilèges, soit en Espagne [d],
soit en Barbarie, soit en Turquie [12] : aussitôt des soldats
mercenaires la subjuguent, des bourreaux la punis-
sent, et le reste de la nation baise ses chaînes. Les
Français pensent que le gouvernement de cette île est
plus orageux que la mer qui l'environne [13], et cela est
vrai ; mais c'est quand le roi commence la tempête,

a. *Dans 1739, cette dernière phrase est supprimée.*
b. *1739 : trop cher leurs lois*
c. *Dans 1739, les mots* n'ont pas eu moins de troubles, *ont été sup-primés*
d. *Dans 1739, les mots* soit en Espagne, *ont été supprimés*

c'est quand il veut se rendre le maître du vaisseau dont il n'est que le premier pilote. Les guerres civiles de France ont été plus longues, plus cruelles, plus fécondes en crimes que celles d'Angleterre ; mais de toutes ces guerres civiles, aucune n'a eu une liberté sage pour objet.

Dans les temps détestables de Charles IX et de Henri III, il s'agissait seulement de savoir si on serait l'esclave des Guise. Pour la dernière guerre de Paris [14], elle ne mérite que des sifflets ; il me semble que je vois des écoliers qui se mutinent contre le préfet d'un collège, et qui finissent par être fouettés. Le cardinal de Retz, avec beaucoup d'esprit et de courage mal employés, rebelle sans aucun sujet, factieux sans dessein, chef de parti sans armée, cabalait pour cabaler, et semblait faire la guerre civile pour son plaisir. Le Parlement [a] ne savait ce qu'il voulait ni ce qu'il ne voulait pas ; il levait des troupes par arrêt, il les cassait ; il menaçait, il demandait pardon ; il mettait à prix la tête du cardinal Mazarin, et ensuite venait le complimenter en cérémonie. Nos guerres civiles sous Charles VI [15] avaient été cruelles, celles de la Ligue furent abominables [16], celle de la Fronde fut ridicule.

Ce qu'on reproche le plus en France [b] aux Anglais, c'est le supplice de Charles I [er c], qui fut traité par ses vainqueurs comme il les eût traités s'il eût été heureux [d 17].

Après tout, regardez d'un côté Charles Ier vaincu en bataille rangée, prisonnier, jugé, condamné dans Westminster [e], et de l'autre l'empereur Henri VII empoisonné par son chapelain en communiant [18], Henri III assassiné par un moine ministre [19] de la rage de tout

a. *1739 : parlement* de Paris

b. *Dans 1739, Voltaire ajoute les mots* et avec raison

c. *Dans 1739, Voltaire ajoute en note :* Monarque digne d'un meilleur sort. *Cette note sera intégrée dans le texte à partir de 1739 (corr.)*

d. *1742 : les eût* probablement traités s'il avait vaincu

e. *1734 (L) : dans Westminster* et décapité

un parti [a], trente assassinats médités contre Henri IV, plusieurs exécutés, et le dernier privant enfin la France de ce grand roi [20]. Pesez ces attentats, et jugez [b].

---

a. *1734 (L) omet les mots* ministre de la rage de tout un parti

b. *Dans 1742, la Lettre se termine par le morceau suivant :* La France a sa Saint-Barthélemy, la Sicile ses Vêpres, la Hollande le massacre des De Witt, les Espagnols leurs barbaries américaines. La fureur des Anglais est d'une autre espèce : ils égorgent avec le poignard de la loi. On a vu les femmes de Henri VIII, la reine Marie Stuart, le roi Charles Ier envoyés sur l'échafaud par des furieux tranquilles, revêtus du manteau de la justice. Les crimes, comme les vertus, tiennent du terroir qui influe sur la nature humaine.

NEUVIÈME LETTRE

Sur le gouvernement

Ce mélange heureux dans le gouvernement d'Angleterre, ce concert entre les communes, les lords et le roi n'a pas toujours subsisté. L'Angleterre a été longtemps esclave ; elle l'a été des Romains, des Saxons, des Danois, des Français. Guillaume le Conquérant surtout la gouverna avec un sceptre de fer ; il disposait des biens et de la vie de ses nouveaux sujets comme un monarque de l'Orient ; il défendit sous peine de mort qu'aucun Anglais osât avoir du feu et de la lumière chez lui passé huit heures du soir, soit qu'il prétendît par là prévenir leurs assemblées nocturnes, soit qu'il voulût essayer, par une défense si bizarre, jusqu'où peut aller le pouvoir d'un homme sur d'autres hommes.

Il est vrai qu'avant et après Guillaume le Conquérant, les Anglais ont eu des parlements ; ils s'en vantent comme si ces assemblées, appelées alors parlements, composées de tyrans ecclésiastiques et de pillards nommés barons, avaient été les gardiens de la liberté et de la félicité publique [1].

Les barbares, qui des bords de la mer Baltique fondaient dans le reste de l'Europe, apportèrent avec eux l'usage de ces États ou parlements dont on a fait tant de bruit et qu'on connaît si peu [2]. Les rois alors n'étaient point despotiques, cela est vrai ; mais les peuples n'en gémissaient que plus dans ª une servitude misérable. Les chefs de ces sauvages qui avaient ravagé la France, l'Italie, l'Espagne, l'Angleterre se firent monarques ; leurs capitaines partagèrent entre eux les terres des vaincus. De là ces margraves, ces lairds ³, ces barons, ces sous-tyrans qui disputaient souvent avec leur roi ᵇ les dépouilles des peuples. C'étaient des oiseaux de proie combattant contre un aigle pour sucer le sang des colombes ; chaque peuple avait cent tyrans au lieu d'un maître. Les prêtres se mirent bientôt de la partie. De tout temps le sort des Gaulois, des Germains, des insulaires d'Angleterre avait été d'être gouvernés par leurs druides et par les chefs de leurs villages, ancienne espèce de barons, mais moins tyrans que leurs successeurs. Ces druides se disaient médiateurs entre la divinité et les hommes, ils faisaient des lois, ils excommuniaient, ils condamnaient à la mort. Les évêques succédèrent peu à peu à leur autorité temporelle dans le gouvernement goth et vandale. Les papes se mirent à leur tête et, avec des brefs, des bulles et des moines, firent trembler les rois, les déposèrent, les firent assassiner, et tirèrent à eux tout l'argent qu'ils purent de l'Europe. L'imbécile Inas ⁴, l'un des tyrans de l'Heptarchie d'Angleterre ⁵, fut le premier qui, dans un pèlerinage à Rome, se soumit à payer le denier de Saint-Pierre (ce qui était environ un écu de notre monnaie) pour chaque maison de son territoire ⁶. Toute l'île suivit bientôt cet exemple. L'Angleterre devint petit à petit une province du pape ; le Saint-Père y envoyait de temps en temps ses légats pour y lever des impôts exorbitants. Jean sans Terre fit enfin une cession en bonne forme de son royaume à Sa Sainteté, qui l'avait excommunié ⁷ ; et les barons, qui n'y trouvèrent pas leur compte, chassèrent ce misérable roi. Ils mirent à sa place Louis VIII, père de Saint Louis, roi de France ;

_____

a. _1739 : vrai_, et c'est précisément par cette raison que les peuples gémissaient _dans_

b. _1739 : avec_ des rois mal affermis

mais ils se dégoûtèrent bientôt de ce nouveau venu et lui firent repasser la mer [8].

Tandis que les barons, les évêques, les papes déchiraient ainsi l'Angleterre, où tous voulaient commander, le peuple, la plus nombreuse, la plus vertueuse même et par conséquent la plus respectable partie [a] des hommes, composée de ceux qui étudient les lois et les sciences, des négociants, des artisans, en un mot de tout ce qui n'était point tyran [b], le peuple, dis-je, était regardé par eux comme des animaux au-dessous de l'homme. Il s'en fallait bien que les communes eussent alors part au gouvernement [9]. C'étaient des vilains : leur travail, leur sang appartenaient à leurs maîtres, qui s'appelaient nobles [10]. Le plus grand nombre des hommes était en Europe ce qu'ils sont encore en plusieurs endroits du Nord [c], serfs d'un seigneur, espèce de bétail qu'on vend et qu'on achète avec la terre. Il a fallu des siècles pour rendre justice à l'humanité, pour sentir qu'il était horrible que le grand nombre semât et que le petit nombre recueillît ; et n'est-ce pas un bonheur pour le genre humain que l'autorité de ces petits brigands ait été éteinte en France par la puissance légitime de nos rois, et en Angleterre par la puissance légitime des rois et du peuple ?

Heureusement, dans les secousses que les querelles des rois et des grands donnaient aux empires, les fers des nations se sont plus ou moins relâchés ; la liberté est née en Angleterre des querelles des tyrans. Les barons forcèrent Jean sans Terre et Henri III à accorder cette fameuse Charte, dont le principal but était à la vérité de mettre les rois dans la dépendance des lords [11], mais dans laquelle le reste de la nation fut un peu favorisé, afin que dans l'occasion elle se rangeât du parti de ses prétendus protecteurs. Cette Grande

---

a. *1739 : nombreuse*, la plus utile et même la plus vertueuse *partie*
b. *1739 supprime* en un mot de tout ce qui n'était point tyran *; 1748 ajoute à la place :* des laboureurs enfin, qui exercent la plus noble (*1751 : la plus* utile *; 1756 : la* première) et la plus méprisée des professions
c. *1734 (L) : du* monde (*Leçon conforme à l'édition anglaise.*)

Charte, qui est regardée comme l'origine sacrée des libertés anglaises, fait bien voir elle-même combien peu la liberté était connue. Le titre seul prouve que le roi se croyait absolu de droit, et que les barons et le clergé même ne le forçaient à se relâcher de ce droit prétendu que parce qu'ils étaient les plus forts.

Voici comme commence la Grande Charte : « Nous accordons de notre libre volonté les privilèges suivants aux archevêques, évêques, abbés, prieurs et barons de notre royaume, etc. [12]. »

Dans les articles de cette Charte il n'est pas dit un mot de la Chambre des communes, preuve qu'elle n'existait pas encore, ou qu'elle existait sans pouvoir. On y spécifie les hommes libres d'Angleterre : triste démonstration qu'il y en avait qui ne l'étaient pas. On voit par l'article 32 [13] que ces hommes prétendus libres devaient des services à leur seigneur. Une telle liberté tenait encore beaucoup de l'esclavage.

Par l'article 21 [14] le roi ordonne que ses officiers ne pourront dorénavant prendre de force les chevaux et les charrettes des hommes libres qu'en payant, et ce règlement parut au peuple une vraie liberté, parce qu'il ôtait une plus grande tyrannie.

Henri VII, usurpateur heureux et grand politique [a], qui faisait semblant d'aimer les barons, mais qui les haïssait et les craignait, s'avisa de procurer [15] l'aliénation de leurs terres. Par là les vilains, qui, dans la suite, acquirent du bien par leurs travaux, achetèrent les châteaux des illustres pairs qui s'étaient ruinés par leurs folies. Peu à peu toutes les terres changèrent de maîtres.

La Chambre des communes devint de jour en jour plus puissante. Les familles des anciens pairs s'éteignirent avec le temps ; et, comme il n'y a proprement que les pairs qui soient nobles en Angleterre dans la rigueur de la loi, il n'y aurait plus du tout de noblesse en ce pays-là, si les rois n'avaient pas créé de nouveaux barons de temps en temps, et conservé l'ordre [b] des

---

a. *1756 : Henri VII*, conquérant et politique heureux
b. *1734 (L) :* le corps

pairs, qu'ils avaient tant craint autrefois, pour l'opposer à celui des communes devenu trop redoutable [16].

Tous ces nouveaux pairs qui composent la Chambre haute reçoivent du roi leur titre et rien de plus ; presque aucun d'eux n'a la terre dont il porte le nom. L'un est duc de Dorset et n'a pas un pouce de terre en Dorsetshire ; l'autre est comte d'un village, qui sait à peine où ce village est situé. Ils ont du pouvoir dans le Parlement, non ailleurs.

Vous n'entendez point ici parler de haute, moyenne et basse justice, ni du droit de chasser sur les terres d'un citoyen, lequel n'a pas la liberté de tirer un coup de fusil sur son propre champ.

Un homme, parce qu'il est noble ou parce qu'il est prêtre [a], n'est point ici exempt de payer certaines taxes ; tous les impôts sont réglés par la Chambre des communes qui, n'étant que la seconde par son rang, est la première par son crédit.

Les seigneurs et les évêques peuvent bien rejeter le bill des communes pour les taxes ; mais [b] il ne leur est pas permis d'y rien changer ; il faut ou qu'ils le reçoivent ou qu'ils le rejettent sans restriction. Quand le bill est confirmé par les lords et approuvé par le roi, alors tout le monde paie. Chacun donne, non selon sa qualité (ce qui est absurde), mais selon son revenu ; il n'y a point de taille ni de capitation arbitraire [17], mais une taxe réelle sur les terres. Elles ont toutes été évaluées sous le fameux roi Guillaume III, et mises au-dessous de leur prix [c].

La taxe subsiste toujours la même, quoique les revenus des terres aient augmenté ; ainsi personne n'est foulé [18], et personne ne se plaint. Le paysan n'a point les pieds meurtris par des sabots, il mange du pain blanc, il est bien vêtu, il ne craint point d'augmenter le nombre de ses bestiaux ni de couvrir son toit de tuiles, de peur que l'on ne hausse ses impôts

a. *1734 (L) : parce qu'il est* noble ou prêtre
b. *1734 (L) : communes,* lorsqu'il s'agit de lever de l'argent, *mais*
c. *1734 (L) omet les mots* et mises au-dessous de leur prix

l'année d'après. Il y a ici beaucoup de paysans qui ont environ deux cent mille francs de bien [a], et qui ne dédaignent pas de continuer à cultiver la terre qui les a enrichis, et dans laquelle ils vivent libres.

---

a. *1734 (L) : environ* cinq ou six cents livres sterling de revenu

DIXIÈME LETTRE

Sur le commerce

^a Le commerce, qui a enrichi les citoyens en Angleterre, a contribué à les rendre libres, et cette liberté a étendu le commerce à son tour ; de là s'est formée la grandeur de l'État. C'est le commerce qui a établi peu à peu les forces navales par qui les Anglais sont les maîtres des mers. Ils ont à présent près de deux cents vaisseaux de guerre. La postérité apprendra peut-être avec surprise qu'une petite île, qui n'a de soi-même qu'un peu de plomb ^b, de l'étain, de la terre à foulon et de la laine grossière, est devenue par son commerce assez puissante pour envoyer, en 1723 ¹, trois flottes à la fois en trois extrémités du monde, l'une devant Gibraltar, conquise et conservée par ses armes, l'autre à Porto-Bello, pour ôter au roi d'Espagne la jouissance des trésors des Indes, et la troisième dans la mer Baltique, pour empêcher les puissances du Nord de se battre.

Quand Louis XIV faisait trembler l'Italie, et que ses armées déjà maîtresses de la Savoie et du Piémont étaient prêtes de prendre Turin, il fallut que le prince Eugène marchât du fond de l'Allemagne au secours du duc de Savoie. Il n'avait point d'argent, sans quoi

---

a. *Dans 1756, on lit à la place du premier paragraphe le morceau figurant à l'appendice (voir p. 117).*

b. *1739 : un peu* de blé, *de plomb*

on ne prend ni ne défend les villes ; il eut recours à des marchands anglais : en une demi-heure de temps, on lui prêta cinq [a] millions. Avec cela il délivra Turin [2], battit les Français, et écrivit à ceux qui avaient prêté cette somme ce petit billet : « Messieurs, j'ai reçu votre argent, et je me flatte de l'avoir employé à votre satisfaction [3]. »

Tout cela donne un juste orgueil à un marchand anglais, et fait qu'il ose se comparer, non sans quelque raison, à un citoyen romain. Aussi le cadet d'un pair du royaume ne dédaigne point le négoce. Milord Townshend, ministre d'État, a un frère qui se contente d'être marchand dans la Cité [4]. Dans le temps que milord Oxford gouvernait l'Angleterre, son cadet était facteur [5] à Alep, d'où il ne voulut pas revenir, et où il est mort.

Cette coutume, qui pourtant commence trop à se passer, paraît monstrueuse à des Allemands entêtés de leurs *quartiers* [6]. Ils ne sauraient concevoir que le fils d'un pair d'Angleterre ne soit qu'un riche et puissant bourgeois, au lieu qu'en Allemagne tout est prince ; on a vu jusqu'à trente altesses du même nom, n'ayant pour tout bien que des armoiries et de l'orgueil [b].

En France est marquis qui veut ; et quiconque arrive à Paris du fond d'une province avec de l'argent à dépenser et un nom en *-ac* ou en *-ille*, peut dire « un homme comme moi, un homme de ma qualité », et mépriser souverainement un négociant. Le négociant entend lui-même parler si souvent avec dédain de sa profession, qu'il est assez sot pour en rougir. Je ne sais pourtant lequel est plus utile à un État, ou un seigneur bien poudré qui sait précisément à quelle heure le roi se lève, à quelle heure il se couche, et qui se donne des airs de grandeur en jouant le rôle d'esclave dans l'anti-chambre d'un ministre, ou un négociant qui enrichit son pays, donne de son cabinet des ordres à Surate [7] et au Caire, et contribue au bonheur du monde.

---

a. *1734* : cinquante *(Nous rétablissons la leçon de 1734 (L).)*
b. *1756* : *et* une noble fierté

APPENDICE

Début de la *Lettre* dans l'édition de 1756 [8]

Depuis le malheur de Carthage, aucun peuple ne fut puissant à la fois par le commerce et par les armes, jusqu'au temps où Venise donna cet exemple. Les Portugais, pour avoir passé le cap de Bonne-Espérance, ont quelque temps été de grands seigneurs sur les côtes de l'Inde, et jamais redoutables en Europe. Les Provinces-Unies n'ont été guerrières que malgré elles ; et ce n'est pas comme *unies* entre elles, mais comme *unies* avec l'Angleterre qu'elles ont prêté la main pour tenir la balance de l'Europe au commencement du XVIIIe siècle.

Carthage, Venise et Amsterdam ont été puissantes ; mais elles ont fait comme ceux qui parmi nous ayant amassé de l'argent par le négoce, en achètent des terres seigneuriales. Ni Carthage, ni Venise, ni la Hollande, ni aucun peuple n'a commencé par être guerrier, et même conquérant, pour finir par être marchand. Les Anglais sont les seuls : ils se sont battus longtemps avant de savoir compter. Ils ne savaient pas, quand ils gagnaient les batailles d'Azincourt, de Crécy et de Poitiers, qu'ils pouvaient vendre beaucoup de blé et fabriquer de beaux draps qui leur vaudraient bien davantage. Ces seules connaissances ont augmenté, enrichi, fortifié la nation. Londres était pauvre et agreste lorsque Édouard III conquérait la moitié de la France. C'est uniquement parce que les Anglais sont devenus négociants que Londres l'emporte sur Paris par l'étendue de la ville et le nombre des citoyens ; qu'ils peuvent mettre en mer deux cents vaisseaux de guerre et soudoyer des rois alliés. Les peuples d'Écosse sont nés guerriers et spirituels. D'où vient que leur pays est devenu, sous le nom d'*union*, une province d'Angleterre ? C'est que l'Écosse n'a que du charbon, et que l'Angleterre a de l'étain fin, de belles laines, d'excellents blés, des manufactures et des compagnies de commerce.

ONZIÈME LETTRE

Sur l'insertion de la petite vérole [a] [1]

On dit doucement, dans l'Europe chrétienne, que les Anglais sont des fous et des enragés : des fous, parce qu'ils donnent la petite vérole [2] à leurs enfants pour les empêcher de l'avoir, des enragés, parce qu'ils communiquent de gaieté de cœur à ces enfants une maladie certaine et affreuse dans la vue de prévenir un mal incertain [3]. Les Anglais, de leur côté, disent : « Les autres Européens sont des lâches et des dénaturés : ils sont lâches, en ce qu'ils craignent de faire un peu de mal à leurs enfants ; dénaturés, en ce qu'ils les exposent à mourir un jour de la petite vérole. » Pour juger qui a raison dans cette dispute, voici [b] l'histoire de cette fameuse insertion dont on parle hors d'Angleterre [c] avec tant d'effroi [4].

Les femmes de Circassie [5] sont de temps immémorial dans l'usage de donner la petite vérole à leurs enfants, même à l'âge de six mois, en leur faisant une incision au bras, et en insérant dans cette incision une

---

a. *Dans l'édition dite « encadrée » de 1775, l'éditeur (Voltaire ?) a ajouté, dans un « carton », la note suivante :* Cela fut écrit en 1727. Aussi l'auteur fut le premier en France qui parla de l'insertion de la petite vérole ou variole, comme il fut le premier qui écrivit sur la gravitation. *(On se souvient que Louis XV venait de mourir de la petite vérole…)*

b. *1734 (L) : juger* laquelle des deux nations a raison, *voici*

c. *1734 (L) : on parle* en France

pustule qu'elles ont soigneusement enlevée du corps d'un autre enfant. Cette pustule fait, dans le bras où elle est insinuée, l'effet du levain dans un morceau de pâte ; elle y fermente, et répand dans la masse du sang les qualités dont elle est empreinte. Les boutons de l'enfant à qui l'on a donné cette petite vérole artificielle servent à porter la même maladie à d'autres. C'est une circulation presque continuelle en Circassie ; et quand malheureusement il n'y a point de petite vérole dans le pays, on est aussi embarrassé qu'on l'est ailleurs dans une mauvaise année.

Ce qui a introduit en Circassie cette coutume qui paraît si étrange à d'autres peuples, est pourtant une cause commune à toute la terre [a] : c'est la tendresse maternelle et l'intérêt.

Les Circassiens sont pauvres, et leurs filles sont belles ; aussi ce sont elles dont ils font le plus de trafic. Ils fournissent de beautés les harems du Grand Seigneur, du Sophi de Perse, et de ceux qui sont assez riches pour acheter et pour entretenir cette marchandise précieuse. Ils élèvent ces filles en tout bien et en tout honneur à caresser les hommes, à former des danses pleines de lasciveté et de mollesse, à rallumer par tous les artifices les plus voluptueux le goût des maîtres dédaigneux à qui elles sont destinées. Ces pauvres créatures répètent tous les jours leur leçon avec leur mère, comme nos petites filles répètent leur catéchisme, sans y rien comprendre.

Or il arrivait souvent qu'un père et une mère, après avoir bien pris des peines pour donner une bonne éducation à leurs enfants, se voyaient tout d'un coup frustrés de leur espérance. La petite vérole se mettait dans la famille. Une fille en mourait, une autre perdait un œil, une troisième relevait avec un gros nez, et les pauvres gens étaient ruinés sans ressource. Souvent même, quand la petite vérole devenait épidémique, le commerce était interrompu pour plusieurs années, ce

a. *1734 (L)* : à tous les peuples de *la terre*

qui causait une notable diminution dans les sérails de Perse et de Turquie.

Une nation commerçante est toujours fort alerte sur ses intérêts, et ne néglige rien des connaissances qui peuvent être utiles à son négoce. Les Circassiens s'aperçurent que sur mille personnes, il s'en trouvait à peine une seule qui fût attaquée deux fois d'une petite vérole bien complète ; qu'à la vérité on essuie quelquefois trois ou quatre petites véroles légères, mais jamais deux qui soient décidées et dangereuses ; qu'en un mot jamais on n'a véritablement cette maladie deux fois en sa vie. Ils remarquèrent encore que, quand les petites véroles sont très bénignes et que leur éruption ne trouve à percer qu'une peau délicate et fine, elles ne laissent aucune impression sur le visage. De ces observations naturelles ils conclurent que si un enfant de six mois ou d'un an avait une petite vérole bénigne, il n'en mourrait pas, il n'en serait pas marqué, et serait quitte de cette maladie pour le reste de ses jours.

Il restait donc, pour conserver la vie et la beauté de leurs enfants, de leur donner la petite vérole de bonne heure ; c'est ce que l'on fit en insérant, dans le corps d'un enfant, un bouton que l'on prit de la petite vérole la plus complète et en même temps la plus favorable qu'on pût trouver [6].

L'expérience ne pouvait pas manquer de réussir. Les Turcs, qui sont gens sensés, adoptèrent bientôt après cette coutume, et aujourd'hui il n'y a point de bâcha dans Constantinople qui ne donne la petite vérole à son fils et à sa fille en les faisant sevrer.

Il y a quelques gens qui prétendent [a] que les Circassiens prirent autrefois cette coutume des Arabes ; mais nous laissons ce point d'histoire à éclaircir par quelque savant bénédictin, qui ne manquera pas de composer là-dessus plusieurs volumes in-folio avec les preuves. Tout ce que j'ai à dire sur cette matière, c'est que, dans le commencement du règne de Georges Ier,

_____

a. *1756 :* Quelques gens *prétendent*

Mme de Wortley-Montaigu, une des femmes d'Angleterre qui a le plus d'esprit et le plus de force dans l'esprit, étant avec son mari en ambassade à Constantinople, s'avisa de donner sans scrupule la petite vérole à un enfant dont elle était accouchée en ce pays [7]. Son chapelain eut beau lui dire que cette expérience n'était pas chrétienne, et ne pouvait réussir que chez des infidèles [8], le fils de Mme de Wortley s'en trouva à merveille. Cette dame, de retour à Londres, fit part de son expérience à la princesse de Galles, qui est aujourd'hui reine [9]. Il faut avouer que, titres et couronnes à part, cette princesse est née pour encourager tous les arts et pour faire du bien aux hommes ; c'est un philosophe aimable sur le trône ; elle n'a jamais perdu ni une occasion de s'instruire, ni une occasion d'exercer sa générosité ; c'est elle qui, ayant entendu dire qu'une fille de Milton vivait encore, et vivait dans la misère, lui envoya sur-le-champ un présent considérable ; c'est elle qui protège ce pauvre père Courayer [a] ; c'est elle qui daigna être la médiatrice entre le docteur Clarke et M. Leibniz. Dès qu'elle eut entendu parler de l'inoculation ou insertion de la petite vérole, elle en fit faire l'épreuve sur quatre criminels condamnés à mort [10], à qui elle sauva doublement la vie : car non seulement elle les tira de la potence mais, à la faveur de cette petite vérole artificielle, elle prévint la naturelle qu'ils auraient probablement eue, et dont ils seraient morts peut-être [b] dans un âge plus avancé.

La princesse, assurée de l'utilité de cette épreuve, fit inoculer ses enfants [11]. L'Angleterre suivit son exemple et, depuis ce temps, dix mille enfants de famille au moins doivent ainsi la vie à la reine et à Mme de Wortley-Montaigu, et autant de filles leur doivent leur beauté [12].

Sur cent personnes dans le monde, soixante au moins ont la petite vérole ; de ces soixante, vingt en

---

a. *1734 (L)* : *protège* le savant père Le *Courayer*
b. *1734 (L) omet* peut-être

meurent dans les années les plus favorables, et vingt
en conservent pour toujours de fâcheux restes : voilà
donc la cinquième partie des hommes que cette
maladie tue ou enlaidit sûrement [13]. De tous ceux qui
sont inoculés en Turquie ou en Angleterre, aucun ne
meurt s'il n'est infirme et condamné à mort. D'ailleurs
personne n'est marqué, aucun n'a la petite vérole une
seconde fois, supposé que l'inoculation ait été parfaite. Il est donc certain que si quelque ambassadrice
française avait rapporté ce secret de Constantinople à
Paris, elle aurait rendu un service éternel à la nation ;
le duc de Villequier, père du duc d'Aumont d'aujour-
d'hui, l'homme de France le mieux constitué et le plus
sain, ne serait pas mort à la fleur de son âge.

Le prince de Soubise, qui avait la santé la plus
brillante, n'aurait pas été emporté à l'âge de vingt-cinq
ans ; Monseigneur, grand-père de Louis XV, n'aurait
pas été enterré dans sa cinquantième année [14] ; vingt
mille personnes mortes à Paris de la petite vérole en
1723 vivraient encore [15]. Quoi donc ? Est-ce que les
Français n'aiment point la vie ? Est-ce que leurs femmes
ne se soucient point de leur beauté ? En vérité, nous
sommes d'étranges gens. Peut-être dans dix ans pren-
dra-t-on cette méthode anglaise, si les curés et les
médecins le permettent ; ou bien les Français, dans
trois mois, se serviront de l'inoculation par fantaisie, si
les Anglais s'en dégoûtent par inconstance.

J'apprends que depuis cent ans les Chinois sont dans
cet usage ; c'est un grand préjugé que l'exemple d'une
nation qui passe pour être la plus sage et la mieux
policée de l'univers. Il est vrai que les Chinois s'y prennent d'une façon différente : ils ne font point d'incision,
ils font prendre la petite vérole par le nez, comme du
tabac en poudre [16]. Cette façon est plus agréable, mais
elle revient au même, et sert également à confirmer
que, si on avait pratiqué l'inoculation en France, on
aurait sauvé la vie à des milliers d'hommes [a].

_____

a. *Dans 1752 et 1756, Voltaire termine cette Lettre par deux morceaux figurant à l'appendice.*

APPENDICE

Fin de la *Lettre* dans les éditions
de 1752 et 1756

Il y a quelques années qu'un missionnaire jésuite ayant lu cette lettre [a] et se trouvant dans un canton de l'Amérique où la petite vérole faisait [b] des ravages affreux, s'avisa de faire inoculer tous les petits sauvages qu'il baptisait. Ils lui durent ainsi la vie présente et la vie éternelle : quels dons pour des sauvages [17] !

[c] Un évêque de Worcester a depuis peu prêché à Londres l'inoculation ; il a démontré en citoyen combien cette pratique avait conservé de sujets à l'État ; il l'a recommandée en pasteur charitable [18]. On prêcherait à Paris contre cette invention salutaire, comme on a écrit vingt ans contre les expériences de Newton : tout prouve que les Anglais sont plus philosophes et plus hardis que nous. Il faut bien du temps pour qu'une certaine raison et un certain courage d'esprit franchissent le pas de Calais.

Il ne faut pourtant pas s'imaginer que depuis Douvres jusqu'aux îles Orcades on ne trouve que des philosophes ; l'espèce contraire compose toujours le grand nombre. L'inoculation fut d'abord combattue à Londres, et longtemps avant que l'évêque de Worcester annonçât cet évangile en chaire, un curé s'était avisé de prêcher contre. Il dit que Job avait été inoculé par le diable. Ce prédicateur était fait pour être capucin, il n'était guère digne d'être né en Angleterre [19]. Le préjugé monta donc en chaire le premier, et la raison n'y monta qu'ensuite : c'est la marche ordinaire de l'esprit humain.

---

a. *1756 :* ce chapitre
b. *1756 :* exerçait
c. *Addition de 1756.*

DOUZIÈME LETTRE

Sur le chancelier Bacon

Il n'y a pas longtemps que l'on agitait, dans une compagnie célèbre, cette question usée et frivole, quel était le plus grand homme, de César, d'Alexandre, de Tamerlan, de Cromwell, etc [a].

Quelqu'un répondit que c'était sans contredit Isaac Newton. Cet homme avait raison. Car si la vraie grandeur consiste à avoir reçu du Ciel un puissant génie, et à s'en être servi pour s'éclairer soi-même et les autres, un homme comme M. Newton, tel qu'il s'en trouve à peine en dix siècles, est véritablement le grand homme ; et ces politiques et ces conquérants, dont aucun siècle n'a manqué, ne sont d'ordinaire que d'illustres méchants. C'est à celui qui domine sur les esprits par la force de la vérité, non à ceux qui font des esclaves par la violence, c'est à celui qui connaît l'univers, non à ceux qui le défigurent, que nous devons nos respects [1].

Puis donc que vous exigez que je vous parle des hommes célèbres qu'a portés [b] l'Angleterre, je commencerai par les Bacon, les Locke, les Newton, etc. Les généraux et les ministres viendront à leur tour.

---

a. *1734 (L) : homme* qu'il y ait eu sur la terre, si c'était César, Alexandre, Tamerlan, *Cromwell, etc. ; 1756 :* ou *Cromwell.*

b. *Toutes les éditions donnent la leçon* porté

Il faut commencer par le fameux comte [a] de Veru-
lam, connu en Europe sous le nom de Bacon, qui était
son nom de famille. Il était fils d'un garde des Sceaux,
et fut longtemps chancelier sous le roi Jacques Ier.
Cependant, au milieu des intrigues de la cour et des
occupations de sa charge, qui demandaient un homme
tout entier [2], il trouva le temps d'être grand philosophe,
bon historien et écrivain élégant ; et ce qui est encore
plus étonnant, c'est qu'il vivait dans un siècle où l'on ne
connaissait guère l'art de bien écrire, encore moins la
bonne philosophie. Il a été, comme c'est l'usage parmi
les hommes, plus estimé après sa mort que de son
vivant : ses ennemis étaient à la cour de Londres, ses
admirateurs étaient dans toute l'Europe [b].

Lorsque le marquis d'Effiat amena en Angleterre la
princesse Marie, fille d'Henri le Grand, qui devait
épouser le prince de Galles [c] [3], ce ministre alla visiter
Bacon qui, alors étant malade au lit, le reçut les
rideaux fermés. «Vous ressemblez aux anges, lui dit
d'Effiat ; on entend toujours parler d'eux, on les croit
bien supérieurs aux hommes, et on n'a jamais la
consolation de les voir. »

Vous savez, Monsieur, comment Bacon fut accusé
d'un crime qui n'est guère d'un philosophe, de s'être
laissé corrompre par argent ; vous savez comment il
fut condamné par la Chambre des pairs à une amende
d'environ quatre cent mille livres de notre monnaie, à
perdre sa dignité de chancelier et de pair [4].

Aujourd'hui, les Anglais révèrent sa mémoire au
point qu'ils ne veulent point avouer [d] qu'il ait été coupable. Si vous me demandez ce que j'en pense, je me
servirai, pour vous répondre, d'un mot que j'ai ouï
dire à milord Bolingbroke. On parlait, en sa présence,
de l'avarice dont le duc de Marlborough avait été
accusé, et on en citait des traits sur lesquels on appe-

---

a. *1739* : baron
b. *1734 (L) : étaient* les étrangers
c. *1734 (L)* : le roi Charles
d. *1734 (L) : mémoire* qu'à peine avouent-ils

lait au témoignage de milord Bolingbroke qui, ayant été son ennemi déclaré [a], pouvait peut-être avec bienséance dire ce qui en était. « C'était un si grand homme, répondit-il, que j'ai oublié ses vices. »

Je me bornerai donc à vous parler de ce qui a mérité au chancelier Bacon l'estime de l'Europe [5].

Le plus singulier et le meilleur de ses ouvrages est celui qui est aujourd'hui le moins lu et le plus inutile : je veux parler de son *Novum scientiarum organum.* C'est l'échafaud avec lequel on a bâti la nouvelle philosophie ; et quand cet édifice a été élevé au moins en partie, l'échafaud n'a plus été d'aucun usage.

Le chancelier Bacon ne connaissait pas encore la nature, mais il savait et indiquait tous les chemins qui mènent à elle [6]. Il avait méprisé de bonne heure ce que les universités appelaient la philosophie [b], et il faisait tout ce qui dépendait de lui afin que ces compagnies, instituées pour la perfection de la raison humaine, ne continuassent pas de la gâter par leurs *quiddités*, leur *horreur du vide*, leurs *formes substantielles* et tous les mots impertinents [c] que non seulement l'ignorance rendait respectables, mais qu'un mélange ridicule avec la religion avait rendus presque [d] sacrés [7].

Il est le père de la philosophie expérimentale [8]. Il est bien vrai qu'avant lui on avait découvert des secrets étonnants. On avait inventé la boussole, l'imprimerie, la gravure des estampes, la peinture à l'huile, les glaces, l'art de rendre en quelque façon la vue aux vieillards par les lunettes qu'on appelle besicles, la poudre à canon, etc. On avait cherché, trouvé et conquis un nouveau monde. Qui ne croirait que ces sublimes découvertes eussent été faites par les plus grands philosophes, et dans des temps bien plus éclairés que le nôtre ? Point du tout : c'est dans le

a. *1734 (L) : ayant été* d'un parti contraire

b. *1748ab : ce que* des fous en bonnet carré enseignaient sous le nom de philosophie dans les petites-maisons *(1751 ajoute :* de ce temps*)* appelées collèges

c. *1748ab :* impertinents *biffé par Voltaire.*

d. *1734 (L) omet* presque

temps de la plus stupide barbarie [a] que ces grands changements ont été faits sur la terre. Le hasard seul a produit presque toutes ces inventions, et il y a même bien de l'apparence que [b] ce qu'on appelle hasard a eu grande part dans la découverte de l'Amérique ; du moins a-t-on toujours cru que Christophe Colomb n'entreprit son voyage que sur la foi d'un capitaine de vaisseau qu'une tempête avait jeté jusqu'à la hauteur des îles Caraïbes [9].

Quoi qu'il en soit, les hommes savaient aller au bout du monde, ils savaient détruire des villes avec un tonnerre artificiel plus terrible que le tonnerre véritable, mais ils ne connaissaient pas la circulation du sang, la pesanteur de l'air, les lois du mouvement, la lumière, le nombre de nos planètes, etc. ; et un homme qui soutenait une thèse sur les catégories d'Aristote, sur l'universel *a parte rei* ou telle autre sottise, était regardé comme un prodige.

Les inventions les plus étonnantes et les plus utiles ne sont pas celles qui font le plus d'honneur à l'esprit humain.

C'est à un instinct mécanique [10], qui est chez la plupart des hommes, que nous devons tous les arts [c], et nullement à la saine philosophie.

La découverte du feu, l'art de faire du pain, de fondre et de préparer les métaux, de bâtir des maisons, l'invention de la navette [11], sont d'une tout autre nécessité que l'imprimerie et la boussole ; cependant ces arts furent inventés par des hommes encore sauvages.

Quel prodigieux usage les Grecs et les Romains ne firent-ils pas depuis des mécaniques ? Cependant on croyait de leur temps qu'il y avait des cieux de cristal et que les étoiles étaient de petites lampes qui tombaient quelquefois dans la mer ; et un de leurs grands [d] philosophes, après bien des recherches, avait

---

a. *1756 : de la* barbarie scolastique
b. *1756 : inventions* : on a même prétendu *que*
c. *1734 (L) :* la plupart des *arts*
d. *1734 (L) : leurs* plus *grands*

trouvé que les astres étaient des cailloux qui s'étaient détachés de la Terre [12].

En un mot, personne avant le chancelier Bacon n'avait connu la philosophie expérimentale ; et de toutes les épreuves [13] physiques qu'on a faites depuis lui, il n'y en a presque pas une qui ne soit indiquée dans son livre. Il en avait fait lui-même plusieurs : il fit des espèces de machines pneumatiques [14] par lesquelles il devina l'élasticité de l'air ; il a tourné tout autour de la découverte de sa pesanteur, il y touchait ; cette vérité fut saisie par Torricelli [15]. Peu de temps après, la physique expérimentale commença tout d'un coup à être cultivée à la fois dans presque toutes les parties de l'Europe. C'était un trésor caché dont Bacon s'était douté, et que tous les philosophes, encouragés par sa promesse, s'efforcèrent de déterrer [16].

Mais ce qui m'a le plus surpris, ç'a été de voir dans [a] son livre, en termes exprès, cette attraction nouvelle dont M. Newton passe pour l'inventeur.

« Il faut chercher, dit Bacon, s'il n'y aurait point une espèce de force magnétique qui opère entre la terre et les choses pesantes, entre la Lune et l'océan, entre les planètes, etc [17]. »

En un autre endroit, il dit : « Il faut ou que les corps graves soient portés [b] vers le centre de la terre ou qu'ils en soient mutuellement attirés, et en ce dernier cas il est évident que plus les corps en tombant s'approcheront de la terre, plus fortement ils s'attireront. Il faut, poursuit-il, expérimenter si la même horloge à poids ira plus vite sur le haut d'une montagne ou au fond d'une mine. Si la force des poids diminue sur la montagne et augmente dans la mine, il y a apparence que la terre a une vraie attraction [18]. »

Ce précurseur de la philosophie a été aussi un écrivain élégant, un historien, un bel esprit.

Ses essais de morale sont très estimés, mais ils sont faits pour instruire plutôt que pour plaire [19] ; et,

---

a. *1739 :* On voit *dans*
b. *1734 (L) :* poussés

n'étant ni la satire de la nature humaine comme les *Maximes* de M. de La Rochefoucauld, ni l'école du scepticisme comme Montaigne, ils sont moins lus que ces deux livres ingénieux.

Son *Histoire de Henri VII*[a] a passé pour un chef d'œuvre, mais je serais fort trompé si elle pouvait être comparée à l'ouvrage de notre illustre de Thou[b] [20].

En parlant de ce fameux imposteur Parkins, juif de naissance[c] qui prit si hardiment le nom de Richard IV, roi d'Angleterre, encouragé par la duchesse de Bourgogne, et qui disputa la couronne à Henri VII, voici comme le chancelier Bacon s'exprime :

« Environ ce temps, le roi Henri fut obsédé d'esprits malins par la magie de la duchesse de Bourgogne, qui évoqua des enfers l'ombre d'Édouard IV pour venir tourmenter le roi Henri.

« Quand la duchesse de Bourgogne eut instruit Parkins, elle commença à délibérer par quelle région du ciel elle ferait paraître cette comète, et elle résolut qu'elle éclaterait d'abord sur l'horizon de l'Irlande [21]. »

Il me semble que notre sage de Thou ne donne guère dans ce phébus [22] qu'on prenait autrefois pour du sublime, mais qu'à présent on nomme avec raison galimatias.

---

a. *1734 (L) :* Sa *Vie de Henri VII*

b. *1734 (L) : mais* comment se peut-il faire que quelques personnes osent comparer un si petit ouvrage avec l'*Histoire* de notre illustre M. *de Thou ?*

c. *1734 (L) :* fils d'un juif converti

TREIZIÈME LETTRE

Sur M. Locke [a]

Jamais il ne fut peut-être un esprit plus sage, plus méthodique, un logicien plus exact que M. Locke ; cependant il n'était pas grand mathématicien [1]. Il n'avait jamais pu se soumettre à la fatigue des calculs ni à la sécheresse des vérités mathématiques, qui ne présente [b] d'abord rien de sensible à l'esprit ; et personne n'a mieux prouvé que lui qu'on pouvait avoir l'esprit géomètre sans le secours de la géométrie. Avant lui, de grands philosophes avaient décidé positivement ce que c'est que l'âme de l'homme ; mais puisqu'ils n'en savaient rien du tout, il est bien juste qu'ils aient tous été d'avis différents.

Dans la Grèce, berceau des arts et des erreurs, et où l'on poussa si loin la grandeur et la sottise de l'esprit humain, on raisonnait comme chez nous sur l'âme [2].

Le divin Anaxagore, à qui on dressa un autel pour avoir appris aux hommes que le soleil était plus grand que le Péloponnèse, que la neige était noire et que les cieux étaient de pierre, affirma que l'âme était un esprit aérien, mais cependant immortel.

Diogène, un autre que celui qui devint cynique après avoir été faux-monnayeur, assurait que l'âme

---

a. *1756 omet* M.
b. *1734 (L)* : présentent *(Leçon conforme à l'édition anglaise.)*

était une portion de la substance même de Dieu [3] ; et cette idée au moins était brillante.

Épicure la composait de parties comme le corps. Aristote, qu'on a expliqué de mille façons, parce qu'il était inintelligible, croyait, si l'on s'en rapporte à quelques-uns de ses disciples, que l'entendement de tous les hommes était une seule et même substance.

Le divin Platon, maître du divin Aristote, et le divin Socrate, maître du divin Platon, disaient l'âme corporelle et éternelle ; le démon de Socrate lui avait appris sans doute ce qui en était [4]. Il y a des gens, à la vérité, qui prétendent qu'un homme qui se vantait d'avoir un génie familier était indubitablement un fou ou un fripon ; mais ces gens-là sont trop difficiles.

Quant à nos Pères de l'Église, plusieurs dans [a] les premiers siècles ont cru l'âme humaine, les anges et Dieu corporels.

Le monde se raffine toujours. Saint Bernard, selon l'aveu du père Mabillon, enseigna à propos de l'âme qu'après la mort elle ne voyait point Dieu dans le Ciel, mais qu'elle conversait seulement avec l'humanité de Jésus-Christ. On ne le crut pas cette fois sur sa parole : l'aventure de la croisade avait un peu décrédité ses oracles [5]. Mille scolastiques sont venus ensuite, comme le docteur irréfragable, le docteur subtil, le docteur angélique, le docteur séraphique, le docteur chérubique [6], qui tous ont été bien sûrs de connaître l'âme très clairement, mais qui n'ont pas laissé d'en parler comme s'ils avaient voulu que personne n'y entendît rien.

Notre Descartes, né pour découvrir les erreurs de l'Antiquité, mais pour y substituer les siennes, et entraîné par cet esprit systématique qui aveugle les plus grands hommes, s'imagina avoir démontré que l'âme était la même chose que la pensée, comme la matière, selon lui, est la même chose que l'étendue. Il assura que l'on pense toujours, et que l'âme arrive dans le corps pourvue de toutes les notions métaphy-

a. *1751 :* Il est certain que plusieurs Pères de l'Église, *dans*

siques, connaissant Dieu, l'espace, l'infini, ayant toutes les idées abstraites, remplie enfin de belles connaissances, qu'elle oublie malheureusement en sortant du ventre de sa mère.

M. Malebranche, de l'Oratoire, dans ses illusions sublimes non seulement admit les idées innées, mais il ne doutait pas que nous ne vissions tout en Dieu, et que Dieu, pour ainsi dire, ne fût notre âme [7].

Tant de raisonneurs ayant fait le roman de l'âme, un sage est venu, qui en a fait modestement l'histoire [8]. Locke a développé à l'homme la raison humaine, comme un excellent anatomiste explique les ressorts du corps humain. Il s'aide partout du flambeau de la physique [9] ; il ose quelquefois parler affirmativement, mais il ose aussi douter ; au lieu de définir tout d'un coup ce que nous ne connaissons pas, il examine par degrés ce que nous voulons connaître. Il prend un enfant au moment de sa naissance, il suit pas à pas les progrès de son entendement [10] ; il voit ce qu'il a de commun avec les bêtes et ce qu'il a au-dessus d'elles [11] ; il consulte surtout son propre témoignage, la conscience de sa pensée [12].

« Je laisse, dit-il, à discuter à ceux qui en savent plus que moi, si notre âme existe avant ou après l'organisation de notre corps ; mais j'avoue qu'il m'est tombé en partage une de ces âmes grossières qui ne pensent pas toujours, et j'ai même le malheur de ne pas concevoir qu'il soit plus nécessaire à l'âme de penser toujours qu'au corps d'être toujours en mouvement [13]. »

Pour moi, je me vante de l'honneur d'être en ce point aussi stupide que Locke. Personne ne me fera jamais croire que je pense toujours ; et je ne me sens pas plus disposé que lui à imaginer que, quelques semaines après ma conception, j'étais une fort savante âme, sachant alors mille choses que j'ai oubliées en naissant, et ayant fort inutilement possédé dans l'*utérus* des connaissances qui m'ont échappé dès que j'ai pu en avoir besoin, et que je n'ai jamais bien pu rapprendre depuis.

Locke, après avoir ruiné les idées innées, après avoir bien renoncé à la vanité de croire qu'on pense toujours, établit que toutes nos idées nous viennent par les sens, examine nos idées simples et celles qui sont composées, suit l'esprit de l'homme dans toutes ses opérations, fait voir combien les langues que les hommes parlent sont imparfaites, et quel abus nous faisons des termes à tous moments.

Il vient enfin à considérer l'étendue [a] ou plutôt le néant des connaissances humaines. C'est dans ce chapitre qu'il ose avancer [b] modestement ces paroles : *Nous ne serons jamais peut-être capables de connaître si un être purement matériel pense ou non* [14].

Ce discours sage parut à plus d'un théologien une déclaration scandaleuse que l'âme est matérielle et mortelle.

Quelques Anglais, dévots à leur manière, sonnèrent l'alarme. Les superstitieux sont dans la société ce que les poltrons sont dans une armée : ils ont, et donnent des terreurs paniques. On cria que Locke voulait renverser la religion. Il ne s'agissait pourtant point de religion dans cette affaire : c'était une question purement philosophique, très indépendante de la foi et de la révélation. Il ne fallait qu'examiner sans aigreur s'il y a de la contradiction à dire : *la matière peut penser*, et si Dieu peut communiquer la pensée à la matière. Mais les théologiens commencent trop souvent par dire que Dieu est outragé quand on n'est pas de leur avis. C'est trop ressembler aux mauvais poètes qui criaient que Despréaux [15] parlait mal du roi, parce qu'il se moquait d'eux.

Le docteur Stillingfleet s'est fait une réputation de théologien modéré pour n'avoir pas dit positivement des injures à Locke [16]. Il entra en lice contre lui, mais il fut battu car il raisonnait en docteur, et Locke en

---

a. *Dans 1734 (L), le paragraphe précédent se présente comme suit :* qu'on pense toujours, ayant bien établi [...], ayant examiné [...], ayant suivi [...], ayant fait voir [...] *à tous moments* ; il vient *; 1756 suit* 1734 (L) *jusqu'aux mots* à tous moments, *puis continue ainsi :* Locke, dis-je, considère enfin *l'étendue*

b. *1734 (L) :* Ce fut *dans ce chapitre qu'il* osa *avancer*

philosophe instruit de la force et de la faiblesse de l'esprit humain, et qui se battait avec des armes dont il connaissait la trempe.

[a] Si j'osais parler après M. Locke sur un sujet si délicat, je dirais : Les hommes disputent depuis longtemps sur la nature et sur l'immortalité de l'âme. À l'égard de son immortalité, il est impossible de la démontrer, puisqu'on dispute encore sur sa nature, et qu'assurément il faut connaître à fond un être créé pour décider s'il est immortel ou non. La raison humaine est si peu capable de démontrer par elle-même l'immortalité de l'âme que la religion a été obligée de nous la révéler. Le bien commun de tous les hommes demande qu'on croie l'âme immortelle, la foi nous l'ordonne : il n'en faut pas davantage, et la chose est décidée. Il n'en est pas de même de sa nature. Il importe peu à la religion de quelle substance soit l'âme, pourvu qu'elle soit vertueuse ; c'est une horloge qu'on nous a donnée à gouverner, mais l'ouvrier ne nous a pas dit de quoi le ressort de cette horloge est composé.

Je suis corps, et je pense ; je n'en sais pas davantage. Irai-je [b] attribuer à une cause inconnue ce que je puis si aisément attribuer à la seule cause seconde que je connais [c] ? Ici tous les philosophes de l'École m'arrêtent en argumentant, et disent : « Il n'y a dans le corps que de l'étendue et de la solidité, et il ne peut avoir que du mouvement et de la figure. Or du mouvement et de la figure, de l'étendue et de la solidité ne peuvent faire une pensée ; donc l'âme ne peut pas être matière. » Tout ce grand raisonnement tant de fois répété se réduit uniquement à ceci : « Je ne connais point du tout la matière [d], j'en devine imparfaitement quelques propriétés ; or je ne sais point du tout si ces propriétés

---

a. *Dans 1748ab, les six paragraphes suivants sont remplacés par des cartons contenant le texte que nous donnons à l'appendice (p. 138).*

b. *1739 :* Si je ne consulte que mes faibles lumières, *irai-je*

c. *1739 : connais* un peu

d. *1739 : Je ne connais* que très peu de chose de *la matière*

peuvent être jointes à la pensée ; donc parce que je ne sais rien du tout, j'assure positivement que la matière ne saurait penser. » Voilà nettement la manière de raisonner de l'École. Locke dirait avec simplicité à ces messieurs : « Confessez du moins [a] que vous êtes aussi ignorants que moi. Votre imagination ni la mienne ne peuvent concevoir comment un corps a [b] des idées ; et comprenez-vous mieux comment une substance, telle qu'elle soit [17], a des idées ? Vous ne concevez ni la matière ni l'esprit ; comment osez-vous assurer quelque chose [c] [18] ? »

Le superstitieux vient à son tour et dit qu'il faut brûler, pour le bien de leurs âmes, ceux qui soupçonnent qu'on peut penser avec la seule aide du corps. Mais que diraient-ils si c'étaient eux-mêmes qui fussent coupables [d] d'irréligion ? En effet, quel est

-----

a. *Dans 1748, le paragraphe commence ainsi :* Qui suis-je ? un assemblage d'organes. Je respire par les poumons, je prends avec les mains, je pense par le cerveau ; et j'admire autant l'artifice par lequel mon cœur envoie du sang dans mes artères et par lequel l'homme conserve sa vie et la transmet, que le don que j'ai reçu d'avoir quelques faibles idées dans ma tête. Tout cela est également l'ouvrage d'un Dieu. N'a-t-il mis en moi qu'un principe, en a-t-il mis plusieurs ? Je l'ignore. Je ne sais ni comment je vis, ni comment j'ai la force active, ni comment je pense. / Je sais seulement qu'il n'y a qu'un être tout-puissant qui opère en moi ces merveilles, soit qu'il les opère par un seul ressort, soit qu'il en fasse agir plusieurs. Je vois seulement mon corps, et je ne vois pas le reste. Ici toute l'École m'arrête et me dit : « Il n'y a dans le corps que de l'étendue et de la solidité ; or l'étendue et la solidité ne peuvent faire une pensée. » / M. Locke répondrait : « Avouez *du moins*

b. *1748 :* reçoit

c. *1748 omet* comment osez-vous assurer quelque chose *; 1739 ajoute le morceau suivant :* Que vous importe que l'âme soit un de ces êtres incompréhensibles qu'on appelle matière, ou un de ces êtres incompréhensibles qu'on appelle esprit ? Quoi ! Dieu, le créateur de tout, ne peut-il pas éterniser ou anéantir votre âme à son gré, quelle que soit sa substance ? *; 1748 continue ensuite :* Vous ne voyez dans le corps qu'un être étendu, et de là vous assurez qu'il ne peut avoir un pouvoir immatériel ; mais la force active qui est dans ce corps n'est-elle pas en effet un être métaphysique ? / Ô mortels, que nous sommes loin de connaître les principes des choses, et qu'il nous appartient peu de décider !

d. *1739 : Mais que* dirait-il si c'était lui-même qui fût coupable

l'homme qui osera assurer, sans une impiété absurde, qu'il est impossible au Créateur de donner à la matière la pensée et le sentiment ? Voyez, je vous prie, à quel embarras vous êtes réduit, vous qui bornez ainsi la puissance du Créateur ! Les bêtes ont les mêmes organes que nous, les mêmes sentiments [a], les mêmes perceptions ; elles ont de la mémoire, elles combinent quelques idées. Si Dieu n'a pas pu animer la matière et lui donner le sentiment, il faut de deux choses l'une, ou que les bêtes soient de pures machines, ou qu'elles aient une âme spirituelle.

Il me paraît presque démontré [b] que les bêtes ne peuvent être de simples machines. Voici ma preuve : Dieu leur a fait précisément les mêmes organes du sentiment que les nôtres ; donc s'ils [c] ne sentent point, Dieu a fait un ouvrage inutile. Or Dieu, de votre aveu même, ne fait rien en vain ; donc il n'a point fabriqué tant d'organes de sentiment pour qu'il n'y eût point de sentiment ; donc les bêtes ne sont point de pures machines.

Les bêtes, selon vous, ne peuvent pas avoir une âme spirituelle ; donc malgré vous il ne reste autre chose à dire, sinon que Dieu a donné aux organes des bêtes, qui sont matière, la faculté de sentir et d'apercevoir, laquelle [d] vous appelez instinct dans elles.

Eh qui [e] peut empêcher Dieu de communiquer à nos organes plus déliés cette faculté de sentir, d'apercevoir et de penser, que nous appelons raison humaine ? De quelque côté que vous vous tourniez, vous êtes obligés d'avouer votre ignorance et la puissance immense du Créateur. Ne vous révoltez donc plus contre la sage et modeste philosophie de Locke. Loin d'être contraire à la religion, elle lui servirait de preuve si la religion en avait besoin ; car quelle philosophie plus religieuse que celle qui, n'affirmant que ce qu'elle

---

a. *1739 omet* les mêmes sentiments
b. *1734 (L) omet* presque
c. *1739* : si elles
d. *1734 (L)* : que
e. *1734 (L)* : Et *qui*

conçoit clairement et sachant avouer sa faiblesse, vous dit qu'il faut recourir à Dieu dès qu'on examine les premiers principes [19] ?

D'ailleurs il ne faut jamais craindre qu'aucun sentiment philosophique puisse nuire à la religion d'un pays. Nos mystères ont beau être contraires à nos démonstrations, ils n'en sont pas moins révérés par les philosophes chrétiens, qui savent que les objets de la raison et de la foi sont de différente nature. Jamais les philosophes ne feront une secte de religion. Pourquoi ? C'est qu'ils n'écrivent point pour le peuple, et qu'ils sont sans enthousiasme [a] [20].

Divisez le genre humain en vingt parts [b] : il y en a dix-neuf composées de ceux qui travaillent de leurs mains, et qui ne sauront jamais s'il y a eu un Locke au monde ; dans la vingtième partie qui reste, combien trouve-t-on peu d'hommes qui lisent ! Et parmi ceux qui lisent, il y en a vingt qui lisent des romans, contre un qui étudie la philosophie. Le nombre de ceux qui pensent est excessivement petit, et ceux-là ne s'avisent pas de troubler le monde.

Ce n'est ni Montaigne [c], ni Locke, ni Bayle, ni Spinoza, ni Hobbes, ni milord Shaftesbury, ni M. Collins, ni M. Toland [d], etc., qui ont porté le flambeau de la discorde dans leur patrie ; ce sont, pour la plupart, des théologiens qui, ayant eu d'abord l'ambition d'être chefs de secte, ont eu bientôt celle d'être chefs de parti. Que dis-je ! tous les livres des philosophes modernes mis ensemble ne feront jamais dans le monde autant de bruit seulement qu'en a fait autrefois la dispute des cordeliers sur la forme de leur manche et de leur capuchon [21].

---

a. *1748ab omettent les mots :* n'écrivent point pour le peuple, et qu'ils

b. *1751 :* parties

c. *1752 : ni Montaigne,* ni Le Vayer, ni Descartes,

d. *1742 : ni M. Toland,* ni Fludd, *(1751 ajoute :* ni Woolston*),* ni Bekker, ni le comte de Boulainvilliers, ni l'auteur déguisé sous le nom de Jacques Massé, ni celui de *L'Espion turc,* ni celui des *Lettres persanes,* des *Lettres juives,* des *Pensées philosophiques*

APPENDICE

Fin de la *Lettre* à partir des éditions 1748ab

Si j'osais parler après M. Locke sur un sujet si délicat, voici comme je m'y prendrais ᵃ.

CONTINUATION DU MÊME SUJET ᵇ

Je suppose une douzaine de bons philosophes dans une île, où ils n'ont jamais vu que des végétaux. Cette île, et surtout douze bons philosophes, sont fort difficiles à trouver ; mais enfin cette fiction est permise. Ils admirent cette vie qui circule dans les fibres des plantes, qui semble se perdre et ensuite se renouveler ; et ne sachant pas trop comment les plantes naissent, comment elles prennent leur nourriture et leur accroissement, ils appellent cela une *âme végétative* ²². « Qu'entendez-vous par âme végétative, leur dit-on. – C'est un mot, répondent-ils, qui sert à exprimer le ressort inconnu par lequel tout cela s'opère. – Mais ne voyez-vous pas, leur dit un mécanicien ²³, que tout cela se fait naturellement par des poids, des leviers, des roues, des poulies ²⁴ ? – Non, diront nos philosophes ᶜ. Il y a dans cette végétation autre chose que des mouvements ordinaires ; il y a un pouvoir secret qu'ont toutes les plantes d'attirer à elles ce suc ᵈ qui les nourrit ; et ce pouvoir, qui n'est explicable par aucune mécanique, est un don que Dieu a fait à la matière et dont ni vous ni moi ne comprenons la nature. »

Ayant ainsi bien disputé, nos raisonneurs découvrent enfin des animaux. Oh ! oh ! disent-ils, après un long

---

a. *1751 : voici* ce que je dirais *; 1752 : voici* à peu près comment *je m'y prendrais ; 1756 supprime toute la phrase*

b. *1756 :* Sur l'âme

c. *1751 ajoute :* s'ils sont éclairés

d. *1751 : attirer à elles* sans aucune impulsion *ce suc*

examen, voilà des êtres organisés comme nous ! Ils ont incontestablement de la mémoire, et souvent plus que nous. Ils ont nos passions ; ils ont de la connaissance ; ils font entendre tous leurs besoins ; ils perpétuent comme nous leur espèce.

Nos philosophes dissèquent quelques-uns de ces êtres, ils y trouvent un cœur, une cervelle. Quoi ! disent-ils, l'auteur de ces machines, qui ne fait rien en vain, leur aurait-il donné tous les organes de senti-ment [25] pour ne point sentir [a] ? Il serait absurde de le penser. Il y a certainement en eux quelque chose que nous appelons aussi *âme*, faute de mieux ; quelque chose qui éprouve des sensations, et qui a une certaine mesure d'idées. Mais ce principe, quel est-il ? Est-ce quelque chose d'absolument différent de la matière ? Est-ce un esprit pur ? Est-ce un être mitoyen entre la matière que nous ne connaissons guère et l'esprit pur que nous ne connaissons pas ? Est-ce une propriété donnée de Dieu à la matière organisée ?

Ils font alors des expériences sur des insectes, sur des vers de terre. Ils les coupent en plusieurs parties, et ils sont étonnés de voir qu'au bout de quelque temps il vient des têtes à toutes ces parties coupées ; le même animal se reproduit, et tire de sa destruction même de quoi se multiplier [26]. A-t-il plusieurs âmes qui attendent, pour animer ces parties reproduites, qu'on ait coupé la tête au premier tronc ? Il ressemble aux arbres qui repoussent des branches et qui se reproduisent de bouture : ces arbres ont-ils plusieurs âmes ? Il n'y a pas d'apparence, donc il est très pro-bable que l'âme de ces bêtes est d'une autre espèce que ce que nous appelons *âme végétative* dans les plantes ; que c'est une faculté d'un ordre supérieur que Dieu a daigné donner à certaines portions de matière. C'est une nouvelle preuve de sa puissance, c'est un nouveau sujet de l'adorer.

Un homme violent et mauvais raisonneur entend ce discours et leur dit : « Vous êtes des scélérats dont il fau-

---

a. *1751 : pour* qu'ils n'eussent point de sentiment

drait brûler les corps pour le bien de vos âmes, car vous
niez l'immortalité de l'âme de l'homme. » Nos philosophes se regardent tous étonnés ; l'un d'eux lui répond
avec douceur : « Pourquoi nous brûler si vite ? Sur quoi
avez-vous pu penser que nous ayons l'idée que votre
cruelle âme est mortelle ? – Sur ce que vous croyez,
reprend l'autre, que Dieu a donné aux brutes, qui sont
organisées comme nous, la faculté d'avoir des sentiments
et des idées. Or cette âme des bêtes périt avec elles, donc
vous croyez que l'âme des hommes périt aussi. »

Le philosophe répond : « Nous ne sommes point du
tout sûrs que ce que nous appelons *âme* dans les animaux périsse avec eux ; nous savons très bien que la
matière ne périt pas, et nous croyons qu'il se peut faire
que Dieu ait mis dans les animaux quelque chose qui
conservera toujours, si Dieu le veut, la faculté d'avoir
des idées. Nous n'assurons pas, à beaucoup près, que la
chose soit ainsi, car il n'appartient guère aux hommes
d'être si confiants ; mais nous n'osons borner la puissance de Dieu. Nous disons qu'il est très probable que
les bêtes, qui sont matière, ont reçu de lui un peu de
l'intelligence [a]. Nous découvrons tous les jours des propriétés de la matière, c'est-à-dire des présents de Dieu
dont auparavant nous n'avions pas d'idées ; nous avions
d'abord défini la matière une substance étendue ;
ensuite nous avons reconnu qu'il fallait lui ajouter la
solidité, quelque temps après il a fallu admettre que
cette matière a une force, qu'on nomme force d'inertie,
après cela nous avons été tous étonnés d'être obligés
d'avouer que la matière gravite. Quand nous avons
voulu pousser plus loin nos recherches, nous avons été
forcés de reconnaître des êtres qui ressemblent à la
matière en quelque chose, et qui n'ont pas cependant les
autres attributs dont la matière est douée.

« Le feu élémentaire, par exemple, agit sur nos sens
comme les autres corps, mais il ne tend point à un
centre comme eux, il s'échappe, au contraire, du centre
en lignes droites de tous côtés. Il ne semble pas obéir

a. *1751 : de lui* la propriété *de l'intelligence*

aux lois de l'attraction, de la gravitation, comme les autres corps [a]. Il y a enfin des mystères d'optique dont [b] on ne pourrait guère rendre raison qu'en osant supposer que les traits de lumière se pénètrent les uns les autres. Il y a certainement quelque chose dans la lumière qui la distingue de la matière connue [c]. Il semble que la lumière soit un être mitoyen entre les corps et d'autres espèces d'êtres que nous ignorons. Il est très vraisemblable que ces autres espèces sont elles-mêmes un milieu qui conduit à d'autres créatures, et qu'il y a ainsi une chaîne de substances qui s'élèvent à l'infini [27].

Usque adeo quod tangit idem est, tamen ultima distant [28].

« Cette idée nous paraît digne de la grandeur de Dieu, si quelque chose en est digne. Parmi ces substances, il a pu sans doute en choisir une qu'il a logée dans nos corps, et qu'on appelle âme humaine. Nous la croyons immortelle, car comment une substance quelconque périrait-elle ? Tout mode se détruit, l'être reste. Nous ne pouvons concevoir la création d'une substance, nous ne pouvons concevoir son anéantissement. Mais nous n'osons [d] affirmer que ce maître absolu de tous les êtres ne puisse donner aussi des sentiments et des perceptions à l'être qu'on appelle

_____

a. *1748ab : aux lois* que suivent *les autres corps*

b. *1756 :* L'optique a ses mystères *dont*

c. *1751 : les uns les autres.* Car que cinq cent mille hommes d'un côté et autant de l'autre regardent un petit objet peint de plusieurs couleurs qui sera au haut d'une tour, il faut qu'autant de rayons, et mille millions de fois davantage, partent de ces petits points colorés. Il faut qu'ils se croisent tous avant de parvenir aux yeux : ou comment arriveront-ils chacun avec sa couleur en se croisant en chemin ? On est donc forcé de soupçonner qu'ils peuvent se pénétrer ; mais s'ils se pénètrent, ils sont très différents *de la matière connue*

d. *1751 : âme humaine* ; cette substance immatérielle est immortelle. Nous sommes bien loin d'avoir sur cela la moindre incertitude, *mais nous n'osons* ; *1752 : âme humaine.* Les livres saints que nous avons lus, nous apprennent que cette âme est immortelle. La raison est d'accord avec la révélation ; *car comment*

matière. Vous êtes bien sûr que l'essence de votre âme est de penser et nous n'en sommes pas si sûrs, car lorsque nous examinons un fœtus, nous avons de la peine à croire que son âme ait eu beaucoup d'idées dans sa coiffe [29] ; et nous doutons fort que dans un sommeil plein et profond, dans une léthargie complète, on ait jamais fait des méditations. Ainsi il nous paraît que la pensée pourrait bien être, non pas l'essence de l'être pensant, mais un présent que le Créateur a fait à ces êtres que nous nommons pensants, et tout cela nous a fait naître le soupçon que s'il le voulait, il pourrait faire ce présent-là à un atome, et conserver à jamais cet atome et son présent, ou le détruire à son gré. La difficulté consiste moins à deviner comment la matière pourrait penser, qu'à deviner comment une substance quelconque pense. Vous n'avez des idées que parce que Dieu a bien voulu vous en donner ; pourquoi voulez-vous l'empêcher d'en donner à d'autres espèces ? Seriez-vous bien assez intrépides pour oser croire que votre âme est précisément de la même nature [a] que les substances qui approchent le plus près de la divinité ? Il y a grande apparence qu'elles sont d'une nature bien supérieure [b], et qu'en conséquence Dieu leur a daigné donner une façon de penser infiniment plus belle ; de même qu'il a accordé une mesure d'idées très médiocre aux animaux qui sont d'un ordre inférieur à vous. J'ignore comment je vis, comment je donne la vie ; et vous voulez que je sache comment j'ai des idées. L'âme est une horloge que Dieu nous a donnée à gouverner, mais il ne nous a point dit de quoi le ressort de cette horloge est composé [c]. Y a-t-il rien dans tout cela dont on puisse inférer que vos âmes sont mortelles ? Encore une fois, nous pensons comme vous sur l'immortalité de vos âmes, mais [d] nous croyons que nous sommes trop

---

a. *1751 : de la même* matière *; 1756 :* du même genre
b. *1751 :* d'un ordre bien supérieur
c. *1751 omet les deux phrases qui précèdent, de* J'ignore *à* composé.
d. *1756 : l'immortalité* que la foi nous annonce ; *mais*

ignorants pour affirmer que Dieu n'ait pas le pouvoir d'accorder la pensée à tel être qu'il voudra. Vous bornez la puissance du Créateur qui est sans bornes, et nous l'étendons aussi loin que s'étend son existence. Pardonnez-nous de le croire tout-puissant, comme nous vous pardonnons de restreindre son pouvoir. Vous savez sans doute tout ce qu'il peut faire, et nous n'en savons rien. Vivons en frères, adorons en paix notre père commun, vous avec vos âmes savantes et hardies, nous avec nos âmes ignorantes et timides. Nous avons un jour à vivre sur la terre, passons-le doucement sans nous quereller pour des difficultés qui seront éclaircies dans la vie immortelle, qui commencera demain. »

QUE LES PHILOSOPHES NE PEUVENT JAMAIS NUIRE [a]

Le brutal, n'ayant rien de bon à répliquer, parla beaucoup et se fâcha longtemps. Nos pauvres philosophes se mirent pendant quelques semaines à lire l'histoire, et après avoir bien lu, voici ce qu'ils dirent à ce barbare qui était si indigne d'avoir une âme immortelle :

« Mon ami, nous avons lu que dans toute l'Antiquité les choses allaient aussi bien que dans notre temps, qu'il y avait même de plus grandes vertus, et qu'on ne persécutait point les philosophes pour les opinions qu'ils avaient ; pourquoi donc voudriez-vous nous faire du mal pour des opinions que nous n'avons pas ? Nous lisons que toute l'Antiquité croyait la matière éternelle. Ceux qui ont vu qu'elle était créée ont laissé les autres en repos. Pythagore avait été coq, ses parents cochons, personne n'y trouva à redire, et sa secte fut chérie et révérée de tout le monde, excepté

---

a. *1756* : De la tolérance, et *que les philosophes ne peuvent jamais nuire* des rôtisseurs et de ceux qui avaient des fèves à vendre [30].

« Les stoïciens reconnaissent un Dieu, a peu près tel que celui qui a été si témérairement admis depuis par les spinozistes [31] ; le stoïcisme cependant fut la secte la plus féconde en vertus héroïques et la plus accréditée.

« Les épicuriens faisaient leurs dieux ressemblants à nos chanoines, dont un indolent embonpoint soutenait leur divinité, ils buvaient en paix leur nectar en ne [a] se mêlant de rien [32]. Ces épicuriens enseignaient hardiment la matérialité et la mortalité de l'âme [33]. Ils n'en furent pas moins considérés. On les admettait dans tous les emplois, et leurs atomes crochus ne firent jamais aucun mal au monde.

« Les platoniciens, à l'exemple des gymnosophistes [34], ne nous faisaient pas l'honneur de penser que Dieu eût daigné nous former lui-même. Il avait, selon eux, laissé ce soin à ses officiers, à des génies, qui firent dans leur besogne beaucoup de balourdises. Le dieu des platoniciens était un ouvrier excellent qui employa ici-bas des élèves assez médiocres. Les hommes n'en révèrent pas moins l'école de Platon [35].

« En un mot, chez les Grecs et chez les Romains, autant de sectes, autant de manières de penser sur Dieu, sur l'âme, sur le passé et sur l'avenir ; aucune de ces sectes ne fut persécutante. Toutes se trompaient, et nous en sommes bien fâchés ; mais toutes étaient paisibles, et c'est ce qui nous confond, c'est ce qui nous condamne, c'est ce qui nous fait voir que beaucoup de [b] raisonneurs d'aujourd'hui sont des monstres, et que ceux de l'Antiquité étaient des hommes.

« On chantait publiquement sur le théâtre de Rome : *Post mortem nihil est ipsaque mors nihil.* « Rien n'est après la mort, la mort même n'est rien [36]. » Ces sentiments ne rendaient les hommes ni meilleurs ni pires ; tout se gouvernait, tout allait à l'ordinaire, et les Titus,

---

a. *1751 : dont* l'indolent embonpoint soutient la divinité, et qui prennent en paix leur nectar et leur ambroisie *en ne*

b. *1751 : que* la plupart des

les Trajan, les Marc Aurèle gouvernèrent la terre en dieux bienfaisants.

« Si nous passons des Grecs et des Romains aux nations barbares, arrêtons-nous seulement aux Juifs. Tout superstitieux, tout cruel et tout ignorant qu'était ce misérable peuple, il honorait cependant les pharisiens, qui admettaient la fatalité de la destinée et la métempsycose ; il portait aussi respect aux sadducéens, qui niaient absolument l'immortalité de l'âme et l'existence des esprits, et qui se fondaient sur la loi de Moïse, laquelle n'avait jamais parlé de peine ni de récompense après la mort. Les esséniens, qui croyaient aussi la fatalité, et qui ne sacrifiaient jamais de victimes dans le Temple, étaient encore plus révérés que les pharisiens et les sadducéens. Aucune de leurs opinions ne troubla jamais le gouvernement [37]. Il y avait pourtant là de quoi s'égorger, se brûler, s'exterminer réciproquement, si on l'avait voulu. Ô misérables hommes, profitez de ces exemples ! Pensez et laissez penser ! C'est la consolation de nos faibles esprits dans cette courte vie. Quoi ! vous recevrez avec politesse un Turc qui croit que Mahomet a voyagé dans la Lune [38] ; vous vous garderez bien de déplaire au bâcha Bonneval [39] et vous voudrez mettre en quartiers votre frère parce qu'il croit que Dieu pourrait donner l'intelligence à toute créature ? » C'est ainsi que parla un des philosophes ; un autre ajouta : « Croyez-moi, [il ne faut] » [a]

---

a. *Le morceau se termine par les trois paragraphes qui sont à la fin de l'édition de 1734.*

QUATORZIÈME LETTRE

Sur Descartes et Newton

Un Français qui arrive à Londres trouve les choses bien changées en philosophie comme dans tout le reste. Il a laissé le monde plein, il le trouve vide. À Paris, on voit l'univers composé de tourbillons de matière subtile ; à Londres, on ne voit rien de cela. Chez nous [a], c'est la pression de la Lune qui cause le flux de la mer [1] ; chez les Anglais, c'est la mer qui gravite vers la Lune [2], de façon que, quand vous croyez que la Lune devrait nous donner marée haute, ces messieurs croient qu'on doit avoir marée basse [3] ; ce qui malheureusement ne peut se vérifier car il aurait fallu, pour s'en éclaircir, examiner la Lune et les marées au premier instant de la création.

Vous remarquerez encore que le Soleil, qui en France n'entre pour rien dans cette affaire, y contribue ici environ pour son quart. Chez vos cartésiens, tout se fait par une impulsion qu'on ne comprend guère ; chez M. Newton, c'est par une attraction dont on ne connaît pas mieux la cause. À Paris, vous vous figurez la Terre faite comme un melon [4] ; à Londres, elle est aplatie des deux côtés [5]. La lumière, pour un cartésien, existe dans l'air ; pour un newtonien, elle vient du Soleil en six minutes et demie [6]. Votre chimie

---

a. *1734 (L) :* vous *(Cette leçon est mieux en accord avec la suite du texte.)*

fait toutes ses opérations avec des acides, des alcalis et de la matière subtile [7] ; l'attraction domine jusque la chimie anglaise [8].

L'essence même des choses a totalement changé : vous ne vous accordez ni sur la définition de l'âme ni sur celle de la matière. Descartes assure que l'âme est la même chose que la pensée, et Locke lui prouve assez bien le contraire.

Descartes assure encore que l'étendue seule fait la matière ; Newton y ajoute la solidité [9]. Voilà de furieuses contrariétés.

Non nostrum inter vos tantas componere lites [10].

Ce fameux Newton, ce destructeur du système cartésien, mourut au mois de mars de l'an passé 1727. Il a vécu honoré de ses compatriotes, et a été enterré comme un roi qui aurait fait du bien à ses sujets.

On a lu ici avec avidité, et l'on a traduit en anglais l'*Éloge* que M. de Fontenelle a prononcé de M. Newton dans l'Académie des sciences. On attendait en Angleterre le jugement de M. de Fontenelle comme [a] une déclaration solennelle de la supériorité de la philosophie anglaise ; mais quand on a vu qu'il comparait [b] Descartes à Newton, toute la Société royale de Londres s'est soulevée. Loin d'acquiescer au jugement, on a critiqué ce discours. Plusieurs même (et ceux-là ne sont pas les plus philosophes) ont été choqués de cette comparaison seulement parce que Descartes était français.

Il faut avouer que ces deux grands hommes ont été bien différents l'un de l'autre dans leur conduite, dans leur fortune et dans leur philosophie.

Descartes était né avec une imagination vive [c] et forte, qui en fit un homme singulier dans la vie privée

---

a. *1734 (L)* : *sciences.* M. de Fontenelle est le juge des philosophes, on attendait en Angleterre son jugement *comme*

b. *1748* : *vu* que non seulement il s'était trompé en rendant compte de cette philosophie, mais *qu'il comparait*

c. *1734 (L)* : brillante

comme dans sa manière de raisonner. Cette imagination ne put se cacher même dans ses ouvrages philosophiques, où l'on voit à tout moment des comparaisons ingénieuses et brillantes. La nature en avait
presque fait un poète, et en effet il composa pour la
reine de Suède un divertissement en vers que pour
l'honneur de sa mémoire on n'a pas fait imprimer [11].

Il essaya quelque temps du métier de la guerre [12], et
depuis, étant devenu tout à fait philosophe, il ne crut
pas indigne de lui de faire l'amour [13]. Il eut de sa maîtresse une fille nommée Francine [14], qui mourut jeune
et dont il regretta beaucoup la perte. Ainsi il éprouva
tout ce qui appartient à l'humanité.

Il crut longtemps qu'il était nécessaire de fuir les
hommes, et surtout sa patrie, pour philosopher en
liberté [15]. Il avait raison ; les hommes de son temps
n'en savaient pas assez pour l'éclaircir [a] [16], et n'étaient
guère capables que de lui nuire.

Il quitta la France parce qu'il cherchait la vérité, qui
y était persécutée alors par la misérable philosophie de
l'École [17] ; mais il ne trouva pas plus de raison dans les
universités de la Hollande, où il se retira. Car dans le
temps qu'on condamnait en France les seules propositions de sa philosophie qui fussent vraies [18], il fut
aussi persécuté par les prétendus philosophes de Hollande qui ne l'entendaient pas mieux et qui, voyant de
plus près sa gloire, haïssaient davantage sa personne.
Il fut obligé de sortir d'Utrecht [19] ; il essuya l'accusation d'athéisme, dernière ressource des calomnia-
teurs ; et lui qui avait employé toute la sagacité de son
esprit à chercher de nouvelles preuves de l'existence
d'un Dieu, fut soupçonné [b] de n'en point reconnaître.

Tant de persécutions supposaient un très grand
mérite et une réputation éclatante : aussi avait-il l'un
et l'autre. La raison perça même un peu dans le
monde à travers les ténèbres de l'École et les préjugés
de la superstition populaire. Son nom fit enfin tant de

---

a. *1734 (L)* : éclairer
b. *1752* : accusé

bruit qu'on voulut l'attirer en France par des récompenses. On lui proposa une pension de mille écus. Il vint sur cette espérance, paya les frais de la patente qui se vendait alors, n'eut point la pension, et s'en retourna philosopher dans sa solitude de Nord-Hollande, dans le temps que le grand Galilée, à l'âge de quatre-vingts ans, gémissait dans les prisons de l'Inquisition pour avoir démontré le mouvement de la Terre [20].

Enfin il mourut à Stockholm d'une mort prématurée et causée par un mauvais régime, au milieu de quelques savants ses ennemis, et entre les mains d'un médecin qui le haïssait.

La carrière du chevalier Newton a été toute différente. Il a vécu [a] quatre-vingt-cinq ans, toujours tranquille, heureux et honoré dans sa patrie.

Son grand bonheur a été non seulement d'être né dans un pays libre, mais dans un temps où les impertinences scolastiques étant bannies, la raison seule était cultivée ; et le monde ne pouvait être que son écolier, et non son ennemi.

Une opposition singulière dans laquelle il se trouve avec Descartes, c'est que, dans le cours d'une si longue vie, il n'a eu ni passion ni faiblesse. Il n'a jamais approché d'aucune femme : c'est ce qui m'a été confirmé par le médecin et le chirurgien entre les bras de qui il est mort [21]. On peut admirer en cela Newton, mais il ne faut pas blâmer Descartes [22].

L'opinion publique en Angleterre sur ces deux philosophes est que le premier était un rêveur, et que l'autre était un sage.

Très peu de personnes à Londres lisent Descartes, dont effectivement les ouvrages sont devenus inutiles ; très peu lisent aussi Newton, parce qu'il faut être fort savant pour le comprendre. Cependant tout le monde parle d'eux ; on n'accorde rien au Français et on donne tout à l'Anglais. Quelques gens croient que, si on ne s'en tient plus à l'horreur du vide, si on sait que l'air est pesant, si on se sert de lunettes d'approche, on en a

---

a. *1752 : vécu* près de

l'obligation à Newton. Il est ici l'Hercule de la fable, à qui les ignorants attribuaient tous les faits des autres héros.

Dans une critique qu'on a faite à Londres du discours de M. de Fontenelle, on a osé avancer que Descartes n'était pas un grand géomètre. Ceux qui parlent ainsi peuvent se reprocher de battre leur nourrice [23] : Descartes a fait un aussi grand chemin, du point où il a trouvé la géométrie jusqu'au point où il l'a poussée, que Newton en a fait après lui. Il est le premier qui ait trouvé [a] la manière de donner les équations algébriques des courbes [24]. Sa géométrie, grâce à lui devenue aujourd'hui commune, était de son temps si profonde qu'aucun professeur n'osa entreprendre de l'expliquer, et qu'il n'y avait [b] en Hollande que Schooten, et en France que Fermat qui l'entendissent [25].

Il porta cet esprit de géométrie et d'invention dans la dioptrique, qui devint entre ses mains un art tout nouveau ; et s'il s'y trompa en quelque chose [c], c'est qu'un homme qui découvre de nouvelles terres ne peut tout d'un coup en connaître toutes les propriétés : ceux qui viennent après lui et qui rendent ces terres fertiles lui ont [d] au moins l'obligation de la découverte. Je ne nierai pas que tous les autres ouvrages de M. Descartes fourmillent [e] d'erreurs.

La géométrie était un guide que lui-même avait en quelque façon formé, et qui l'aurait conduit sûrement dans sa physique ; cependant il abandonna à la fin ce guide et se livra à l'esprit de système. Alors sa philosophie ne fut plus qu'un roman ingénieux, et tout au plus vraisemblable pour les ignorants [f]. Il se trompa sur la nature de l'âme, sur les preuves de l'existence de Dieu, sur la matière, sur les lois du mouvement, sur la nature de la lumière [g] ; il admit des idées innées, il

---

a. *1734 (L)* : enseigné
b. *1739 : n'y avait* guère
c. *1752 : trompa* beaucoup
d. *1752 : propriétés.* Ceux qui le suivent *lui ont*
e. *1752* : ne *fourmillent*
f. *1748 : pour les* philosophes ignorants du même temps
g. *1739 omet* sur les preuves de l'existence de Dieu, sur la matière,

inventa de nouveaux éléments, il créa un monde, il fit l'homme à sa mode, et on dit avec raison que l'homme de Descartes n'est en effet que celui de Descartes, fort éloigné de l'homme véritable.

Il poussa ses erreurs métaphysiques jusqu'à prétendre que deux et deux ne font quatre que parce que [a] Dieu l'a voulu ainsi [26]. Mais ce n'est point trop dire qu'il était estimable même dans ses égarements : il se trompa, mais ce fut au moins avec méthode, et avec un esprit conséquent [b]. Il détruisit les chimères absurdes dont on infatuait la jeunesse depuis deux mille ans ; il apprit [c] aux hommes de son temps à raisonner, et à se servir contre lui-même de ses armes. S'il n'a pas payé en bonne monnaie, c'est beaucoup d'avoir décrié la fausse.

[d] Je ne crois pas qu'on ose, à la vérité, comparer en rien sa philosophie avec celle de Newton : la première est un essai, la seconde est un chef-d'œuvre. Mais celui qui nous a mis sur la voie de la vérité vaut peut-être celui qui a été depuis au bout de cette carrière.

Descartes donna la vue [e] aux aveugles ; ils virent les fautes de l'Antiquité et les siennes. La route qu'il ouvrit est, depuis lui, devenue immense. Le petit livre de Rohault a fait pendant quelque temps une physique complète [27] ; aujourd'hui, tous les recueils des académies de l'Europe ne font pas même un commencement de système : en approfondissant cet abîme, il s'est trouvé infini. Il s'agit maintenant de voir ce que M. Newton a creusé dans ce précipice [f].

---

a. *1739 : deux et deux* font quatre *parce que*

b. *1734 (L) : avec méthode, et* de conséquence en conséquence

c. *1756 : avec méthode, et* de conséquence en conséquence. S'il inventa de nouvelles chimères en physique, au moins il en détruisit d'anciennes ; *il apprit*

d. *Le paragaphe suivant a été supprimé dans 1748.*

e. *1756 :* un œil

f. *La dernière phrase a été supprimée dans 1739.*

QUINZIÈME LETTRE

Sur le système de l'attraction [a]

[b] Les découvertes du chevalier Newton, qui lui ont fait une réputation si universelle, regardent le système du monde, la lumière, l'infini en géométrie, et enfin la chronologie, à laquelle il s'est amusé pour se délasser [1].

Je vais vous dire (si je puis sans verbiage) le peu que j'ai pu attraper de toutes ces sublimes idées.

À l'égard du système de notre monde, on disputait depuis longtemps sur la cause qui fait tourner et qui retient dans leurs orbites toutes les planètes, et sur celle qui fait descendre ici-bas tous les corps vers la surface de la Terre.

Le système de Descartes [2], expliqué et fort changé [c] depuis lui, semblait rendre une raison plausible de ces phénomènes, et cette raison paraissait d'autant plus vraie qu'elle est simple et intelligible à tout le monde. Mais en philosophie il faut se défier de ce qu'on croit entendre trop aisément, aussi bien que des choses qu'on n'entend pas [3].

La pesanteur, la chute accélérée des corps tombant sur la Terre, la révolution des planètes dans leurs

---

a. *1734 (L)* : Sur l'attraction ; *1739* : Histoire *de l'attraction (Cette Lettre, ainsi que la suivante et le début de la XVIIᵉ Lettre, est remplacée dans 1756 par le morceau figurant à l'annexe 3.)*

b. *Le début de la Lettre est remplacé dans 1739 par le morceau figurant à l'appendice (p. 163).*

c. *1734 (L)* : et perfectionné *(Leçon conforme à l'édition anglaise.)*

orbites, leurs rotations autour de leur axe, tout cela n'est que du mouvement ; or [a] le mouvement ne peut être conçu que par impulsion ; donc tous ces corps sont poussés. Mais par quoi le sont-ils ? Tout l'espace est plein ; donc il est rempli d'une matière très subtile [b], puisque nous ne l'apercevons pas ; donc cette matière va d'occident en orient, puisque c'est d'occident en orient que toutes les planètes sont entraînées. Aussi, de supposition en supposition et de vraisemblance en vraisemblance, on a imaginé un vaste tourbillon de matière subtile, dans lequel les planètes sont entraînées autour du Soleil ; on crée [c] encore un autre tourbillon particulier, qui nage dans le grand, et qui tourne journellement autour de la planète. Quand tout cela est fait, on prétend que la pesanteur dépend de ce mouvement journalier ; car, dit-on, la matière subtile qui tourne autour de notre petit tourbillon doit aller dix-sept fois plus vite que la Terre ; or, si elle va dix-sept fois plus vite que la Terre, elle doit avoir incomparablement plus de force centrifuge, et repousser par conséquent tous les corps vers la Terre. Voilà la cause de la pesanteur dans le système cartésien.

Mais avant que de calculer la force centrifuge et la vitesse de cette matière subtile, il fallait s'assurer qu'elle existât, et supposé qu'elle existe, il est encore démontré faux qu'elle puisse être la cause de la pesanteur [d].

M. Newton semble anéantir sans ressource tous ces tourbillons grands et petits, et celui qui emporte les planètes autour du Soleil, et celui qui fait tourner chaque planète sur elle-même.

Premièrement, à l'égard du prétendu petit tourbillon de la Terre, il est prouvé qu'il doit perdre petit à petit son mouvement ; il est prouvé que si la Terre nage dans un fluide, ce fluide doit être de la même densité que la

----

a. *1739 : or*, disait Descartes,

b. *1742 comporte cette correction dans l'*Errata : *d'une matière* qui doit être *très subtile*

c. *1734 (L) : on* a créé

d. *1734 (L) omet les derniers mots à partir de* et supposé *(leçon conforme à l'édition anglaise) ; 1739 omet tout le paragraphe*

Terre, et si ce fluide est de la même densité, tous les corps que nous remuons doivent éprouver une résistance extrême [a], c'est-à-dire qu'il faudrait un levier de la longueur de la Terre pour soulever le poids d'une livre.

Secondement, à l'égard des grands tourbillons, ils sont encore plus chimériques. Il est impossible de les accorder avec les règles de Kepler, dont la vérité est démontrée. M. Newton fait voir que la révolution du fluide dans lequel Jupiter est supposé entraîné, n'est pas avec la révolution du fluide de la Terre comme la révolution de Jupiter est avec celle de la Terre [4].

Il prouve que, toutes les planètes faisant leurs révolutions dans des ellipses, et par conséquent étant bien plus éloignées les unes des autres dans leurs aphélies et bien [b] plus proches dans leurs périhélies, la Terre, par exemple, devrait aller plus vite quand elle est plus près de Vénus et de Mars, puisque le fluide qui l'emporte, étant alors plus pressé, doit avoir plus de mouvement ; et cependant c'est alors même que le mouvement de la Terre est plus ralenti [5].

Il prouve qu'il n'y a point de matière céleste qui aille d'occident en orient, puisque les comètes traversent ces espaces tantôt de l'orient à l'occident, tantôt du septentrion au midi.

Enfin, pour mieux trancher encore, s'il est possible, toute difficulté, il prouve ou du moins rend fort probable [c], et même par des expériences, que le plein est impossible, et il nous ramène le vide, qu'Aristote et Descartes avaient banni du monde [6].

Ayant, par toutes ces raisons et par beaucoup d'autres encore, renversé les tourbillons du cartésianisme, il désespérait de pouvoir connaître jamais s'il y

a. *1734 (L) omet la suite de la phrase (leçon conforme à l'édition anglaise)* ; *1739 : extrême*. De plus, tout solide, mû dans un fluide aussi dense que lui, perd toute *(1739 corr. :* la moitié de*)* sa vitesse avant d'avoir parcouru trois de ses diamètres ; et cela seul détruit sans ressource tout tourbillon.

b. *1734 (L) :* un peu

c. *1734 (L) omet les mots* ou du moins rend fort probable *(Leçon conforme à l'édition anglaise.)*

a un principe secret dans la nature, qui cause à la fois le mouvement de tous les corps célestes et qui fait la pesanteur sur la Terre [a]. S'étant retiré en 1666 [b] à la campagne près de Cambridge [7], un jour qu'il se promenait dans son jardin et qu'il voyait des fruits tomber d'un arbre, il se laissa aller à une méditation profonde sur cette pesanteur dont tous les philosophes ont cherché si longtemps la cause en vain, et dans laquelle le vulgaire ne soupçonne pas même de mystère [8]. Il se dit à lui-même : « De quelque hauteur dans notre hémisphère que tombassent ces corps, leur chute serait certainement dans la progression découverte par Galilée [9] ; et les espaces parcourus par eux seraient comme les carrés des temps. Ce pouvoir qui fait descendre les corps graves est le même, sans aucune diminution sensible, à quelque profondeur qu'on soit dans la Terre [10] et sur la plus haute montagne. Pourquoi ce pouvoir ne s'étendrait-il pas jusqu'à la Lune ? Et s'il est vrai qu'il pénètre jusque-là, n'y a-t-il pas grande apparence que ce pouvoir la retient dans son orbite et détermine son mouvement ? Mais si la Lune obéit à ce principe, quel qu'il soit, n'est-il pas encore très raisonnable de croire que les autres planètes y sont également soumises ?

---

a. *1751 et 1752 remplacent le passage allant de* La pesanteur, la chute accélérée *(p. 152) à* sur la Terre *par le morceau suivant :* Descartes était plus dangereux qu'Aristote parce qu'il avait l'air d'être plus raisonnable. *(Cette phrase ne figure pas encore dans 1751.)* M. Conduitt, neveu du chevalier Newton, m'a assuré que son oncle avait lu Descartes à l'âge de vingt ans, qu'il crayonna les marges des premières pages, et qu'il n'y mit qu'une seule note partout *(1752 : souvent)* répétée, consistant en ce mot *error* ; mais qu'enfin *(1752 : que)*, las d'écrire *error* partout, il jeta le livre et ne le lut *(1752 : relut)* jamais. Newton, ayant quitté les épines *(1752 : abîmes)* de la théologie dans laquelle il avait été élevé, pour les vérités mathématiques, avait déjà trouvé à l'âge de vingt-trois ans son calcul infinitésimal, dont son maître Wallis lui avait ouvert la route. Il s'appliquait à chercher ce principe secret et universel de la nature indiqué par Copernic, par Kepler, par Bacon, et déjà saisi par le célèbre Hooke, c'est-à-dire cette cause de la pesanteur et du mouvement de toute la matière.

b. *1734 (L) : en 1666 à cause de la peste (Leçon conforme à l'édition anglaise.)*

« Si ce pouvoir existe, il doit (ce qui est prouvé d'ailleurs) augmenter en raison renversée des carrés des distances [11]. Il n'y a donc plus qu'à examiner le chemin que ferait un corps grave en tombant sur la Terre d'une hauteur médiocre, et le chemin que ferait dans le même temps un corps qui tomberait de l'orbite de la Lune. Pour en être instruit, il ne s'agit plus que d'avoir la mesure de la Terre, et la distance de la Lune à la Terre. »

Voilà comment M. Newton raisonna. Mais on n'avait alors en Angleterre que de très fausses mesures de notre globe ; on s'en rapportait à l'estime incertaine des pilotes, qui comptaient soixante milles d'Angleterre pour un degré, au lieu qu'il en fallait compter près de soixante et dix. Ce faux calcul ne s'accordant pas avec les conclusions que M. Newton voulait tirer, il les abandonna [12]. Un philosophe médiocre, et qui n'aurait eu que de la vanité, eût fait cadrer comme il eût pu la mesure de la Terre avec son système. M. Newton aima mieux abandonner alors son projet. Mais depuis que M. Picard eut mesuré la Terre exactement, en traçant cette méridienne qui fait tant d'honneur à la France [13], M. Newton reprit ses premières idées, et il trouva son compte avec le calcul de M. Picard. C'est une chose qui me paraît toujours admirable, qu'on ait découvert de si sublimes vérités avec l'aide d'un quart de cercle et d'un peu d'arithmétique.

La circonférence de la Terre est de cent vingt-trois millions deux cent quarante-neuf mille six cents pieds de Paris. De cela seul peut suivre tout le système de l'attraction.

On [a] connaît la circonférence de la Terre, on connaît celle de l'orbite de la Lune, et le diamètre de cet [b] orbite. La révolution de la Lune dans cet orbite se fait en vingt-sept jours, sept heures, quarante-trois minutes ; donc il est démontré que la Lune, dans son mouvement moyen, parcourt cent quatre-vingt-sept

---

a. *1734 (L)* : Dès qu'*on*
b. *1734 (L), 1742 (*Errata*)* : cette

mille neuf cent soixante pieds de Paris par minute [14] ; et, par un théorème connu, il est démontré que la force centrale qui ferait tomber un corps de la hauteur de la Lune, ne le ferait tomber que de quinze pieds de Paris [15] dans la première minute [16].

Maintenant, si la règle par laquelle les corps pèsent, gravitent, s'attirent en raison inverse des carrés des distances est vraie, si c'est le même pouvoir qui agit suivant cette règle dans toute la nature, il est évident que, la Terre étant éloignée de la Lune de soixante demi-diamètres, un corps grave doit tomber sur la Terre de quinze pieds dans la première seconde, et de cinquante-quatre mille pieds dans la première minute [17].

Or est-il qu'un corps grave tombe en effet de quinze pieds dans la première seconde, et parcourt dans la première minute cinquante-quatre mille pieds, lequel nombre est le carré de soixante multiplié par quinze ; donc les corps pèsent en raison inverse des carrés des distances ; donc le même pouvoir fait la pesanteur sur la Terre et retient la Lune dans son orbite.

Étant donc démontré que la Lune pèse sur la Terre, qui est le centre de son mouvement particulier, il est démontré que [a] la Terre et la Lune pèsent sur le Soleil, qui est le centre de leur mouvement annuel [b] [18].

––––––––––

a. *1734 (L) : dans son orbite* ; étant démontré *que la Lune* […], *il est démontré que* ; *1739 : dans son orbite*, étant démontré *que la Lune* […]. *Il est démontré d'ailleurs que*

b. *1748 remplace les cinq paragraphes qui précèdent par le morceau suivant :* La circonférence de la Terre connue fait connaître à ce grand homme les lois de la gravitation. Il démontre que puisqu'un corps grave tombant du haut d'une tour sur la Terre parcourt quinze pieds dans la première seconde, le même corps tombant du globe de la Lune parcourrait les mêmes quinze pieds en une seconde. C'est à quoi M. de Fontenelle se méprit dans l'éloge qu'il prononça de M. Newton, tant on était peu instruit alors de cette sublime théorie. / Il démontre que le même pouvoir qui fait la pesanteur sur la Terre retient la Lune dans son orbite. / Il démontre que la Lune pèse sur la Terre, qui est le centre de son mouvement particulier. / Il démontre que la Terre et la Lune pèsent sur le Soleil, qui est le centre de leur mouvement annuel *; 1751 et 1752 omettent tout le morceau allant de* C'est une chose qui me paraît *à* mouvement annuel

Les autres planètes doivent être soumises à cette loi générale, et, si cette loi existe, ces planètes doivent suivre les règles trouvées par Kepler. Toutes ces règles, tous ces rapports sont en effet gardés par les planètes avec la dernière exactitude ; donc le pouvoir de la gravitation fait peser toutes les planètes vers le Soleil, de même que notre globe. Enfin, la réaction de tout corps étant proportionnelle à l'action, il demeure certain que la Terre pèse à son tour sur la Lune, et que le Soleil pèse sur l'une et sur l'autre, que chacun des satellites de Saturne pèse sur les quatre, et les quatre sur lui, tous cinq sur Saturne, Saturne sur tous ; qu'il en est ainsi de Jupiter, et que tous ces globes sont attirés par le Soleil, réciproquement attiré par eux [19].

Ce pouvoir de gravitation agit à proportion de la matière que renferment les corps [20] ; c'est une vérité que M. Newton a démontrée par des expériences. Cette nouvelle découverte a servi à faire voir que le Soleil, centre de toutes les planètes, les attire toutes en raison directe de leurs masses combinées avec leur éloignement. De là, s'élevant par degrés jusqu'à des connaissances qui semblaient n'être pas faites pour l'esprit humain, il ose calculer combien de matière contient le Soleil, et combien il s'en trouve dans chaque planète [21] ; et ainsi il fait voir que, par les simples lois de la mécanique, chaque globe céleste doit être nécessairement à la place où il est [a]. Son seul principe des lois de la gravitation rend raison de toutes les inégalités apparentes dans le cours des globes célestes. Les variations de la Lune deviennent une suite nécessaire de ces lois [22]. De plus, on voit évidemment pourquoi les nœuds [23] de la Lune font leurs révolutions en dix-neuf ans, et ceux de la Terre dans l'espace d'environ vingt-six mille années [b]. Le flux et le reflux de la mer est encore un effet très simple de cette attraction. La proxi-

---

a. *1739 omet les mots* et ainsi […] *où il est ; 1748 les remplace par* et c'est probablement trop oser *; 1751 omet le morceau allant de* avec la dernière exactitude *à* où il est
b. *1739 omet la phrase qui précède :* De plus […] années.

mité de la Lune dans son plein et quand elle est nouvelle, et son éloignement dans ses quartiers, combinés
avec l'action du Soleil, rendent une raison sensible de
l'élévation et de l'abaissement de l'océan.

Après avoir rendu compte, par sa sublime théorie, du
cours et des inégalités des planètes, il assujettit les
comètes au frein de la même loi. Ces feux si longtemps
inconnus, qui étaient la terreur du monde et l'écueil de
la philosophie, placés par Aristote au-dessous de la
Lune, et renvoyés par Descartes au-dessus de Saturne,
sont mis enfin à leur véritable place par Newton [a] [24].

Il prouve que ce sont des corps solides, qui se meuvent dans la sphère de l'action du Soleil, et décrivent
une ellipse si excentrique et si approchante de la parabole que certaines comètes doivent mettre plus de
cinq cents ans dans leur révolution [25].

M. Halley [b] croit que la comète de 1680 est la même
qui parut du temps de Jules César. Celle-là surtout
sert plus qu'une autre à faire voir que les comètes sont
des corps durs et opaques, car elle descendit si près du
Soleil qu'elle n'en était éloignée que d'une sixième
partie de son disque ; elle dut, par conséquent, acquérir un degré de chaleur deux mille fois plus violent que
celui du fer le plus enflammé. Elle aurait été dissoute
et consommée en peu de temps, si elle n'avait pas été
un corps opaque. La mode commençait alors de
deviner le cours des comètes. Le célèbre mathématicien Jacques Bernoulli conclut par son système que
cette fameuse comète de 1680 reparaîtrait le 17 mai
1719 [26]. Aucun astronome de l'Europe ne se coucha
cette nuit du 17 mai, mais la fameuse comète ne parut
point. Il y a au moins plus d'adresse, s'il n'y a pas plus
de sûreté, à lui donner cinq cent soixante et quinze ans
pour revenir [27]. Un géomètre anglais nommé Whiston [28],
non moins chimérique que géomètre, a [c] sérieusement

_____

a. *1739 omet la phrase qui précède :* Ces feux [...] par Newton.

b. *1734 (L) :* Le savant *M. Halley*

c. *1734 (L) :* Pour M. Whiston, il *a (Leçon conforme à l'édition
anglaise.)*

affirmé que du temps du Déluge il y avait eu une comète qui avait inondé notre globe, et il a eu l'injustice de s'étonner qu'on se soit moqué de lui [a]. L'Antiquité pensait à peu près dans le goût de Whiston ; elle croyait que les comètes étaient toujours les avant-courrières de quelque grand malheur sur la Terre. Newton au contraire soupçonne qu'elles sont très bienfaisantes, et que les fumées qui en sortent ne servent qu'à secourir et vivifier les planètes qui s'imbibent, dans leur cours, de toutes ces particules que le Soleil a détachées des comètes. Ce sentiment est du moins plus probable que l'autre.

Ce n'est pas tout. Si cette force de gravitation, d'attraction, agit dans tous les globes célestes, elle agit sans doute sur toutes les parties de ces globes. Car si les corps s'attirent en raison de leurs masses, ce ne peut être qu'en raison de la quantité de leurs parties ; et si ce pouvoir est logé dans le tout, il l'est sans doute dans la moitié, il l'est dans le quart, dans la huitième partie, ainsi jusqu'à l'infini. [b] De plus, si ce pouvoir n'était pas également dans chaque partie, il y aurait toujours quelques côtés du globe qui graviteraient plus que les autres, ce qui n'arrive pas. Donc ce pouvoir existe réellement dans toute la matière, et dans les plus petites particules de la matière.

Ainsi, voilà l'attraction [c] qui est le grand ressort qui fait mouvoir toute la nature.

Newton avait bien prévu, après avoir démontré l'existence de ce principe, qu'on se révolterait contre ce seul nom. Dans plus d'un endroit de son livre il précautionne son lecteur contre l'attraction même, il l'avertit de ne la pas confondre avec les qualités occultes des Anciens, et de se contenter de connaître qu'il y a dans tous les corps une force centrale qui agit d'un bout de l'univers à l'autre sur les corps les plus proches et

---

a. *1739 : qu'on se soit* un peu moqué de cette idée
b. *1734 (L) omet le reste du paragraphe.*
c. *1752 :*Voilà donc *l'attraction*

sur les plus éloignés, suivant les lois immuables de la mécanique [a] [29].

Il est étonnant qu'après les protestations solennelles de ce grand philosophe [b], M. Saurin et M. de Fontenelle, qui eux-mêmes méritent ce nom [c], lui aient reproché nettement les chimères du péripatétisme : M. Saurin dans les *Mémoires de l'Académie de 1709* [30], et M. de Fontenelle dans l'*Éloge* même de M. Newton.

Presque tous les Français, savants et autres, ont répété ce reproche. On entend dire partout : « Pourquoi Newton ne s'est-il pas servi du mot d'impulsion, que l'on comprend si bien, plutôt que du terme d'attraction, que l'on ne comprend pas ? »

Newton aurait pu répondre à ces critiques : « Premièrement, vous n'entendez pas plus le mot d'impulsion que celui d'attraction, et si vous ne concevez pas pourquoi un corps tend vers le centre d'un autre corps, vous n'imaginez pas plus par quelle vertu un corps en peut pousser un autre.

« Secondement, je n'ai pas pu admettre l'impulsion, car il faudrait, pour cela, que j'eusse connu qu'une matière céleste pousse en effet les planètes. Or non seulement je ne connais point cette matière, mais j'ai prouvé qu'elle n'existe pas.

« Troisièmement, je ne me sers du mot d'attraction que pour exprimer un effet que j'ai découvert dans la nature, effet certain et indisputable d'un principe inconnu, qualité inhérente dans la matière [31], dont de plus habiles que moi trouveront, s'ils peuvent, la cause. »

Que nous avez-vous donc appris, insiste-t-on encore, et pourquoi tant de calculs pour nous dire ce que vous-même ne comprenez pas ?

« Je vous ai appris (pourrait continuer Newton) que la mécanique des forces centrales fait peser tous les

---

a. *Dans 1739 (corr.), les sept derniers mots sont biffés ; 1751 : suivant* des lois immuables

b. *1734 (L) :* homme

c. *1739 omet les mots* qui eux-mêmes méritent ce nom

corps à proportion de leur matière, que ces forces centrales font seules mouvoir les planètes et les comètes
dans des proportions marquées. Je vous démontre
qu'il est impossible qu'il y ait une autre cause de la
pesanteur et du mouvement de tous les corps célestes.
Car les corps graves tombant sur la Terre selon la proportion démontrée des forces centrales, et les planètes
achevant leurs cours suivant ces mêmes proportions,
s'il y avait encore un autre pouvoir qui agît sur tous
ces corps, il augmenterait leurs vitesses ou changerait
leurs directions. Or jamais aucun de ces corps n'a un
seul degré de mouvement, de vitesse, de détermination qui ne soit démontré être l'effet des forces
centrales ; donc il est impossible qu'il y ait un autre
principe. »

Qu'il me soit permis de faire encore parler un
moment Newton. Ne sera-t-il pas bien reçu à dire :
« Je suis dans un cas [a] bien différent des Anciens. Ils
voyaient, par exemple, l'eau monter dans les pompes,
et ils disaient : « L'eau monte parce qu'elle a horreur
du vide. » Mais moi je suis dans le cas de celui qui
aurait remarqué le premier que l'eau monte dans les
pompes, et qui laisserait à d'autres le soin d'expliquer
la cause de cet effet. L'anatomiste qui a dit le premier
que le bras se remue parce que les muscles se contractent, enseigna aux hommes une vérité incontestable ;
lui en aura-t-on moins d'obligation parce qu'il n'a pas
su pourquoi les muscles se contractent ? La cause du
ressort de l'air est inconnue, mais celui qui a découvert ce ressort a rendu un grand service à la physique.
Le ressort que j'ai découvert était plus caché, plus
universel ; ainsi, on doit m'en savoir plus de gré. J'ai
découvert une nouvelle propriété de la matière, un des
secrets du Créateur ; j'en ai calculé, j'en ai démontré
les effets ; peut-on me chicaner sur le nom que je lui
donne ?

---

a. *1739 omet le passage allant de* Je vous démontre *à* reçu à dire.
On y lit : marquées. Je suis, continuerait-il, *dans un cas*

« Ce sont les tourbillons qu'on peut appeler une qualité occulte, puisqu'on n'a jamais prouvé leur existence. L'attraction au contraire est une chose réelle, puisqu'on en démontre les effets et qu'on en calcule les proportions. La cause de cette cause est dans le sein de Dieu. »

Procedes huc, et non ibis amplius [32].

APPENDICE

Début de la *Lettre* de 1739 à 1752

Je n'entrerai point ici dans une explication mathématique de ce qu'on appelle l'attraction ou la gravitation. Je me borne à l'histoire de cette nouvelle propriété de la matière, devinée longtemps avant Newton et démontrée par lui : c'est donner en quelque façon l'histoire d'une création nouvelle.

Copernic, ce Christophe Colomb de l'astronomie, avait à peine appris aux hommes le véritable ordre de l'univers, si longtemps défiguré, il avait à peine fait voir que la Terre tourne, et sur elle-même et dans un espace immense, lorsque tous les docteurs firent à peu près les mêmes objections que leurs devanciers avaient faites contre les Antipodes. Saint Augustin en niant ces Antipodes avait dit : *Eh quoi ! ils auraient donc la tête en bas, et ils tomberaient dans le ciel* [33] *?* Les docteurs disaient à Copernic : *Si la Terre tournait sur elle-même, toutes ses parties se détacheraient et tomberaient dans le ciel.* « Il est certain que la Terre tourne, répondait Copernic, et que ses parties ne s'envolent pas ; il faut donc qu'une puissance les dirige toutes vers le centre de la Terre ; et probablement, dit-il, cette propriété existe dans tous les globes, dans le Soleil, dans la Lune, dans les étoiles ; c'est un attribut donné à la matière par la divine Providence. » C'est ainsi qu'il s'explique dans son premier livre des *Révolutions célestes*, sans avoir osé, ni peut-être pu aller plus loin [34].

Kepler, qui suivit Copernic et qui perfectionna l'admirable découverte du vrai système du monde, approcha un peu du système de la pesanteur universelle. On voit, dans son traité *De l'étoile de Mars*, des veines encore mal formées de cette mine dont Newton a tiré son or. Kepler admet non seulement une tendance de tous les corps terrestres au centre, mais aussi des astres les uns vers les autres. Il ose entrevoir et dire que si la Terre et la Lune n'étaient pas retenues dans leurs orbites, elles s'approcheraient l'une de l'autre, elles s'uniraient. Cette vérité étonnante était obscurcie chez lui de tant de nuages et de tant d'erreurs, qu'on a dit qu'il l'avait devinée par instinct [35].

Cependant le grand Galilée, partant d'un principe plus mécanique, examinait quelle est la chute des corps sur la Terre. Il trouvait que si un corps tombe dans le premier temps, par exemple, d'une seule toise, il parcourt trois toises dans le second temps, et que dans le troisième temps il parcourt cinq toises ; et qu'ainsi, puisque 5, 3 et 1 font 9, et qu'au bout de ce troisième temps le corps a parcouru en tout 9 toises, il se trouve que 9 étant le carré de 3, les espaces parcourus sont toujours comme le carré des temps.

Il s'agissait ensuite de savoir trois choses : 1. Si les corps tombaient également vite sur la Terre, abstraction faite de la résistance de l'air. 2. Quel espace parcouraient ces corps en effet dans une minute. 3. Si, à quelque distance que ce fût du centre de notre globe, les chutes seraient les mêmes. Voilà en partie ce que le chancelier Bacon proposait d'examiner.

Il est bien singulier [a] que Descartes, le plus grand géomètre de son temps, ne se soit pas servi de ce fil dans le labyrinthe qu'il s'était bâti lui-même. On ne

---

a. *1751 : sur la Terre*, comment et en quelle proportion cette chute s'accélère ; et le chancelier Bacon voulait qu'on expérimentât si ces chutes se faisaient également aux plus grandes profondeurs et aux plus grandes hauteurs où l'on pût atteindre. / *Il est bien singulier*

trouve nulle trace de ces vérités dans ses ouvrages ; aussi n'est-il pas surprenant qu'il se soit égaré.

Il voulut créer un univers. Il fit une philosophie comme on fait un bon roman : tout parut vraisemblable, et rien ne fut vrai. Il imagina des éléments, des tourbillons, qui semblaient rendre une raison plausible de tous les mystères de la nature ; [mais en philosophie]

SEIZIÈME LETTRE

Sur l'optique de M. Newton

Un nouvel univers a été découvert par les philosophes du dernier siècle, et ce monde nouveau était d'autant plus difficile à connaître qu'on ne se doutait pas même qu'il existât. Il semblait aux plus sages que c'était une témérité [a] d'oser seulement songer qu'on pût deviner par quelles lois les corps célestes se meuvent, et comment la lumière agit [1].

Galilée par ses découvertes astronomiques, Kepler par ses calculs, Descartes au moins [b] dans sa *Dioptrique*, et Newton dans tous ses ouvrages, ont vu la mécanique des ressorts du monde. Dans la géométrie, on a assujetti l'infini au calcul. La circulation du sang dans les animaux, et de la sève dans les végétables [2], a changé pour nous la nature. Une nouvelle manière d'exister a été donnée aux corps dans la machine pneumatique [3]. Les objets se sont rapprochés de nos yeux à l'aide des télescopes. Enfin, ce que Newton a découvert sur la lumière est digne de tout ce que la curiosité des hommes pouvait attendre de plus hardi, après tant de nouveautés.

Jusqu'à Antonio de Dominis, l'arc-en-ciel avait paru un miracle inexplicable [4] ; ce philosophe devina [c]

---

a. *1734 (L) : témérité* insensée *(Leçon conforme à l'édition anglaise.)*
b. *1739 : au moins* en partie
c. *1739 : devina* et expliqua

que c'était un effet nécessaire de la pluie et du soleil [5]. Descartes rendit son nom immortel par l'explication mathématique [a] de ce phénomène si naturel. Il calcula les réflexions et les réfractions de la lumière dans les gouttes de pluie, et cette sagacité eut alors quelque chose de divin [6].

Mais qu'aurait-il dit si on lui avait fait connaître qu'il se trompait sur la nature de la lumière [7] ? Qu'il n'avait aucune raison d'assurer que c'était un corps globuleux ; qu'il est faux que cette matière, s'étendant par tout l'univers, n'attende, pour être mise en action, que d'être [b] poussée par le Soleil ainsi qu'un long bâton qui agit à un bout quand il est pressé par l'autre ; qu'il est très vrai qu'elle est dardée par le Soleil, et qu'enfin la lumière est transmise du Soleil à la Terre en près de sept [c] minutes, quoique un boulet de canon, conservant toujours sa vitesse, ne puisse faire ce chemin qu'en vingt-cinq années ?

Quel eût été son étonnement, si on lui avait dit : « Il est faux que la lumière se réfléchisse directement [d] en rebondissant sur les parties solides du corps [e] ; il est faux que les corps soient transparents quand ils ont des pores larges ; et il viendra un homme qui démontrera ces paradoxes, et qui anatomisera un seul rayon de lumière avec plus de dextérité que le plus habile artiste ne dissèque le corps humain [8]. »

Cet homme est venu. [f] Newton, avec le seul secours du prisme, a démontré aux yeux que la lumière est un amas de rayons colorés qui, tous ensemble, donnent la couleur blanche [9]. Un seul rayon est divisé par lui en

---

a. *1739 : par* un exposé encore plus *mathématique*

b. *1739 : globuleux* s'étendant par tout l'univers, qui n'attend, pour être mis *en action, que d'être*

c. *1739 (corr.) :* huit (« environ sept minutes », lit-on dans l'Optique, I, 1.)

d. *1739 :* régulièrement

e. *1734 (L) :* sur les corps solides *(Leçon conforme à l'édition anglaise.)*

f. *1751 supprime tout ce qui suit jusqu'à* agissent sur elle *(p. 169). On lit :* M. Newton *a si bien vu la lumière ; 1752 omet le même passage à partir de* Cet homme est venu.

sept rayons, qui viennent tous se placer sur un linge
ou sur un papier blanc dans leur ordre, l'un au-dessus
de l'autre et à d'inégales distances. Le premier est couleur de feu [10], le second citron [11], le troisième jaune, le
quatrième vert, le cinquième bleu, le sixième indigo, le
septième violet. Chacun de ces rayons, tamisé ensuite
par cent autres prismes, ne changera jamais la couleur
qu'il porte, de même qu'un or épuré ne change [a] plus
dans les creusets. Et, pour surabondance de preuve
que chacun de ces rayons élémentaires porte en soi ce
qui fait sa couleur à nos yeux, prenez un petit morceau de bois jaune, par exemple, et exposez-le au
rayon couleur de feu : ce bois se teint à l'instant en
couleur de feu ; exposez-le au rayon vert, il prend la
couleur verte, et ainsi du reste [12].

Quelle est donc la cause des couleurs dans la
nature [13] ? Rien autre chose que la disposition des
corps à réfléchir les rayons d'un certain ordre, et à
absorber tous les autres. Quelle est cette secrète disposition ? Il démontre que c'est uniquement l'épaisseur des petites parties constituantes dont un corps est
composé. Et comment se fait cette réflexion ? On pensait que c'était parce que les rayons rebondissaient
comme une balle sur la surface d'un corps solide.
Point du tout. Newton enseigne aux philosophes étonnés que les corps ne sont opaques que parce que leurs
pores sont larges, que la lumière se réfléchit à nos
yeux du sein de ces pores mêmes, que plus les pores [b]
d'un corps sont petits, plus le corps est transparent.
Ainsi le papier, qui réfléchit la lumière quand il est sec,
la transmet quand il est huilé, parce que l'huile rem-
plissant ses pores les rend beaucoup plus petits [14].

C'est là qu'examinant l'extrême porosité des corps,
chaque partie ayant ses pores, et chaque partie de ses

---

a. *1734 (L)* : s'altère

b. *1739* : *Newton* a appris aux philosophes étonnés que la lumière
se réfléchit, non des surfaces mêmes, mais sans toucher aux
surfaces ; qu'elle rejaillit du sein des pores, et enfin du vide même.
Il leur a appris que les corps sont opaques en partie, parce que leurs
pores sont larges ; *que plus les pores*

parties ayant les siens, il fait voir qu'on n'est point assuré qu'il y ait un pouce cubique de matière solide dans l'univers ; tant notre esprit est éloigné de concevoir ce que c'est que la matière.

Ayant ainsi décomposé la lumière, et ayant porté la sagacité de ses découvertes jusqu'à démontrer le moyen de connaître la couleur composée par les couleurs primitives, il fait voir que ces rayons élémentaires, séparés par le moyen du prisme, ne sont arrangés dans leur ordre que parce qu'elles sont réfractées en cet ordre même ; et c'est cette propriété, inconnue jusqu'à lui, de se rompre dans cette proportion, c'est cette réfraction inégale des rayons, ce pouvoir de réfracter le rouge moins que la couleur orangée, etc., qu'il nomme réfrangibilité [15].

Les rayons les plus réflexibles sont les plus réfrangibles ; de là il fait voir que le même pouvoir cause la réflexion et la réfraction de la lumière [16].

Tant de merveilles ne sont que le commencement de ses découvertes. Il a trouvé le secret de voir les vibrations et les secousses de la lumière, qui vont et viennent sans fin, et qui transmettent la lumière ou la réfléchissent selon l'épaisseur des parties qu'elles rencontrent [17] ; il a osé calculer l'épaisseur des particules d'air nécessaire entre deux verres posés l'un sur l'autre, l'un plat, l'autre convexe d'un côté, pour opérer telle transmission ou réflexion, et pour faire telle ou telle couleur [18].

De toutes ces combinaisons il trouve en quelle proportion la lumière agit sur les corps et les corps agissent sur elle [19].

Il a si bien vu la lumière qu'il a déterminé à quel point l'art de l'augmenter et d'aider nos yeux par des télescopes doit se borner.

[a] Descartes, par une noble confiance bien pardonnable à l'ardeur que lui donnaient les commencements d'un art presque découvert par lui, Descartes espérait

---

a. *Dans 1742, la fin de la Lettre est remplacée par le morceau qu'on trouvera à l'appendice (p. 171).*

voir dans les astres, avec des lunettes d'approche, des objets aussi petits que ceux qu'on discerne sur la Terre [20].

Newton a montré qu'on ne peut plus perfectionner les lunettes à cause de cette réfraction et de cette réfrangibilité même qui, en nous rapprochant les objets, écartent trop les rayons élémentaires. Il a calculé, dans ces verres, la proportion de l'écartement des rayons rouges et des rayons bleus, et, portant la démonstration dans des choses dont on ne soupçonnait pas même l'existence, il examine les inégalités que produit la figure du verre, et celle que fait la réfrangibilité. Il trouve que le verre objectif de la lunette étant convexe d'un côté et plat de l'autre, si le côté plat est tourné vers l'objet, le défaut qui vient de la construction et de la position du verre est cinq mille fois moindre que le défaut qui vient par la réfrangibilité ; et qu'ainsi ce n'est pas la figure des verres qui fait qu'on ne peut perfectionner les lunettes d'approche, mais qu'il faut s'en prendre à la matière [a] même de la lumière [21].

Voilà pourquoi il inventa un télescope qui montre les objets par réflexion, et non point par réfraction. [b] Cette nouvelle sorte de lunette est très difficile à faire, et n'est pas d'un usage bien aisé ; mais on dit en Angleterre qu'un télescope de réflexion de cinq pieds fait le même effet qu'une lunette d'approche de cent pieds.

---

a. *1734 (L) :* nature *(Leçon conforme à l'édition anglaise.)*

b. *1739 omet le reste du paragraphe mais ajoute ces lignes :* Il était encore peu connu en Europe quand il fit cette découverte. J'ai vu un petit livre composé environ ce temps-là dans lequel, en parlant du télescope de Newton, on le prend pour un lunetier : *Artifex quidam Anglus nomine Newton.* La renommée *(1751 :* postérité*)* l'a bien vengé depuis. *Après ce paragraphe, 1751 ajoute un passage qui figure à l'annexe 3 (de* De tous ceux qui *à* nous méprisent*).*

APPENDICE

Fin de la *Lettre* dans l'édition de 1742 [a]

Il est tout naturel d'imputer des erreurs à ceux qui ont trouvé des vérités. Une de ces vérités contre laquelle on s'est le plus récrié, c'est la rapidité de la lumière que le Soleil et les étoiles dardent dans l'univers. Cette course si précipitée révolte les philosophes qui se reposaient de tout sur la matière subtile de Descartes. Comment fait-on, disent-ils, un chemin de trente-trois millions de lieues dans sept minutes et demi ? Mais il n'y a là que l'imagination de révoltée, l'esprit ne doit pas l'être. N'est-il pas démontré que plusieurs boules sous-doubles [22], contiguës, étant rangées en ligne droite, et la première étant poussée, la dernière peut avoir un mouvement cent mille fois plus rapide que la première ? Osera-t-on après cela décider que Dieu n'a pu donner un cours impétueux à la lumière ? On est surpris des sept à huit minutes ; mais si le Soleil était deux fois aussi gros qu'il est, et qu'il tournât deux fois aussi rapidement, la lumière viendrait probablement en deux minutes.

Quand Newton, l'an 1675, eut fait, redoublé, constaté ses expériences d'optique, un Italien, indigné que de telles découvertes eussent été faites chez des Anglo-Saxons, et chez des hérétiques, écrivit qu'il était honteux de recevoir la loi d'un Anglais. C'est dommage que l'Inquisition ne s'en soit mêlée ; mais depuis l'aventure de Galilée, ce tribunal n'ose plus juger les physiciens.

Ce grand homme fut longtemps combattu ou ignoré. Il existe un livre dans lequel on le prend pour un lunetier. L'auteur, en parlant du télescope de réflexion que Newton a inventé, s'exprime ainsi : *artifex quidam nomine Newton*. Un certain ouvrier nommé Newton. La renommée l'a bien vengé depuis.

---

a. *Cette nouvelle fin n'a pas été reprise dans les éditions ultérieures.*

Le docteur Clarke avouait à qui voulait l'entendre, que dans le temps qu'il n'était encore que chapelain et pauvre, il traduisit l'*Optique* de Newton en latin, et que l'auteur fit présent au traducteur de douze mille livres de notre monnaie. Le lunetier agissait en roi.

DIX-SEPTIÈME LETTRE

Sur l'infini et sur la chronologie [a]

Le labyrinthe et l'abîme de l'infini est aussi une carrière nouvelle parcourue par Newton, et on tient de lui le fil avec lequel on s'y peut conduire.

Descartes se trouve encore son précurseur dans cette étonnante nouveauté. Il allait à grands pas dans sa géométrie jusque vers l'infini, mais il s'arrêta sur le bord [1]. M. Wallis, vers le milieu du dernier siècle, fut le premier qui réduisit une fraction, par une division perpétuelle, à une suite infinie [2].

Milord Brouncker se servit de cette suite pour carrer l'hyperbole.

Mercator publia une démonstration de cette quadrature [3]. Ce fut à peu près dans ce temps que Newton, à l'âge de vingt-trois ans, avait inventé une méthode générale [4] pour faire sur toutes les courbes [b] ce qu'on venait d'essayer sur l'hyperbole [5].

C'est cette méthode de soumettre partout l'infini au calcul algébrique que l'on appelle calcul différentiel, ou des fluxions, et calcul intégral [6]. C'est l'art de nombrer et de mesurer avec exactitude ce dont on ne peut pas même concevoir l'existence [7].

---

a. *1734 (L) : Sur l'infini* de la géométrie et sur la chronologie de M. Newton. *(Dans les éditions de 1739 à 1751, la première partie de cette Lettre est remplacée par le morceau figurant à l'appendice, p. 180 ; 1756 : voir la XVe Lettre, p. 152, note a.)*

b. *1734 (L) : courbes* géométriques

En effet, ne croiriez-vous pas qu'on veut se moquer de vous quand on vous dit qu'il y a des lignes infiniment grandes qui forment un angle infiniment petit [8] ?

Qu'une droite qui est droite tant qu'elle est finie, changeant infiniment peu de direction, devient courbe infinie [9] ? Qu'une courbe peut devenir infiniment moins courbe [10] ?

Qu'il y a des carrés d'infini, des cubes d'infini, et des infinis d'infini, dont [a] le pénultième n'est rien par rapport au dernier [11] ?

Tout cela, qui paraît d'abord l'excès de la déraison, est en effet l'effort de la finesse et de l'étendue de l'esprit humain, et la méthode de trouver des vérités qui étaient jusqu'alors inconnues.

Cet édifice si hardi est même fondé sur des idées simples. Il s'agit de mesurer la diagonale d'un carré, d'avoir l'aire d'une courbe, de trouver une racine carrée à un nombre qui n'en a point dans l'arithmétique ordinaire [12].

Et après tout, tant d'ordres d'infinis ne doivent pas plus révolter l'imagination que cette proposition si connue, qu'entre un cercle et une tangente on peut toujours faire passer des courbes [13] ; ou cette autre, que la matière est toujours divisible [14]. Ces deux vérités sont depuis longtemps démontrées, et ne sont pas plus compréhensibles que le reste.

On a disputé longtemps à Newton l'invention de ce fameux calcul. M. Leibniz a passé en Allemagne pour l'inventeur des différences que Newton appelle fluxions [15], et Bernoulli a revendiqué le calcul intégral ; mais l'honneur de la première découverte a demeuré à Newton, et il est resté aux autres la gloire d'avoir pu faire douter entre eux et lui [16].

C'est ainsi que l'on contesta à Harvey la découverte de la circulation du sang [17] ; à M. Perrault, celle de la circulation de la sève [18]. Hartsoeker et Leeuwenhoek se sont contesté l'honneur d'avoir vu le premier les

---

a. *1734 (L)* : *d'infini*, plus grands les uns que les autres, et *dont* (*Leçon conforme à l'édition anglaise.*)

petits vermisseaux dont nous sommes faits [19]. Ce même Hartsoeker a disputé à M. Huygens l'invention d'une nouvelle manière de calculer l'éloignement d'une étoile fixe. On ne sait encore quel philosophe trouva le problème de la roulette [20].

Quoi qu'il en soit, c'est par cette géométrie de l'infini que Newton est parvenu aux plus sublimes connaissances.

[a] Il me reste à vous parler d'un autre ouvrage plus à la portée du genre humain, mais qui se sent toujours de cet esprit créateur que Newton portait dans toutes ses recherches : c'est une chronologie toute nouvelle, car dans tout ce qu'il entreprenait, il fallait qu'il changeât les idées reçues par les autres hommes.

Accoutumé à débrouiller des chaos, il a voulu porter au moins quelque lumière dans celui de ces fables anciennes confondues avec l'histoire, et fixer une chronologie incertaine [21]. Il est vrai qu'il n'y a point de famille, de ville, de nation qui ne cherche à reculer son origine. De plus, les premiers historiens sont les plus négligents à marquer les dates ; les livres étaient moins communs [b] mille fois qu'aujourd'hui. Par conséquent, étant moins exposé à la critique, on trompait le monde plus impunément ; et, puisqu'on a évidemment supposé des faits, il est assez probable qu'on a aussi supposé des dates.

En général, il parut à Newton que le monde était de cinq cents ans plus jeune que les chronologistes ne le disent ; il fonde son idée sur le cours ordinaire de la nature et sur les observations astronomiques [22].

On entend ici par le cours de la nature le temps de chaque génération des hommes. Les Égyptiens s'étaient servis les premiers de cette manière incertaine de compter. Quand ils voulurent écrire les commence-

---

a. *Ici commence dans 1739 le chapitre intitulé* De la chronologie de Newton *(1756 : réformée par Newton), qui fait le monde moins vieux de cinq cents ans*
b. *1751 :* connus

ments de leur histoire, ils comptaient trois cent quarante et une générations depuis Ménès jusqu'à Séthon ; et n'ayant pas de dates fixes, ils évaluèrent trois générations à cent ans. Ainsi, ils comptaient [a] du règne de Ménès au règne de Séthon onze mille trois cent quarante années [23].

Les Grecs, avant de compter par olympiades, suivirent la méthode des Égyptiens, et étendirent même un peu la durée des générations, poussant chaque génération jusqu'à quarante années.

Or en cela, les Égyptiens et les Grecs se trompèrent dans leur calcul. Il est bien vrai que, selon le cours ordinaire de la nature, trois générations font environ cent à six-vingts ans ; mais il s'en faut bien que trois règnes tiennent ce nombre d'années. Il est très évident qu'en général les hommes vivent plus longtemps que les rois ne règnent. Ainsi, un homme qui voudra écrire l'histoire sans avoir de dates précises, et qui saura qu'il y a eu neuf rois chez une nation, aura grand tort s'il compte trois cents ans pour ces neuf rois. Chaque génération est d'environ trente-six ans ; chaque règne est environ de vingt, l'un portant l'autre. Prenez les trente rois d'Angleterre, depuis Guillaume le Conquérant jusqu'à Georges Ier : ils ont régné six cent quarante-huit ans, ce qui, réparti sur les trente rois, donne à chacun vingt et un ans et demi de règne. Soixante-trois rois de France ont régné, l'un portant l'autre, chacun à peu près vingt ans. Voilà le cours ordinaire de la nature. Donc les Anciens se sont trompés quand ils ont égalé, en général, la durée des règnes à la durée des générations ; donc ils ont trop compté ; donc il est à propos de retrancher un peu de leur calcul.

Les observations astronomiques semblent prêter encore un plus grand secours à notre philosophe : il en paraît plus fort en combattant sur son terrain.

Vous savez, Monsieur [b], que la Terre, outre son mouvement annuel qui l'emporte autour du Soleil d'occi-

a. *1734 (L)* : comptèrent
b. *1751 omet le mot* Monsieur

dent en orient dans l'espace d'une année, a encore une révolution singulière, tout à fait inconnue jusqu'à ces derniers temps [24]. Ses pôles ont un mouvement très lent de rétrogradation d'orient en occident, qui fait que chaque jour leur position ne répond pas précisément aux mêmes points du ciel. Cette différence, insensible en une année, devient assez forte avec le temps, et au bout de soixante et douze ans on trouve que la différence est d'un degré, c'est-à-dire de la trois cent soixantième partie de tout le ciel. Ainsi, après soixante et douze années, le colure de l'équinoxe du printemps, qui passait par une fixe, répond à une autre fixe. De là vient que le Soleil, au lieu d'être dans la partie du ciel où était le Bélier du temps d'Hipparque, se trouve répondre à cette partie du ciel où était le Taureau, et les Gémeaux sont à la place où le Taureau était alors. Tous les signes [a] ont changé de place ; cependant, nous retenons toujours la manière de parler des Anciens : nous disons que le Soleil est dans le Bélier au printemps, par la même condescendance que nous disons que le Soleil tourne.

Hipparque fut le premier chez les Grecs qui s'aperçut de quelques changements dans les constellations par rapport aux équinoxes [25], ou plutôt qui l'apprit des Égyptiens. Les philosophes attribuèrent ce mouvement aux étoiles, car alors on était bien loin d'imaginer une telle révolution dans la Terre : on la croyait en tous sens immobile. Ils créèrent donc un ciel où ils attachèrent toutes les étoiles, et donnèrent à ce ciel un mouvement particulier qui le faisait avancer vers l'orient, pendant que toutes les étoiles semblaient faire leur route journalière d'orient en occident. À cette erreur ils en ajoutèrent une seconde bien plus essentielle : ils crurent que le ciel prétendu des étoiles fixes avançait vers l'orient d'un degré en cent années. Ainsi, ils se trompèrent dans leur calcul astronomique aussi bien que dans leur système physique. Par exemple, un astronome aurait dit alors : « L'équinoxe du printemps

a. *1751 : du ciel où* sont les Poissons. *Tous les signes*

a été, du temps d'un tel observateur, dans un tel signe,
à une telle étoile ; il a fait deux degrés de chemin
depuis cet observateur jusqu'à nous ; or deux degrés
valent deux cents ans ; donc cet observateur vivait
deux cents ans avant moi. » Il est certain qu'un astronome qui eût [a] raisonné ainsi se serait trompé jus-
tement [b] de cinquante-quatre ans. Voilà pourquoi les
Anciens, doublement trompés, composèrent leur grande
année du monde, c'est-à-dire de la révolution de tout
le ciel, d'environ trente-six mille ans. Mais les Modernes
savent que cette révolution imaginaire du ciel des
étoiles n'est autre chose que la révolution des pôles de
la Terre, qui se fait en vingt-cinq mille neuf cents
années. Il est bon de remarquer ici en passant que
Newton, en déterminant la figure de la Terre, a très
heureusement expliqué la raison de cette révolution.

Tout ceci posé, il reste, pour fixer la chronologie, de
voir par quelle étoile le colure de l'équinoxe [c] coupe
aujourd'hui l'écliptique au printemps [26], et de savoir
s'il ne se trouve point quelque Ancien qui nous ait dit
en quel point l'écliptique était coupé de son temps par
le même colure des équinoxes.

Clément Alexandrin rapporte que Chiron, qui était
de l'expédition des Argonautes, observa les constellations au temps de cette fameuse expédition, et fixa
l'équinoxe du printemps au milieu du Bélier, l'équinoxe de l'automne au milieu de la Balance, le solstice
de notre été au milieu du Cancer, et le solstice d'hiver
au milieu du Capricorne.

Longtemps après l'expédition des Argonautes, et
un an avant la guerre du Péloponnèse, Méton observa [27]
que le point du solstice d'été passait par le huitième
degré du Cancer.

Or chaque signe du zodiaque est de trente degrés.
Du temps de Chiron, le solstice était à la moitié du
signe, c'est-à-dire au quinzième degré. Un an avant la

a. *1742* : aurait
b. *1748* : *trompé* environ
c. *1734 (L)* : des équinoxes

guerre du Péloponnèse, il était au huitième : donc il avait retardé [a] de sept degrés. Un degré vaut soixante et douze ans ; donc, du commencement de la guerre du Péloponnèse à l'entreprise des Argonautes, il n'y a que sept fois soixante et douze ans, qui font cinq cent quatre ans, et non pas sept cents années, comme le disaient les Grecs. Ainsi, en comparant l'état du ciel d'aujourd'hui à l'état où il était alors [28], nous voyons que l'expédition des Argonautes doit être placée environ neuf cents ans avant Jésus-Christ, et non pas environ quatorze cents ans ; et par conséquent, le monde est moins vieux d'environ cinq cents ans qu'on ne pensait. Par là, toutes les époques sont rapprochées, et tout s'est fait plus tard qu'on ne le dit. Je ne sais si ce système ingénieux fera une grande fortune, et si [b] on voudra se résoudre, sur ces idées, à réformer la chronologie du monde. Peut-être les savants trouveraient-ils que c'en serait trop d'accorder à un même homme l'honneur d'avoir perfectionné à la fois la physique, la géométrie et l'histoire : ce serait une espèce de monarchie universelle dont l'amour-propre s'accommode malaisément. [c] Aussi, dans le temps que de très grands philosophes l'attaquaient sur l'attraction, d'autres combattaient son système chronologique [29]. Le temps, qui devrait faire voir à qui la victoire est due, ne fera peut-être que laisser la dispute plus indécise.

---

a. *1756 : rétrogradé*

b. *1756 : dit.* Ce système paraît vrai ; je ne sais s'il fera fortune *et si*

c. *1756 remplace les deux phrases suivantes par :* Aussi, dans le temps que les partisans des tourbillons et de la matière cannelée attaquaient la gravitation démontrée, le révérend père Souciet et M. Fréret écrivaient contre la chronologie de Newton avant qu'elle fût imprimée. *1739 ajoute ce paragraphe :* Il est bon, avant de quitter Newton, d'avertir que l'infini, l'attraction et le chaos de la chronologie ne sont pas les seuls abîmes où il ait fouillé. Il s'est avisé de commenter l'Apocalypse. Il y trouve que le pape est l'Antéchrist, et il explique ce livre incompréhensible à peu près comme tous ceux qui s'en sont mêlés. Apparemment qu'il a voulu par ce commentaire consoler la race humaine de la supériorité qu'il avait sur elle.

APPENDICE

Première partie de la *Lettre* de 1739 à 1751

HISTOIRE DE L'INFINI [30]

Les premiers géomètres se sont aperçus, sans doute, dès l'onzième ou douzième proposition [31], que s'ils marchaient sans s'égarer, ils étaient sur le bord d'un abîme, et que les petites vérités incontestables qu'ils trouvaient étaient entourées de l'infini. On l'entrevoyait dès qu'on songeait qu'un côté d'un carré ne peut jamais mesurer la diagonale [32], ou que des circonférences de cercles différents passeront toujours entre un cercle et sa tangente [33], etc.

Quiconque cherchait seulement la racine du nombre 6, voyait bien que c'était un nombre entre deux et trois, mais quelque division qu'il pût faire, cette racine dont il approchait toujours ne se trouvait jamais. Si l'on considérait une ligne droite coupant une autre ligne droite perpendiculairement, on les voyait se couper en un point indivisible ; mais si elles se coupaient obliquement, on était forcé, ou d'admettre un point plus grand qu'un autre, ou de ne rien comprendre dans la nature des points et dans le commencement de toute grandeur.

La seule inspection d'un cône étonnait [a] l'esprit, car sa base, qui est un cercle, contient un nombre infini de lignes. Son sommet est quelque chose qui diffère infiniment de la ligne. Si on coupait ce cône parallèlement à son axe, on trouvait une figure [34] qui s'approchait toujours de plus en plus des côtés du triangle formé par le cône sans jamais le [b] rencontrer. L'infini était partout : comment connaître l'aire d'un cercle ? comment celle d'une courbe quelconque ?

---

a. *1748ab :* doit étonner
b. *1739 (corr.) :* les

Avant Apollonius, le cercle n'avait été étudié que comme mesure des angles, et comme pouvant donner certaines moyennes proportionnelles. Ce qui prouve en passant que les Égyptiens, qui avaient enseigné la géométrie aux Grecs, avaient été de très médiocres géomètres, quoique assez bons astronomes [35]. Apollonius entra dans le détail des sections coniques [36]. Archimède considéra le cercle comme une figure d'une infinité de côtés, et donna le rapport du diamètre à la circonférence, tel que l'esprit humain peut le donner [37]. Il carra la parabole [38], Hippocrate de Chio carra les lunules du cercle [39].

La duplication du cube, la trisection de l'angle, inabordables à la géométrie ordinaire [40], et la quadrature du cercle, impossible à toute géométrie, furent l'inutile objet des recherches des Anciens. Ils trouvèrent quelques secrets sur leur route, comme les chercheurs de la pierre philosophale. On connaît la cissoïde de Dioclès, qui approche de sa directrice sans jamais l'atteindre, la conchoïde de Nicomède qui est dans le même cas, la spirale d'Archimède [41]. Tout cela fut trouvé sans algèbre, sans ce calcul qui aide si fort l'esprit humain, et qui semble le conduire sans l'éclairer.

Que [a] deux arithméticiens, par exemple, aient un compte à faire. Que le premier le fasse de tête voyant toujours ses nombres présents à son esprit, et que l'autre opère sur le papier par une règle de routine, mais sûre, dans laquelle il ne voit jamais la vérité qu'il cherche qu'après le résultat, et comme un homme qui y est arrivé les yeux fermés : voilà à peu près la différence qui est entre un géomètre sans calcul, qui considère des figures et voit leurs rapports, et un algébriste qui cherche ces rapports par des opérations qui ne parlent point à l'esprit. Mais on ne peut aller loin avec la première méthode : elle est peut-être réservée pour des êtres supérieurs à nous. Il nous faut des secours qui aident, et qui prouvent notre faiblesse. À

---

a. *1748 :* Je dis sans l'éclairer, car *que*

mesure que la géométrie s'est étendue, il a fallu plus
de ces secours.

Harriot Anglais, Viète Poitevin, et surtout le fameux
Descartes, employèrent les signes, les lettres [42]. Descartes soumit les courbes à l'algèbre et réduisit tout en
équations algébriques.

Du temps de Descartes, Cavalliero [43], religieux d'un
ordre des jésuates qui ne subsiste plus [44], donna au
public en 1635 la *Géométrie des indivisibles*, géométrie
toute nouvelle dans laquelle les plans sont composés
d'une infinité de lignes, et les solides d'une infinité de
plans [45]. Il est vrai qu'il n'osait pas plus prononcer le
mot d'infini en mathématiques, que Descartes en
physique [46] ; ils se servaient l'un et l'autre du terme
adouci d'*indéfini*. Cependant, Roberval en France
avait les mêmes idées [47], et il y avait alors à Bruges un
jésuite qui marchait à pas de géant dans cette carrière
par un chemin différent. C'était Grégoire de Saint-
Vincent qui, en prenant pour but une erreur, et
croyant avoir trouvé la quadrature du cercle, trouva en
effet des choses admirables. Il réduisit l'infini même à
des rapports finis, il connut l'infini en petit et en
grand. Mais ces recherches étaient noyées dans trois
in-folio, elles manquaient de méthode et, qui pis est,
une erreur palpable qui terminait le livre nuisit à
toutes les vérités qu'il contenait [48].

On cherchait toujours à carrer des courbes. Descartes se servait des tangentes ; Fermat, conseiller de
Toulouse, employait sa règle de *maximis* et *minimis*,
règle qui méritait plus de justice que Descartes ne lui
en rendit [49]. Wallis Anglais, en 1655, donna hardiment
l'arithmétique des infinis, et des suites infinies en
nombre [50].

Milord Brouncker se servit de cette suite pour
carrer une hyperbole. Mercator de Holstein eut grande
part à cette invention, mais il s'agissait de faire sur
toutes les courbes ce que le lord Brouncker avait si
heureusement tenté. On cherchait une méthode générale d'assujettir l'infini à l'algèbre, comme Descartes y
avait assujetti le fini : c'est cette méthode que trouva

Newton à l'âge de vingt-trois ans [a], aussi admirable en cela que notre jeune M. Clairaut qui, à l'âge de treize ans, vient de faire imprimer un *Traité de la mesure des courbes à double courbure* [51]. La méthode de Newton a deux parties, le calcul différentiel et le calcul intégral.

Le différentiel consiste à trouver une quantité plus petite qu'aucune assignable, laquelle prise une infinité de fois, égale la quantité donnée ; et c'est ce qu'en Angleterre on appelle la méthode des fluentes ou des fluxions. L'intégral consiste à prendre la somme totale des quantités différentielles.

Le célèbre philosophe Leibniz et le profond mathématicien Bernoulli ont tous deux revendiqué, l'un le calcul différentiel, l'autre le calcul intégral. Il faut être capable d'inventer des choses si sublimes pour oser s'en attribuer l'honneur. Pourquoi trois grands mathématiciens, cherchant tous la vérité, ne l'auront-ils pas trouvée ? Torricelli, La Loubère [52], Descartes, Roberval, Pascal, n'ont-ils pas tous démontré, chacun de leur côté, les propriétés de la cycloïde, nommée alors la roulette [53] ? N'a-t-on pas vu souvent des orateurs, traitant le même sujet, employer les mêmes pensées sous des termes différents ? Les signes dont Newton et Leibniz se servaient étaient différents, et les pensées étaient les mêmes.

Quoi qu'il en soit, l'infini commença alors à être traité par le calcul. On s'accoutuma insensiblement à recevoir des infinis plus grands les uns que les autres. Cet édifice si hardi effraya un des architectes. Leibniz n'osa appeler ces infinis que des incomparables [b] ; mais M. de Fontenelle vient enfin d'établir ces différents ordres d'infinis sans aucun ménagement, et il faut qu'il ait été bien sûr de *son fait* pour l'avoir osé.

———————

a. *1748 omet le reste de la phrase.*

b. *1748 remplace la suite par le texte suivant :* Ceux qui ne savent pas de quoi il est question, pensent qu'on connaît l'infini comme on connaît que dix et dix font vingt. Mais cet infini n'est au fond que l'impuissance de compter jusqu'au bout, et la hardiesse de mettre en ligne de compte ce qu'on ne saurait comprendre.

DIX-HUITIÈME LETTRE

Sur la tragédie [a]

Les Anglais avaient déjà un théâtre, aussi bien que les Espagnols, quand les Français n'avaient [b] que des tréteaux. Shakespeare, qui passait pour le Corneille des Anglais, fleurissait [c] à peu près dans le temps de Lope de Vega [1]. Il créa le théâtre. Il avait un génie plein de force et de fécondité, de naturel et de sublime, sans la moindre étincelle de bon goût, et sans la moindre connaissance des règles. Je vais vous dire une chose hasardée, mais vraie : c'est que le mérite de cet auteur a perdu le théâtre anglais. Il y a de si belles scènes, des morceaux si grands et si terribles répandus dans ses farces monstrueuses qu'on appelle tragédies, que ces pièces ont toujours été jouées avec un grand succès [2]. Le temps, qui seul fait la réputation des hommes, rend à la fin leurs défauts respectables. La plupart des idées bizarres et gigantesques de cet auteur ont acquis au bout de deux cents [d] ans le droit de passer pour sublimes. Les auteurs modernes l'ont presque tous copié ; mais ce qui réussissait chez Shakespeare est sifflé chez eux, et vous croyez bien que la vénération

---

a. *1739 :* De la tragédie

b. *1734 (L) : n'avaient* encore

c. *1756 :* Shakespeare, que les Anglais prennent pour un Sophocle, florissait

d. *1734 (L) :* cent cinquante *(sans doute correction de Thiriot).*

qu'on a pour cet ancien [a] augmente à mesure qu'on méprise les modernes. On ne fait pas réflexion qu'il ne faudrait pas l'imiter, et le mauvais succès de ses copistes fait seulement qu'on le croit inimitable [3].

Vous savez que dans la tragédie du *More de Venise*, pièce très touchante, un mari étrangle sa femme sur le théâtre, et quand la pauvre femme est étranglée, elle s'écrie qu'elle meurt très injustement. Vous n'ignorez pas que dans *Hamlet* des fossoyeurs creusent une fosse en buvant, en chantant des vaudevilles [4], et en faisant sur les têtes de morts qu'ils rencontrent des plaisanteries convenables à gens de leur métier. Mais ce qui vous surprendra, c'est qu'on a imité ces sottises sous le règne de Charles II, qui était celui de la politesse [5] et l'âge d'or des beaux-arts.

Otway, dans sa *Venise sauvée*, introduit le sénateur Antonio et la courtisane Naki [6] au milieu des horreurs de la conspiration du marquis de Bedmar. Le vieux sénateur Antonio fait auprès de sa courtisane toutes les singeries d'un vieux débauché impuissant et hors du bon sens : il contrefait le taureau et le chien, il mord les jambes de sa maîtresse, qui lui donne des coups de pied et des coups de fouet. On a retranché de la pièce d'Otway ces bouffonneries, faites pour la plus vile canaille ; mais on a laissé dans le *Jules César* de Shakespeare les plaisanteries des cordonniers et des savetiers romains introduits sur la scène avec Brutus et Cassius. C'est que la sottise d'Otway est moderne, et que celle de Shakespeare est ancienne [b].

Vous vous plaindrez sans doute que ceux qui jusqu'à présent vous ont parlé du théâtre anglais, et surtout de ce fameux Shakespeare, ne vous aient encore fait voir que ses erreurs, et que personne n'ait traduit aucun de ces endroits frappants qui demandent grâce pour toutes ses fautes. Je vous répondrai qu'il est bien aisé de rapporter en prose les erreurs [c]

---

a. *1746 :* auteur

b. *1734 (L)* omet la dernière phrase.

c. *1734 (L) :* sottises

d'un poète, mais très difficile de traduire ses beaux vers. Tous les grimauds qui [a] s'érigent en critiques des écrivains célèbres compilent des volumes ; j'aimerais mieux deux pages qui nous fissent connaître quelques beautés, car je maintiendrai toujours, avec les gens de bon goût, qu'il y a plus à profiter dans douze vers d'Homère et de Virgile que dans toutes les critiques qu'on a faites de ces deux grands hommes.

J'ai hasardé de traduire quelques morceaux des meilleurs poètes anglais : en voici un de Shakespeare. Faites grâce à la copie en faveur de l'original ; et souvenez-vous toujours, quand vous voyez une traduction, que vous ne voyez qu'une faible estampe d'un beau tableau.

J'ai choisi le monologue de la tragédie de *Hamlet*, qui est su de tout le monde et qui commence par ce vers :

To be or not to be, that is the question.

C'est Hamlet, prince de Danemark, qui parle :

Demeure ; il faut choisir, et passer à l'instant
De la vie à la mort, ou de l'être au néant.
Dieux cruels [b] ! S'il en est, éclairez mon courage [7].
Faut-il vieillir courbé sous la main qui m'outrage,
Supporter ou finir mon malheur et mon sort ?
Qui suis-je ? Qui m'arrête ? Et qu'est-ce que la mort ?
C'est la fin de nos maux, c'est mon unique asile ;
Après de longs transports, c'est un sommeil tranquille.
On s'endort, et tout meurt. Mais un affreux réveil
Doit succéder peut-être aux douceurs du sommeil.
On nous menace, on dit que cette courte vie
De tourments éternels est aussitôt suivie.
Ô mort ! Moment fatal ! Affreuse éternité !
Tout cœur à ton seul nom se glace, épouvanté.
Eh ! qui pourrait sans toi supporter cette vie,
De nos prêtres menteurs bénir l'hypocrisie [8],
D'une indigne maîtresse encenser les erreurs,

---

a. *1756 : Tous* ceux *qui*
b. *1748ab : Dieux* justes

Ramper sous un ministre, adorer ses hauteurs,
Et montrer les langueurs de son âme abattue
À des amis ingrats qui détournent la vue ?
La mort serait trop douce en ces extrémités ;
Mais le scrupule parle, et nous crie : « Arrêtez ! »
Il défend à nos mains cet heureux homicide,
Et d'un héros guerrier fait un chrétien timide, etc. [9]

Ne croyez pas que j'aie rendu ici l'anglais mot pour
mot ; malheur aux faiseurs de traductions littérales,
qui en [a] traduisant chaque parole énervent le sens.
C'est bien là qu'on peut dire que la lettre tue, et que
l'esprit vivifie [10].

Voici encore un passage d'un fameux tragique
anglais, Dryden, poète du temps de Charles II, auteur
plus fécond que judicieux, qui aurait une réputation
sans mélange s'il n'avait fait que la dixième partie de
ses ouvrages, et dont le grand défaut est d'avoir voulu
être universel [b].

Ce morceau commence ainsi :

When I consider life, t'is all a cheat.
Yet fool'd by hope men favour the deceit.

De desseins en regrets et d'erreurs en désirs,
Les mortels insensés promènent leur folie.
Dans des malheurs présents, dans l'espoir des plaisirs,
Nous ne vivons jamais, nous attendons la vie.
Demain, demain, dit-on, va combler tous nos vœux ;
Demain vient, et nous laisse encor plus malheureux.
Quelle est l'erreur, hélas ! du soin qui nous dévore ?
Nul de nous ne voudrait recommencer son cours :
De nos premiers moments nous maudissons l'aurore,
Et de la nuit qui vient nous attendons encore
Ce qu'ont en vain promis les plus beaux de nos jours,
[etc. [11].

---

a. *1734 (L) omet* en
b. *1739 omet* et dont le grand défaut est d'avoir voulu être universel

[a] C'est dans ces morceaux détachés que les tragiques anglais ont jusqu'ici excellé ; leurs pièces, presque toutes barbares, dépourvues de bienséance, d'ordre, de vraisemblance, ont des lueurs [b] étonnantes au milieu de cette nuit. [c] Le style est trop ampoulé, trop hors de la nature, trop copié des écrivains hébreux si remplis de l'enflure asiatique ; mais aussi il faut avouer que [d] les échasses du style figuré, sur lesquelles la langue anglaise est guindée, élèvent aussi l'esprit bien haut, quoique par une marche irrégulière [e].

[f] Le premier Anglais qui ait fait une pièce raisonnable et écrite d'un bout à l'autre avec élégance est l'illustre M. Addison. Son *Caton d'Utique* est un chef-d'œuvre pour la diction et pour la beauté des vers. Le rôle de Caton est à mon gré fort au-dessus de celui de Cornélie dans le *Pompée* de Corneille [12] ; car Caton est grand sans enflure, et Cornélie, qui d'ailleurs n'est pas un personnage nécessaire, vise quelquefois au galimatias. Le Caton de M. Addison me paraît le plus beau personnage qui soit sur aucun théâtre, mais les autres

---

a. *Dans 1742, Voltaire intercale ici un morceau figurant à l'appendice 1.*

b. *1742 : dépourvues* d'ordre, de bienséance, de vraisemblance, de naturel, ainsi que la plupart des tragédies espagnoles, ont pourtant *des lueurs*

c. *1742 remplace tout ce qui suit par le morceau suivant :* Autrefois on ne connaissait l'amour sur aucun théâtre tragique de l'Europe. Malheureusement pour les critiques qui condamnent l'amour, il n'était banni de la scène que dans les temps de barbarie. La coutume de l'introduire à tort et à travers dans les poèmes dramatiques passa de Paris à Londres vers l'an 1660 avec nos rubans et nos perruques. Le sage Addison a rendu depuis par son *Caton* ce théâtre plus régulier, mais un amour languissant dépare sa pièce sublime. Les Anglais sont froids depuis qu'ils observent les règles. Leur génie poétique a ressemblé jusqu'à présent à un arbre touffu planté par la nature, jetant au hasard mille rameaux, croissant avec inégalité, mais avec force ; il meurt, si vous voulez le tailler en arbre des jardins de Marly.

d. *1756 omet les mots* aussi il faut avouer que

e. *1756 intercale ici le passage figurant à l'appendice 2.*

f. *Le paragraphe suivant est remplacé, à partir de 1748ab, par le morceau figurant à l'appendice 3.*

rôles de la pièce n'y répondent pas, et cet ouvrage si bien écrit est défiguré par une intrigue froide d'amour, qui répand sur la pièce une langueur qui la tue.

La coutume d'introduire de l'amour à tort et à travers dans les ouvrages dramatiques passa de Paris à Londres vers l'an 1600 avec nos rubans et nos perruques. Les femmes, qui parent les spectacles comme ici, ne veulent plus souffrir qu'on leur parle d'autre chose que d'amour. Le sage Addison eut la molle complaisance de plier la sévérité de son caractère aux mœurs de son temps, et gâta un chef-d'œuvre pour avoir voulu plaire.

Depuis lui, les pièces sont devenues plus régulières, le peuple plus difficile, les auteurs plus corrects et moins hardis. J'ai vu des pièces nouvelles fort sages, mais froides. Il semble que les Anglais n'aient été faits jusqu'ici que pour produire des beautés irrégulières. Les monstres brillants de Shakespeare plaisent mille fois plus que la sagesse moderne. Le génie poétique des Anglais ressemble jusqu'à présent à un arbre touffu planté par la nature, jetant au hasard mille rameaux, et croissant inégalement et avec force ; il meurt, si vous voulez forcer sa nature et le tailler en arbre des jardins de Marly.

APPENDICES

1. Addition de l'édition de 1742

Voici un morceau de son *Montézume*, dans lequel cet infortuné monarque réfute les arguments du jacobin qui veut le rendre chrétien pour le préparer doucement au supplice qu'on lui destine :

> Cessez de nous vanter vos faibles avantages,
> Nous avons comme vous nos martyrs et nos sages.

Il en est en tout temps, il en est en tous lieux,
Toute secte eut ses saints, tout empire a ses dieux.
Nous naissons ignorants ; l'erreur de notre mère
Sucée avec le lait nous en devient plus chère.
Au joug des préjugés le temps nous endurcit ;
La nourrice commence, et le prêtre finit.
On se fait de l'erreur une triste science,
L'âge mûr est chez nous la dupe de l'enfance.
La superstition qui commence au berceau
Tyrannise la vie et nous suit au tombeau [13].

Dans la même pièce, Pizarre dit à Montézume :

L'envoyé du Très-Haut, le maître de ma loi,
Le pape a transporté ton empire à mon roi.

L'empereur mexicain répond :

Le pape est l'ennemi du Dieu qu'il représente,
S'il autorise ainsi ton audace insolente ;
Et c'est un insensé s'il donne mes États,
Dont il n'est point le maître et qu'il ne connaît pas.

C'est dans ces morceaux détachés que les Anglais déploient leur hardiesse, et quelquefois leur licence. [Leurs pièces]

2. Addition de l'édition de 1756

Il semble quelquefois que la nature ne soit pas faite en Angleterre comme ailleurs. Ce même Dryden, dans sa farce de *Don Sébastien, roi de Portugal,* qu'il appelle *tragédie,* fait parler ainsi un officier à ce monarque :

LE ROI SÉBASTIEN

Ne me connais-tu pas, traître, insolent ?

ALONZE

Qui, moi ?
Je te connais fort bien, mais non pas pour mon roi.
Tu n'es plus dans Lisbonne, où ta cour méprisable
Nourrissait de ton cœur l'orgueil insupportable.
Un tas d'illustres sots et de fripons titrés,
Et de gueux du bel air, et d'esclaves dorés,
Chatouillait ton oreille et fascinait ta vue ;
On t'entourait en cercle ainsi qu'une statue.
Quand tu disais un mot, chacun, le cou tendu,
S'empressait d'applaudir sans t'avoir entendu.
Et ce troupeau servile admirait en silence
Ta royale sottise et ta noble arrogance.
Mais te voilà réduit à ta juste valeur… [14].

Ce discours est un peu anglais ; la pièce, d'ailleurs, est bouffonne. Comment concilier, disent nos critiques, tant de ridicule et de raison, tant de bassesse et de sublime ? Rien n'est plus aisé à concevoir : il faut songer que ce sont des hommes qui ont écrit. La scène espagnole a tous les défauts de l'anglaise, et n'en a peut-être pas les beautés. Et, de bonne foi, qu'étaient donc les Grecs ? Qu'était donc Euripide qui, dans la même pièce, fait un tableau si touchant, si noble, d'Alceste s'immolant à son époux, et met dans la bouche d'Admète et de son père des puérilités si grossières que les commentateurs mêmes en sont embarrassés [15] ? Ne faut-il pas être bien intrépide pour ne pas trouver le sommeil d'Homère quelquefois un peu long [16], et les rêves de ce sommeil assez insipides ? Il faut bien des siècles pour que le bon goût s'épure. Virgile chez les Romains, Racine chez les Français, furent les premiers dont le goût fut toujours pur dans les grands ouvrages. [M. Addison] [a]

---

a. *La suite du texte figure à l'appendice 3.*

3. Addition de l'édition de 1748ab

M. Addison est le premier Anglais qui ait fait une tragédie raisonnable. Je le plaindrais s'il n'y avait mis que de
la raison. La tragédie de *Caton* est écrite d'un bout à
l'autre avec cette élégance mâle et énergique dont Corneille le premier donna chez nous de si beaux exemples
dans son style inégal. Il me semble que cette pièce est
faite pour un auditoire un peu philosophe et très
républicain. Je doute que nos jeunes dames et nos petits-
maîtres eussent aimé Caton en robe de chambre lisant les
dialogues de Platon, et faisant ses réflexions sur l'immortalité de l'âme. Mais ceux qui s'élèvent au-dessus des
usages, des préjugés, des faiblesses de leur nation, ceux
qui sont de tous les temps et de tous les pays, ceux qui
préfèrent la grandeur philosophique à des déclarations
d'amour, seront bien aises de trouver ici une copie,
quoique imparfaite, de ce morceau sublime. Il semble
qu'Addison, dans ce beau monologue de Caton, ait
voulu lutter contre Shakespeare. Je traduirai l'un comme
l'autre, c'est-à-dire avec cette liberté sans laquelle on
s'écarterait trop de son original à force de vouloir ressembler. Le fond est très fidèle, j'y ajoute peu de détails. Il
m'a fallu enchérir sur lui, ne pouvant l'égaler.

> Oui, Platon, tu dis vrai, notre âme est immortelle ;
> C'est un Dieu qui lui parle, un Dieu qui vit en elle.
> Eh ! d'où viendrait sans lui ce grand pressentiment,
> Ce dégoût des faux biens, cette horreur du néant ?
> Vers des siècles sans fin je sens que tu m'entraînes.
> Du monde et de mes sens je vais briser les chaînes,
> Et m'ouvrir loin d'un corps dans la fange arrêté
> Les portes de la vie et de l'éternité.
> L'éternité ! Quel mot consolant et terrible !
> Ô lumière ! ô nuage ! ô profondeur horrible !
> Que suis-je ? Où suis-je ? Où vais-je ? Et d'où suis-je
> [tiré ?
> Dans quels climats nouveaux, dans quel monde ignoré
> Le moment du trépas va-t-il plonger mon être ?
> Où sera cet esprit qui ne peut se connaître ?
> Que me préparez-vous, abîmes ténébreux ?

Allons, s'il est un dieu, Caton doit être heureux.
Il en est un sans doute, et je suis son ouvrage.
Lui-même au cœur du juste il empreint son image.
Il doit venger sa cause et punir les pervers.
Mais comment ? Dans quel temps et dans quel
                                              [univers ?
Ici la vertu pleure, et l'audace l'opprime ;
L'innocence à genoux y tend la gorge au crime ;
La fortune y domine, et tout y suit son char.
Ce globe infortuné fut formé pour César.
Hâtons-nous de sortir d'une prison funeste ;
Je te verrai sans ombre, ô vérité céleste !
Tu te caches de nous dans nos jours de sommeil ;
Cette vie est un songe et la mort un réveil [17].

Dans cette tragédie d'un patriote et d'un philosophe,
le rôle de Caton me paraît surtout un des plus beaux
personnages qui soient sur aucun théâtre. Le Caton
d'Addison est, je crois, fort au-dessus de la Cornélie de
Pierre Corneille, car il est continuellement grand sans
enflure, et le rôle de Cornélie, qui d'ailleurs n'est pas un
personnage nécessaire, sent trop la déclamation en
quelques endroits. Elle veut toujours être héroïne, et
Caton ne s'aperçoit jamais qu'il est un héros.

Il est bien triste que quelque chose de si beau ne soit
pas une belle tragédie : des scènes décousues, qui laissent souvent le théâtre vide, des *a parte* trop longs et
sans art, des amours froids et insipides, une conspiration inutile à la pièce, un certain Sempronius déguisé
et tué sur le théâtre, tout cela fait de la fameuse tragédie de *Caton* une pièce que nos comédiens n'ose-
raient jamais jouer, quand même nous penserions à la
romaine ou à l'anglaise. La barbarie et l'irrégularité du
théâtre de Londres ont percé jusque dans la sagesse
d'Addison. Il me semble que je vois le tsar Pierre qui,
en réformant les Russes, tenait encore de l'éducation [a]
et des mœurs de son pays.

_____

a. *Dans 1748a, Voltaire a corrigé* encore de l'éducation *en* encore
quelque chose de son éducation, *qui sera la leçon de 1748b.*

DIX-NEUVIÈME LETTRE

Sur la comédie [a]

Je ne sais comment le sage et ingénieux M. de Muralt, dont nous avons les *Lettres sur les Anglais et sur les Français*, s'est borné, en parlant de la comédie, à critiquer un comique nommé Shadwell [1]. Cet auteur était assez méprisé de son temps ; il n'était point le poète des honnêtes gens. Ses pièces, goûtées pendant quelques représentations par le peuple, étaient dédaignées par tous les gens de bon goût, et ressemblaient à tant de pièces que j'ai vues, en France, attirer la foule et révolter les lecteurs, et dont on a pu dire : « Tout Paris les condamne, et tout Paris les court [2]. » M. de Muralt aurait dû, ce semble, nous parler d'un auteur excellent qui vivait alors : c'était M. Wycherley, qui fut longtemps l'amant déclaré de la maîtresse la plus illustre de Charles II. Cet homme, qui passait sa vie dans le plus grand monde, en connaissait parfaitement les vices et les ridicules, et les peignait du pinceau le plus ferme et des couleurs les plus vraies.

Il a fait un *Misanthrope*, qu'il a imité de Molière [3]. Tous les traits de Wycherley sont plus forts et plus hardis que ceux de notre misanthrope ; [b] mais aussi ils ont moins de finesse et de bienséance. L'auteur anglais

a. *1756 : Sur la comédie* anglaise
b. *Tout ce qui précède est remplacé, à partir de 1748ab, par le morceau figurant à l'appendice 1 (p. 199).*

a corrigé le seul défaut qui soit dans la pièce de
Molière : ce défaut est le manque d'intrigue et d'intérêt. La pièce anglaise est intéressante, et l'intrigue en
est ingénieuse, elle est trop hardie sans doute pour nos
mœurs [a]. C'est un capitaine de vaisseau plein de valeur,
de franchise, et de mépris pour le genre humain. Il a
un ami sage et sincère dont il se défie, et une maîtresse
dont il est tendrement aimé, sur laquelle il ne daigne
pas jeter les yeux ; au contraire, il a mis toute sa
confiance dans un faux ami qui est le plus indigne
homme qui respire, et il a donné son cœur à la plus
coquette et à la plus perfide de toutes les femmes. Il
est bien assuré que cette femme est une Pénélope, et
ce faux ami un Caton. Il part pour s'aller battre contre
les Hollandais, et laisse tout son argent, ses pierreries
et tout ce qu'il a au monde à cette femme de bien, et
recommande cette femme elle-même à cet ami fidèle,
sur lequel il compte si fort. Cependant le véritable honnête homme dont il se défie tant s'embarque avec lui ;
et la maîtresse qu'il n'a pas seulement daigné regarder
se déguise en page et fait le voyage sans que le capitaine s'aperçoive de son sexe de toute la campagne.

Le capitaine, ayant fait sauter son vaisseau dans un
combat, revient à Londres, sans secours, sans vaisseau
et sans argent, avec son page et son ami, ne connaissant ni l'amitié de l'un, ni l'amour de l'autre. Il va droit
chez la perle des femmes, qu'il compte retrouver avec
sa cassette et sa fidélité : il la retrouve mariée avec
l'honnête fripon à qui il s'était confié, et on ne lui a pas
plus gardé son dépôt que le reste. Mon homme a
toutes les peines du monde à croire qu'une femme de
bien puisse faire de pareils tours ; mais, pour l'en
convaincre mieux, cette honnête dame devient amou-
reuse du petit page, et veut le prendre à force. Mais,
comme il faut que justice se fasse et que, dans une
pièce de théâtre, le vice soit puni et la vertu
récompensée, il se trouve, à fin de compte, que le
capitaine se met à la place du page, couche avec son

---

a. *1756 : ingénieuse,* mais trop hardie *pour nos mœurs*

infidèle, fait cocu son traître ami, lui donne un bon coup d'épée au travers du corps, reprend sa cassette et épouse son page. Vous remarquerez qu'on a encore lardé cette pièce d'une comtesse de Pimbesche, vieille plaideuse, parente du capitaine, laquelle est bien la plus plaisante créature et le meilleur caractère qui soit au théâtre [4].

Wycherley a encore tiré de Molière une pièce non moins singulière et non moins hardie : c'est une espèce d'*École des Femmes* [5].

Le principal personnage de la pièce est un drôle à bonnes fortunes, la terreur des maris de Londres, qui, pour être plus sûr de son fait, s'avise de faire courir le bruit que dans sa dernière maladie les chirurgiens ont trouvé à propos de le faire eunuque. Avec cette belle réputation, tous les maris lui amènent leurs femmes, et le pauvre homme n'est plus embarrassé que du choix. Il donne surtout la préférence à une petite campagnarde qui a beaucoup d'innocence et de tempérament, et qui fait son mari cocu avec une bonne foi qui vaut mieux que la malice des dames les plus expertes. Cette pièce n'est pas, si vous voulez, l'école des bonnes mœurs, mais en vérité c'est l'école de l'esprit et du bon comique.

Un chevalier Vanbrugh a fait des comédies encore plus plaisantes, mais moins ingénieuses. Ce chevalier était un homme de plaisir ; par-dessus cela, poète et architecte : on prétend qu'il écrivait comme il bâtissait, un peu grossièrement [a]. C'est lui qui a bâti le fameux château de Blenheim, pesant et durable monument de notre malheureuse bataille d'Höchstädt [6]. Si les appartements étaient seulement aussi larges que les murailles sont épaisses, ce château serait assez commode.

On a mis dans l'épitaphe de Vanbrugh qu'*on souhaitait que la terre ne lui fût point légère, attendu que de son vivant il l'avait si inhumainement chargée*. Ce chevalier,

---

a. *1734 (L)* : *écrivait* avec autant de délicatesse et d'élégance qu'il bâtissait *grossièrement*

ayant fait un tour en France avant la guerre [a] de 1701 [7], fut mis à la Bastille, et y resta quelque temps, sans avoir jamais pu savoir ce qui lui avait attiré cette distinction de la part de notre ministère. Il fit une comédie à la Bastille, et ce qui est à mon sens fort étrange, c'est qu'il n'y a dans cette pièce aucun trait contre le pays dans lequel il essuya cette violence.

Celui de tous les Anglais qui a porté le plus loin la gloire du théâtre comique est feu M. Congreve. Il n'a fait que peu de pièces, mais toutes sont excellentes dans leur genre. Les règles du théâtre y sont rigoureusement observées ; elles sont pleines de caractères nuancés avec une extrême finesse ; on n'y essuie pas la moindre mauvaise plaisanterie ; vous y voyez partout le langage des honnêtes gens avec des actions de fripon : ce qui prouve qu'il connaissait bien son monde, et qu'il vivait dans ce qu'on appelle la bonne compagnie. [b] Il était infirme et presque mourant quand je l'ai connu [8]. Il avait un défaut, c'était de ne pas assez estimer son premier métier d'auteur, qui avait fait sa réputation et sa fortune. Il me parlait de ses ouvrages comme de bagatelles au-dessous de lui, et me dit, à la première conversation, de ne le voir que sur le pied d'un gentilhomme qui vivait très uniment [9]. Je lui répondis que, s'il avait eu le malheur de n'être qu'un gentilhomme comme un autre, je ne le serais jamais venu voir, et je fus très choqué de cette vanité si mal placée.

Ses pièces sont les plus spirituelles et les plus exactes ; celles de Vanbrugh, les plus gaies, et celles de Wycherley, les plus fortes.

Il est à remarquer qu'aucun de ces beaux esprits n'a mal parlé de Molière. Il n'y a que les mauvais auteurs anglais qui aient dit du mal de ce grand homme. [c] Ce sont les mauvais musiciens d'Italie qui méprisent Lulli, mais un Buononcini [10] l'estime et lui rend jus-

_____

a. *1734 (L) :* la belle *guerre (Leçon conforme à l'édition anglaise.)*
b. *1739 supprime la suite du paragraphe.*
c. *1756 supprime le passage qui suit jusqu'à* pas eu tant.

tice, de même qu'un Mead [11] fait cas d'un Helvétius et d'un Silva [12].

L'Angleterre a encore de bons poètes comiques, tels que le chevalier Steele et M. Cibber [13], excellent comédien et d'ailleurs poète du roi, titre qui paraît ridicule, mais qui ne laisse pas de donner mille écus de rente et de beaux privilèges. Notre grand Corneille n'en a pas eu tant.

Au reste, ne me demandez pas que j'entre ici dans le moindre détail de ces pièces anglaises dont je suis si grand partisan, ni que je vous rapporte un bon mot ou une plaisanterie des Wycherley et des Congreve : on ne rit point dans une traduction. Si vous voulez connaître la comédie anglaise, il n'y a d'autre moyen pour cela que d'aller à Londres, d'y rester trois ans, d'apprendre bien l'anglais et de voir la comédie tous les jours. Je n'ai pas grand plaisir en lisant Plaute et Aristophane. Pourquoi ? C'est que je ne suis ni Grec ni Romain. La finesse des bons mots, l'allusion, l'à-propos, tout cela est perdu pour un étranger.

Il n'en est pas de même dans la tragédie : il n'est question chez elle que de grandes passions et de sottises héroïques consacrées par de vieilles erreurs de fable ou d'histoire. Œdipe, Électre appartiennent aux Espagnols, aux Anglais, et à nous, comme aux Grecs. Mais la bonne comédie est la peinture parlante des ridicules d'une nation, et si vous ne connaissez pas la nation à fond, vous ne pouvez guère juger de la peinture [a].

---

a. *1752 termine la Lettre par deux paragraphes figurant à l'appendice 2 (p. 202).*

APPENDICES

1. Début de la *Lettre* dans l'édition de 1748ab

DE LA COMÉDIE [a]

Si dans la plupart des tragédies anglaises les héros sont ampoulés et les héroïnes extravagantes, en récompense [14] le style est plus naturel dans la comédie. Mais ce naturel nous paraîtrait souvent celui de la débauche plutôt que celui de l'honnêteté. On y appelle chaque chose par son nom [15]. Une femme fâchée contre son amant lui souhaite la vérole [16]. Un ivrogne dans une pièce qu'on joue tous les jours [17] se masque en prêtre, fait tapage [b], est arrêté par le guet. Il se dit curé. On lui demande s'il a une cure : il répond qu'il en a une excellente pour la chaude-p... [c]. Une des comédies les plus décentes, intitulée *Le Mari négligent* [18], représente d'abord ce mari qui se fait gratter la tête par une servante assise à côté de lui. Sa femme survient et s'écrie : « À quelle autorité ne parvient-on pas par être putain ? »

Quelques cyniques [19] prennent le parti de ces expressions grossières. Ils s'appuient sur l'exemple d'Horace, qui nomme par leur nom toutes les parties du corps et tous les plaisirs qu'elles donnent. Ce sont des images qui gagnent chez nous à être voilées. Mais Horace, qui semble fait pour les mauvais lieux ainsi que pour la cour, et qui entend parfaitement les usages de ces deux empires, parle aussi franchement de ce qu'un honnête homme [d] peut faire à une jeune fille ou à un beau jeune garçon [e] que s'il parlait d'une promenade ou d'un souper. On ajoute que les Romains du temps

---

a. *Ce titre disparaît dans 1748b*
b. *1748b, 1751 :* du *tapage*
c. *1748b :* chaude-pisse
d. *1748b, 1751 ajoutent :* dans ses besoins
e. *1752 omet* ou à un beau jeune garçon.

d'Auguste étaient aussi polis que les Parisiens, que [a] ce
même Horace qui loue l'empereur [b] d'avoir réformé
les mœurs, se conformait sans honte à l'usage de son
siècle, et que ce siècle des beaux-arts permettait [c] les
filles, les garçons et les noms propres. Chose étrange
(si quelque chose pouvait l'être) qu'Horace, en parlant le langage de la débauche, fut le favori d'un réfor-
mateur, et qu'Ovide, pour avoir parlé le langage de la
galanterie, fut exilé par un débauché, un fourbe [d], un
assassin nommé Octave, parvenu à l'empire par des
crimes qui méritaient le dernier supplice [20].

Quoi qu'il en soit, Bayle prétend que les expressions
sont indifférentes [21], en quoi lui et les cyniques et les
stoïciens semblent se tromper : car chaque chose a des
noms différents, qui la peignent sous divers aspects et
qui donnent d'elle des idées fort différentes. Les mots
de magistrat et de robin, de gentilhomme et de genti-
lâtre, d'officier et d'aigrefin, de religieux et de moine
ne signifient pas la même chose. La consommation du
mariage et tout ce qui sert à ce grand œuvre sera différemment exprimé par le curé, par le mari, par le
médecin et par un jeune homme amoureux. Le mot
dont celui-ci se servira réveillera l'image du plaisir, les
termes du médecin ne présenteront que des figures
anatomiques. Le mari fera entendre avec décence ce
que le jeune indiscret aura dit avec audace, et le curé
tâchera de donner l'idée d'un sacrement. Les mots ne
sont donc pas indifférents, puisqu'il n'y a point de
synonymes.

Il faut encore considérer que, si les Romains permettaient des expressions grossières dans des satires
qui n'étaient lues que de peu de personnes, ils ne souf-
fraient pas de [e] mots déshonnêtes sur le théâtre. Car,
comme dit La Fontaine : *Chastes sont les oreilles, encor*

---

a. *1748b, 1751* : et *que*
b. *1748b, 1751* : *l'empereur* Auguste
c. *1748b* : *de son siècle* qui *permettait*
d. *1748b omet* un débauché,
e. *1748b, 1751* : *pas* des

que les yeux soient fripons [22]. En un mot, il ne faut pas qu'on prononce en public un mot qu'une honnête femme ne puisse répéter.

Les Anglais ont pris, ont déguisé, ont gâté la plupart des pièces de Molière. Ils ont voulu faire un *Tartuffe*. Il était impossible que ce sujet réussît à Londres : la raison en est qu'on ne se plaît guère aux portraits des gens qu'on ne connaît pas. Un des grands avantages de la nation anglaise, c'est qu'il n'y a point de tartuffes chez elle. Pour qu'il y eût de faux dévots, il faudrait qu'il y en eût de véritables. On n'y connaît presque point le nom de dévot, mais beaucoup celui d'honnête homme. On n'y voit point d'imbéciles qui mettent leurs âmes en d'autres mains, ni de ces petits ambitieux qui s'établissent, dans un quartier de la ville, un empire despotique sur quelques femmelettes autrefois galantes et toujours faibles, et sur quelques hommes plus faibles et plus méprisables qu'elles.

S'il n'y a point de tartuffes chez cette nation libre et audacieuse, en récompense [a] il y a plus de misanthropes que dans tout le reste de l'Europe. Aussi [b] *Le Misanthrope, ou L'Homme au franc procédé*, est une des bonnes comédies qu'on ait à Londres [23]. Elle fut faite du temps que Charles II et sa cour brillante tâchaient de défaire la nation de son humeur noire. Wycherley, auteur de cet ouvrage, était l'amant déclaré de la duchesse de Cleveland, maîtresse du roi. Cet homme, qui passait sa vie dans le plus grand monde, en peignait les ridicules et les faiblesses avec les couleurs les plus fortes. Les traits de la pièce de Wycherley sont plus hardis que ceux de Molière : [mais aussi]

a. *1748b, 1751 : en* revanche
b. *1756 : qu'elles.* La philosophie, la liberté et le climat conduisent à la misanthropie. Londres, qui n'a point de Tartuffes, est plein de Timons. *Aussi*

2. Fin de la *Lettre* dans l'édition de 1752

On reproche aux Anglais leur scène souvent ensanglantée et ornée de corps morts ; on leur reproche leurs gladiateurs qui combattent à moitié nus devant de jeunes filles, et qui s'en retournent quelquefois avec un nez et une joue de moins. Ils disent, pour leurs raisons, qu'ils imitent les Grecs dans l'art de la tragédie, et les Romains dans l'art de couper des nez. Mais leur théâtre est un peu loin de celui des Sophocle et des Euripide ; et à l'égard des Romains, il faut avouer qu'un nez et une joue sont bien peu de chose en comparaison de cette multitude de victimes qui s'égorgeaient mutuellement dans le Cirque pour le plaisir des dames romaines.

Ils ont eu quelquefois des danses dans leurs comédies, et ces danses ont été des allégories d'un goût singulier. Le pouvoir despotique et l'État républicain furent représentés en 1709 par une danse tout à fait galante [24]. On voyait d'abord un roi qui [a] donnait un grand coup de pied dans le derrière à son Premier ministre ; celui-ci le rendait à un second, le second à un troisième ; et enfin celui qui recevait le dernier coup figurait le gros de la nation, qui ne se vengeait sur personne. Le tout se faisait en cadence : le gouvernement républicain était figuré par une danse ronde, où chacun donnait et recevait également. C'est pourtant là le pays qui a produit des Addison, des Pope, des Locke, et des Newton.

a. *1756 : qui*, après un entrechat,

VINGTIÈME LETTRE

Sur les seigneurs [a] qui cultivent les lettres

Il a été un temps en France où les beaux-arts étaient cultivés par les premiers de l'État. Les courtisans surtout s'en mêlaient, malgré la dissipation, le goût des riens, la passion pour l'intrigue, toutes divinités du pays.

Il me paraît qu'on est actuellement à la cour dans tout un autre goût que celui des lettres *. Peut-être dans peu de temps la mode de penser reviendrat-elle : un roi n'a qu'à vouloir, on fait de cette nation-ci tout ce qu'on veut. En Angleterre communément on pense, et les lettres y sont plus en honneur qu'en France [b]. Cet avantage est une suite nécessaire de la forme de leur gouvernement. Il y a à Londres environ huit cents personnes qui ont le droit de parler en public et de soutenir les intérêts de la nation ; environ cinq ou six mille prétendent au même honneur à leur tour ; tout le reste s'érige en juge de ceux-ci, et chacun peut faire imprimer ce qu'il pense sur les affaires publiques. Ainsi, toute la nation est dans la nécessité

a. *1748* : courtisans
* L'auteur écrivait cela en 1727. [*Note de Voltaire absente dans 1734 (L).*]
b. *1734 (L)* : qu'ici (*Comme le remarque Lanson, cette leçon, certainement primitive, prouve que la* Lettre *a été écrite en France, donc après 1728. Voltaire se serait aperçu de son étourderie en corrigeant les épreuves de Jore.*)

de s'instruire. On n'entend parler que des gouvernements d'Athènes et de Rome ; il faut bien, malgré
qu'on en ait, lire les auteurs qui en ont traité ; cette
étude conduit naturellement aux belles-lettres. En
général, les hommes ont l'esprit de leur état. Pourquoi
d'ordinaire nos magistrats, nos avocats, nos médecins
et beaucoup d'ecclésiastiques ont-ils plus de lettres, de
goût et d'esprit que l'on n'en trouve dans toutes les
autres professions ? C'est que réellement leur état est
d'avoir l'esprit cultivé, comme celui d'un marchand
est de connaître son négoce. Il n'y a pas longtemps
qu'un seigneur anglais fort jeune me vint voir à Paris
en revenant d'Italie [1]. Il avait fait en vers une description de ce pays-là, aussi poliment écrite que tout ce
qu'ont fait le comte de Rochester et nos Chaulieu, nos
Sarrasin et nos Chapelle.

La traduction que j'en ai faite est si loin d'atteindre
à la force et à la bonne plaisanterie de l'original que je
suis obligé d'en demander sérieusement pardon à
l'auteur et à ceux qui entendent l'anglais. Cependant,
comme je n'ai pas d'autre moyen de faire connaître les
vers de milord…, les voici dans ma langue :

> Qu'ai-je donc vu dans l'Italie ?
> Orgueil, astuce et pauvreté,
> Grands compliments, peu de bonté,
> Et beaucoup de cérémonie,
> L'extravagante comédie
> Que souvent l'Inquisition *
> Veut qu'on nomme religion,
> Mais qu'ici nous nommons folie.
> La nature, en vain bienfaisante,
> Veut enrichir ces lieux charmants ;
> Des prêtres la main désolante
> Étouffe ses plus beaux présents.
> Les monsignors, soi-disant grands,
> Seuls dans leurs palais magnifiques,
> Y sont d'illustres fainéants,

---

* Il entend sans doute les farces que certains prédicateurs jouent
dans les places publiques. *(Note de Voltaire.)*

Sans argent et sans domestiques.
Pour les petits, sans liberté,
Martyrs du joug qui les domine,
Ils ont fait vœu de pauvreté,
Priant Dieu par oisiveté,
Et toujours jeûnant par famine.
Ces beaux lieux, du pape bénis,
Semblent habités par les diables,
Et les habitants misérables
Sont damnés dans le paradis.

[a] Peut-être dira-t-on que ces vers sont d'un hérétique ; mais on traduit tous les jours, et même assez mal, ceux d'Horace et de Juvénal, qui avaient le malheur d'être païens. Vous savez bien qu'un traducteur ne doit pas répondre des sentiments de son auteur ; tout ce qu'il peut faire, c'est de prier Dieu pour sa conversion, et c'est ce que je ne manque pas de faire pour celle du milord [2].

---

a. *1734 (L) termine la Lettre ici. 1742 ajoute (leçon non reprise ultérieurement) :* C'est ainsi que la plus grande partie des Anglais pense de plusieurs peuples de l'Italie, et surtout des sujets du pape. Cicéron, César, Lucrèce, Caton, Pompée, Virgile, Auguste, ne croyaient pas qu'un jour leur postérité serait un objet de mépris pour les descendants des sauvages d'une île au nord de la Gaule. Ces sauvages traitent aujourd'hui les Romains de barbares en fait de gouvernement et de philosophie ; et s'ils ont encore quelque estime pour Rome, c'est parce qu'elle produit des musiciens et des peintres. *1748b remplace le dernier paragraphe de 1734 par le morceau suivant :* Je ne suis pas de l'avis de milord Hervey. Il y a des pays en Italie qui sont très malheureux, parce que des étrangers s'y battent depuis longtemps à qui les gouvernera ; mais il y en a d'autres où l'on n'est ni si gueux ni si sot qu'il le dit.

VINGT ET UNIÈME LETTRE

Sur le comte de Rochester et M. Waller

Tout le monde connaît de réputation le [a] comte de Rochester. M. de Saint-Évremond en a beaucoup parlé [1] ; mais il ne nous a fait connaître du fameux Rochester que l'homme de plaisir, l'homme à bonnes fortunes ; je voudrais faire connaître en lui l'homme de génie et le grand poète. Entre autres ouvrages qui brillaient de cette imagination ardente qui n'appartenait qu'à lui, il a fait quelques satires sur les mêmes sujets que notre célèbre Despréaux avait choisis. Je ne sais rien de plus utile, pour se perfectionner le goût, que la comparaison des grands génies qui se sont exercés sur les mêmes matières.

Voici comme M. Despréaux parle contre la raison humaine, dans sa satire sur l'homme :

> Cependant, à le voir, plein de vapeurs légères,
> Soi-même se bercer de ses propres chimères,
> Lui seul de la nature est la base et l'appui,
> Et le dixième ciel ne tourne que pour lui.
> De tous les animaux il est ici le maître [2] ;
> Qui pourrait le nier, poursuis-tu ? Moi, peut-être :
> Ce maître prétendu qui leur donne des lois,
> Ce roi des animaux, combien a-t-il de rois [3] ?

Voici à peu près comme s'exprime le comte de Rochester, dans sa satire sur l'homme ; mais il faut

---

a. *1734 (L)* : *connait* la réputation du

que le lecteur [4] se ressouvienne toujours que ce sont
ici des traductions libres de pòetes anglais, et que la
gêne de notre versification et les bienséances délicates
de notre langue ne peuvent donner l'équivalent de la
licence impétueuse du style anglais :

Cet esprit que je hais, cet esprit plein d'erreur,
Ce n'est pas ma raison, c'est la tienne, docteur ;
C'est ta raison frivole, inquiète, orgueilleuse,
Des sages animaux rivale dédaigneuse
Qui croit entre eux et l'ange occuper le milieu,
Et pense être ici-bas l'image de son Dieu,
Vil atome importun [a], qui croit, doute, dispute,
Rampe, s'élève, tombe, et nie encor sa chute ;
Qui nous dit : « Je suis libre », en nous montrant ses
[fers,
Et dont l'œil trouble et faux croit percer l'Univers.
Allez, révérends fous, bienheureux fanatiques,
Compilez bien l'amas de vos riens scolastiques !
Pères de visions et d'énigmes sacrés,
Auteurs du labyrinthe où vous vous égarez,
Allez obscurément éclaircir vos mystères,
Et courez dans l'École adorer vos chimères !
Il est d'autres erreurs, il est de ces dévots,
Condamnés par eux-mêmes à l'ennui du repos [b].
Ce mystique encloîtré, fier de son indolence,
Tranquille au sein de Dieu, qu'y peut-il faire ? Il pense.
Non, tu ne penses point, misérable, tu dors [c] :
Inutile à la terre et mis au rang des morts,
Ton esprit énervé croupit dans la mollesse ;
Réveille-toi, sois homme, et sors de ton ivresse.
L'homme est né pour agir, et tu prétends penser [5] !

Que ces idées soient vraies ou fausses, il est toujours
certain qu'elles sont exprimées avec une énergie qui
fait le poète.

Je me garderai bien d'examiner la chose en philosophe, et de quitter ici le pinceau pour le compas.

a. *1734 (L) :* imparfait *(Leçon conforme à l'édition anglaise.)*
b. *1751 :* Livrés au lâche ennui d'un indigne *repos*
c. *1756 :* point, tu végètes, *tu dors*

Mon unique but, dans cette lettre, est de faire connaître le génie des poètes anglais, et je vais continuer sur ce ton.

On a beaucoup entendu parler du célèbre Waller en France. Messieurs de La Fontaine, Saint-Évremond et Bayle ont fait son éloge ; mais on ne connaît de lui que son nom. Il eut à peu près à Londres la même réputation que Voiture eut à Paris, et je crois qu'il la méritait mieux. Voiture vint dans un temps où l'on sortait de la barbarie, et où l'on était encore dans l'ignorance. On voulait avoir de l'esprit, et on n'en avait pas encore. On cherchait des tours au lieu de pensées : les faux brillants se trouvent plus aisément que les pierres précieuses. Voiture, né avec un génie frivole et facile, fut le premier qui brilla dans cette aurore de la littérature française ; s'il était venu après les grands hommes qui ont illustré le siècle de Louis XIV, ou il aurait été inconnu, ou l'on n'aurait parlé de lui que pour le mépriser, ou il aurait corrigé son style. M. Despréaux [a] le loue, mais c'est dans ses premières satires, c'est dans le temps où le goût de Despréaux n'était pas encore formé : il était jeune et dans l'âge où l'on juge des hommes par la réputation, et non pas par eux-mêmes. D'ailleurs, Despréaux était souvent bien injuste dans ses louanges et dans ses censures [6]. Il louait Segrais, que personne ne lit ; il insultait Quinault, que tout le monde sait par cœur ; et il ne dit rien de La Fontaine. Waller, meilleur que Voiture, n'était pas encore parfait ; ses ouvrages galants respirent la grâce, mais la négligence les fait languir, et souvent les pensées fausses les défigurent. Les Anglais n'étaient pas encore parvenus de son temps à écrire avec correction. Ses ouvrages sérieux sont pleins d'une vigueur qu'on n'attendrait pas de la mollesse de ses autres pièces. Il a fait un éloge funèbre de Cromwell qui, avec ses défauts, passe pour un chef-

---

a. *1756 : Louis XIV*, il aurait été obligé d'avoir plus que de l'esprit. C'en était assez pour l'hôtel de Rambouillet, et non pour la postérité. *Despréaux*

d'œuvre. Pour entendre cet ouvrage, il faut savoir que Cromwell mourut le jour d'une tempête extraordinaire.

La pièce commence ainsi :

Il n'est plus, c'en est fait, soumettons-nous au sort :
Le ciel a signalé ce jour par des tempêtes,
Et la voix du tonnerre éclatant sur nos têtes
    Vient d'annoncer sa mort.
Par ses derniers soupirs il ébranle cette île,
Cette île que son bras fit trembler tant de fois,
    Quand, dans le cours de ses exploits,
    Il brisait la tête des rois
Et soumettait un peuple à son joug seul docile.
Mer, tu t'en es troublée. Ô mer ! tes flots émus
Semblent dire en grondant aux plus lointains rivages
Que l'effroi de la terre, et ton maître, n'est plus.
Tel au Ciel autrefois s'envola Romulus,
Tel il quitta la terre au milieu des orages,
Tel d'un peuple guerrier il reçut les hommages :
Obéi dans sa vie, à sa mort adoré,
Son palais fut un temple, etc [a].

C'est à propos de cet éloge de Cromwell que Waller fit au roi Charles II cette réponse, qu'on trouve dans le dictionnaire de Bayle. Le roi, pour qui Waller venait, selon l'usage des rois et des poètes, de présenter une pièce farcie de louanges, lui reprocha qu'il avait fait mieux pour Cromwell. Waller répondit : « Sire, nous autres poètes, nous réussissons mieux dans les fictions que dans les vérités [7]. » Cette réponse n'était pas si sincère que celle de l'ambassadeur hollandais qui, lorsque le même roi se plaignait que l'on avait moins d'égards pour lui que pour Cromwell, répondit : « Ah ! Sire, ce Cromwell était tout autre chose. »

Mon but n'est pas de faire un commentaire sur le caractère de Waller ni de personne ; je [b] ne considère

a. *1734 (L) divise ce morceau en couplets de 4, 5, 3 et 5 vers ; 1739 en trois parties de 4, 5 et 8 vers.*

b. *1756 remplace le début de l'alinéa par* Il y a des courtisans même en Angleterre, et Waller l'était ; mais *je* les gens après leur mort que par leurs ouvrages ; tout le reste est pour moi anéanti. Je remarque seulement que Waller, né à la cour, avec soixante mille livres de rente [a], n'eut jamais ni le sot orgueil ni la nonchalance d'abandonner son talent. Les comtes de Dorset et de Roscommon, les deux ducs de Buckingham, milord Halifax et tant d'autres n'ont pas cru déroger en devenant de très grands poètes et d'illustres écrivains. Leurs ouvrages leur font plus d'honneur que leur nom. Ils ont cultivé les lettres comme s'ils en eussent attendu leur fortune ; ils ont, de plus, rendu les arts respectables aux yeux du peuple, qui, en tout, a besoin d'être mené par les grands, et qui pourtant se règle moins sur eux en Angleterre qu'en aucun lieu du monde.

---

a. *L'édition anglaise donne* five or six thousand pounds sterling a year

VINGT-DEUXIÈME LETTRE

Sur M. Pope et quelques autres poètes fameux [a]

Je voulais vous parler de M. Prior, un des plus aimables poètes d'Angleterre, que vous avez vu à Paris plénipotentiaire et envoyé extraordinaire en 1712 [b][1]. Je comptais [c] vous donner aussi quelque idée des poésies de milord Roscommon, de milord Dorset, etc. ; mais je sens qu'il me faudrait faire un gros livre, et qu'après bien de la peine, je ne vous donnerais qu'une idée fort imparfaite de tous ces ouvrages. La poésie est une espèce de musique : il faut l'entendre pour en juger. Quand je vous traduis quelques morceaux de ces poésies étrangères, je vous note imparfaitement leur musique, mais je ne puis exprimer le goût de leur chant.

[d] Il y a surtout un poème anglais que je désespérerais de vous faire connaître : il s'appelle *Hudibras* [2]. Le sujet est la guerre civile et la secte des puritains tournée en ridicule. C'est *Don Quichotte*, c'est notre *Satire Ménippée* [3] fondus ensemble ; c'est, de tous les livres que j'ai jamais lus, celui où j'ai trouvé le plus d'esprit ; mais c'est aussi le plus intraduisible. Qui

---

a. *1756 coupe la Lettre en deux articles intitulés l'un :* De Prior, du poème singulier d'Hudibras, et du doyen Swift, *et l'autre :* De Pope

b. *1756 remplace la première phrase par le texte figurant à l'appendice 1 (p. 215).*

c. *1756 :* voudrais

d. *À la place du paragraphe suivant, 1756 donne un long développement figurant à l'appendice 2 (p. 216).*

croirait qu'un livre qui saisit tous les ridicules du genre humain, et qui a plus [a] de pensées que de mots, ne peut [b] souffrir la traduction ? C'est que presque tout y fait allusion à des aventures particulières : le plus grand ridicule tombe principalement [c] sur les théologiens, que peu de gens du monde entendent ; il faudrait à tous moments un commentaire, et la plaisanterie expliquée cesse d'être plaisanterie. Tout commentateur de bons mots est un sot.

Voilà pourquoi on n'entendra jamais bien en France les livres de l'ingénieux docteur Swift, qu'on appelle le Rabelais d'Angleterre. Il a l'honneur d'être prêtre, comme Rabelais [d], et de se moquer de tout comme lui ; mais on lui fait grand tort, selon mon petit sens, de l'appeler de ce nom. Rabelais, dans [e] son extravagant et inintelligible livre, a répandu une extrême gaieté et une plus grande impertinence ; il a prodigué l'érudition, les ordures et l'ennui ; un bon conte de deux pages est acheté par des volumes de sottises. Il n'y a que quelques personnes d'un goût bizarre qui se piquent d'entendre et d'estimer tout cet ouvrage ; le reste de la nation rit des plaisanteries de Rabelais et méprise le livre. On le regarde comme le premier des bouffons ; on est fâché qu'un homme qui avait tant d'esprit en ait fait un si misérable usage ; c'est un philosophe ivre qui n'a écrit que dans le temps de son ivresse.

M. Swift est Rabelais dans son bon sens, et vivant en bonne compagnie ; il n'a pas, à la vérité, la gaieté du premier, mais il a toute la finesse, la raison, le choix, le bon goût qui manquent à notre curé de Meudon. Ses vers sont d'un goût singulier et presque inimitable ; la bonne plaisanterie est son partage en

a. *1748 :* autant
b. *1734 (L) :* pût
c. *1734 (L) :* surtout
d. *1756 omet les mots* comme Rabelais
e. *1756 : comme lui ; mais* Rabelais n'était pas au-dessus de son siècle, et Swift est fort au-dessus de Rabelais./Notre curé de Meudon, *dans*

vers et en prose ; mais pour le bien entendre, il faut faire un petit voyage dans son pays [a].

[b] Vous pouvez plus aisément vous former quelque idée de M. Pope ; c'est, je crois, le poète le plus élégant, le plus correct et, ce qui est encore beaucoup, le plus harmonieux qu'ait eu l'Angleterre. Il a réduit les sifflements aigres de la trompette anglaise aux sons doux de la flûte ; on peut le traduire, parce qu'il est extrêmement clair, et que ses sujets pour la plupart sont généraux et du ressort de toutes les nations.

On connaîtra bientôt en France son essai sur la critique, par la traduction en vers qu'en fait M. l'abbé du Resnel [4].

Voici un morceau de son poème de *La Boucle de cheveux*, que je viens de traduire avec ma liberté ordinaire ; car, encore une fois, je ne sais rien de pis que de traduire un poète [c] mot pour mot.

> Umbriel à l'instant, vieux gnome rechigné,
> Va, d'une aile pesante et d'un air renfrogné,
> Chercher, en murmurant, la caverne profonde
> Où, loin des doux rayons que répand l'œil du monde,
> La déesse aux vapeurs a choisi son séjour.
> Les tristes Aquilons y sifflent à l'entour,
> Et le souffle malsain de leur aride haleine
> Y porte aux environs la fièvre et la migraine.
> Sur un riche sofa, derrière un paravent,
> Loin des flambeaux, du bruit, des parleurs et du vent,
> La quinteuse déesse incessamment repose,
> Le cœur gros de chagrins, sans en savoir la cause,
> N'ayant pensé jamais, l'esprit toujours troublé,
> L'œil chargé, le teint pâle et l'hypocondre enflé.
> La médisante Envie est assise auprès d'elle,
> Vieux spectre féminin, décrépite pucelle,
> Avec un air dévot déchirant son prochain,
> Et chansonnant les gens l'Évangile à la main [5].
> Sur un lit plein de fleurs négligemment penchée,
> Une jeune beauté non loin d'elle est couchée :

a. *1756 intercale ici trois paragraphes figurant à l'appendice 3 (p. 221).*
b. *Ici commence dans 1756 le second morceau :* De Pope
c. *1734 (L) :* poème

C'est l'Affectation, qui grasseye en parlant,
Écoute sans entendre, et lorgne en regardant,
Qui rougit sans pudeur, et rit de tout sans joie,
De cent maux différents prétend qu'elle est la proie,
Et pleine de santé sous le rouge et le fard,
Se plaint avec mollesse, et se pâme avec art [6].

[a] Si vous lisiez ce morceau dans l'original, au lieu de le lire dans cette faible traduction, vous le compareriez à la description de la Mollesse dans *Le Lutrin* [7].

En voilà bien honnêtement pour les poètes anglais. Je vous ai touché un petit mot de leurs philosophes. Pour de bons historiens, je ne leur en connais pas encore ; il a fallu qu'un Français ait écrit leur histoire [8]. Peut-être le génie anglais, qui est ou froid ou impétueux, n'a pas encore saisi cette éloquence naïve et cet air noble et simple de l'histoire ; peut-être aussi l'esprit de parti, qui fait voir trouble, a décrédité tous leurs historiens : la moitié de la nation est toujours l'ennemie de l'autre. J'ai trouvé des gens qui m'ont assuré que milord Marlborough était un poltron, et que M. Pope était un sot, comme en France quelques jésuites trouvent Pascal un petit esprit, et quelques jansénistes disent que le père Bourdaloue n'était qu'un bavard. Marie Stuart est une sainte héroïne pour les jacobites ; pour les autres, c'est une débauchée, une adultère, une homicide [b] ; ainsi en Angleterre on a des factums et point d'histoire. Il est vrai qu'il y a à présent un M. Gordon, excellent traducteur de Tacite, très capable d'écrire l'histoire de son pays, mais M. Rapin de Thoyras l'a prévenu. Enfin il me paraît que les Anglais n'ont point de si bons historiens que nous, qu'ils n'ont point de véritables tragédies, qu'ils ont des comédies charmantes, des morceaux de poésie admirables, et des philosophes qui devraient être les précepteurs du genre humain.

a. *1756 remplace la fin de la Lettre par le morceau figurant à l'appendice 4 (p. 222).*
b. *1734 (L) : une débauchée,* adultère, homicide

Les Anglais ont beaucoup profité des ouvrages de notre langue ; nous devrions à notre tour emprunter d'eux après leur avoir prêté. Nous ne sommes venus, les Anglais et nous, qu'après les Italiens, qui en tout ont été nos maîtres, et que nous avons surpassés en quelque chose. Je ne sais à laquelle des trois nations il faudra donner la préférence ; mais heureux celui [a] qui sait sentir leurs différents mérites [b] !

APPENDICES

1. Début de la *Lettre* dans l'édition de 1756

On n'imaginait pas en France que Prior, qui vint de la part de la reine Anne donner la paix à Louis XIV, avant que le baron Bolingbroke vînt la signer, on ne devinait pas, dis-je, que ce plénipotentiaire fût un poète. La France paya depuis l'Angleterre en même monnaie ; car le cardinal Dubois envoya notre Destouches à Londres, et il ne passa pas plus pour poète parmi les Anglais que Prior parmi les Français. Le plénipotentiaire Prior était originairement un garçon cabaretier, que le comte de Dorset, bon poète lui-même, et un peu ivrogne, rencontra un jour lisant Horace sur le banc de la taverne, de même que milord Aïla [9] trouva son garçon jardinier lisant Newton. Aïla fit du jardinier un grand philosophe [10], et Dorset fit un très agréable poète du cabaretier.

C'est de Prior qu'est l'*Histoire de l'âme* : cette histoire est la plus naturelle [11] qu'on ait faite jusqu'à présent de cet être si bien senti, et si mal connu [12]. L'âme est d'abord aux extrémités du corps, dans les pieds et dans les mains des enfants, et de là elle se place insensiblement au milieu du corps dans l'âge de puberté ;

---

a. *1734 (L) : heureux* est *celui*

b. *1739 conclut ainsi : mérites*, et qui n'a point la sottise *(1742 :* l'amour-propre mal entendu) de n'aimer que ce qui vient de son pays.

ensuite elle monte au cœur, et là elle produit les sentiments de l'amour et de l'héroïsme. Elle s'élève jusqu'à
la tête dans un âge plus mûr ; elle y raisonne comme
elle peut, et dans la vieillesse, on ne sait plus ce qu'elle
devient : c'est la sève d'un vieil arbre qui s'évapore et
qui ne se répare plus. Peut-être cet ouvrage est-il trop
long : toute plaisanterie doit être courte, et même le
sérieux devrait bien être court aussi.

Ce même Prior fit un petit poème sur la fameuse
bataille de Höchstädt. Cela ne vaut pas son *Histoire de
l'âme*. Il n'y a de bon que cette apostrophe à Boileau :

> Satirique flatteur, toi qui pris tant de peine
> Pour chanter que Louis n'a point passé le Rhin.

Notre plénipotentiaire finit par paraphraser en
quinze cents vers ces mots attribués à Salomon, que
tout est vanité [13]. On en pourrait faire quinze mille sur
ce sujet ; mais malheur à qui dit tout ce qu'il peut
dire !

Enfin, la reine Anne étant morte, le ministère ayant
changé, la paix que Prior avait entamée étant en horreur, Prior n'eut de ressource qu'une édition de ses
œuvres par une souscription de son parti ; après quoi
il mourut en philosophe, comme meurt ou croit
mourir tout honnête Anglais.

2. Variante de l'édition de 1756

Il y a surtout un poème anglais difficile à vous faire
connaître ; il s'appelle *Hudibras*. C'est un ouvrage tout
comique, et cependant le sujet est la guerre civile du
temps de Cromwell. Ce qui a fait verser tant de sang
et tant de larmes a produit un poème qui force le lecteur le plus sérieux à rire. On trouve un exemple de ce
contraste dans notre *Satire Ménippée*. Certainement
les Romains n'auraient point fait un poème burlesque
sur les guerres de César et de Pompée, et sur les pros-

criptions d'Octave et d'Antoine. Pourquoi donc les malheurs affreux que causa la Ligue en France, et ceux que les guerres du roi et du Parlement étalèrent en Angleterre, ont-ils pu fournir des plaisanteries ? C'est qu'au fond il y avait un ridicule caché dans ces querelles funestes. Les bourgeois de Paris, à la tête de la faction des Seize, mêlaient l'impertinence aux horreurs de la faction. Les intrigues des femmes, du légat et des moines, avaient un côté comique malgré les calamités qu'elles apportèrent. Les disputes théologiques et l'enthousiasme des puritains en Angleterre étaient très susceptibles de railleries ; et ce fond de ridicule bien développé pouvait devenir plaisant, en écartant les horreurs tragiques qui le couvraient. Si la bulle *Unigenitus* faisait répandre du sang, le petit poème de *Philotanus* [14] n'en serait pas moins convenable au sujet, et on ne pourrait même lui reprocher que de n'être pas aussi gai, aussi plaisant, aussi varié qu'il pouvait l'être, et de ne pas tenir dans le corps de l'ouvrage ce que promet le commencement.

Le poème d'*Hudibras*, dont je vous parle, semble être un composé de la *Satire Ménippée* et de *Don Quichotte*. Il a sur eux l'avantage des vers. Il a celui de l'esprit : la *Satire Ménippée* n'en approche pas, elle n'est qu'un ouvrage très médiocre. Mais à force d'esprit l'auteur d'*Hudibras* a trouvé le secret d'être fort au-dessous de *Don Quichotte*. Le goût, la naïveté, l'art de narrer, celui de bien entremêler les aventures, celui de ne rien prodiguer, valent bien mieux que de l'esprit : aussi *Don Quichotte* est lu de toutes les nations, et *Hudibras* n'est lu que des Anglais.

L'auteur de ce poème si extraordinaire s'appelait Butler. Il était contemporain de Milton, et eut infiniment plus de réputation que lui, parce qu'il était plaisant, et que le poème de Milton était fort triste. Butler tournait les ennemis du roi Charles II en ridicule, et toute la récompense qu'il en eut fut que le roi citait souvent ses vers. Les combats du chevalier Hudibras furent plus connus que les combats des anges et des diables du *Paradis perdu*. Mais la cour d'Angleterre ne

traita pas mieux le plaisant Butler que la cour céleste
ne traita le sérieux Milton, et tous deux moururent de
faim, ou à peu près.

Le héros du poème de Butler n'était pas un personnage feint, comme le Don Quichotte de Michel
Cervantès : c'était un chevalier baronnet très réel, qui
avait été un des enthousiastes de Cromwell, et un de
ses colonels. Il s'appelait sir Samuel Luke. Pour faire
connaître l'esprit de ce poème unique en son genre, il
faut retrancher les trois quarts de tout passage qu'on
veut traduire ; car ce Butler ne finit jamais. J'ai donc
réduit à environ quatre-vingts vers les quatre cents
premiers vers d'*Hudibras*, pour éviter la prolixité.

>   Quand les profanes et les saints
> Dans l'Angleterre étaient aux prises,
> Qu'on se battait pour des églises
> Aussi fort que pour des catins,
> Lorsqu'anglicans et puritains
> Faisaient une si rude guerre,
> Et qu'au sortir du cabaret
> Les orateurs de Nazareth
> Allaient battre la caisse en chaire ;
> Que, partout, sans savoir pourquoi,
> Au nom du Ciel, au nom du roi,
> Les gens d'armes couvraient la terre ;
> Alors monsieur le chevalier,
> Longtemps oisif ainsi qu'Achille,
> Tout rempli d'une sainte bile,
> Suivi de son grand écuyer,
> S'échappa de son poulailler,
> Avec son sabre et l'Évangile,
> Et s'avisa de guerroyer.
>   Sire Hudibras, cet homme rare,
> Était, dit-on, rempli d'honneur,
> Avait de l'esprit et du cœur :
> Mais il en était fort avare.
> D'ailleurs, par un talent nouveau,
> Il était tout propre au barreau,
> Ainsi qu'à la guerre cruelle,
> Grand sur les bancs, grand sur la selle,
> Dans les camps et dans un bureau,

Semblable à ces rats amphibies,
Qui, paraissant avoir deux vies
Sont rats de campagne et rats d'eau.
Mais malgré sa grande éloquence
Et son mérite et sa prudence,
Il passa chez quelques savants
Pour être un de ces instruments
Dont les fripons avec adresse
Savent user sans dire mot,
Et qu'ils tournent avec souplesse :
Cet instrument s'appelle un sot.
Ce n'est pas qu'en théologie,
En logique, en astrologie,
Il ne fût un Docteur subtil [15],
En quatre il séparait un fil,
Disputant sans jamais se rendre,
Changeant de thèse tout à coup,
Toujours prêt à parler beaucoup,
Quand il fallait ne point s'étendre.
    D'Hudibras la religion
Était, tout comme sa raison,
Vide de sens et fort profonde :
Le puritanisme divin,
La meilleure secte du monde,
Et qui certes n'a rien d'humain,
La vraie Église militante,
Qui prêche un pistolet en main,
Pour mieux convertir son prochain
À grands coups de sabre argumente,
Qui promet les célestes biens
Par le gibet et par la corde,
Et damne sans miséricorde
Les péchés des autres chrétiens,
Pour se mieux pardonner les siens.
Secte qui toujours détruisante
Se détruit elle-même enfin ;
Tel Samson, de sa main puissante,
Brisa le temple philistin,
Mais il périt par sa vengeance,
Et lui-même il s'ensevelit
Écrasé sous la chute immense
De ce temple qu'il démolit [16].
    Au nez du chevalier antique
Deux grandes moustaches pendaient

À qui les Parques attachaient
Le destin de la République.
Il les garde soigneusement,
Et si jamais on les arrache
C'est la chute du Parlement :
L'État entier, en ce moment,
Doit tomber avec sa moustache.
Ainsi Taliacotius [17]
Grand Esculape d'Étrurie,
Répara tous les nez perdus
Par une nouvelle industrie :
Il vous prenait adroitement
Un morceau du cul d'un pauvre homme,
L'appliquait au nez proprement ;
Enfin il arrivait qu'en somme
Tout juste à la mort du prêteur
Tombait le nez de l'emprunteur :
Et souvent dans la même bière
Par justice et par bon accord,
On remettait au gré du mort
Le nez auprès de son derrière.
      [a] Notre grand héros d'Albion
Grimpé dessus sa haridelle,
Pour venger la religion
Avait à l'arçon de sa selle
Deux pistolets et du jambon ;
Mais il n'avait qu'un éperon.
C'était de tout temps sa manière,
Sachant que, si sa talonnière
Pique une moitié du cheval,
L'autre moitié de l'animal
Ne resterait point en arrière.
Voilà donc Hudibras parti ;
Que Dieu bénisse son voyage,
Ses arguments et son parti,
Sa barbe rousse et son courage !

Un homme qui aurait dans l'imagination la dixième partie de l'esprit comique, bon ou mauvais, qui règne dans cet ouvrage, serait encore très plaisant : mais il se donnerait bien de garde de traduire *Hudibras*. Le

_____

a. *Les vers qui suivent sont ajoutés dans l'édition de 1770.*

moyen de faire rire des lecteurs étrangers des ridicules déjà oubliés chez la nation même où ils ont été célèbres ? On ne lit plus le Dante dans l'Europe, parce que tout y est allusion à des faits ignorés. Il en est de même d'*Hudibras*. La plupart des railleries de ce livre tombent sur la théologie et les théologiens du temps. Il faudrait à tout moment un commentaire. La plaisanterie expliquée cesse d'être plaisanterie, et un commentateur de bons mots n'est guère capable d'en dire [18].

3. Autre addition de 1756

Dans ce pays, qui paraît si étrange à une partie de l'Europe, on n'a point trouvé trop étrange que le révérend Swift, doyen d'une cathédrale [19], se soit moqué, dans son *Conte du tonneau*, du catholicisme, du luthéranisme et du calvinisme : il dit, pour ses raisons [20], qu'il n'a pas touché au christianisme. Il prétend avoir respecté le Père en donnant cent coups de fouet aux trois enfants. Des gens difficiles ont cru que les verges étaient si longues qu'elles allaient jusqu'au Père.

Ce fameux *Conte du tonneau* est une imitation de l'ancien conte des trois anneaux indiscernables qu'un père légua à ses trois enfants [21]. Ces trois anneaux étaient la religion juive, la chrétienne et la mahométane. C'est encore une imitation de l'*Histoire de Méro et d'Enégu*, par Fontenelle [22]. Méro était l'anagramme de Rome, et Enégu celle de Genève. Ce sont deux sœurs qui prétendent à la succession du royaume de leur père. Méro règne la première. Fontenelle la représente comme une sorcière qui escamotait le pain et qui faisait des conjurations avec des cadavres. C'est là précisément le milord Pierre de Swift, qui présente un morceau de pain à ses deux frères, et qui leur dit : *Voilà d'excellent vin de Bourgogne, mes amis ; voilà des perdrix d'un fumet admirable* [23]. Le même milord Pierre dans

Swift joue en tout le rôle que Méro joue dans Fontenelle.

Ainsi, presque tout est imitation. L'idée des *Lettres persanes* est prise de celle de *L'Espion turc*[24]. Le Boiardo a imité le Pulci, l'Arioste a imité le Boiardo. Les esprits les plus originaux empruntent les uns des autres. Michel Cervantès fait un fou de son Don Quichotte, mais Roland est-il autre chose qu'un fou ? Il serait difficile de décider si la chevalerie errante est plus tournée en ridicule par les peintures grotesques de Cervantès que par la féconde imagination de l'Arioste. Métastase a pris la plupart de ses opéras dans nos tragédies françaises. Plusieurs auteurs anglais nous ont copiés, et n'en ont rien dit. Il en est des livres comme du feu dans nos foyers : on va prendre ce feu chez son voisin, on l'allume chez soi, on le communique à d'autres, et il appartient à tous.

4. Fin de la *Lettre* dans l'édition de 1756

L'*Essai sur l'homme* de Pope me paraît le plus beau poème didactique, le plus utile, le plus sublime qu'on ait jamais fait dans aucune langue. Il est vrai que le fonds s'en trouve tout entier dans les *Caractéristiques* du lord Shaftesbury, et je ne sais pourquoi M. Pope en fait uniquement honneur à M. de Bolingbroke, sans dire un mot du célèbre Shaftesbury, élève de Locke[25].

Comme tout ce qui tient à la métaphysique a été pensé de tous les temps et chez tous les peuples qui cultivent leur esprit, ce système tient beaucoup de celui de Leibniz, qui prétend que, de tous les mondes possibles, Dieu a dû choisir le meilleur, et que, dans ce meilleur, il fallait bien que les irrégularités de notre globe et les sottises de ses habitants tinssent leur place. Il ressemble encore à cette idée de Platon, que dans la chaîne infinie des êtres, notre terre, notre corps, notre âme sont au nombre des chaînons nécessaires[26]. Mais ni Leibniz ni Pope n'admettent les changements que

Platon imagine être arrivés à ces chaînons, à nos âmes et à nos corps. Platon parlait en poète dans sa prose peu intelligible, et Pope parle en philosophe dans ses admirables vers. Il dit que tout a été dès le commencement comme il a dû être, et comme il est.

J'ai été flatté, je l'avoue, de voir qu'il s'est rencontré avec moi dans une chose que j'avais dite il y a plusieurs années : *Vous vous étonnez que Dieu ait fait l'homme si borné, si ignorant, si peu heureux. Que ne vous étonnez-vous qu'il ne l'ait pas fait plus borné, plus ignorant et plus malheureux* [27] ? Quand un Français et un Anglais pensent de même, il faut bien qu'ils aient raison.

Le fils du célèbre Racine a fait imprimer une lettre de Pope, à lui adressée, dans laquelle Pope se rétracte. Cette lettre est écrite dans le goût et dans le style de M. de Fénelon ; elle lui fut remise, dit-il, par Ramsay, l'éditeur du *Télémaque* ; Ramsay, l'imitateur du *Télémaque*, comme Boyer l'était de Corneille, Ramsay l'Écossais, qui voulait être de l'Académie française, Ramsay, qui regrettait de n'être pas docteur de Sorbonne. Ce que je sais, ainsi que tous les gens de lettres d'Angleterre, c'est que Pope, avec qui j'ai beaucoup vécu, pouvait à peine lire le français, qu'il ne parlait pas un mot de notre langue, qu'il n'a jamais écrit une lettre en français, qu'il en était incapable, et que, s'il a écrit cette lettre au fils de notre Racine, il faut que Dieu, sur la fin de sa vie, lui ait donné subitement le don des langues [28], pour le récompenser d'avoir fait un aussi admirable ouvrage que son *Essai sur l'homme*.

VINGT-TROISIÈME LETTRE

Sur la considération
qu'on doit aux gens de lettres [a]

Ni en Angleterre ni en aucun pays du monde on ne trouve des établissements en faveur des beaux-arts comme en France. Il y a presque partout des universités ; mais c'est en France seulement qu'on trouve ces utiles encouragements pour l'astronomie, pour toutes les parties des mathématiques, pour celle de la médecine, pour les recherches de l'Antiquité, pour la peinture, la sculpture et l'architecture. Louis XIV s'est immortalisé par toutes ces fondations, et cette immortalité ne lui a pas coûté deux cent mille francs par an.

J'avoue que c'est un de mes étonnements que le Parlement d'Angleterre, qui s'est avisé de promettre vingt mille guinées à celui qui ferait l'impossible découverte [b] des longitudes [1], n'ait jamais pensé à imiter Louis XIV dans sa magnificence [c] envers les arts.

Le mérite trouve à la vérité en Angleterre [d] d'autres récompenses plus honorables pour la nation. Tel est le respect que ce peuple a pour les talents, qu'un homme

---

a. *Cette Lettre est supprimée à partir de 1739.*

b. *1734 (L) : qui ferait* la *découverte (Leçon conforme à l'édition anglaise.)*

c. *1734 (L) :* munificence

d. *1734 (L) :* parmi les Anglais

de mérite y fait toujours fortune [2]. M. Addison, en France, eût été de quelque académie, et aurait pu obtenir, par le crédit de quelque femme [a], une pension de douze cents livres ; ou plutôt on lui aurait fait des affaires [b], sous prétexte qu'on aurait aperçu, dans sa tragédie de *Caton*, quelques traits contre le portier d'un homme en place. En Angleterre, il a été secrétaire d'État. M. Newton était intendant des Monnaies du royaume, M. Congreve avait une charge importante, M. Prior a été plénipotentiaire [3]. Le docteur Swift est doyen d'Irlande [c], et y est beaucoup plus considéré que le primat. Si la religion de M. Pope ne lui permet pas d'avoir une place [4], elle n'empêche pas au moins que sa traduction [d] d'Homère ne lui ait valu deux cent mille francs [5]. J'ai vu longtemps en France l'auteur de *Rhadamiste* près de mourir de faim ; et le fils d'un des plus grands hommes que la France ait eu, et qui commençait à marcher sur les traces de son père, était réduit à la misère sans M. Fagon [6]. Ce qui [e] encourage le plus les arts en Angleterre, c'est la considération où ils sont : le portrait du Premier ministre se trouve sur la cheminée de son cabinet ; mais j'ai vu celui de M. Pope dans vingt maisons.

M. Newton était honoré de son vivant, et l'a été après sa mort comme il devait l'être. Les principaux de la nation se sont disputé l'honneur de porter le poêle [7] à son convoi. Entrez à Westminster, ce ne sont pas les tombeaux des rois qu'on y admire, ce sont les monuments que la reconnaissance de la nation a érigés aux plus grands hommes qui ont contribué à sa gloire. Vous y voyez leurs statues, comme on voyait dans Athènes celles des Sophocle et des Platon, et je suis persuadé que la seule vue de ces glorieux monuments a excité plus d'un esprit et a formé plus d'un grand homme.

----

a. *1734 (L)* : quelques femmes *(Leçon conforme à l'édition anglaise.)*
b. *1734 (L)* : *ou* bien on l'aurait mis à la Bastille
c. *1734 (L)* : *doyen* de Saint-Patrice à Dublin *(Leçon conforme à l'édition anglaise.)*
d. *1734 (L)* : *sa* belle *traduction*
e. *1734 (L)* : Mais *ce qui* *(Leçon conforme à l'édition anglaise.)*

On a même reproché aux Anglais d'avoir été trop loin dans les honneurs qu'ils rendent au simple mérite ; on a trouvé à redire qu'ils aient enterré dans Westminster la célèbre comédienne Mlle Oldfield à peu près avec les mêmes honneurs qu'on a rendus à M. Newton. Quelques-uns ont prétendu qu'ils avaient affecté d'honorer à ce point la mémoire de cette actrice ^a, afin de nous faire sentir davantage la barbare et lâche injustice qu'ils nous reprochent, d'avoir jeté à la voirie le corps de Mlle Lecouvreur ^8.

Mais je puis vous assurer que les Anglais, dans la pompe funèbre de Mlle Oldfield, enterrée dans leur Saint-Denis, n'ont rien consulté que leur goût ; ils sont bien loin ^b d'attacher l'infamie à l'art des Sophocle et des Euripide, et de retrancher du corps de leurs citoyens ceux qui se dévouent à réciter devant eux des ouvrages dont leur nation se glorifie.

Du temps de Charles Ier, et dans le commencement de ces guerres civiles commencées par des rigoristes fanatiques, qui eux-mêmes en furent enfin les victimes, on écrivait beaucoup contre les spectacles, d'autant plus que Charles Ier et sa femme, fille de notre Henri le Grand ^9, les aimaient extrêmement.

Un docteur, nommé Prynne, scrupuleux à toute outrance, qui se serait cru damné s'il avait porté une soutane au lieu d'un manteau court ^10, et qui aurait voulu que la moitié des hommes eût massacré l'autre pour la gloire de Dieu et la *propaganda fide* ^11, s'avisa d'écrire un fort mauvais livre contre d'assez bonnes comédies qu'on jouait tous les jours très innocemment devant le roi et la reine. Il cita l'autorité des rabbins et quelques passages de saint Bonaventure, pour prouver que l'*Œdipe* de Sophocle était l'ouvrage du Malin, que Térence était excommunié *ipso facto* ; et il ajouta que sans doute Brutus, qui était un janséniste très sévère, n'avait assassiné César que parce que César, qui était grand prêtre, avait composé une tragédie d'*Œdipe* ;

---

a. *1734 (L) : point* sa mémoire
b. *1734 (L) : bien* éloignés

enfin il dit que tous ceux qui assistaient à un spectacle étaient des excommuniés qui reniaient leur chrême et leur baptême. C'était outrager le roi et toute la famille royale. Les Anglais respectaient alors Charles Ier ; ils ne voulurent pas souffrir qu'on parlât d'excommunier ce même prince à qui ils firent depuis couper la tête. M. Prynne fut cité devant la Chambre étoilée, condamné à voir son beau livre brûlé par la main du bourreau, et lui, à avoir les oreilles coupées [12]. Son procès se voit dans les actes publics.

On se garde bien, en Italie, de flétrir l'opéra et d'excommunier le signor Senesino ou la signora Cuzzoni [13]. Pour moi, j'oserais souhaiter qu'on pût supprimer en France je ne sais quels mauvais livres qu'on a imprimés contre nos spectacles [14]. Car lorsque les Italiens et les Anglais apprennent que nous flétrissons de la plus grande infamie un art dans lequel nous excellons, que l'on condamne comme impie un spectacle représenté chez les religieux et dans les couvents, qu'on déshonore des jeux où Louis XIV et Louis XV ont été acteurs, qu'on déclare œuvre du démon des pièces revues [a] par les magistrats les plus sévères [b] et représentées devant une reine vertueuse [15] ; quand, dis-je, des étrangers apprennent cette insolence, ce manque de respect à l'autorité royale, cette barbarie gothique qu'on ose nommer sévérité chrétienne, que voulez-vous qu'ils pensent de notre nation ? Et comment peuvent-ils concevoir, ou que nos lois autorisent un art déclaré si infâme, ou qu'on ose marquer de tant d'infamie un art autorisé par les lois, récompensé par les souverains, cultivé par les grands hommes et admiré des nations ; et qu'on trouve chez le même libraire la déclamation du père [c] Le Brun contre nos spectacles [16] à côté des ouvrages immortels des Racine, des Corneille, des Molière, etc. ?

a. *1734 (L)* : reçues (*Leçon conforme à l'édition anglaise.*)

b. *1734 (L)* : sincères

c. *1734 (L)* : *libraire* l'impertinent libelle *du père* (*Leçon conforme à l'édition anglaise.*)

VINGT-QUATRIÈME LETTRE

Sur les académies [a]

[b] Les Anglais ont eu, longtemps [c] avant nous, une Académie des sciences [1], mais elle n'est pas si bien réglée que la nôtre, et cela par la seule raison peut-être qu'elle est plus ancienne [d] ; car, si elle avait été formée après l'Académie de Paris, elle en aurait adopté quelques sages lois et eût perfectionné les autres.

La Société royale de Londres manque des deux choses les plus nécessaires aux hommes, de récompenses et de règles [2]. C'est une petite fortune sûre à Paris pour un géomètre, pour un chimiste, qu'une place à l'Académie [3] ; au contraire, il en coûte à Londres pour être de la Société royale [4]. Quiconque dit en Angleterre : « J'aime les arts », et veut être de la Société, en est dans l'instant [5]. Mais en France, pour être membre et pensionnaire de l'Académie, ce n'est pas assez d'être amateur ; il faut être savant et disputer la place contre des concurrents d'autant plus redoutables qu'ils sont animés par la gloire, par l'intérêt, par la difficulté même, et par cette inflexibilité d'esprit que donne d'ordinaire l'étude opiniâtre des sciences de calcul.

---

a. *1734 (L)* : Sur la Société royale et *sur les académies*
b. *1748 donne au lieu des cinq premiers alinéas le morceau figurant à l'appendice 1 (p. 233).*
c. *1739* : quelque temps
d. *1734 (L) omet* plus

L'Académie des sciences est sagement bornée à l'étude de la nature, et en vérité c'est un champ assez vaste pour occuper cinquante ou soixante personnes. Celle de Londres mêle [a] indifféremment la littérature à la physique. Il me semble qu'il est mieux d'avoir une académie particulière pour les belles-lettres, afin que rien ne soit confondu, et qu'on ne voie point une dissertation sur les coiffures des Romaines à côté d'une centaine de courbes nouvelles.

[b] Puisque la Société de Londres a peu d'ordre et nul encouragement, et que celle de Paris est sur un pied tout opposé, il n'est pas étonnant que les *Mémoires* de notre Académie soient supérieurs [c] aux leurs [6] : des soldats bien disciplinés et bien payés doivent [d] à la longue l'emporter sur des volontaires. Il est vrai que la Société royale a eu un Newton, mais elle ne l'a pas produit ; il y avait même peu de ses confrères qui l'entendissent ; un génie comme M. Newton appartenait à toutes les académies de l'Europe, parce que toutes avaient beaucoup à apprendre de lui [e].

Le fameux docteur Swift forma le dessein, dans les dernières années du règne de la reine Anne, d'établir une académie pour la langue, à l'exemple de l'Académie française. Ce projet était appuyé par le comte

---

a. *1739* : a mêlé longtemps

b. *1742 remplace les deux paragraphes suivants par ce morceau :* Quoique la Société royale de Londres manque d'encouragements, c'est elle cependant qui nous a fait connaître la nature de la lumière, les lois de la pesanteur, la réfraction dans le vide, l'étendue de l'électricité, l'aberration de la lumière, le secret du phosphore, la machine hydraulique à feu, le calcul de l'infini, etc. Cette compagnie aurait-elle mieux fait si elle eût été bien payée ?

c. *1739 (corr.) : il* ne serait pas étonnant [...] fussent *supérieurs*

d. *1739 (corr.) : devraient*

e. *1739 (corr.) remplace la dernière phrase du paragraphe par celle-ci :* Cependant c'est de l'Académie de Londres que nous tenons les expériences sur l'électricité, la théorie du feu, celle des fluides, les lois de la gravitation, les expériences sur la lumière, celles sur la pesanteur, la réfraction dans le vide, les phosphores, l'aberration de la lumière, les télescopes de réflexion, le plomb laminé, la machine qui tourne par le moyen du feu, les sphères qu'on nomme oréri, etc. Que de sujets d'émulation !

d'Oxford, grand trésorier, et encore plus par le vicomte Bolingbroke, secrétaire d'État, qui avait le don de parler sur-le-champ dans le Parlement avec autant de pureté que Swift écrivait dans son cabinet, et qui aurait été le protecteur et l'ornement de cette académie [7]. Les membres qui la devaient composer étaient des hommes dont les ouvrages dureront autant que la langue anglaise : c'étaient le docteur Swift, M. Prior, que nous avons vu ici ministre public et qui en Angleterre a la même réputation que La Fontaine a parmi nous ; c'étaient M. Pope, le Boileau d'Angleterre, M. Congreve, qu'on peut en appeler le Molière ; plusieurs autres, dont les noms m'échappent ici, auraient [a] tous fait fleurir cette compagnie dans sa naissance. Mais la reine mourut subitement ; les whigs se mirent dans la tête de faire pendre [b] les protecteurs de l'Académie, ce qui, comme vous croyez bien, fut mortel aux belles-lettres. Les membres de ce corps auraient eu un grand avantage sur les premiers qui composèrent l'Académie française, car Prior, Congreve, Dryden, Pope, Addison, etc., avaient fixé la langue anglaise par leurs écrits, au lieu que Chapelain, Colletet, Cassagne, Faret, Perrin [8], Cotin, vos premiers académiciens, étaient l'opprobre de votre [c] nation, et que leurs noms sont devenus si ridicules que, si quelque auteur passable avait le malheur de s'appeler Chapelain ou Cotin, il serait obligé de changer de nom. Il aurait fallu surtout que l'Académie anglaise se proposât [d] des occupations toutes différentes de la nôtre. Un jour, un bel esprit de ce pays-là me demanda les *Mémoires* de l'Académie française. « Elle n'écrit point de *Mémoires*, lui répondis-je, mais elle a fait imprimer soixante ou quatre-vingts volumes de compliments. » Il en parcourut un ou deux, il ne put jamais entendre ce style, quoiqu'il entendît fort bien

---

a. *1751* : et qui *auraient*
b. *1734 (L)* : *de* perdre *(édition anglaise :* to ruin*)*
c. *1734 (L)* : nos *premiers académiciens* […] notre *nation*
d. *1739 : se* fût proposé

tous nos bons auteurs. « Tout ce que j'entrevois, me dit-il, dans ces beaux discours, c'est que le récipiendaire, ayant assuré que son prédécesseur était un grand homme, que le cardinal de Richelieu était un très grand homme, le chancelier Séguier un assez grand homme, Louis XIV un plus que grand homme [a], le directeur lui répond la même chose, et ajoute que le récipiendaire pourrait bien aussi être une espèce de grand homme, et que, pour lui, directeur, il n'en quitte pas sa part. »

Il est aisé de voir par quelle fatalité presque tous ces discours [b] ont fait si peu d'honneur à ce corps : *vitium est temporis potius quam hominis* [9]. L'usage s'est insensiblement établi que tout académicien répéterait ces éloges à sa réception : ç'a été une espèce de loi d'ennuyer le public. Si on cherche ensuite pourquoi les plus grands génies qui sont entrés dans ce corps ont fait quelquefois les plus mauvaises harangues, la raison en est encore bien aisée : c'est qu'ils ont voulu briller, c'est qu'ils ont voulu traiter nouvellement une matière tout [c] usée. La nécessité de parler, l'embarras de n'avoir rien à dire et l'envie d'avoir de l'esprit sont trois choses capables de rendre ridicule même le plus grand homme : ne pouvant trouver des pensées nouvelles, ils ont cherché des tours nouveaux, et ont parlé sans penser, comme des gens qui mâcheraient à vide et feraient semblant de manger en périssant d'inanition.

Au lieu que c'est une loi dans l'Académie française de faire imprimer tous ces discours, par lesquels seuls elle est connue, ce devrait être une loi de ne les imprimer pas [10].

L'Académie des belles-lettres [11] s'est proposé un but plus sage et plus utile, c'est de présenter au public un recueil de *Mémoires* remplis de recherches et de critiques curieuses. Ces *Mémoires* sont déjà estimés chez les étrangers ; on souhaiterait seulement que quelques

a. *1739 omet les mots* Louis XIV un plus que grand homme

b. *1734 (L) : discours* académiques

c. *Toutes les éditions portent* toute

matières y fussent plus approfondies, et qu'on n'en eût point traité d'autres. On se serait, par exemple, fort bien passé de je ne sais quelle dissertation sur les prérogatives de la main droite sur la main gauche [12], et quelques autres recherches qui, sous un titre moins ridicule, n'en sont guère moins frivoles. L'Académie des sciences, dans ses recherches plus difficiles et d'une utilité plus sensible, embrasse la connaissance de la nature et la perfection des arts. Il est à croire que des études si profondes et si suivies, des calculs si exacts, des découvertes si fines, des vues si grandes, produiront enfin quelque chose qui servira au bien de l'univers.

Jusqu'à présent, comme nous l'avons déjà observé ensemble, [a] c'est dans les siècles les plus barbares que se sont faites les plus utiles découvertes ; il semble que le partage des temps les plus éclairés et des compagnies les plus savantes soit de raisonner sur ce que des ignorants ont inventé. On sait aujourd'hui, après les longues disputes de M. Huygens et de M. Renau, la détermination de l'angle le plus avantageux d'un gouvernail de vaisseau avec la quille ; mais Christophe Colomb avait découvert l'Amérique sans rien soupçonner de cet angle.

Je suis bien loin d'inférer de là qu'il faille s'en tenir seulement à une pratique aveugle ; mais il serait heureux que les physiciens et les géomètres joignissent, autant qu'il est possible, la pratique à la spéculation. Faut-il que ce qui fait le plus d'honneur à l'esprit humain soit souvent ce qui est le moins utile ? Un homme, avec les quatre règles d'arithmétique et du bon sens, devient un grand négociant, un Jacques Cœur, un Delmet, un Bernard [13], tandis qu'un pauvre algébriste passe sa vie à chercher dans les nombres des rapports et des propriétés étonnantes, mais sans usage, et qui ne lui apprendront pas ce que c'est que le change. Tous les arts sont à peu près dans ce cas ; il y a un point, passé lequel les recherches ne sont plus

a. *1739 omet tout le début de la phrase.*

que pour la curiosité : ces vérités ingénieuses et inutiles ressemblent à des étoiles qui, placées trop loin de nous, ne nous donnent point de clarté.

Pour l'Académie française, quel service ne rendrait-elle pas aux lettres, à la langue et à la nation, si, au lieu de faire imprimer tous les ans des compliments, elle faisait imprimer les bons ouvrages du siècle de Louis XIV, épurés de toutes les fautes de langage qui s'y sont glissées ? Corneille et Molière en sont pleins, La Fontaine en fourmille ; celles qu'on ne pourrait pas corriger seraient au moins marquées. L'Europe qui lit ces auteurs apprendrait par eux notre langue avec sûreté. Sa pureté serait à jamais fixée ; les bons livres français, imprimés avec ce soin aux dépens du roi, seraient un des plus glorieux monuments de la nation. J'ai ouï dire que M. Despréaux avait fait autrefois cette proposition, et qu'elle a été renouvelée par un homme dont l'esprit, la sagesse et la saine critique sont connus ; mais cette idée a eu le sort de beaucoup d'autres projets utiles, d'être approuvée et d'être négligée [a] [14].

APPENDICES

1. Début de la *Lettre* dans l'édition de 1748

Les grands hommes se sont tous formés ou avant les académies ou indépendamment d'elles. Homère et Phidias, Sophocle et Apelle, Virgile et Vitruve, l'Arioste et Michel-Ange, n'étaient d'aucune académie ; le Tasse n'eut que des critiques injustes de la Crusca [15] et Newton ne dut point à la Société royale de Londres ses découvertes sur l'optique, sur la gravitation, sur le calcul intégral et sur la chronologie. À quoi peuvent

a. *1752 termine la* Lettre *par le morceau figurant à l'appendice 2 (p. 234).*

donc servir les académies ? à entretenir le feu que les
grands génies ont allumé.

La Société royale de Londres fut formée en 1660,
six ans avant notre Académie des sciences. Elle n'a
point de récompenses comme la nôtre, mais aussi elle
est libre. Point de ces distinctions désagréables, inven-
tées par l'abbé Bignon [16], qui distribua l'Académie des
sciences en savants qu'on payait, et en honoraires, qui
n'étaient pas savants [17]. La Société de Londres indépendante, et n'étant encouragée que par elle-même, a
été composée de sujets qui ont trouvé, comme je l'ai
dit, le calcul de l'infini, les lois de la lumière, celles de
la pesanteur, l'aberration des étoiles, le télescope de
réflexion, la pompe à feu, le microscope solaire et
beaucoup d'autres inventions aussi utiles qu'admirables. Qu'auraient fait de plus ces grands hommes
s'ils avaient été pensionnaires ou honoraires [18] ?

2. Fin de la *Lettre* dans l'édition de 1752 [19]

Une chose assez singulière, c'est que Corneille, qui
écrivit avec assez de pureté et beaucoup de noblesse
les premières de ses bonnes tragédies, lorsque la
langue commençait à se former, écrivit toutes les
autres très incorrectement et d'un style très bas, dans
le temps que Racine donnait à la langue française tant
de pureté, de vraie noblesse et de grâces, dans le
temps que Despréaux la fixait par l'exactitude la plus
correcte, par la précision, la force et l'harmonie. Que
l'on compare la *Bérénice* de Racine avec celle de Corneille : on croirait que celle-ci est du temps de Tristan.
Il semblait que Corneille négligeât son style à mesure
qu'il avait plus besoin de le soutenir, et qu'il n'eût que
l'émulation d'écrire, au lieu de l'émulation de bien
écrire. Non seulement ses douze ou treize dernières
tragédies sont mauvaises, mais le style est très mauvais. Ce qui est encore plus étrange, c'est que, de
notre temps même, nous avons eu des pièces de
théâtre, des ouvrages de prose et de poésie composés

par des académiciens qui ont négligé leur langue au point qu'on ne trouve pas chez eux dix vers ou dix lignes de suite sans quelque barbarisme. On peut être un très bon auteur avec quelques fautes, mais non pas avec beaucoup de fautes. Un jour, une société de gens d'esprit éclairés compta plus de six cents solécismes intolérables dans une tragédie qui avait eu le plus grand succès à Paris et la plus grande faveur à la cour [20]. Deux ou trois succès pareils suffiraient pour corrompre la langue sans retour et pour la faire retomber dans son ancienne barbarie, dont les soins assidus de tant de grands hommes l'ont tirée.

VINGT-CINQUIÈME LETTRE

Sur les Pensées de M. Pascal [a]

Je vous envoie les [b] remarques critiques que j'ai faites depuis longtemps sur les *Pensées* de M. Pascal [1]. Ne me comparez point ici, je vous prie, à Ézéchias, qui voulut faire brûler tous les livres de Salomon [2]. Je respecte le génie et l'éloquence de Pascal, mais plus je les respecte, plus je suis persuadé qu'il aurait lui-même corrigé beaucoup de ces pensées qu'il avait jetées au hasard sur le papier, pour les examiner ensuite ; et c'est en admirant son génie que je combats quelques-unes de ses idées.

Il me paraît qu'en général l'esprit dans lequel M. Pascal écrivit ces pensées était de montrer l'homme dans un jour odieux. Il s'acharne à nous peindre tous méchants et malheureux. Il écrit contre la nature humaine à peu près comme il écrivait contre les jésuites [3] : il impute à l'essence de notre nature ce qui n'appartient qu'à certains hommes. Il dit éloquemment des injures au genre humain. J'ose prendre le parti de l'humanité contre ce misanthrope sublime, j'ose assurer que nous ne sommes ni si méchants ni si malheureux qu'il le dit. Je suis de plus très persuadé que, s'il avait suivi, dans le livre qu'il méditait, le des-

---

a. *La XXVe Lettre manque dans 1734 (L) ; 1742 :* Remarques *sur les* Pensées *de M. Pascal*

b. *1739 :* Voici des

sein qui paraît dans ses *Pensées*, il aurait fait un livre plein de paralogismes éloquents et de faussetés admirablement déduites. Je crois [a] même que tous ces livres qu'on a faits depuis peu pour prouver la religion chrétienne, sont plus capables de scandaliser que d'édifier [4]. Ces auteurs prétendent-ils en savoir plus que Jésus-Christ et les apôtres ? C'est vouloir soutenir un chêne en l'entourant de roseaux ; on peut écarter ces roseaux inutiles sans craindre de faire tort à l'arbre.

J'ai choisi avec discrétion [5] quelques pensées de Pascal ; je mets les réponses au bas. C'est à vous à juger si j'ai tort ou raison [b].

I [139]. *Les grandeurs et les misères de l'homme sont tellement visibles qu'il faut nécessairement que la véritable religion nous enseigne qu'il y a en lui quelque grand principe de grandeur, et en même temps quelque grand principe de misère. Car il faut que la véritable religion connaisse à fond notre nature, c'est-à-dire qu'elle connaisse tout ce qu'elle a de grand et tout ce qu'elle a de misérable, et la raison de l'un et de l'autre. Il faut encore qu'elle nous rende raison des étonnantes contrariétés qui s'y rencontrent.*

Cette manière de raisonner paraît fausse et dangereuse : car la fable de Prométhée et de Pandore, les androgynes de Platon [6] et les dogmes des Siamois [7] rendraient [c] aussi bien raison de ces contrariétés apparentes. La religion chrétienne n'en demeurera pas

---

a. *1748 :* On dit

b. *1739 : de Pascal.* J'ai mis les réponses au bas. Au reste, on ne peut trop répéter ici combien il serait absurde et cruel de faire une affaire de parti de cette critique *(1748 :* cet examen*)* des *Pensées* de Pascal. Je n'ai de parti que la vérité. Je pense qu'il est très vrai que ce n'est pas à la métaphysique de prouver la religion chrétienne, et que la raison est autant au-dessous de la foi que le fini est au-dessous de l'infini. Je suis métaphysicien avec Locke, mais chrétien avec saint Paul. *Cette dernière phrase est remplacée dans 1748 par :* Il ne s'agit ici que de raison, et c'est si peu de chose chez les hommes que cela ne vaut pas la peine de se fâcher.

c. *1739 : de Platon*, les dogmes des anciens Égyptiens et ceux de Zoroastre, *rendraient*

moins vraie, quand même on n'en tirerait pas ces
conclusions ingénieuses, qui ne peuvent servir qu'à
faire briller l'esprit.

[a] Le christianisme n'enseigne que la simplicité,
l'humanité, la charité ; vouloir le réduire à la métaphysique, c'est en faire une source d'erreurs.

II [139]. *Qu'on examine sur cela toutes les religions du
monde, et qu'on voie s'il y en a une autre que la chrétienne
qui y satisfasse.*

*Sera-ce celle qu'enseignaient les philosophes qui nous
proposent pour tout bien un bien qui est en nous ? Est-ce
le vrai bien ?* [b] *Ont-ils trouvé le remède à nos maux ? Est-
ce avoir guéri la présomption de l'homme que de l'avoir
égalé à Dieu ? Et ceux qui nous ont égalés aux bêtes, et qui
nous ont donné des plaisirs de la terre pour tout bien, ont-
ils apporté le remède à nos concupiscences ?*

Les philosophes n'ont point enseigné de religion, ce
n'est pas leur philosophie qu'il s'agit de combattre.
Jamais philosophe ne s'est dit inspiré de Dieu, car dès
lors il eût cessé d'être philosophe, et il eût fait le
prophète. Il ne s'agit pas de savoir si Jésus-Christ doit
l'emporter sur Aristote ; il s'agit de prouver que la religion de Jésus-Christ est la véritable, et que celles de
Mahomet, des païens et toutes les autres sont
fausses [c].

III [122]. *Et cependant, sans ce mystère, le plus incompréhensible de tous, nous sommes incompréhensibles à
nous-mêmes. Le nœud de notre condition prend ses retours
et ses plis dans l'abîme du péché originel, de sorte que*

---

a. *L'alinéa suivant est remplacé dans 1739 par :* Il est nécessaire,
pour qu'une religion soit vraie, qu'elle soit révélée, et point du tout
qu'elle rende raison de ces contrariétés prétendues ; elle n'est pas
plus faite pour vous enseigner la métaphysique que l'astronomie.

b. *1739 omet la suite de la citation.*

c. *1748 :* de Mahomet, de Zoroastre, de Confucius, d'Hermès, *et
toutes ; 1756 ajoute après fausses :* Il n'est pas vrai que les philosophes
nous aient proposé pour tout bien un bien qui est en nous. Lisez
Platon, Marc Aurèle, Épictète : ils veulent qu'on aspire à mériter
d'être rejoint à la divinité dont nous sommes émanés.

l'homme est plus inconcevable sans ce mystère que ce mystère n'est inconcevable à l'homme.

[a] Est-ce raisonner que de dire [b] : *L'homme est inconcevable sans ce mystère inconcevable.* Pourquoi vouloir aller plus loin que l'Écriture [8] ? N'y a-t-il pas de la témérité à croire qu'elle a besoin d'appui, et que ces idées philosophiques peuvent lui en donner ?

Qu'aurait répondu M. Pascal à un homme qui lui aurait dit : « Je sais que le mystère du péché originel est l'objet de ma foi et non de ma raison. Je conçois [c] fort bien sans mystère ce que c'est que l'homme. Je vois qu'il vient au monde comme les autres animaux, que l'accouchement des mères est plus douloureux à mesure qu'elles sont plus délicates, que quelquefois des femmes et des animaux femelles meurent dans l'enfantement ; qu'il y a quelquefois des enfants mal organisés qui vivent privés d'un ou deux sens, et de la faculté du raisonnement ; que ceux qui sont le mieux organisés sont ceux qui ont les passions les plus vives ; que l'amour de soi-même est égal chez tous les hommes, et qu'il leur est aussi nécessaire que les cinq sens ; que cet amour-propre nous est donné de Dieu pour la conservation de notre être, et qu'il nous a donné la religion pour régler cet amour-propre ; que nos idées sont justes ou inconséquentes, obscures ou

a. *1742 remplace le paragraphe suivant par :* Une chose que je ne connais pas ne me servira pas certainement à m'en faire connaître une autre. Si dans l'obscurité je me mets un bandeau sur les yeux, pourrai-je mieux voir ? Le péché originel est un mystère, donc la raison ne peut le prouver. *1748 remplace les deux dernières phrases du paragraphe par :* C'est bien assez de ne rien entendre à notre origine sans l'expliquer par une chose qu'on n'entend pas. Nous ignorons comment l'homme naît, comment il croît, comment il digère, comment il pense, comment ses membres obéissent à sa volonté. Serai-je bien reçu à expliquer ces obscurités par un système inintelligible ? Ne vaut-il pas mieux dire : *Je ne sais rien ?* Un mystère ne fut jamais une explication, c'est une chose divine et inexplicable.

b. *1756 remplace cette première phrase par :* Quelle étrange explication !

c. *1756 :* connais

lumineuses, selon que nos organes sont plus ou moins
solides, plus ou moins déliés [9], et selon que nous
sommes plus ou moins passionnés ; que nous dépen-
dons en tout de l'air qui nous environne, des aliments
que nous prenons, et que dans tout cela il n'y a rien de
contradictoire. L'homme [a] n'est point une énigme
comme vous vous le figurez, pour avoir le plaisir de la
deviner. L'homme paraît être à sa place dans la nature,
supérieur aux animaux, auxquels il est semblable par
les organes, inférieur à d'autres êtres, auxquels il ressemble probablement par la pensée [10]. Il est comme
tout ce que nous voyons, mêlé de mal et de bien, de
plaisir et de peine. Il est pourvu de passions pour agir,
et de raison pour gouverner ses actions. Si l'homme
était parfait, il serait Dieu, et ces prétendues contrariétés, que vous appelez *contradictions*, sont les ingré-
dients nécessaires qui entrent dans le composé de
l'homme, qui est [b] ce qu'il doit être. » [c]

IV [139 et 536]. *Suivons nos mouvements, observons-*
nous nous-mêmes, et voyons si nous n'y trouverons pas les
caractères vivants de ces deux natures.

Tant de contradictions se trouveraient-elles dans un
sujet simple ?

Cette duplicité de l'homme est si visible qu'il y en a qui
ont pensé que nous avions deux âmes, un sujet simple leur
paraissant incapable de telles et si soudaines variétés,
d'une présomption démesurée à un horrible abattement de
cœur.

[d] Nos diverses volontés ne sont point des contradictions dans la nature, et l'homme n'est point un sujet

---

a. *1748 :* L'homme à cet égard

b. *1739 :* qui est, comme le reste de la nature,

c. *1739 termine ainsi le paragraphe :* Voilà ce que la raison peut
dire. Ce n'est donc point la raison qui apprend aux hommes la
chute de la nature humaine, c'est la foi seule à laquelle il faut avoir
recours.

d. *1748 commence ainsi :* Cette pensée est prise entièrement de
Montaigne ainsi que beaucoup d'autres ; elle se trouve au chapitre
De l'inconstance de nos actions. Mais le sage Montaigne s'explique en
homme qui doute.

simple. Il est composé d'un nombre innombrable d'organes : si un seul de ces organes est un peu altéré, il est nécessaire qu'il change toutes les impressions du cerveau, et que l'animal ait de nouvelles pensées et de nouvelles volontés. Il est très vrai que nous sommes tantôt abattus de tristesse, tantôt enflés de présomption, et cela doit être quand nous nous trouvons dans des situations opposées. Un animal que son maître caresse et nourrit, et un autre qu'on égorge lentement et avec adresse pour en faire une dissection, éprouvent des sentiments bien contraires. Aussi faisons-nous ; et les différences qui sont en nous sont si peu contradictoires qu'il serait contradictoire qu'elles n'existassent pas.

Les fous qui ont dit que nous avions deux âmes pouvaient par la même raison nous en donner trente ou quarante ; car un homme, dans une grande passion, a souvent trente ou quarante idées différentes de la même chose, et doit nécessairement les avoir, selon que cet objet lui paraît sous différentes faces.

Cette prétendue *duplicité* de l'homme est une idée aussi absurde que métaphysique. J'aimerais autant dire que le chien qui mord et qui caresse est double ; que la poule, qui a tant soin de ses petits, et qui ensuite les abandonne jusqu'à les méconnaître, est double ; que la glace, qui représente à la fois des objets différents, est double ; que l'arbre, qui est tantôt chargé, tantôt dépouillé de feuilles, est double. J'avoue que l'homme est inconcevable [a] ; mais tout le reste de la nature l'est aussi [b], et il n'y a pas plus de contradictions apparentes dans l'homme que dans tout le reste.

V [397]. *Ne parier point que Dieu est, c'est parier qu'il n'est pas. Lequel prendrez-vous donc ? Pesons le gain et la perte, en prenant le parti de croire que Dieu est. Si vous gagnez, vous gagnez tout* [11] ; *si vous perdez, vous ne*

---

a. *1739 : inconcevable* en un sens ; *1751 ajoute encore :* c'est-à-dire qu'on ne peut expliquer sa formation, les principes de ses mouvements et de ses idées

b. *1751 : nature* est dans ce cas

perdez rien. Pariez donc qu'il est, sans hésiter. – Oui, il
faut gager, mais je gage peut-être trop [12]. *– Voyons, puis-*
qu'il y a pareil hasard de gain et de perte, quand vous
n'auriez que deux vies à gagner pour une, vous pourriez
encore gager.

Il est évidemment faux de dire : *Ne point parier que*
Dieu est, c'est parier qu'il n'est pas ; car celui qui doute
et demande à s'éclairer ne parie assurément ni pour ni
contre.

D'ailleurs cet article paraît un peu indécent et pué-
ril ; cette idée de jeu, de perte et de gain, ne convient
point à la gravité du sujet.

De plus, l'intérêt que j'ai à croire une chose n'est
pas une preuve de l'existence de cette chose [13]. Je vous
donnerai, me dites-vous, l'empire [a] du monde si je
crois que vous avez raison. Je souhaite alors de tout
mon cœur que vous ayez raison ; mais jusqu'à ce que
vous me l'ayez prouvé, je ne puis vous croire.

Commencez, pourrait-on dire à M. Pascal, par
convaincre ma raison. J'ai intérêt, sans doute, qu'il y
ait un Dieu ; mais si, dans votre système, Dieu n'est
venu que pour si peu de personnes, si le petit nombre
des élus est si effrayant [14], si je ne puis rien du tout par
moi-même, dites-moi, je vous prie, quel intérêt j'ai à
vous croire ? N'ai-je pas un intérêt visible à être persuadé du contraire ? De quel front osez-vous me
montrer un bonheur infini, auquel, d'un million
d'hommes, à peine un seul a droit d'aspirer ? Si vous
voulez me convaincre, prenez-vous-y d'une autre façon,
et n'allez pas tantôt me parler de jeu de hasard, de
pari, de croix et de pile, et tantôt m'effrayer par les
épines que vous semez sur le chemin que je veux et
que je dois suivre. Votre raisonnement ne servirait
qu'à faire des athées, si la voix de toute la nature ne
nous criait qu'il y a un Dieu, avec autant de force que
ces subtilités ont de faiblesse.

VI [184]. *En voyant l'aveuglement et la misère de*
l'homme, et ces contrariétés étonnantes qui se découvrent

---

a. *1748ab :* Vous me promettez *l'empire*

dans sa nature ; et regardant tout l'univers muet, et l'homme sans lumière, abandonné à lui-même, et comme égaré dans ce recoin de l'univers, sans savoir qui l'y a mis, ce qu'il y est venu faire, ce qu'il y deviendra en mourant, j'entre en effroi comme un homme qu'on aurait emporté endormi dans une île déserte et effroyable, et qui s'éveillerait sans connaître où il est, et sans avoir aucun moyen d'en sortir ; et sur cela j'admire comment on n'entre pas en désespoir d'un si misérable état.

En lisant cette réflexion, je reçois une lettre d'un de mes amis, qui demeure dans un pays fort éloigné [a]. Voici ses paroles :

« Je suis ici comme vous m'y avez laissé, ni plus gai, ni plus triste, ni plus riche, ni plus pauvre, jouissant d'une santé parfaite, ayant tout ce qui rend la vie agréable, sans amour, sans avarice, sans ambition et sans envie ; et tant que tout cela durera, je m'appellerai hardiment un homme très heureux [15]. »

Il y a beaucoup d'hommes aussi heureux que lui. Il en est des hommes comme des animaux : tel chien couche et mange avec sa maîtresse ; tel autre tourne la broche et est tout aussi content ; tel autre devient enragé, et on le tue. Pour moi, quand je regarde Paris ou Londres, je ne vois aucune raison pour entrer dans ce désespoir dont parle M. Pascal : je vois une ville qui ne ressemble en rien à une île déserte, mais peuplée, opulente, policée, et où les hommes sont heureux autant que la nature humaine le comporte. Quel est l'homme sage qui sera prêt à se pendre parce qu'il ne sait pas comme on voit Dieu face à face, et que sa raison ne peut débrouiller le mystère de la Trinité ? Il faudrait [b] autant se désespérer de n'avoir pas quatre pieds et deux ailes.

---

a. Il a depuis été ambassadeur, et est devenu un homme très considérable. Sa lettre est de 1728, elle existe en original. *(Note des éditeurs de 1739.)*

b. *1739 : qui sera* plein de désespoir parce qu'il ne sait pas la nature de sa pensée, parce qu'il ne connaît que quelques attributs de la matière, parce que Dieu ne lui a pas révélé ses secrets ? *Il faudrait*

Pourquoi nous faire horreur de notre être ? Notre existence n'est point si malheureuse qu'on veut nous le faire accroire. Regarder l'univers comme un cachot, et tous les hommes comme des criminels qu'on va exécuter [16], est l'idée d'un fanatique. Croire que le monde est un lieu de délices où l'on ne doit avoir que du plaisir, c'est la rêverie d'un sybarite. Penser que la terre, les hommes et les animaux sont ce qu'ils doivent être dans l'ordre de la Providence, est, je crois, d'un homme sage.

VII [424]. *(Les juifs pensent) que Dieu ne laissera pas éternellement les autres peuples dans ces ténèbres ; qu'il viendra un libérateur pour tous ; qu'ils sont au monde pour l'annoncer ; qu'ils sont formés exprès pour être les hérauts de ce grand événement, et pour appeler tous les peuples à s'unir à eux dans l'attente de ce libérateur.*

Les juifs ont toujours attendu un libérateur, mais leur libérateur est pour eux et non pour nous. Ils attendent un Messie qui rendra les juifs maîtres des chrétiens ; et nous espérons que le Messie réunira un jour les juifs aux chrétiens. Ils pensent précisément sur cela le contraire de ce que nous pensons.

VIII [421]. *La loi par laquelle ce peuple est gouverné est tout ensemble la plus ancienne loi du monde, la plus parfaite, et la seule qui ait toujours été gardée sans interruption dans un État. C'est ce que Philon, juif, montre en divers lieux [17], et Josèphe admirablement contre Appion [18], où il fait voir qu'elle est si ancienne que le nom même de loi n'a été connu des plus anciens que plus de mille ans après, en sorte qu'Homère, qui a parlé de tant de peuples, ne s'en est jamais servi. Et il est aisé de juger de la perfection de cette loi par sa simple lecture, où l'on voit qu'on y a pourvu à toutes choses avec tant de sagesse, tant d'équité, tant de jugement, que les plus anciens législateurs grecs et romains en ayant quelque lumière en ont emprunté leurs principales lois : ce qui paraît par celles qu'ils appellent des douze Tables, et par les autres preuves que Josèphe en donne.*

Il est très faux que la loi des juifs soit la plus ancienne, puisque avant Moïse, leur législateur, ils demeuraient en Égypte, le pays de la terre le plus renommé pour ses sages lois [a].

Il est très faux que le nom de loi n'ait été connu qu'après Homère : il parle des lois de Minos [b] ; le mot de loi est dans Hésiode [19]. Et quand le nom de loi ne se trouverait ni dans Hésiode ni dans Homère, cela ne prouverait rien. Il y avait des rois [c] et des juges, donc il y avait des lois. [d]

Il est encore très faux que les Grecs et les Romains aient pris des lois des juifs [20]. Ce ne peut être dans les commencements de leurs républiques, car alors ils ne pouvaient connaître les juifs ; ce ne peut être dans le temps de leur grandeur, car alors ils avaient pour ces barbares un mépris connu de toute la terre. [e]

IX [422 et 454]. *Ce peuple est encore admirable en sincérité. Ils gardent avec amour et fidélité le livre où Moïse déclare qu'ils ont toujours été ingrats envers Dieu, et qu'il sait qu'il le seront encore plus après sa mort ; mais qu'il appelle le ciel et la terre à témoin contre eux, qu'il le leur a assez dit ; qu'enfin Dieu, s'irritant contre eux, les dispersera par tous les peuples de la terre ; que, comme ils l'ont irrité en adorant des dieux qui n'étaient point leurs dieux, il les irritera en appelant un peuple qui n'était point son peuple. Cependant ce livre [21], qui les déshonore en tant de façons, ils le conservent aux dépens de leur vie. C'est une sincérité qui n'a point d'exemple dans le monde, ni sa racine dans la nature.*

Cette sincérité a partout des exemples, et n'a sa racine que dans la nature. L'orgueil de chaque juif est intéressé à croire que ce n'est point sa détestable politique, son ignorance des arts, sa grossièreté qui l'a perdu, mais que c'est la colère de Dieu qui le punit. Il pense avec satisfaction qu'il a fallu des miracles pour

---

a. *1739 : lois,* par lesquelles les rois étaient jugés après la mort.
b. *1739 : Minos* dans l'*Odyssée*
c. *1748ab : Il y avait* d'anciens royaumes, *des rois*
d. *1756 ajoute :* Celles des Chinois sont bien antérieures à Moïse.
e. *1739 ajoute :* Voyez comme Cicéron les traite en parlant de la prise de Jérusalem par Pompée. *1756 ajoute encore :* Philon avoue qu'avant la traduction des Septante aucune nation ne connut leurs livres.

l'abattre, et que sa nation est toujours la bien-aimée du Dieu qui la châtie.

Qu'un prédicateur monte en chaire et dise aux Français : «Vous êtes des misérables, qui n'avez ni cœur ni conduite ; vous avez été battus à Höchstädt et à Ramillies parce que vous n'avez pas su vous défendre » ; il se fera lapider. Mais s'il dit : «Vous êtes des catholiques chéris de Dieu ; vos péchés infâmes avaient irrité l'Éternel, qui vous livra aux hérétiques à Höchstädt et à Ramillies ; mais quand vous êtes revenus au Seigneur, alors il a béni votre courage à Denain » ; ces paroles le feront aimer de l'auditoire.

X [525]. *S'il y a un Dieu, il ne faut aimer que lui, et non les créatures.*

Il faut aimer, et très tendrement, les créatures. Il faut aimer sa patrie, sa femme, son père, ses enfants ; et il faut si bien les aimer que Dieu nous les fait aimer malgré nous. Les principes contraires ne sont propres qu'à [a] faire de barbares raisonneurs [b].

XI [397]. *Nous naissons injustes, car chacun tend à soi. Cela est contre tout ordre. Il faut tendre au général ; et la pente vers soi est le commencement de tout désordre en guerre, en police, en économie, etc.*

Cela est selon tout ordre. Il est aussi impossible qu'une société puisse se former et subsister sans amour-propre, qu'il serait impossible de faire des enfants sans concupiscence, de songer à se nourrir sans appétit, etc. C'est l'amour de nous-même qui assiste l'amour des autres, c'est par nos besoins mutuels que nous sommes utiles au genre humain ; c'est le fondement de tout commerce, c'est l'éternel lien des hommes. Sans lui il n'y aurait pas eu un art inventé, ni une société de dix personnes formée. C'est cet amour-propre que chaque animal a reçu de la

---

a. *1739 : Les principes contraires* sont propres *à*

b. *1739 : faire* des raisonneurs inhumains. Et cela est si vrai que Pascal, abusant de ce principe, traitait sa sœur avec dureté et rebutait ses services, de peur de paraître aimer une créature ; c'est ce qui est écrit dans sa *Vie*. S'il fallait en user ainsi, quelle serait la société humaine ?

nature qui nous avertit de respecter celui des autres. La loi dirige cet amour-propre, et la religion le perfectionne. Il est bien vrai que Dieu aurait pu faire des créatures uniquement attentives au bien d'autrui. Dans ce cas, les marchands auraient été aux Indes par charité et le maçon eût scié de la pierre pour faire plaisir à son prochain. Mais Dieu a établi les choses autrement. N'accusons point l'instinct qu'il nous donne, et faisons-en l'usage qu'il commande.

XII [456]. *(Le sens caché des prophéties) ne pouvait induire en erreur, et il n'y avait qu'un peuple aussi charnel* [22] *que celui-là qui s'y pût méprendre. Car quand les biens sont promis en abondance, qui les empêchait d'entendre les véritables biens, sinon leur cupidité, qui déterminait ce sens aux biens de la terre ?*

En bonne foi, le peuple le plus spirituel de la terre l'aurait-il entendu autrement ? Ils étaient esclaves des Romains, ils attendaient un libérateur qui les rendrait victorieux et qui ferait respecter Jérusalem dans tout le monde. Comment, avec les lumières de leur raison, pouvaient-ils voir ce vainqueur, ce monarque dans Jésus pauvre et mis en croix [a] ? Comment pouvaient-ils entendre, par le nom de leur capitale, une Jérusalem céleste, eux à qui le *Décalogue* n'avait pas seulement parlé de l'immortalité de l'âme ? Comment un peuple si attaché à sa loi pouvait-il, sans une lumière supérieure, reconnaître dans les prophéties, qui n'étaient pas leur loi, un Dieu caché [23] sous la figure d'un juif circoncis, qui par sa religion nouvelle a détruit et rendu abominables la circoncision et le sabbat, fondements sacrés de la loi judaïque ? Pascal, né parmi les juifs, s'y serait mépris comme eux. Encore une fois, adorons Dieu sans vouloir percer dans l'obscurité de ses mystères [b].

---

a. *1748ab : dans* un de leurs concitoyens, né dans l'obscurité, dans la pauvreté et condamné au supplice des esclaves

b. *1739 : judaïque ?* Adorons Dieu sans vouloir percer *ses mystères.*

XIII [244]. *Le temps du premier avènement de Jésus-Christ est prédit. Le temps du second ne l'est point, parce que le premier devait être caché, au lieu que le second doit être éclatant et tellement manifeste que ses ennemis mêmes le reconnaîtront.*

Le temps du second avènement de Jésus-Christ a été prédit encore plus clairement que le premier. M. Pascal avait apparemment oublié que Jésus-Christ, dans le chapitre 21 de saint Luc, dit expressément :

« Lorsque vous verrez une armée environner Jérusalem, sachez que la désolation est proche… Jérusalem sera foulée aux pieds, et il y aura des signes dans le soleil et dans la lune et dans les étoiles ; les flots de la mer feront un très grand bruit… Les vertus des cieux seront ébranlées ; et alors ils verront le fils de l'homme, qui viendra sur une nuée avec une grande puissance et une grande majesté. »

Ne voilà-t-il pas le second avènement prédit distinctement ? Mais si cela n'est point arrivé encore, ce n'est point à nous d'oser interroger la Providence [a].

XIV [270]. *Le Messie, selon les juifs charnels, doit être un grand prince temporel. Selon les chrétiens charnels, il est venu nous dispenser d'*aimer Dieu, *et nous donner des sacrements qui* opèrent tout *sans nous. Ni l'un ni l'autre n'est la religion chrétienne ni juive.*

Cet article est bien plutôt un trait de satire qu'une réflexion chrétienne. On voit que c'est aux jésuites qu'on en veut ici. Mais en vérité aucun jésuite a-t-il jamais dit que Jésus-Christ *est venu nous dispenser d'aimer Dieu* ? La dispute sur l'amour de Dieu est une

---

a. *1739 ajoute une phrase au texte de saint Luc et transforme le paragraphe qui suit :* Cette génération ne passera pas que ces choses ne soient accomplies. » / Cependant la génération passa, et ces choses ne s'accomplirent point à la lettre. En quelque temps que saint Luc ait écrit, il est certain que Titus prit Jérusalem et qu'on ne vit ni de signes dans les étoiles, ni le Fils de l'Homme dans les nues. Mais enfin si le second avènement n'est point encore arrivé, si cette prédiction ne s'est point accomplie dans le temps qui paraît marqué *(1748ab supprime ces six derniers mots),* c'est à nous de nous taire, de ne point interroger la Providence, et de croire tout ce que l'Église enseigne.

pure dispute de mots [24], comme la plupart des autres querelles scientifiques qui ont causé des haines si vives et des malheurs si affreux.

Il y a encore [a] un autre défaut dans cet article. C'est qu'on y suppose que l'attente d'un Messie était un point de religion chez les juifs. C'était seulement une idée consolante répandue parmi cette nation. Les juifs espéraient un libérateur. Mais il ne leur était pas ordonné d'y croire comme article de foi. Toute leur religion était renfermée dans les livres de la Loi. Les prophètes n'ont jamais été regardés par les juifs comme législateurs.

XV [257]. *Pour examiner les prophéties, il faut les entendre. Car si l'on croit qu'elles n'ont qu'un sens, il est sûr que le Messie ne sera point venu ; mais si elles ont deux sens, il est sûr qu'il sera venu en Jésus-Christ.*

La religion chrétienne est si véritable qu'elle n'a [b] pas besoin de preuves douteuses. Or, si quelque chose pouvait ébranler les fondements de cette sainte et raisonnable religion, c'est ce sentiment de M. Pascal. Il veut que tout ait deux sens dans l'Écriture ; mais un homme qui aurait le malheur d'être incrédule pourrait lui dire : « Celui qui donne deux sens à ses paroles veut tromper les hommes, et cette duplicité est toujours punie par les lois. Comment donc pouvez-vous sans rougir admettre dans Dieu ce qu'on punit et ce qu'on déteste [c] dans les hommes ? Que dis-je, avec quel mépris et avec quelle indignation ne traitez-vous pas les oracles des païens, parce qu'ils avaient deux sens ! » [d] Ne pourrait-on pas

---

a. *1739 : Il* paraît *encore*

b. *1756 : chrétienne*, fondée sur la vérité même, *n'a*

c. *1752 omet* ce qu'on punit et

d. *Le reste du paragraphe est remplacé dans 1739 par ce morceau :* Qu'une prophétie soit accomplie à la lettre, oserez-vous soutenir que cette prophétie est fausse parce qu'elle ne sera vraie qu'à la lettre, parce qu'elle ne répondra pas à un sens mystique qu'on lui donnera ? Non sans doute, cela serait absurde. Comment donc une prophétie qui n'aura pas été réellement accomplie deviendra-t-elle vraie dans un sens mystique ? Quoi ! de vraie, vous ne pouvez pas la rendre fausse ; et de fausse, vous pourriez la rendre vraie ? Voilà une étrange difficulté. Il faut s'en tenir à la foi seule dans ces matières ; c'est le seul moyen de finir toute dispute.

dire plutôt que les prophéties qui regardent directement Jésus-Christ n'ont qu'un sens, comme celles de Daniel, de Michée et autres ? Ne pourrait-on pas même dire que, quand nous n'aurions aucune intelligence des prophéties, la religion n'en serait pas moins prouvée ?

XVI [290]. *La distance infinie des corps aux esprits figure la distance infiniment plus infinie des esprits à la charité, car elle est surnaturelle.*

Il est à croire que M. Pascal n'aurait pas employé ce galimatias dans son ouvrage, s'il avait eu le temps de le faire [a].

XVII [221]. *Les faiblesses les plus apparentes sont des forces à ceux qui prennent bien les choses. Par exemple, les deux généalogies de saint Mathieu et de saint Luc : il est visible que cela n'a pas été fait de concert.*

Les éditeurs des *Pensées* de Pascal auraient-ils dû imprimer cette pensée, dont l'exposition seule est peut-être capable de faire tort à la religion ? À quoi bon dire que ces généalogies, ces points fondamentaux de la religion chrétienne se contrarient [b], sans dire en quoi elles peuvent s'accorder ? Il fallait présenter l'antidote avec le poison. Que penserait-on d'un avocat qui dirait : « Ma partie se contredit, mais cette faiblesse est une force pour ceux qui savent bien prendre les choses ? » [c]

XVIII [410]. *Qu'on ne nous reproche donc plus le manque de clarté, puisque nous en faisons profession ; mais que l'on reconnaisse la vérité de la religion dans l'obscurité même de la religion, dans le peu de lumière que nous en avons, et dans l'indifférence que nous avons de la connaître.*

Voilà d'étranges marques de vérité qu'apporte Pascal ! Quelles autres marques a donc le mensonge ?

---

a. *1756 : le* revoir

b. *1748 : contrarient* entièrement

c. *1748ab ajoute :* Que dirait-on à deux témoins qui se contrediraient ? On leur dirait : « Vous n'êtes pas d'accord, mais certainement l'un de vous deux se trompe. »

^a Quoi ! il suffirait, pour être cru, de dire : « Je suis obscur, je suis inintelligible » ! Il serait bien plus sensé de ne présenter aux yeux que les lumières de la foi, au lieu de ces ténèbres d'érudition.

XIX [227]. *S'il n'y avait qu'une religion, Dieu serait trop manifeste* [25].

Quoi ! vous dites que, s'il n'y avait qu'une religion, Dieu serait trop manifeste ! Eh ! oubliez-vous que vous dites, à chaque page, qu'un jour il n'y aura qu'une religion ? Selon vous, Dieu sera donc alors trop manifeste.

XX [423]. *Je dis que la religion juive ne consistait en aucune de ces choses, mais seulement en l'amour de Dieu, et que Dieu réprouvait toutes les autres choses.*

Quoi ! Dieu réprouvait tout ce qu'il ordonnait lui-même avec tant de soin aux juifs, et dans un détail si prodigieux ! N'est-il pas plus vrai de dire que la loi de Moïse consistait et dans l'amour et dans le culte ? Ramener tout à l'amour de Dieu sent bien moins ^b l'amour de Dieu que la haine que tout janséniste a pour son prochain moliniste.

XXI [43]. *La chose la plus importante à la vie, c'est le choix d'un métier ; le hasard en dispose. La coutume fait les maçons, les soldats, les couvreurs.*

Qui peut donc déterminer les soldats, les maçons et tous les ouvriers mécaniques [26], sinon ce qu'on appelle hasard et la coutume ? Il n'y a que les arts de génie auxquels on se détermine de soi-même. Mais pour les métiers que tout le monde peut faire, il est très naturel et très raisonnable que la coutume en dispose.

XXII [126]. *Que chacun examine sa pensée, il la trouvera toujours occupée au passé et à l'avenir. Nous ne pensons presque point au présent ; et si nous y pensons, ce n'est que pour en prendre la lumière pour disposer l'ave-*

---

a. *1748ab remplace la fin de cet alinéa par :* Quoi ! ce qui le caractérise chez les hommes, l'ignorance et l'imposture, serait selon Pascal le caractère de la divinité !

b. *1748 : sent peut-être moins*

nir. Le présent n'est jamais notre but ; le passé et le présent
sont nos moyens, le seul avenir est notre objet.

Il faut, bien loin de se plaindre, remercier l'auteur [a]
de la nature de ce qu'il nous donne cet instinct qui
nous emporte sans cesse vers l'avenir. Le trésor le plus
précieux de l'homme est cette *espérance* qui nous
adoucit nos chagrins, et qui nous peint des plaisirs
futurs dans la possession des plaisirs présents. Si les
hommes étaient assez malheureux pour ne s'occuper
que du présent, on ne sèmerait point, on ne bâtirait
point, on ne planterait point, on ne pourvoirait à rien :
on manquerait de tout au milieu de cette fausse jouissance. Un esprit comme M. Pascal pouvait-il donner
dans un lieu commun aussi faux que celui-là ? La
nature a établi que chaque homme jouirait du présent
en se nourrissant, en faisant des enfants, en écoutant
des sons agréables, en occupant sa faculté de penser et
de sentir, et qu'en sortant de ces états, souvent au
milieu de ces états même, il penserait au lendemain,
sans quoi il périrait de misère aujourd'hui. [b]

XXIII [126]. *Mais quand j'y ai regardé de plus près,*
j'ai trouvé que cet éloignement que les hommes ont du
repos, et de demeurer avec eux-mêmes, vient d'une cause
bien effective, c'est-à-dire du malheur naturel de notre
condition faible et mortelle, et si misérable que rien ne nous
peut consoler, lorsque rien ne nous empêche d'y penser, et
que nous ne voyons que nous.

Ce mot *ne voir que nous* ne forme aucun sens [27].

Qu'est-ce qu'un homme qui n'agirait point, et qui
est supposé se contempler ? Non seulement je dis que
cet homme serait un imbécile, inutile à la société, mais
je dis que cet homme ne peut exister : car que cet
homme contemplerait-il ? son corps, ses pieds, ses
mains, ses cinq sens ? Ou il serait un idiot, ou bien il

a. *1739 commence ainsi :* Il est faux que nous ne pensions point au
présent. Nous y pensons en étudiant la nature, et en faisant toutes
les fonctions de la vie nous pensons aussi beaucoup au futur.
Remercions *l'auteur*

b. *1739 ajoute :* Il n'y a que les enfants et les imbéciles qui ne pensent qu'au présent. Faudra-t-il leur ressembler ?

ferait usage de tout cela. Resterait-il à contempler sa faculté de penser ? Mais il ne peut contempler cette faculté qu'en l'exerçant. Ou il ne pensera à rien, ou bien il pensera aux idées qui lui sont déjà venues, ou il en composera de nouvelles : or il ne peut avoir d'idées que du dehors. Le voilà donc nécessairement occupé ou de ses sens ou de ses idées ; le voilà donc hors de soi, ou imbécile.

Encore une fois, il est impossible à la nature humaine de rester dans cet engourdissement imaginaire, il est absurde de le penser, il est insensé d'y prétendre. L'homme est né pour l'action, comme le feu tend en haut et la pierre en bas. N'être point occupé et n'exister pas est la même chose pour l'homme. Toute la différence consiste dans les occupations douces ou tumultueuses, dangereuses ou utiles.

XXIV [126]. *Les hommes ont un instinct secret qui les porte à chercher le divertissement et l'occupation au-dehors, qui vient du ressentiment de leur misère continuelle ; et ils ont un autre instinct secret qui reste de la grandeur de leur première nature, qui leur fait connaître que le bonheur n'est en effet que dans le repos.*

Cet instinct secret étant le premier principe et le fondement nécessaire de la société, il vient plutôt de la bonté de Dieu, et il est plutôt l'instrument de notre bonheur qu'il n'est le ressentiment de notre misère. Je ne sais pas ce que nos premiers pères faisaient dans le paradis terrestre ; mais si chacun d'eux n'avait pensé qu'à soi, l'existence du genre humain était bien hasardée. N'est-il pas absurde de penser qu'ils avaient des sens parfaits, c'est-à-dire des instruments d'action parfaits, uniquement pour la contemplation ? Et n'est-il pas plaisant que des têtes pensantes puissent imaginer que la paresse est un titre de grandeur, et l'action un rabaissement de notre nature ?

XXV [126]. *C'est pourquoi, lorsque Cinéas disait à Pyrrhus, qui se proposait de jouir du repos avec ses amis après avoir conquis une grande partie du monde, qu'il ferait mieux d'avancer lui-même son bonheur en jouissant dès lors de ce repos, sans l'aller chercher par tant de fatigues, il lui donnait un conseil qui recevait de grandes difficultés, et qui n'était guère plus raisonnable que le dessein de ce jeune ambitieux. L'un et l'autre supposait que l'homme se pût contenter de soi-même et de ses biens présents, sans remplir le vide de son cœur d'espérances imaginaires, ce qui est faux. Pyrrhus ne pouvait être heureux ni devant ni après avoir conquis le monde.*

L'exemple de Cinéas est bon dans les satires de Despréaux [28], mais non dans un livre philosophique. Un roi sage peut être heureux chez lui ; et de ce qu'on nous donne Pyrrhus pour un fou, cela ne conclut rien pour le reste des hommes.

XXVI [126]. *On doit donc reconnaître que l'homme est si malheureux qu'il s'ennuierait même sans aucune cause étrangère d'ennui, par le propre état de sa condition.*

Au contraire l'homme est si heureux en ce point, et nous [a] avons tant d'obligation à l'auteur de la nature qu'il a attaché l'ennui à l'inaction, afin de nous forcer par là à être utiles au prochain et à nous-même.

XXVII [126]. *D'où vient que cet homme qui a perdu depuis peu son fils unique et qui, accablé de procès et de querelles, était ce matin si troublé, n'y pense plus maintenant ? Ne vous en étonnez pas : il est tout occupé à voir par où passera un cerf que ses chiens poursuivent avec ardeur depuis six heures. Il n'en faut pas davantage pour l'homme, quelque plein de tristesse qu'il soit. Si l'on peut gagner sur lui de le faire entrer en quelque divertissement, le voilà heureux pendant ce temps-là.*

Cet homme fait à merveille : la dissipation est un remède plus sûr contre la douleur que le quinquina contre la fièvre. Ne blâmons point en cela la nature, qui est toujours prête à nous secourir. [b]

XXVIII [405]. *Qu'on s'imagine un nombre d'hommes dans les chaînes, et tous condamnés à la mort, dont les uns étant chaque jour égorgés à la vue des autres, ceux qui res-*

a. *1748 commence ainsi :* Ne serait-il pas aussi vrai de dire que l'homme est si heureux en ce point, et que *nous*
b. *1748 ajoute :* Louis XIV allait à la chasse le jour qu'il avait perdu quelqu'un de ses enfants, et il faisait fort sagement.

tent voient leur propre condition dans celle de leurs sem-
blables, et, se regardant les uns les autres avec douleur et
sans espérance, attendent leur tour. C'est l'image de la
condition des hommes.

Cette comparaison assurément n'est pas juste : des
malheureux enchaînés qu'on égorge l'un après l'autre
sont malheureux, non seulement parce qu'ils souffrent, mais encore parce qu'ils éprouvent ce que les
autres hommes ne souffrent pas. Le sort naturel d'un
homme n'est ni d'être enchaîné ni d'être égorgé ; mais
tous les hommes sont faits, comme les animaux et les
plantes, pour croître, pour vivre un certain temps,
pour produire leur semblable et pour mourir. On peut
dans une satire montrer l'homme tant qu'on voudra
du mauvais côté ; mais pour peu qu'on se serve de sa
raison, on avouera que de tous les animaux l'homme
est le plus parfait, le plus heureux, et celui qui vit le
plus longtemps [a]. Au lieu donc de nous étonner et de
nous plaindre du malheur et de la brièveté de la vie,
nous devons nous étonner et nous féliciter de notre
bonheur et de sa durée. À ne raisonner qu'en philosophe, j'ose dire qu'il y a bien de l'orgueil et de la
témérité à prétendre que par notre nature nous devons
être mieux que nous ne sommes.

[b] XXIX [419]. *Les sages parmi les païens, qui ont dit*
qu'il n'y a qu'un Dieu, ont été persécutés, les juifs haïs, les
chrétiens encore plus.

Ils ont été quelquefois persécutés, de même que le
serait aujourd'hui un homme qui viendrait enseigner
l'adoration d'un dieu indépendante du culte reçu.
Socrate n'a pas été condamné pour avoir dit : « Il n'y
a qu'un Dieu », mais pour s'être élevé contre le culte
extérieur du pays, et pour s'être fait des ennemis puissants fort mal à propos. À l'égard des juifs, ils étaient
haïs, non parce qu'ils ne croyaient qu'un Dieu, mais

---

a. *1756 ajoute :* car ce qu'on dit des cerfs et des corbeaux n'est
qu'une fable.

b. *Dans 1739, Voltaire a ajouté deux nouvelles remarques après la
remarque XXVIII : voir l'appendice 1 (p. 267).*

parce qu'ils haïssaient ridiculement les autres nations, parce que c'étaient des barbares qui massacraient sans pitié leurs ennemis vaincus, parce que ce vil peuple, superstitieux, ignorant, privé des arts, privé du commerce, méprisait les peuples les plus policés. Quant [a] aux chrétiens, ils étaient haïs des païens parce qu'ils tendaient à abattre la religion et l'empire, dont ils vinrent enfin à bout, comme les protestants se sont rendus les maîtres dans les mêmes pays, où ils furent longtemps haïs, persécutés et massacrés.

[b] XXX [574]. *Les défauts de Montaigne sont grands. Il est plein de mots sales et déshonnêtes. Cela ne vaut rien. Ses sentiments sur l'homicide volontaire et sur la mort sont horribles.*

Montaigne parle en philosophe, non en chrétien : il dit le pour et le contre de l'homicide volontaire [29]. Philosophiquement parlant, quel mal fait à la société un homme qui la quitte quand il ne peut plus la servir ? Un vieillard a la pierre et souffre des douleurs insupportables ; on lui dit : « Si vous ne vous faites tailler, vous allez mourir ; si l'on vous taille, vous pourrez encore radoter, baver et traîner pendant un an, à charge à vous-même et aux autres. » Je suppose que le bonhomme prenne alors le parti de n'être plus à charge à personne : voilà à peu près le cas que Montaigne expose.

XXXI [654]. *Combien les lunettes nous ont-elles découvert d'astres qui n'étaient point pour nos philosophes d'auparavant ? On attaquait hardiment l'Écriture sur ce qu'on y trouve en tant d'endroits du grand nombre des étoiles. Il n'y en a que mille vingt-deux, disait-on ; nous le savons.*

---

a. *1751 : des juifs, ils* n'étaient pas haïs parce qu'ils croyaient un Dieu suprême, car toute l'Antiquité le croyait comme eux. Jupiter était chez les Romains, comme dans Homère, le maître de tous les dieux subalternes. Mais les Juifs voulaient que leur Dieu fût destructeur. Ce vil peuple, aussi superstitieux, aussi ignorant que barbare, osait mépriser les peuples policés qu'il pouvait connaître, et massacrait sans pitié les autres sauvages voisins de ses déserts quand il pouvait avoir sur eux quelque avantage. *Quant*

b. *Cette remarque disparaît après 1739.*

Il est certain que la Sainte Écriture, en matière de physique, s'est toujours proportionnée aux idées reçues. Ainsi, elle suppose que la Terre est immobile, que le Soleil marche, etc. Ce n'est point du tout par un raffinement d'astronomie qu'elle dit que les étoiles sont innombrables [30], mais pour s'accorder [a] aux idées vulgaires. En effet, quoique nos yeux ne découvrent qu'environ mille vingt-deux étoiles [b], cependant quand on regarde le ciel fixement, la vue éblouie croit [c] alors en voir une infinité. L'Écriture parle donc selon ce préjugé vulgaire, car elle ne nous a pas été donnée pour faire de nous des physiciens ; et il y a grande apparence que Dieu ne révéla ni à Habacuc ni à Baruch ni à Michée qu'un jour un Anglais nommé Flamsteed mettrait dans son catalogue plus de sept mille [d] étoiles aperçues avec le télescope. [e]

XXXII [403]. *Est-ce courage à un homme mourant d'aller, dans la faiblesse et dans l'agonie, affronter un Dieu tout-puissant et éternel ?*

Cela n'est jamais arrivé ; et ce ne peut être que dans un violent transport au cerveau qu'un homme dise : « Je crois un Dieu, et je le brave. »

XXXIII [672]. *Je crois volontiers les histoires dont les témoins se font égorger.*

La difficulté n'est pas seulement de savoir si on croira des témoins qui meurent pour soutenir leur déposition, comme ont fait tant de fanatiques, mais

a. *1756* : s'abaisser
b. *1739* : *étoiles*, et encore avec bien de la peine
c. *1748ab* : *la vue* est éblouie et égarée ; on *croit*
d. *1739* : près de trois mille
e. *1739 ajoute* : Voyez, je vous prie, quelle conséquence on tirerait du sentiment de Pascal. Si les auteurs de la Bible ont parlé du grand nombre des étoiles en connaissance de cause, ils étaient donc inspirés sur la physique. Et comment de si grands physiciens ont-ils pu dire que la Lune s'est arrêtée à midi sur Aïalon, et le Soleil sur Gabaon dans la Palestine, qu'il faut que le blé pourrisse pour germer et produire, et cent autres choses semblables ? / Concluons donc que ce n'est pas la physique mais la morale qu'il faut chercher dans la Bible ; qu'elle doit faire des chrétiens, et non les *(1748 :* des*)* philosophes.

encore si ces témoins sont effectivement morts pour cela, si on a conservé leurs dépositions, s'ils ont habité les pays où l'on dit qu'ils sont morts. Pourquoi Josèphe, né dans les temps de la mort du Christ, Josèphe ennemi d'Hérode, Josèphe peu attaché au judaïsme, n'a-t-il pas dit un mot de tout cela ? Voilà ce que M. Pascal eût débrouillé avec succès, comme ont fait depuis tant d'écrivains éloquents [a].

XXXIV [77]. *Les sciences ont deux extrémités qui se touchent. La première est la pure ignorance naturelle où se trouvent tous les hommes en naissant ; l'autre extrémité est celle où arrivent les grandes âmes, qui ayant parcouru tout ce que les hommes peuvent savoir, trouvent qu'ils ne savent rien, et se rencontrent dans cette ignorance d'où ils étaient partis.*

Cette pensée est [b] un pur sophisme ; et la fausseté consiste dans ce mot d'*ignorance* qu'on prend en deux sens différents. Celui qui ne sait ni lire ni écrire est un ignorant ; mais un mathématicien, pour ignorer les principes cachés de la nature, n'est pas au point d'ignorance dont il était parti quand il commença à apprendre à lire. M. Newton ne savait pas pourquoi l'homme remue son bras quand il le veut, mais il n'en était pas moins savant sur le reste. Celui qui ne sait pas l'hébreu, et qui sait le latin, est savant par comparaison avec celui qui ne sait que le français.

XXXV [123]. *Ce n'est pas être heureux que de pouvoir être réjoui par le divertissement ; car il vient d'ailleurs et de dehors ; et ainsi il est dépendant, et par conséquent sujet à être troublé par mille accidents qui font les afflictions inévitables.*

Celui-là [c] est actuellement heureux qui a du plaisir, et ce plaisir ne peut venir que de dehors. Nous ne pouvons avoir de sensations ni d'idées que par les objets extérieurs, comme nous ne pouvons nourrir

---

a. *1751 omet les mots* comme ont fait depuis tant d'écrivains éloquents.

b. *1751 :* paraît

c. *1748 commence ainsi :* C'est comme si on disait : « C'est n'être pas malheureux que de pouvoir être accablé de douleur, car elle vient d'ailleurs. » *Celui-là*

notre corps qu'en y faisant entrer des substances
étrangères qui se changent en la nôtre.

XXXVI [468]. *L'extrême esprit est accusé de folie,
comme l'extrême défaut. Rien ne passe pour bon que la
médiocrité.*

Ce n'est point l'extrême esprit, c'est l'extrême vivacité
et volubilité de l'esprit qu'on accuse de folie. L'extrême
esprit est l'extrême justesse, l'extrême finesse, l'extrême
étendue, opposée diamétralement à la folie.

L'extrême *défaut d'esprit* est un manque de conception, un vide d'idées ; ce n'est point la folie, c'est la
stupidité. La folie est un dérangement dans les
organes, qui fait voir plusieurs objets trop vite, ou qui
arrête l'imagination sur un seul avec trop d'application et de violence. Ce n'est point non plus la
médiocrité qui passe pour bonne, c'est l'éloignement
des deux vices opposés, c'est ce qu'on appelle *juste
milieu*, et non *médiocrité.* [a]

XXXVII [702]. *Si notre condition était véritablement
heureuse, il ne faudrait pas nous divertir d'y penser.*

Notre condition est précisément de penser aux
objets extérieurs, avec lesquels nous avons un rapport
nécessaire. Il est faux qu'on puisse divertir [b] un homme
de penser à la condition humaine ; car, à quelque
chose qu'il applique son esprit, il l'applique à quelque
chose de lié nécessairement à la condition humaine ;
et encore une fois, penser à soi avec abstraction des
choses naturelles, c'est ne penser à rien, je dis à rien
du tout, qu'on y prenne bien garde.

Loin d'empêcher un homme de penser à sa condition, on ne l'entretient jamais que des agréments de sa
condition. On parle à un savant de réputation et de
science ; à un prince, de ce qui a rapport à sa grandeur ; à tout homme on parle de plaisir.

a. *1739 ajoute :* On ne fait cette remarque et quelques autres dans
ce goût que pour donner des idées précises. C'est plutôt pour
éclaircir que pour contredire.

b. *1756 :* détourner

XXXVIII [598]. *Les grands et les petits ont mêmes accidents, mêmes fâcheries et mêmes passions. Mais les uns sont au haut de la roue, et les autres près du centre, et ainsi moins agités par les mêmes mouvements.*

Il est faux que les petits soient moins agités que les grands ; au contraire, leurs désespoirs sont plus vifs parce qu'ils ont moins de ressources. De cent personnes qui se tuent à Londres [a], il y en a quatre-vingt-dix-neuf du bas peuple, et à peine une d'une condition relevée. La comparaison de la roue est ingénieuse et fausse.

XXXIX [652]. *On n'apprend pas aux hommes à être honnêtes gens, et on leur apprend tout le reste ; et cependant ils ne se piquent de rien tant que de cela. Ainsi ils ne se piquent de savoir que la seule chose qu'ils n'apprennent point.*

On apprend aux hommes à être honnêtes gens, et, sans cela, peu parviendraient à l'être. Laissez votre fils prendre dans son enfance tout ce qu'il trouvera sous sa main, à quinze ans il volera sur le grand chemin ; louez-le d'avoir dit un mensonge, il deviendra faux témoin ; flattez sa concupiscence, il sera sûrement débauché. On apprend tout aux hommes, la vertu, la religion.

XL [653]. *Le sot projet que Montaigne a eu de se peindre ! Et cela, non pas en passant et contre ses maximes, comme il arrive à tout le monde de faillir, mais par ses propres maximes, et par un dessein premier et principal ; car de dire des sottises par hasard et par faiblesse, c'est un mal ordinaire ; mais d'en dire à dessein, c'est ce qui n'est pas supportable, et d'en dire de telles que celle-là.*

Le charmant projet que Montaigne a eu de se peindre naïvement comme il a fait ! Car il a peint la nature humaine [b] ; et le pauvre projet de Nicole, de Malebranche [31], de Pascal, de décrier Montaigne !

---

a. *1739 : Londres* et ailleurs

b. *Dans 1748, la suite de la phrase est remplacée par le morceau suivant :* Si Nicole et Malebranche avaient toujours parlé d'eux-mêmes, ils n'auraient pas réussi. Mais un gentilhomme campagnard du temps d'Henri III, qui est savant dans un siècle d'ignorance, philosophe parmi des fanatiques, et qui peint sous son nom nos faiblesses et nos folies, est un homme qui sera toujours aimé.

XLI [625]. *Lorsque j'ai considéré d'où vient qu'on ajoute tant de foi à tant d'imposteurs qui disent qu'ils ont des remèdes, jusqu'à mettre souvent sa vie entre leurs mains, il m'a paru que la véritable cause est qu'il y a de vrais remèdes ; car il ne serait pas possible qu'il y en eût tant de faux, et qu'on y donnât tant de créance, s'il n'y en avait de véritables. Si jamais il n'y en avait eu, et que tous les maux eussent été incurables, il est impossible que les hommes se fussent imaginé qu'ils en pourraient donner, et encore plus que tant d'autres eussent donné créance à ceux qui se fussent vantés d'en avoir. De même que si un homme se vantait d'empêcher de mourir, personne ne le croirait, parce qu'il n'y a aucun exemple de cela. Mais comme il y a eu quantité de remèdes qui se sont trouvés véritables par la connaissance même des plus grands hommes, la créance des hommes s'est pliée par là, parce que la chose ne pouvant être niée en général, puisqu'il y a des effets particuliers qui sont véritables, le peuple, qui ne peut pas discerner lesquels d'entre ces effets particuliers sont les véritables, les croit tous. De même, ce qui fait qu'on croit tant de faux effets de la Lune, c'est qu'il y en a de vrais, comme le flux de la mer.*

Ainsi, il me paraît aussi évidemment qu'il n'y a tant de faux miracles, de fausses révélations, de sortilèges, que parce qu'il y en a de vrais.

[a] Il me semble que la nature humaine n'a pas besoin du vrai pour tomber dans le faux. On a imputé mille fausses influences à la Lune avant qu'on imaginât le moindre rapport véritable avec le flux de la mer. Le premier homme qui a été malade a cru sans peine le premier charlatan. Personne n'a vu de loups-garous ni de sorciers, et beaucoup y ont cru. Personne n'a vu de

---

a. *1752 commence ainsi ce paragraphe :* La solution de ce problème est bien aisée. On vit des effets physiques extraordinaires, des fripons les firent passer pour des miracles. On vit des maladies augmenter dans la pleine Lune, et des sots crurent que la fièvre était plus forte parce que la Lune était pleine. Un malade qui devait guérir se trouva mieux le lendemain qu'il eut mangé des écrevisses, et on conclut que les écrevisses purifiaient le sang parce qu'elles sont rouges étant cuites. *Il me semble*

transmutation de métaux, et plusieurs ont été ruinés par la créance de la pierre philosophale. Les Romains, les Grecs, tous les païens ne croyaient-ils donc aux faux miracles dont ils étaient inondés que parce qu'ils en avaient vu de véritables ?

XLII [591]. *Le port règle ceux qui sont dans un vaisseau ; mais où trouverons-nous ce point dans la morale ?*

Dans cette seule maxime reçue de toutes les nations : « Ne faites pas à autrui ce que vous ne voudriez pas qu'on vous fît. »

XLIII [27]. Ferox gens nullam esse vitam sine armis putat. *Ils aiment mieux la mort que la paix ; les autres aiment mieux la mort que la guerre. Toute opinion peut être préférée à la vie, dont l'amour paraît si fort et si naturel.*

C'est des Catalans que Tacite a dit cela [32] ; mais il n'y en a point dont [a] on ait dit et dont on puisse dire, *elle aime mieux la mort que la guerre.*

XLIV [465]. *À mesure qu'on a plus d'esprit, on trouve qu'il y a plus d'hommes originaux. Les gens du commun ne trouvent pas de différence entre les hommes.*

Il y a très peu d'hommes vraiment originaux ; presque tous se gouvernent, pensent et sentent par l'influence de la coutume et de l'éducation. Rien n'est si rare qu'un esprit qui marche dans une route nouvelle, mais parmi cette foule d'hommes qui vont de compagnie, chacun a de petites différences dans la démarche, que les vues fines aperçoivent [b].

[c] XLV [465]. *Il y a donc deux sortes d'esprit, l'un de pénétrer vivement et profondément les conséquences des principes, et c'est là l'esprit de justesse ; l'autre de comprendre un grand nombre de principes sans les confondre, et c'est là l'esprit de géométrie.*

---

a. *1756 omet la phrase latine dans la citation pour la placer ici :* Tacite a dit *en exagérant :* Ferox gens nullam esse vitam sine armis putat. « Ce peuple féroce croit que ne pas combattre, c'est ne pas vivre. » *Mais il n'y a point de nation* dont

b. *1751 :* aperçoivent *et qui ne valent guère la peine d'être aperçues*

c. *Cette remarque manque dans 1751 et dans 1756.*

L'usage veut, je crois, aujourd'hui qu'on appelle *esprit géométrique* l'esprit méthodique et conséquent.

XLVI [128]. *La mort est plus aisée à supporter sans y penser, que la pensée de la mort sans péril.*

On ne peut pas dire qu'un homme supporte la mort aisément ou malaisément quand il n'y pense point du tout. Qui ne sent rien ne supporte rien.

[a] XLVII [100]. *Nous supposons que tous les hommes conçoivent et sentent de la même sorte les objets qui se présentent à eux ; mais nous le supposons bien gratuitement, car nous n'en avons aucune preuve. Je vois bien qu'on applique les mêmes mots dans les mêmes occasions, et que toutes les fois que deux hommes voient, par exemple, de la neige, ils expriment tous deux la vue de ce même objet par les mêmes mots, en disant l'un et l'autre qu'elle est blanche ; et de cette conformité d'application on tire une puissante conjecture d'une conformité d'idée ; mais cela n'est pas absolument convaincant, quoiqu'il y ait lieu à parier pour l'affirmative.*

Ce n'était pas la couleur blanche qu'il fallait apporter en preuve. Le blanc, qui est un assemblage de tous les rayons, paraît éclatant à tout le monde, éblouit un peu à la longue, fait à tous les yeux le même effet ; mais on pourrait dire que peut-être les autres couleurs ne sont pas aperçues de tous les yeux de la même manière.

XLVIII [470]. *Tout notre raisonnement se réduit à céder au sentiment.*

Notre raisonnement se réduit à céder au sentiment en fait de goût, non en fait de science.

XLIX [472]. *Ceux qui jugent d'un ouvrage par règle sont à l'égard des autres comme ceux qui ont une montre à l'égard de ceux qui n'en ont point. L'un dit : « Il y a deux heures que nous sommes ici » ; l'autre dit : « Il n'y a que trois quarts d'heure. » Je regarde ma montre ; je dis à l'un : «Vous vous ennuyez », et à l'autre : « Le temps ne vous dure guère. »*

---

a. *Cette remarque disparaît à partir de 1739.*

En ouvrages de goût, en musique, en poésie, en peinture, c'est le goût qui tient lieu de montre ; et celui qui n'en juge que par règles en juge mal.

L [45]. *César était trop vieux, ce me semble, pour s'aller amuser à conquérir le monde. Cet amusement était bon à Alexandre : c'était un jeune homme qu'il était difficile d'arrêter ; mais César devait être plus mûr.*

L'on s'imagine d'ordinaire qu'Alexandre et César sont sortis de chez eux dans le dessein de conquérir la terre. Ce n'est point cela : Alexandre succéda à Philippe dans le généralat de la Grèce, et fut chargé de la juste entreprise de venger les Grecs des injures du roi de Perse. Il battit l'ennemi commun, et continua ses conquêtes jusqu'à l'Inde, parce que le royaume de Darius s'étendait jusqu'à l'Inde ; de même que le duc de Marlborough serait venu jusqu'à Lyon sans le maréchal de Villars.

À l'égard de César, il était un des premiers de la République. Il se brouilla avec Pompée, comme les jansénistes avec les molinistes ; et alors ce fut à qui s'exterminerait. Une seule bataille, où il n'y eut pas dix mille hommes de tués, décida de tout.

Au reste, la pensée de M. Pascal est peut-être fausse en tout sens. Il fallait la maturité de César pour se démêler de tant d'intrigues ; et il est étonnant [a] qu'Alexandre, à son âge, ait renoncé au plaisir pour faire une guerre si pénible.

LI [656]. *C'est une plaisante chose à considérer, de ce qu'il y a des gens dans le monde qui, ayant renoncé à toutes les lois de Dieu et de la nature, s'en sont fait eux-mêmes auxquelles ils obéissent exactement, comme par exemple les voleurs, etc.*

Cela est encore plus utile que plaisant à considérer, car cela prouve que nulle société d'hommes ne peut subsister un seul jour sans règles [b].

a. *1756 : est* peut-être *étonnant*
b. *1739 : sans* lois. Il en est de toute société comme du jeu, il n'y en a point sans règle

LII [572]. *L'homme n'est ni ange ni bête : et le malheur veut que qui veut faire l'ange fait la bête.*

Qui veut détruire les passions, au lieu de les régler, veut faire l'*ange*.

LIII [579]. *Un cheval ne cherche point à se faire admirer de son compagnon. On voit bien entre eux quelque sorte d'émulation à la course, mais c'est sans conséquence ; car étant à l'étable, le plus pesant et le plus mal taillé ne cède pas pour cela son avoine à l'autre. Il n'en est pas de même parmi les hommes : leur vertu ne se satisfait pas d'elle-même, et ils ne sont point contents s'ils n'en tirent avantage contre les autres.*

L'homme le plus mal taillé ne cède pas non plus son pain à l'autre, mais le plus fort l'enlève au plus faible. Et chez les animaux et chez les hommes, les gros mangent les petits. [a]

LIV [185]. *Si l'homme commençait par s'étudier lui-même, il verrait combien il est incapable de passer outre. Comment se pourrait-il faire qu'une partie connût le tout ? Il aspirera peut-être à connaître au moins les parties avec lesquelles il a de la proportion. Mais les parties du monde ont toutes un tel rapport et un tel enchaînement l'une avec l'autre, que je crois impossible de connaître l'une sans l'autre, et sans le tout.*

Il ne faudrait point détourner l'homme de chercher ce qui lui est utile, par cette considération qu'il ne peut tout connaître.

> *Non possis [b] quantum contendere Lynceus,*
> *Non tamen idcirco contemnas lippus inungi* [33].

Nous connaissons beaucoup de vérités, nous avons trouvé beaucoup d'inventions utiles. Consolons-nous de ne pas savoir les rapports qui peuvent être entre

---

a. *1756 ajoute :* M. Pascal a très grande raison de dire que ce qui distingue l'homme des animaux, c'est qu'il recherche l'approbation de ses semblables ; et c'est cette passion qui est la mère des talents et des vertus.

b. *1739 : possis* oculos *; 1739 (corr.) :* oculo *(leçon correcte) ; 1748 :* oculis

une araignée et l'anneau de Saturne, et continuons à examiner ce qui est à notre portée.

LV [641]. *Si la foudre tombait sur les lieux bas, les poètes et ceux qui ne savent raisonner que sur les choses de cette nature manqueraient de preuves.*

Une comparaison n'est preuve ni en poésie ni en prose : elle sert en poésie d'embellissement, et en prose elle sert à éclaircir et à rendre les choses plus sensibles. Les poètes qui ont comparé les malheurs des grands à la foudre qui frappe les montagnes feraient des comparaisons contraires, si le contraire arrivait.

LVI [185]. *C'est cette composition d'esprit et de corps qui a fait que presque tous les philosophes ont confondu les idées des choses, et attribué aux corps ce qui n'appartient qu'aux esprits, et aux esprits ce qui ne peut convenir qu'aux corps.*

Si nous savions ce que c'est qu'*esprit*, nous pourrions nous plaindre de ce que les philosophes lui ont attribué ce qui ne lui appartient pas. Mais nous ne connaissons ni l'esprit ni le corps ; nous n'avons aucune idée de l'un, et nous n'avons que des idées très imparfaites de l'autre. Donc nous ne pouvons savoir quelles sont leurs limites.

LVII [500]. *Comme on dit beauté poétique, on devrait dire aussi beauté géométrique et beauté médicinale. Cependant on ne le dit point ; et la raison en est qu'on sait bien quel est l'objet de la géométrie, et quel est l'objet de la médecine, mais on ne sait pas en quoi consiste l'agrément, qui est l'objet de la poésie. On ne sait ce que c'est que ce modèle naturel qu'il faut imiter ; et, à faute de cette connaissance, on a inventé de certains termes bizarres : siècle d'or, merveille de nos jours, fatal laurier, bel astre, etc. ; et on appelle ce jargon beauté poétique. Mais qui s'imaginera une femme vêtue sur ce modèle, verra une jolie demoiselle toute couverte de miroirs et de chaînes de laiton.*

Cela est très faux : on ne doit pas dire beauté géométrique ni beauté médicinale, parce qu'un théorème et une purgation n'affectent point les sens agréablement, et qu'on ne donne le nom de beauté qu'aux choses qui charment les sens, comme la musique, la peinture, l'éloquence, la poésie, l'architecture régulière, etc.

La raison qu'apporte M. Pascal est tout aussi fausse. On sait très bien en quoi consiste l'objet de la poésie : il consiste à peindre avec force, netteté, délicatesse et harmonie ; la poésie est l'éloquence harmonieuse. Il fallait que M. Pascal eût bien peu de goût pour dire que *fatal laurier, bel astre* et autres sottises sont des beautés poétiques ; et il fallait que les éditeurs de ces *Pensées* fussent des personnes bien peu versées dans les belles-lettres pour imprimer une réflexion si indigne de son illustre auteur [a].

Je ne vous envoie point mes autres remarques sur les *Pensées* de M. Pascal, qui entraîneraient des discussions trop longues. [b] C'est assez d'avoir cru apercevoir quelques erreurs d'inattention dans ce grand génie ; c'est une consolation pour un esprit aussi borné que le mien d'être bien persuadé que les plus grands hommes se trompent comme le vulgaire.

APPENDICES

1. Additions de l'édition de 1739

XXIX [122]. *Car enfin, si l'homme n'avait pas été corrompu, il jouirait de la vérité de la félicité avec assurance, etc. : tant il est manifeste que nous avons été dans un degré de perfection dont nous sommes tombés.*

---

a. *En 1742, Voltaire a ajouté de nouvelles remarques figurant à l'appendice 2 (p. 268).*

b. *1748 remplace ce qui suit par :* On a voulu donner pour des lois, des pensées que Pascal avait probablement jetées sur le papier comme des doutes. Il ne fallait pas regarder comme des démonstrations *(1752 :* croire démontré*)* ce qu'il aurait réfuté lui-même.

Il est sûr par la foi et par notre révélation, si au-dessus des lumières des hommes, que nous sommes tombés ; mais rien n'est moins manifeste par la raison. Car je voudrais bien savoir si Dieu ne pouvait pas, sans déroger à sa justice, créer l'homme tel qu'il est aujourd'hui ; et ne l'a-t-il pas même créé pour devenir ce qu'il est ? L'état présent de l'homme n'est-il pas un bienfait du Créateur ? Qui vous a dit que Dieu vous en devait davantage ? Qui vous a dit que votre être exigeait plus de connaissances et plus de bonheur ? Qui vous a dit qu'il en comporte davantage ? Vous vous étonnez que Dieu a fait l'homme si borné, si ignorant, si peu heureux. Que ne vous étonnez-vous qu'il ne l'ait pas fait plus borné, plus ignorant, plus malheureux ? Vous vous plaignez d'une vie si courte et si infortunée ? Remerciez Dieu de ce qu'elle n'est pas plus courte et plus malheureuse. Quoi donc ! Selon vous, pour raisonner conséquemment, il faudrait que tous les hommes accusassent la Providence, hors les métaphysiciens qui raisonnent sur le péché originel.

XXX [589]. *Le péché originel est une folie devant les hommes ; mais on le donne pour tel.*

Par quelle contradiction trop palpable dites-vous donc que ce péché originel est manifeste ? Pourquoi dites-vous que tout nous en avertit ? Comment peut-il en même temps être une folie, et être démontré par la raison ?

2. Additions de l'édition de 1742

LVIII [500]. *On ne passe point dans le monde pour se connaître en vers si l'on n'a mis l'enseigne de poète, ni pour être habile en mathématiques, si l'on n'a mis celle de mathématicien, mais les vrais honnêtes gens ne veulent point d'enseigne.*

À ce compte, il serait donc mal d'avoir une profession, un talent marqué, et d'y exceller ? Virgile, Homère, Corneille, Newton, le marquis de l'Hôpital, mettaient une enseigne. Heureux celui qui réussit dans un art, et qui se connaît aux autres.

LIX [93]. *Le peuple a les opinions très saines : par exemple, d'avoir choisi le divertissement et la chasse plutôt que la poésie, etc.*

Il semble que l'on ait proposé au peuple de jouer à la boule ou de faire des vers. Non, mais ceux qui ont des organes grossiers cherchent des plaisirs où l'âme n'entre pour rien ; et ceux qui ont un sentiment plus délicat veulent des plaisirs plus fins : il faut que tout le monde vive.

LX [186]. *Quand l'univers écraserait l'homme, il serait encore plus noble que ce qui le tue, parce qu'il sait qu'il meurt ; et l'avantage que l'univers a sur lui, l'univers n'en sait rien.*

Que veut dire ce mot *noble* ? Il est bien vrai que ma pensée est autre chose, par exemple, que le globe du Soleil ; mais est-il bien prouvé qu'un animal, parce qu'il a quelques pensées, est plus *noble* que le Soleil qui anime tout ce que nous connaissons de la nature ? Est-ce à l'homme à en décider ? Il est juge et partie. On dit qu'un ouvrage est supérieur à un autre quand il a coûté plus de peine à l'ouvrier et qu'il est d'un usage plus utile ; mais en a-t-il moins coûté au Créateur de faire le Soleil que de pétrir un petit animal haut d'environ cinq pieds, qui raisonne bien ou mal ? Qui [a] est le plus utile au monde, ou de cet animal ou de l'astre qui éclaire tant de globes ? Et en quoi quelques idées reçues dans un cerveau sont-elles préférables à l'univers matériel ?

LXI [126]. *Qu'on choisisse telle condition qu'on voudra, et qu'on y assemble tous les biens et les satisfactions qui semblent pouvoir contenter un homme ; si celui qu'on aura mis en cet état est sans occupation et sans divertissement, et qu'on le laisse faire réflexion sur ce qu'il est, cette félicité languissante ne le soutiendra pas.*

Comment peut-on assembler tous les biens et toutes les satisfactions autour d'un homme, et le lais-

---

a. *1748 : Qui* des deux

ser en même temps sans occupation et sans divertissement ? N'est-ce pas là une contradiction bien
sensible ?

LXII [127]. *Qu'on laisse un roi tout seul, sans aucune
satisfaction des sens, sans aucun soin dans l'esprit, sans
compagnie, penser à soi tout à loisir, et l'on verra qu'un
roi qui se voit est un homme plein de misères, et qui les res-
sent comme les autres.*

Toujours le même sophisme. Un roi qui se recueille
pour penser est alors très occupé ; mais s'il n'arrêtait
sa pensée que sur soi en disant à soi-même : « Je
règne », et rien de plus, ce serait un idiot.

LXIII [680]. *Toute religion qui ne reconnaît pas Jésus-
Christ est notoirement fausse, et les miracles ne lui peuvent de rien servir.*

Qu'est-ce qu'un miracle ? Quelque idée qu'on s'en
puisse former, c'est une chose que Dieu seul peut
faire. Or on suppose ici que Dieu peut faire des
miracles pour le soutien d'une fausse religion. Ceci
mérite d'être bien approfondi ; chacune de ces questions peut fournir un volume.

LXIV [696]. *Il est dit : « Croyez à l'Église » ; mais il
n'est pas dit : « Croyez aux miracles », à cause que le dernier est naturel, et non pas le premier. L'un avait besoin de
précepte, et non pas l'autre.*

Voici, je pense, une contradiction. D'un côté, les
miracles, en certaines occasions, ne doivent servir de
rien ; et de l'autre, on doit croire si nécessairement
aux miracles, c'est une preuve si convaincante, qu'il
n'a pas même fallu recommander cette preuve. C'est
assurément dire le pour et le contre [a].

LXV [212]. *Je ne vois pas qu'il y ait plus de difficulté
de croire à la résurrection des corps et à l'enfantement de
la Vierge qu'à la Création. Est-il plus difficile de reproduire un homme que de le produire ?*

On peut trouver, par le seul raisonnement, des
preuves de la Création ; car en voyant que la matière
n'existe pas par elle-même et n'a pas le mouvement

---

a. *1748 : contre*, et d'une manière bien dangereuse

par elle-même, etc., on parvient à connaître qu'elle doit être nécessairement créée ; mais on ne parvient point, par le raisonnement, à voir qu'un corps toujours changeant doit être ressuscité un jour, tel qu'il était dans le temps même qu'il changeait. Le raisonnement ne conduit point non plus à voir qu'un homme doit naître sans germe. La Création est donc un objet de la raison, mais les deux autres miracles sont un objet de la foi.

Ce 10 mai 1738 [a].

J'ai lu, depuis peu, des pensées de Pascal qui n'avaient point encore paru. Le père Desmolets les a eues écrites de la main de cet illustre auteur, et on les [a] fait imprimer [34]. Elles me paraissent confirmer ce que j'ai dit : que ce grand génie avait jeté au hasard toutes ces idées, pour en réformer une partie et employer l'autre, etc.

Parmi ces dernières pensées, que les éditeurs des *Œuvres* de Pascal avaient rejetées du recueil, il me paraît qu'il y en a beaucoup qui méritent d'être conservées. En voici quelques-unes que ce grand homme eût dû, [ce] me semble, corriger.

I [35]. *Toutes les fois qu'une proposition est inconcevable, il ne la faut pas nier à cette marque, mais examiner le contraire ; et si on le trouve manifestement faux, on peut affirmer le contraire, tout incompréhensible qu'il est.*

Il me semble qu'il est évident que les deux contraires peuvent être faux. Un bœuf vole au sud avec des ailes, un bœuf vole au nord sans ailes ; vingt mille anges ont tué hier vingt mille hommes, vingt mille hommes ont tué hier vingt mille anges : ces propositions contraires sont évidemment fausses.

II [37]. *Quelle vanité que la peinture, qui attire l'admiration par la ressemblance des choses dont on n'admire pas les originaux !*

a. *1746* : 1743

Ce n'est pas dans la bonté du caractère d'un homme que consiste assurément le mérite de son portrait, c'est dans la ressemblance. On admire César en un sens, et sa statue ou son image sur toile en un autre sens.

III [41]. *Si les médecins n'avaient des soutanes et des mules, si les docteurs n'avaient des bonnets carrés et des robes très amples, ils n'auraient jamais eu la considération qu'ils ont dans le monde.*

Au contraire [a], les médecins n'ont cessé d'être ridicules, n'ont acquis une vraie considération que depuis qu'ils ont quitté ces livrées de la pédanterie ; les docteurs ne sont reçus dans le monde, parmi les honnêtes gens, que quand ils sont sans bonnet carré et sans arguments.

Il y a même des pays où la magistrature se fait respecter sans pompe. Il y a des rois chrétiens très bien obéis, qui négligent la cérémonie du sacre et du couronnement. À mesure que les hommes acquièrent plus de lumière, l'appareil devient plus inutile ; ce n'est guère que pour le bas peuple qu'il est encore quelquefois nécessaire : *ad populum phaleras* [36].

IV [397]. *Selon ces lumières naturelles, s'il y a un Dieu, il est infiniment incompréhensible, puisque n'ayant ni parties, ni bornes, il n'a aucun rapport à nous : nous sommes donc incapables de connaître ni ce qu'il est ni s'il est.*

Il est étrange que M. Pascal ait cru qu'on pouvait deviner le péché originel par la raison, et qu'il dise qu'on ne peut connaître par la raison si Dieu est. C'est apparemment la lecture de cette pensée qui engagea le père Hardouin à mettre Pascal dans sa liste ridicule des athées [37]. Pascal eût manifestement rejeté cette idée, puisqu'il la combat en d'autres endroits. En effet, nous sommes obligés d'admettre des choses que nous ne concevons pas. *J'existe, donc quelque chose existe de toute éternité*, est une proposition évidente ; cependant, comprenons-nous l'éternité ?

---

a. *1748ab :* Cependant

V [397]. *Croyez-vous qu'il soit impossible que Dieu soit infini sans parties ? Oui. Je veux donc vous faire voir une chose infinie et indivisible : c'est un point se mouvant partout d'une vitesse infinie, car il est en tous lieux et tout entier dans chaque endroit.*

Il y a là quatre faussetés palpables : 1. Qu'un point mathématique existe seul. 2. Qu'il se meuve à droite et à gauche en même temps. 3. Qu'il se meuve d'une vitesse infinie, car il n'y a vitesse si grande qui ne puisse être augmentée. 4. Qu'il soit tout entier partout.

VI [407]. *Homère a fait un roman qu'il donne pour tel. Personne ne doutait que Troie et Agamemnon n'avaient non plus été que la pomme d'or.*

Jamais aucun écrivain n'a révoqué en doute la guerre de Troie. La fiction de la pomme d'or ne détruit pas la vérité du fond du sujet. L'ampoule apportée par une colombe, et l'oriflamme par un ange, n'empêchent pas que Clovis n'ait, en effet, régné en France.

VII [419]. *Je n'entreprendrai pas de prouver ici par des raisons naturelles, ou l'existence de Dieu, ou la Trinité, ou l'immortalité de l'âme, parce que je ne me sentirais pas assez fort pour trouver dans la nature de quoi convaincre des athées endurcis.*

Encore une fois : est-il possible que ce soit Pascal qui ne se sente pas assez fort pour prouver l'existence de Dieu ?

VIII [586]. *Les opinions relâchées plaisent tant aux hommes naturellement, qu'il est étrange qu'elles leur déplaisent* [38].

L'expérience ne prouve-t-elle pas au contraire qu'on n'a de crédit sur l'esprit des peuples qu'en leur proposant le difficile, l'impossible même à faire et à croire ? Les stoïciens furent respectés parce qu'ils écrasaient la nature humaine. Ne proposez que des choses raisonnables, tout le monde répond : « Nous en savions autant. » Ce n'est pas la peine d'être inspiré pour être commun ; mais commandez des choses dures, impraticables ; peignez la divinité toujours armée de foudres ;

faites couler le sang devant ses autels ; vous serez écouté de la multitude, et chacun dira de vous : « Il faut qu'il ait bien raison, puisqu'il débite si hardiment des choses si étranges. »

ANNEXES

1. Projet d'une lettre sur les Anglais

Ce fragment fut publié pour la première fois dans l'édition de Kehl. Les éditeurs l'intitulèrent Lettre à M. *** *et lui donnèrent la date 1727. Il se peut cependant que cette* Lettre *soit constituée de plusieurs rédactions faites à des dates différentes et cousues ensemble par les éditeurs ou réunies par Voltaire lui-même. Par la ressemblance de son début avec l'«* Advertisement *» (voir la notice, p. 62-63), par l'évocation de la promenade de George II sur la Tamise et par la référence à Woolston, elle se place chronologiquement entre la fin de 1727 et le milieu de 1728.*

À M. ***

Je tombai hier par hasard sur un mauvais livre d'un nommé Dennis [1], car il y a aussi de méchants écrivains parmi les Anglais. Cet auteur, dans une petite relation d'un séjour de quinze jours qu'il a fait en France, s'avise de vouloir faire le caractère de la nation qu'il a eu si bien le temps de connaître. « Je vais, dit-il, vous faire un portrait juste et naturel des Français, et pour commencer je vous dirai que je les hais mortellement. Ils m'ont, à la vérité, très bien reçu, et m'ont accablé de civilités ; mais tout cela est pur orgueil, ce n'est pas pour nous faire plaisir qu'ils nous reçoivent si bien, c'est pour se plaire à eux-mêmes ; c'est une nation bien ridicule ! etc. »

N'allez pas vous imaginer que tous les Anglais pensent comme ce M. Dennis, ni que j'aie la moindre envie de l'imiter en vous parlant, comme vous me l'ordonnez, de la nation anglaise.

Vous voulez que je vous donne une idée générale du peuple avec lequel je vis. Ces idées générales sont sujettes à trop d'exceptions ; d'ailleurs un voyageur ne connaît d'ordinaire que très imparfaitement le pays où il se trouve. Il ne voit que la façade du bâtiment ; presque tous les dedans lui sont inconnus. Vous croiriez peut-être qu'un ambassadeur est toujours un homme fort instruit du génie du pays où il est envoyé, et pourrait vous en dire plus de nouvelles qu'un autre. Cela peut être vrai à l'égard des ministres étrangers qui résident à Paris, car ils savent tous la langue du pays ; ils ont à faire à une nation qui se manifeste aisément : ils sont reçus, pour peu qu'ils le veuillent, dans toutes sortes de sociétés, qui toutes s'empressent à leur plaire, ils lisent nos livres, ils assistent à nos spectacles. Un ambassadeur de France en Angleterre est tout autre chose. Il ne sait pour l'ordinaire pas un mot d'anglais, il ne peut parler aux trois quarts de la nation que par interprète, il n'a pas la moindre idée des ouvrages faits dans la langue, il ne peut voir les spectacles où les mœurs de la nation sont représentées. Le très petit nombre de sociétés où il peut être admis sont d'un commerce tout opposé à la familiarité française : on ne s'y assemble que pour jouer et pour se taire. La nation étant d'ailleurs presque toujours divisée en deux partis, l'ambassadeur, de peur d'être suspect, ne saurait être en liaison avec ceux du parti opposé au gouvernement ; il est réduit à ne voir guère que les ministres, à peu près comme un négociant qui ne connaît que ses correspondants et son trafic, avec cette différence pourtant que le marchand pour réussir doit agir avec une bonne foi qui n'est pas toujours recommandée dans les instructions de Son Excellence ; de sorte qu'il arrive assez souvent que l'ambassadeur est une espèce de facteur [2] par le canal duquel les faussetés et les tromperies politiques passent d'une cour à l'autre, et qui, après avoir menti en cérémonie, au nom du roi son maître, pendant quelques années, quitte pour jamais une nation qu'il ne connaît point du tout.

Il semble que vous pourriez tirer plus de lumière d'un particulier qui aurait assez de loisir et d'opiniâtreté pour apprendre à parler la langue anglaise, qui converserait librement avec les whigs et les tories, qui dînerait avec un évêque, et qui souperait avec un quaker, irait le samedi à la synagogue et le dimanche à Saint Paul, entendrait un sermon le matin, et assisterait l'après-dîner à la comédie ; qui passerait de la cour à la Bourse, et par-dessus tout cela ne se rebuterait point de la froideur, de l'air dédaigneux et de glace que les dames anglaises mettent dans les commencements du commerce, et dont quelques-unes ne se défont jamais ; un homme tel que je viens de vous le dépeindre serait encore très sujet à se tromper, et à vous donner des idées fausses, surtout s'il jugeait, comme on juge ordinairement, par le premier coup d'œil.

Lorsque je débarquai auprès de Londres, c'était dans le milieu du printemps [3] ; le ciel était sans nuages, comme dans les plus beaux jours du midi de la France ; l'air était rafraîchi par un doux vent d'occident, qui augmentait la sérénité de la nature, et disposait les esprits à la joie : tant nous sommes *machine*, et tant nos âmes dépendent de l'action des corps. Je m'arrêtai près de Greenwich sur les bords de la Tamise. Cette belle rivière qui ne se déborde jamais, et dont les rivages sont ornés de verdure toute l'année, était couverte de deux rangs de vaisseaux marchands durant l'espace de six milles [4] ; tous avaient déployé leurs voiles pour faire honneur au roi et à la reine qui se promenaient sur la rivière dans une barque dorée, précédée de bateaux remplis de musique, et suivie de mille petites barques à rames ; chacune avait deux rameurs, tous vêtus comme l'étaient autrefois nos

pages, avec des trousses et de petits pourpoints ornés
d'une grande plaque d'argent sur l'épaule. Il n'y avait
pas un de ces mariniers qui n'avertît par sa physionomie, par son habillement et par son embonpoint,
qu'il était libre, et qu'il vivait dans l'abondance.

Auprès de la rivière, sur une grande pelouse qui
s'étend environ quatre milles, je vis un nombre prodigieux de jeunes gens bien faits qui caracolaient à
cheval autour d'une espèce de carrière marquée par
des poteaux blancs, fichés en terre de mille en mille.
On voyait aussi des femmes à cheval, qui galopaient çà
et là avec beaucoup de grâce ; mais surtout de jeunes
filles à pied, vêtues pour la plupart de toile des Indes.
Il y en avait beaucoup de fort belles, toutes étaient
bien faites ; elles avaient un air de propreté, et il y avait
dans leurs personnes une vivacité et une satisfaction
qui les rendait toutes jolies.

Une autre petite carrière était enfermée dans la
grande ; elle était longue d'environ cinq cents pieds, et
terminée par une balustrade. Je demandai ce que tout
cela voulait dire. Je fus bientôt instruit que la grande
carrière était destinée à une course de chevaux, et la
petite à une course à pied. Auprès d'un poteau de la
grande carrière était un homme à cheval, qui tenait
une espèce de grande aiguière d'argent couverte ; à la
balustrade de la carrière intérieure étaient deux
perches ; au haut de l'une on voyait un grand chapeau
suspendu, et à l'autre flottait une chemise de femme.
Un gros homme était debout entre les deux perches,
tenant une bourse à la main. La grande aiguière était
le prix de la course des chevaux ; la bourse, celle de la
course à pied ; mais je fus agréablement surpris quand
on me dit qu'il y avait aussi une course de filles ;
qu'outre la bourse destinée à la victorieuse, on lui
donnait pour marque d'honneur cette chemise qui
flottait au haut de cette perche, et que le chapeau était
pour l'homme qui aurait le mieux couru.

J'eus la bonne fortune de rencontrer dans la foule
quelques négociants pour qui j'avais des lettres de
recommandation. Ces messieurs me firent les hon-

neurs de la fête, avec cet empressement et cette cordialité de gens qui sont dans la joie, et qui veulent qu'on la partage avec eux. Ils me firent venir un cheval, ils envoyèrent chercher des rafraîchissements, ils eurent soin de me placer dans un endroit d'où je pouvais aisément avoir le spectacle de toutes les courses et celui de la rivière, avec la vue de Londres dans l'éloignement.

Je me crus transporté aux jeux olympiques ; mais la beauté de la Tamise, cette foule de vaisseaux, l'immensité de la ville de Londres, tout cela me fit bientôt rougir d'avoir osé comparer l'Élide à l'Angleterre. J'appris que dans le même moment il y avait un combat de gladiateurs dans Londres [5], et je me crus aussitôt avec les anciens Romains. Un courrier de Danemark qui était arrivé le matin, et qui s'en retournait heureusement le soir même, se trouva auprès de moi pendant les courses. Il me paraissait saisi de joie et d'étonnement : il croyait que toute la nation était toujours gaie ; que toutes les femmes étaient belles et vives, et que le ciel d'Angleterre était toujours pur et serein ; qu'on ne songeait jamais qu'au plaisir ; que tous les jours étaient comme le jour qu'il voyait ; et il partit sans être détrompé. Pour moi, plus enchanté encore que mon Danois, je me fis présenter le soir à quelques dames de la cour ; je ne leur parlai que du spectacle ravissant dont je revenais ; je ne doutais pas qu'elles n'y eussent été, et qu'elles ne fussent de ces dames que j'avais vues galoper de si bonne grâce. Cependant, je fus un peu surpris de voir qu'elles n'avaient point cet air de vivacité qu'ont les personnes qui viennent de se réjouir ; elles étaient guindées et froides, prenaient du thé, faisaient un grand bruit avec leurs éventails, ne disaient mot ou criaient toutes à la fois pour médire de leur prochain ; quelques-unes jouaient au quadrille [6], d'autres lisaient la gazette ; enfin, une plus charitable que les autres voulut bien m'apprendre que le *beau monde* ne s'abaissait pas à aller à ces assemblées populaires qui m'avaient tant charmé ; que toutes ces belles personnes vêtues de

toiles des Indes étaient des servantes ou des villageoises ;
que toute cette brillante jeunesse, si bien montée et
caracolante autour de la canière, était une troupe
d'écoliers et d'apprentis montés sur des chevaux de
louage. Je me sentis une vraie colère contre la dame
qui me dit tout cela. Je tâchai de n'en rien croire ; et
m'en retournai de dépit dans la Cité trouver les marchands et les *aldermen*, qui m'avaient fait si cordialement les honneurs de mes prétendus jeux olympiques.

Je trouvai le lendemain, dans un café malpropre,
mal meublé, mal servi et mal éclairé, la plupart de ces
messieurs qui la veille étaient si affables et d'une
humeur si aimable : aucun d'eux ne me reconnut ; je
me hasardai d'en attaquer quelques-uns de conversation ; je n'en tirai point de réponse, ou tout au plus un
oui et un non ; je me figurai qu'apparemment je les
avais offensés tous la veille. Je m'examinai, et je tâchai
de me souvenir si je n'avais pas donné la préférence
aux étoffes de Lyon sur les leurs ; ou si je n'avais pas
dit que les cuisiniers français l'emportaient sur les
anglais, que Paris était une ville plus agréable que
Londres, qu'on passait le temps plus agréablement à
Versailles qu'à Saint James, ou quelque autre énor-
mité pareille. Ne me sentant coupable de rien, je pris
la liberté de demander à l'un deux, avec un air de vivacité qui leur parut fort étrange, pourquoi ils étaient
tous si tristes : mon homme me répondit d'un air ren-
frogné qu'il faisait un vent d'est. Dans le moment
arriva un de leurs amis, qui leur dit avec un visage
indifférent : « Molly s'est coupé la gorge ce matin. Son
amant l'a trouvée morte dans sa chambre, avec un
rasoir sanglant à côté d'elle. » Cette Molly était une
fille jeune, belle, et très riche, qui était prête à se
marier avec le même homme qui l'avait trouvée
morte. Ces messieurs, qui tous étaient amis de Molly,
reçurent la nouvelle sans sourciller. L'un d'eux seulement demanda ce qu'était devenu l'amant ; *il a acheté
le rasoir*, dit froidement quelqu'un de la compagnie.

Pour moi, effrayé d'une mort si étrange et de l'indifférence de ces messieurs, je ne pus m'empêcher de

m'informer quelle raison avait forcé une demoiselle, si heureuse en apparence, à s'arracher la vie si cruellement ; on me répondit uniquement qu'il faisait un vent d'est. Je ne pouvais pas comprendre d'abord ce que le vent d'est avait de commun avec l'humeur sombre de ces messieurs, et la mort de Molly. Je sortis brusquement du café, et j'allai à la cour, plein de ce beau préjugé français qu'une cour est toujours gaie. Tout y était triste et morne, jusqu'aux filles d'honneur. On y parlait mélancoliquement du vent d'est. Je songeai alors à mon Danois de la veille. Je fus tenté de rire de la fausse idée qu'il avait emportée d'Angleterre ; mais le climat opérait déjà sur moi, et je m'étonnais de ne pouvoir rire. Un fameux médecin de la cour [7], à qui je confiai ma surprise, me dit que j'avais tort de m'étonner, que je verrais bien autre chose aux mois de novembre et de mars ; qu'alors on se pendait par douzaine ; que presque tout le monde était réellement malade dans ces deux saisons, et qu'une mélancolie noire se répandait sur toute la nation : car c'est alors, dit-il, que le vent d'est souffle le plus constamment. Ce vent est la perte de notre île. Les animaux même en souffrent, et ont tous l'air abattu. Les hommes qui sont assez robustes pour conserver leur santé dans ce maudit vent perdent au moins leur bonne humeur. Chacun alors a le visage sévère, et l'esprit disposé aux résolutions désespérées. C'était à la lettre par un vent d'est qu'on coupa la tête à Charles Ier, et qu'on détrôna Jacques II. « Si vous avez quelque grâce à demander à la cour, m'ajouta-t-il à l'oreille, ne vous y prenez jamais que lorsque le vent sera à l'ouest ou au sud. »

Outre ces contrariétés que les éléments forment dans les esprits des Anglais, ils ont celles qui naissent de l'animosité des partis ; et c'est ce qui désoriente le plus un étranger.

J'ai entendu dire ici, mot pour mot, que milord Marlborough était le plus grand poltron du monde, et que M. Pope était un sot [8].

J'étais venu plein de l'idée qu'un whig était un fier républicain, ennemi de la royauté ; et un tory, un partisan de l'obéissance passive. Mais j'ai trouvé que dans le Parlement presque tous les whigs étaient pour la cour, et les tories contre elle.

Un jour, en me promenant sur la Tamise, l'un de mes rameurs, voyant que j'étais Français, se mit à m'exalter d'un air fier la liberté de son pays, et me dit en jurant Dieu qu'il aimait mieux être batelier sur la Tamise qu'archevêque en France. Le lendemain je vis mon même homme dans une prison auprès de laquelle je passais ; il avait les fers aux pieds, et tendait la main aux passants à travers la grille. Je lui demandai s'il faisait toujours aussi peu de cas d'un archevêque en France ; il me reconnut. « Ah ! Monsieur, l'abominable gouvernement que celui-ci ! On m'a enlevé par force pour aller servir sur un vaisseau du roi en Norvège ; on m'arrache à ma femme et à mes enfants et on me jette dans une prison, les fers aux pieds, jusqu'au jour de l'embarquement, de peur que je ne m'enfuie [9]. »

Le malheur de cet homme, et une injustice si criante me touchèrent sensiblement. Un Français qui était avec moi m'avoua qu'il sentait une joie maligne de voir que les Anglais, qui nous reprochent si hautement notre servitude [10], étaient esclaves aussi bien que nous. J'avais un sentiment plus humain, j'étais affligé de ce qu'il n'y avait plus de liberté sur la terre.

Je vous avais écrit sur cela bien de la morale chagrine, lorsqu'un acte du Parlement mit fin à cet abus d'enrôler des matelots par force, et me fit jeter ma lettre au feu. Pour vous donner une plus forte idée des contrariétés dont je vous parle, j'ai vu quatre traités fort savants contre la réalité des miracles de Jésus-Christ [11], imprimés ici impunément, dans le temps qu'un pauvre libraire a été pilorié pour avoir publié une traduction de *La Religieuse en chemise* [12].

On m'avait promis que je retrouverais mes jeux olympiques à Newmarket. « Toute la noblesse, me disait-on, s'y assemble deux fois an ; le roi même s'y rend quelquefois avec la famille royale. Là vous voyez un nombre prodigieux de chevaux les plus vites de l'Europe, nés d'étalons arabes et de juments anglaises, qui volent dans une carrière d'un gazon vert à perte de vue, sous de petits postillons vêtus d'étoffes de soie, en présence de toute la cour. » J'ai été chercher ce beau spectacle, et j'ai vu des maquignons de qualité qui pariaient l'un contre l'autre, et qui mettaient dans cette solennité infiniment plus de filouterie que de magnificence.

Voulez-vous que je passe des petites choses aux grandes ? Je vous demanderai si vous pensez qu'il soit bien aisé de vous définir une nation qui a coupé la tête à Charles Ier, parce qu'il voulait introduire l'usage des surplis en Écosse [13], et qu'il avait exigé un tribut que les juges avaient déclaré lui appartenir, tandis que cette même nation a vu sans murmurer Cromwell chasser les parlements, les lords, les évêques, et détruire toutes les lois.

Songez que Jacques II a été détrôné en partie pour s'être obstiné à donner une place dans un collège à un pédant catholique [14] ; et souvenez-vous que Henri VIII, ce tyran sanguinaire, moitié catholique, moitié protestant, changea la religion du pays parce qu'il voulait épouser une effrontée, laquelle il envoya ensuite sur l'échafaud ; qu'il écrivit un mauvais livre contre Luther en faveur du pape, puis se fit pape lui-même en Angleterre, faisant pendre tous ceux qui niaient sa suprématie, et brûler ceux qui ne croyaient pas la trans-substantiation ; et tout cela gaiement et impunément.

Un esprit d'enthousiasme, une superstition furieuse avait saisi toute la nation durant les guerres civiles ; une impiété douce et oisive succéda à ces temps de trouble sous le règne de Charles II.

Voilà comme tout change, et que tout semble se contredire. Ce qui est vérité dans un temps est erreur dans un autre. Les Espagnols disent d'un homme : *il était brave hier*. C'est à peu près ainsi qu'il faudrait juger des nations, et surtout des Anglais ; on devrait dire : *ils étaient tels en cette année, en ce mois*.

2. Première version de la lettre *Sur M. Locke*

La première version de la XIIIᵉ Lettre *a circulé en copies manuscrites sous le titre* Lettre sur l'âme *avant d'être publiée pour la première fois dans* Lettres de M. de V *** *avec plusieurs pièces de différents auteurs,* La Haye, Poppy, 1738. *Cette impression étant très fautive, notre texte provient d'un manuscrit conservé à la bibliothèque de l'Arsenal.*

Il faut que je l'avoue, lorsque j'ai lu l'infaillible Aristote, le divin Platon, le Docteur subtil, le Docteur angélique, j'ai pris tous ces épithètes [15] pour des sobriquets. Je n'ai rien vu dans les philosophes qui ont parlé de l'âme humaine, que des aveugles pleins de témérité et de babil qui s'efforcent de persuader qu'ils ont une vue d'aigle à d'autres aveugles curieux et sots qui les croient sur leur parole et qui s'imaginent bientôt eux-mêmes voir aussi quelque chose.

Je ne feindrai point de mettre au rang de ces maîtres d'erreurs Descartes et Malebranche. Le premier nous assure que l'âme de l'homme est une substance dont l'essence est de penser, qui pense toujours, et qui s'occupe dans le ventre de la mère de belles idées métaphysiques ou de beaux axiomes généraux qu'elle oublie ensuite.

Pour le père Malebranche, il est bien persuadé que nous voyons tout en Dieu ; il a trouvé des partisans, parce que les fables les plus hardies sont celles qui sont les mieux reçues de la faible imagination des hommes. Plusieurs philosophes ont donc fait le roman de l'âme ; enfin il est venu un sage qui en a écrit modestement l'histoire. Je vais vous faire l'abrégé de cette histoire, selon que je l'ai conçu. Je sais fort bien que tout le monde ne conviendra pas des idées de M. Locke : il se pourrait bien faire que M. Locke eût raison contre Descartes et Malebranche, et eût tort contre la Sorbonne [16]. Je ne réponds de rien, je parle selon les lumières de la philosophie, et non selon les révélations de la foi. Il ne m'appartient que de penser humainement ; les théologiens décident divinement, c'est tout autre chose. La raison et la foi sont de nature contraire. En un mot, voici un petit précis de M. Locke que je censurerais si j'étais théologien, et que j'adopte pour un moment comme pure hypothèse, comme conjecture de simple philosophie.

Humainement parlant, il s'agit de savoir ce que c'est que l'âme.

1. Le mot d'*âme* est un de ces mots que chacun prononce sans l'entendre [17] ; nous n'entendons que les choses dont nous avons une idée : nous n'avons point d'idée d'âme, d'esprit ; donc nous ne l'entendons pas.

2. Il nous a donc plu d'appeler âme cette faculté de penser et de sentir, comme nous appelons *vue* la faculté de voir, *volonté* [la] faculté de vouloir, etc.

Des raisonneurs sont venus ensuite, qui ont dit :

« L'homme est composé de matière et d'esprit : la matière est étendue et divisible, l'esprit n'est ni étendu ni divisible ; donc il est, disent-ils, d'une autre nature ; donc c'est un assemblage d'êtres qui ne sont point faits l'un pour l'autre, et que Dieu unit malgré leur nature. Nous voyons peu le corps, nous ne voyons point l'âme. Elle n'a point de parties, donc elle est éternelle ; elle a des idées pures et spirituelles, donc elle ne les reçoit point de la matière ; elle ne les reçoit point non plus d'elle-même, donc Dieu les lui donne, donc elle apporte en naissant les idées de Dieu, de l'infini, et toutes les idées générales. »

Toujours humainement parlant, je réponds à ces messieurs qu'ils sont bien savants. Ils supposent d'abord qu'il y a une âme, et puis il nous disent ce que ce doit être ; ils prononcent le nom de matière et décident ensuite nettement ce qu'elle est. Et moi je leur dis : vous ne connaissez ni l'esprit, ni la matière ; par l'esprit, vous ne pouvez vous imaginer que la faculté de penser ; par la matière, vous ne pouvez entendre qu'un certain assemblage de qualités, de couleurs, d'étendue, de solidité ; et il vous a plu d'appeler cela matière, et vous avez assigné les limites de la matière et de l'âme avant d'être sûrs seulement de l'existence de l'une et de l'autre. Quant à la matière, vous enseignez gravement qu'il n'y a en elle que de l'étendue et de la solidité, et moi je vous dirai modestement qu'elle est capable de mille propriétés que vous ni moi ne connaissons pas. Vous dites que l'âme est indivisible, éternelle, et vous supposez ce qui est en question.

Vous êtes à peu près comme un régent de collège qui, n'ayant vu d'horloge de sa vie, aurait tout d'un coup entre ses mains une montre d'Angleterre à répétition. Cet homme, bon péripatéticien [18], est frappé de la justesse avec laquelle les aiguilles divisent et marquent le temps, et encore plus étonné de voir qu'un bouton pressé par le doigt sonne précisément l'heure que l'aiguille montre. Mon philosophe ne manque pas de trouver qu'il y a dans cette machine une âme qui la gouverne et qui en meut les ressorts, il démontre savamment son opinion par la comparaison des anges qui font aller les sphères célestes [19], et il fait soutenir dans sa classe de belles thèses sur l'âme des montres. Un de ses écoliers ouvre la montre : on n'y voit que des ressorts, et cependant on soutient toujours le système de l'âme, qui passe pour démontré. Je suis cet écolier : ouvrons la montre qu'on appelle homme, et au lieu de définir hardiment ce que nous ne connaissons pas, tâchons d'examiner par degrés ce que nous voulons connaître.

Prenons un enfant à l'instant de sa naissance, et suivons pas à pas le progrès de son entendement. Vous me faites l'honneur de m'apprendre que Dieu a pris la peine de créer une âme pour aller loger dans ce corps.

Lorsqu'il a environ six semaines, cette âme est arrivée ; la voilà pourvue d'idées métaphysiques, connaissant Dieu, l'esprit, les idées abstraites, l'infini fort clairement, étant en un mot une très savante personne. Mais malheureusement elle sort de l'utérus avec une ignorance crasse ; elle passe dix-huit mois à ne connaître que le téton de sa nourrice, et lorsque à l'âge de vingt ans on veut faire ressouvenir cette âme de toutes les idées scientifiques qu'elle avait quand elle fut unie à son corps, elle est souvent si bouchée qu'elle n'en peut recevoir aucune. Il y a des peuples entiers qui n'ont jamais eu une seule de ces idées : en vérité à quoi pensait l'âme de Descartes, et celle de Malebranche, quand elles imaginaient de pareilles rêveries ?

Suivons donc l'histoire du petit enfant sans nous arrêter aux imaginations des philosophes. Le jour que sa mère est accouchée de lui et de son âme, il est né aussi un chien dans la maison, un chat et un serin. Au bout de trois mois j'apprends un menuet au serin, au bout d'un an et demi je fais du chien un excellent chasseur, le chat au bout de six semaines fait déjà tous ses tours, et l'enfant au bout de quatre ans ne fait rien du tout. Moi, homme grossier, témoin de cette prodigieuse différence, et qui n'ai jamais vu d'enfant, je crois d'abord que le chien, le chat et le serin sont des créatures très intelligentes, et que le petit enfant est un automate ; cependant petit à petit je m'aperçois que cet enfant a aussi des idées, de la mémoire, qu'il a les mêmes passions que ces animaux, et alors j'avoue qu'il est aussi, comme eux, une créature raisonnable. Il me communique différentes idées par quelques paroles qu'il a apprises, de même que mon chien par des cris diversifiés me fait exactement connaître ses divers besoins. J'aperçois qu'à l'âge de six ou sept ans l'enfant combine dans son petit cerveau presque autant d'idées que mon chien de chasse dans le sien. Enfin il atteint avec l'âge un nombre infini de connaissances. Alors que dois-je penser de lui ? Irai-je le croire d'une nature absolument différente ? Non, sans doute : car vous qui voyez d'un côté un imbécile, de l'autre M. Newton, vous prétendez qu'ils sont pourtant de même nature ; je dois prétendre à plus forte raison que mon chien et mon enfant sont au fond de même espèce, et qu'il n'y a de la différence que du plus ou du moins. Pour mieux m'assurer de la vraisemblance de mon opinion probable, j'examine mon enfant et mon chien pendant leur veille et pendant leur sommeil. Je les fais saigner l'un et l'autre outre mesure, alors leurs idées semblent s'écouler avec leur sang. Dans cet état je les appelle, ils ne me répondent plus, et si je leur tire encore quelques palettes [20], mes deux machines qui avaient une heure auparavant des idées en très grand nombre et des passions de toute espèce, n'auront plus aucun sentiment.

J'examine ensuite mes deux animaux pendant qu'ils dorment ; je m'aperçois que le chien, après avoir trop mangé, a des rêves : il chasse, il crie après sa proie. Mon jeune homme étant dans le même cas, parle à sa maîtresse, et fait l'amour [21] en songe. Si l'un et l'autre ont mangé modérément, ni l'un ni l'autre ne rêve. Enfin, je vois que leur faculté de sentir, d'apercevoir, d'exprimer leurs idées s'est développée en eux petit à petit et s'affaiblit aussi par degrés. J'aperçois en eux plus de rapport cent fois que je n'en trouve entre tel homme d'esprit et tel autre homme absolument imbécile [22].

Quelle est donc l'opinion que j'aurai de leur nature ? Celle que tous les peuples ont eue d'abord avant que la politique égyptienne imaginât la spiritualité et l'immortalité de l'âme. Je soupçonnerai, mais avec bien de l'apparence, qu'Archimède et une taupe sont de la même espèce, quoique d'un genre différent ; de même qu'un chêne et un grain de moutarde sont formés par les mêmes principes, quoique l'un soit un grand arbre et l'autre une petite plante.

Je penserai que Dieu a donné des portions d'intelligence à des portions de matière organisées pour penser ; je croirai que la matière a pensé à proportion de la finesse de ses sens, que ce sont eux qui sont les portes et la mesure de nos idées ; je croirai que l'huître à l'écaille a moins d'esprit que moi parce qu'elle a moins de sensations que moi, et je croirai qu'elle a moins de sensations et de sens parce que ayant l'âme attachée à son écaille, cinq sens lui seraient inutiles [23]. Il y a beaucoup d'animaux qui n'ont que deux sens ; nous en avons cinq, ce qui est bien peu de chose. Il est à croire qu'il est dans d'autres mondes d'autres animaux qui jouissent de vingt ou trente sens, et que d'autres espèces, encore plus parfaites, ont des sens à l'infini.

Il me paraît que voilà la manière la plus naturelle d'exposer des raisons, c'est-à-dire de deviner et de soupçonner. Certainement, il s'est passé bien du temps avant que les hommes aient été assez ingénieux pour imaginer un être inconnu qui est en nous, qui fait tout en nous, qui n'est pas tout à fait nous, et qui vit après nous. Aussi n'est-on venu que par degrés à concevoir une idée si hardie. D'abord le mot d'*âme* a signifié la vie, et a été commun pour nous et pour les autres animaux ; ensuite notre orgueil nous a fait une âme à part et nous a fait imaginer une forme substantielle pour les autres créatures.

Cet orgueil humain me demandera ce que c'est donc que ce pouvoir d'apercevoir et de sentir, qu'il appelle une *âme* dans l'homme, et un *instinct* dans la brute. Je satisferai à cette question quand les universités m'auront appris ce que c'est que le *mouvement*, le *son*, la *lumière*, l'*espace*, le *corps*, le *temps*. Je dirai, dans l'esprit du sage M. Locke : « La philosophie consiste à s'arrêter quand le flambeau de la physique nous manque. » J'observe les effets de la nature, mais je vous avoue que je n'en conçois pas plus que vous les premiers principes. Tout ce que je sais, c'est que je ne dois pas attribuer à plusieurs causes, surtout à des causes inconnues, ce que je puis attribuer à une cause connue. Or, je puis attribuer à mon corps la faculté de penser et de sentir ; donc, je ne dois pas chercher cette faculté dans un autre être appelé *âme*, ou *esprit*, dont je ne puis avoir la moindre idée. Vous vous récrierez à cette proposition, vous trouverez de l'irréligion à oser dire que le corps peut penser. Mais que direz-vous, vous répondrait M. Locke, si c'est vous-même qui êtes ici coupables d'irréligion, vous qui osez borner la puissance de Dieu ? Et quel est l'homme sur la terre qui peut assurer sans une impiété absurde qu'il est impossible à Dieu de donner à la matière le sentiment et la pensée ? Faible et hardi que vous êtes, vous avancez que la matière ne pense point, parce que vous

ne concevez pas qu'une substance étendue puisse
penser ; et concevez-vous mieux comme une substance, telle qu'elle soit, pense ?

Grands philosophes qui décidez du pouvoir de
Dieu et qui dites que Dieu peut d'une pierre faire un
ange [24], ne voyez-vous pas que, selon vous-même,
Dieu ne ferait en ce cas que donner à une pierre la
puissance de penser ? Car, si la matière de la pierre ne
restait pas, ce ne serait plus une pierre changée en
ange, ce serait une pierre anéantie et un ange créé. De
quelque côté que vous vous tourniez, vous êtes forcés
d'avouer deux choses, votre ignorance et la puissance
immense du Créateur : votre ignorance qui se révolte
contre la matière pensante, et la puissance du Créateur à qui certes cela n'est pas impossible.

Vous qui savez que la matière ne périt pas, vous
contesterez à Dieu le pouvoir de conserver, dans cette
matière, la plus belle qualité dont il l'avait ornée !
L'étendue subsiste bien sans corps par lui, puisqu'il y
a des philosophes qui croient le vide ; les accidents
subsistent bien sans substance parmi les chrétiens qui
croient la transsubstantiation. Dieu, dites-vous, ne
peut pas faire ce qui implique contradiction. Cela est
vrai, mais pour savoir si la matière pensante est une
chose contradictoire, il faudrait en savoir plus que
vous n'en savez. Vous aurez beau faire, vous ne saurez
jamais autre chose, sinon que vous êtes corps, et que
vous pensez.

Bien des gens qui ont appris dans l'École à ne
douter de rien, qui prennent leurs syllogismes pour
des oracles et leur superstition pour de la religion,
regardent M. Locke comme un impie dangereux. Les
superstitieux sont dans la société des hommes ce que
les poltrons sont dans une armée, ils ont et donnent
des terreurs paniques.

Il faut avoir la pitié de dissiper les craintes, il faut
qu'ils sachent que ce ne sont pas les sentiments des
philosophes qui feront jamais tort à la religion.

Il est assuré que la lumière vient du Soleil, et que les
planètes tournent autour de cet astre : on ne lit pas

avec moins d'édification dans la Bible que la lumière a été faite avant le Soleil, et que le Soleil s'est arrêté sur le village de Gabaon [25].

Il est démontré que l'arc-en-ciel est formé nécessairement par la pluie : on n'en respecte pas moins le texte sacré qui dit que Dieu posa son arc dans les nues, après le déluge, en signe qu'il n'y aurait plus d'inondation [26].

Le mystère de la Trinité et celui de l'Eucharistie ont beau être contraires aux démonstrations connues, ils n'en sont pas moins révérés chez les philosophes catholiques, qui savent que les objets de la raison et de la foi sont de différente nature.

La notion des antipodes a été condamnée comme hérétique par les papes et les conciles [27] : malgré cette décision [a], ceux qui reconnaissent les conciles et les papes ont découvert les antipodes et y ont porté cette même religion chrétienne dont on croyait la destruction sûre, en cas qu'on pût trouver un homme qui (comme on parlait alors) eût la tête en bas et les pieds en haut par rapport à nous, et qui, comme dit le très peu philosophe saint Augustin, serait tombé dans le ciel.

Jamais les philosophes ne feront tort à la religion dominante d'un pays. Pourquoi ? C'est qu'ils sont sans enthousiasme, et qu'ils n'écrivent point pour le peuple.

Divisez le genre humain en vingt parties : il y en aura dix-neuf composées de ceux qui travaillent de leurs mains et qui ne sauront jamais s'il y a eu un M. Locke au monde ; dans la vingtième partie qui reste, combien trouve-t-on peu d'hommes qui lisent ? Et parmi ceux qui lisent, il y en a vingt qui lisent des romans, contre un qui étudiera en philosophie. Le nombre de ceux qui pensent est excessivement petit, et ceux-là ne s'avisent pas de troubler le monde.

---

a. *Sur le manuscrit, on lit* division. *Le mot* décision *est une conjecture de Lanson.*

Ce n'est ni Montaigne, ni Locke, ni Bayle, ni Spinoza, ni Hobbes, ni Shaftesbury, ni M. Collins, ni
Toland, etc., qui ont porté le flambeau de la discorde
dedans leur patrie. Ce sont pour la plupart des théologiens qui, ayant eu d'abord l'ambition d'être chefs
de secte, ont eu bientôt celle d'être chefs de parti. Que
dis-je ? Tous les livres des philosophes modernes mis
ensemble ne feront jamais dans le monde autant de
bruit seulement qu'en fit autrefois la dispute des cordeliers sur la forme de leur manche et de leur capuchon.

Au reste, Monsieur, je vous répète encore qu'en
vous écrivant avec liberté, je ne me rends garant
d'aucune opinion ; je ne suis responsable de rien. Il y
a peut-être parmi les songes des raisonnements
quelques rêveries auxquelles je donnerais la préférence : mais il n'y en a aucune que je ne sacrifiasse
tout d'un coup à la religion et à la patrie.

DE VOLTAIRE

3. De Newton

*Ce morceau remplace, dans l'édition de 1756, les XVe
et XVIe Lettres et le commencement de la XVIIe.*

Newton fut d'abord destiné à l'Église. Il commença
par être théologien, et il lui en resta des marques toute
sa vie. Il prit sérieusement le parti d'Arius contre
Athanase. Il alla même un peu plus loin qu'Arius,
ainsi que tous les sociniens. Il y a aujourd'hui en
Europe beaucoup de savants de cette opinion. Je ne
dirai pas de cette communion, car ils ne font point de
corps ; ils sont même partagés, et plusieurs d'entre
eux réduisent leur système au pur déisme, accom-
modé avec la morale du Christ. Newton n'était pas de
ces derniers ; il ne différait de l'Église anglicane que
sur le point de la *consubstantialité*, et il croyait tout le
reste.

Une preuve de sa bonne foi [28], c'est qu'il a commenté l'Apocalypse. Il y trouve clairement que le pape est l'Antéchrist, et il explique d'ailleurs ce livre comme tous ceux qui s'en sont mêlés. Apparemment qu'il a voulu par ce commentaire consoler la race humaine de la supériorité qu'il avait sur elle.

Bien des gens, en lisant le peu de métaphysique que Newton a mis à la fin de ses *Principes mathématiques*, y ont trouvé quelque chose d'aussi obscur que l'Apocalypse [29]. Les métaphysiciens et les théologiens ressemblent assez à cette espèce de gladiateurs qu'on faisait combattre les yeux couverts d'un bandeau. Mais quand Newton travailla les yeux ouverts à ses mathématiques, sa vue porta aux bornes du monde.

Il a inventé le calcul qu'on appelle de l'*infini* ; il a découvert et démontré un principe nouveau qui fait mouvoir toute la nature. On ne connaissait point la lumière avant lui ; on n'en avait que des idées confuses et fausses. Il a dit : « Que la lumière soit connue », et elle l'a été.

Les télescopes de réflexion ont été inventés pas lui. Le premier a été fait de ses mains ; et il a fait voir pourquoi on ne peut pas augmenter la force et la portée des télescopes ordinaires. Ce fut à l'occasion de son nouveau télescope qu'un jésuite allemand prit Newton pour un ouvrier, pour un faiseur de lunettes : *artifex quidam nomine Newton*, dit-il dans un petit livre. La postérité l'a bien vengé depuis. On lui faisait en France plus d'injustice, on le prenait pour un faiseur d'expériences qui s'était trompé ; et parce que Mariotte se servit de mauvais prismes [30], on rejeta les découvertes de Newton.

Il fut admiré de ses compatriotes dès qu'il eut écrit et opéré. Il n'a été bien connu en France qu'au bout de quarante années. Mais en récompense nous avions la matière cannelée et la matière rameuse de Descartes [31], et les petits tourbillons mollasses du révérend père Malebranche [32], et le système de M. Privat de Molières [33], qui ne vaut pas pourtant Poquelin de Molière.

De tous ceux qui ont un peu vécu avec M. le cardinal de Polignac, il n'y a personne qui ne lui ait
entendu dire que Newton était péripatéticien, et que
ses rayons colorifiques, et surtout son attraction, sentaient beaucoup l'athéisme. Le cardinal de Polignac
joignait à tous les avantages qu'il avait reçus de la
nature une très grande éloquence : il faisait des vers
latins avec une facilité heureuse et étonnante, mais il
ne savait que la philosophie de Descartes [34], et il avait
retenu par cœur ses raisonnements comme on retient
des dates. Il n'était point devenu géomètre, et il n'était
pas né philosophe. Il pouvait juger les *Catilinaires* et
l'*Énéide*, mais non pas Newton et Locke.

Quand on considère que Newton, Locke, Clarke,
Leibniz auraient été persécutés en France, empri-
sonnés à Rome, brûlés à Lisbonne, que faut-il penser
de la raison humaine ? Elle est née dans ce siècle en
Angleterre. Il y avait eu, du temps de la reine Marie,
une persécution assez forte sur la façon de prononcer
le grec, et les persécuteurs se trompaient. Ceux qui
mirent Galilée en pénitence se trompaient encore
plus. Tout inquisiteur [a] devrait rougir jusqu'au fond de
l'âme en voyant seulement une sphère de Copernic.
Cependant si Newton était né en Portugal, et qu'un
dominicain eût vu une hérésie dans la raison inverse
du carré des distances, on aurait revêtu le chevalier
Isaac Newton d'un *san-benito* dans un autodafé.

On a souvent demandé pourquoi ceux que leur
ministère engage à être savants et indulgents ont été si
souvent ignorants et impitoyables. Ils ont été ignorants
parce qu'ils avaient longtemps étudié, et ils ont été
cruels parce qu'ils sentaient que leurs mauvaises
études étaient l'objet du mépris des sages. Certainement les inquisiteurs qui eurent l'effronterie de

---

a. *1751 : raison humaine ?* Et en quoi notre vulgaire d'Europe,
j'entends celui qui est gouverné et celui qui gouverne, est-il au-
dessus des habitants de la Cafrerie et des Topinambous ? / Il semblerait que l'aventure de Galilée aurait dû corriger les hommes. *Tout
inquisiteur*

condamner le système de Copernic [a], non seulement comme hérétique, mais comme absurde [35], n'avaient rien à craindre de ce système. La Terre a beau être emportée autour du Soleil ainsi que les autres planètes, ils ne perdaient rien de leurs revenus ni de leurs honneurs. Le dogme même est toujours en sûreté quand il n'est combattu que par des philosophes : toutes les académies de l'univers ne changeront [b] rien à la croyance du peuple. Quel est donc le principe de cette rage qui a tant de fois animé les Anitus contre les Socrate [36] ? C'est que les Anitus disent dans le fond de leur cœur : « Les Socrate nous méprisent. »

J'avais cru dans ma jeunesse que Newton avait fait sa fortune par son extrême mérite. Je m'étais imaginé que la cour et la ville de Londres l'avaient nommé par acclamation grand maître des Monnaies du royaume. Point du tout. Isaac Newton avait une nièce assez aimable, nommée Mme Conduitt. Elle plut beaucoup au grand trésorier Halifax. Le calcul infinitésimal et la gravitation ne lui auraient servi de rien sans une jolie nièce.

---

a. *1751 : condamner Copernic*
b. *1751 : changent*

DERNIERS ÉCRITS SUR DIEU

Tout en Dieu. Commentaire sur Malebranche
Dieu. Réponse au Système de la nature
Lettres de Memmius à Cicéron
Il faut prendre un parti, ou le Principe d'action

NOTICE

En 1760, Voltaire a soixante-six ans. À cet âge-là, Diderot avait son œuvre derrière lui, Montesquieu et Rousseau étaient sur le point de mourir. Voltaire, quant à lui, vient de créer *Candide*. Mais ce n'est pas le conteur, ni le dramaturge, ni l'historien, ni l'auteur du *Dictionnaire philosophique*, du *Philosophe ignorant* ou de l'*Essai sur les mœurs* que le peuple de Paris acclamera à son retour dans la capitale en 1778 : c'est le défenseur des Calas. Si Voltaire était mort au cours de son séjour en Prusse (1750-1753) – il a failli être tué par un fonctionnaire prussien zélé à Francfort –, il aurait tout au plus le statut d'un Fontenelle. C'est à Ferney, où il s'installe à partir de 1758, que le patriarche va acquérir son statut d'« ami et défenseur du genre humain » (Valéry) [1].

En 1760, Voltaire signe pour la première fois une lettre avec son cri de guerre « Écrasez l'Infâme ». Depuis la suppression de l'*Encyclopédie* en 1758, les philosophes sont aux abois ; Voltaire lui-même est interdit de séjour à Paris après son retour d'Allemagne. « J'ai vu, écrit-il alors à d'Alembert, qu'il n'y avait rien à gagner à être modéré, et que c'est une duperie. Il faut faire la guerre, et mourir noblement sur un

---

1. « Discours prononcé à la Sorbonne pour le 250ᵉ anniversaire de la naissance de Voltaire », 10 décembre 1944.

tas de bigots immolés à mes pieds [1]. » Le supplice de Jean
Calas en 1762, puis celui du chevalier de La Barre en 1766
révoltent le patriarche de Ferney [2]. Le vieillard se multiplie,
accueille les victimes, leur gagne des sympathies, argumente
à coups de pamphlets, obtient des acquittements et des
réhabilitations (dans le cas des Calas) et prêche la tolérance.
En même temps, il revient vers la philosophie. En 1764
paraît la première édition du *Dictionnaire philosophique*, qui
connaîtra cinq éditions successives avant d'être refondu
dans les monumentales *Questions sur l'Encyclopédie*. En
1766, Voltaire donne *Le Philosophe ignorant*, un dialogue de
l'auteur avec lui-même dans lequel il rassemble, accessibles
au grand public, les éléments de sa pensée. Locke seul y
trouve grâce à ses yeux, et à l'exception notable de Spinoza, chaque philosophe dont il examine le système reçoit
son lot de railleries. Plus que jamais, Voltaire insiste sur les
incertitudes, les errances et finalement les limites de la philosophie, ou plutôt de tous les penseurs qui prétendent
montrer le bout des choses dans des systèmes clos sur eux-
mêmes.

Après l'échec des tentatives pour son retour à Paris dans
l'été de 1769, Voltaire se familiarise avec l'idée de terminer
sa vie en exil. Il continue à travailler quinze heures par jour
dans son château de Ferney. « La haine contre l'intolérance
et la superstition, rapporte Condorcet de sa première visite
chez le patriarche, est le seul sentiment qui puisse lui donner
la force d'écrire encore de longs ouvrages [3]. » Au mois
d'août, Voltaire publie *Tout en Dieu. Commentaire sur
Malebranche* [4]. Revenant à Malebranche, lu attentivement
dans sa jeunesse, il s'intéresse désormais moins à l'auteur de
la *Recherche de la vérité*, au théoricien de l'erreur, qu'au philosophe de la « vision en Dieu » cher aux quakers [5]. Mais

----

1. Lettre du 20 avril 1761.

2. Rappelons que, suite à une erreur judiciaire, le protestant Jean
Calas fut torturé et condamné au supplice de la roue. Le chevalier
de La Barre fut torturé, décapité, son cadavre jeté sur un bûcher
avec un exemplaire du *Dictionnaire philosophique*, pour des impiétés
de garnement.

3. Lettre à Turgot d'octobre 1770.

4. La brochure sera reproduite avec quelques additions et de
nombreuses suppressions dans l'article *Idée* des *Questions sur
l'Encyclopédie*.

5. Voir *supra*, p. 83. À strictement parler, le syntagme « vision en
Dieu » n'est pas malebranchiste.

sous le pseudonyme de l'abbé de Tilladet qu'il avait déjà utilisé pour publier son *Dialogue du Douteur et de l'Adorateur*
(1766), Voltaire tend à justifier le caractère spinoziste de la
philosophie de Malebranche : « Personne, confie-t-il à
d'Alembert, n'imagine que saint Paul et Nicolas Malebranche approchassent du spinozisme [1]. » Il va de soi que ni
saint Paul ni Malebranche n'ont jamais rejeté l'âme immortelle que Voltaire s'emploie, une fois de plus, à nier avec la
dernière vigueur. Bien qu'il ne la possède pas dans sa bibliothèque, Voltaire semble avoir lu l'*Éthique* de Spinoza vers
cette époque. Il y trouve un fondement plus approfondi de
son déisme que le banal argument de l'ordre de la nature
attestant un grand ouvrier. L'argument servira toujours,
mais Dieu, en fin de compte, n'est ni un ouvrier ni un roi
dans son palais : ce sont là des conceptions anthropomor-
phiques qui ne saisissent qu'imparfaitement cette « âme de
l'univers » dont il sera question dans les *Lettres de Memmius
à Cicéron* (1771), ce « principe d'action » qu'il décrira dans
Il faut prendre un parti (1775). Si Voltaire ne succombe pas
à la « tentation panthéiste [2] », c'est parce qu'il maintient,
contre vents et marées, l'idée que le monde ne s'est pas
formé au cours d'une évolution aveugle mais émane d'une
intelligence : « Spinoza lui-même reconnaît dans la nature
une puissance intelligente, nécessaire. Mais une intelligence
destituée de volonté serait une chose absurde, parce que
cette intelligence ne servirait à rien ; elle n'opérerait rien,
puisqu'elle ne voudrait rien opérer. Le grand Être nécessaire
a donc voulu tout ce qu'il a opéré » (p. 376). On en viendrait
presque à oublier le grand rémunérateur et vengeur que
Grimm identifiait, un peu trop rapidement, au Dieu de
Voltaire [3].

Dans sa période de Cirey, l'expression de « rémunérateur
et vengeur » n'appartenait pas encore au vocabulaire de Voltaire. Qu'est-ce qui s'est passé pour que, vingt ans plus tard,
ces attributs soient inlassablement accolés à Dieu, même si
le philosophe n'a sur ces articles aucune certitude ? En
1765, Étienne Noël Damilaville, premier commis au bureau
du Vingtième et ami commun de Voltaire et de la coterie holbachique, était venu à Ferney prêcher le matérialisme athée,
qui s'enorgueillissait désormais de la caution scientifique des

1. Lettre du 15 août 1769.
2. R. Pomeau, *La Religion de Voltaire*, Nizet, 1969, p. 414.
3. Voir *supra*, p. 13, note 1.

expériences de Needham. « Je lui soutenais qu'il y avait dans la nature intelligence et matière ; il me niait intelligence, et nous étions bons amis », racontera Voltaire à Diderot sept ans plus tard, en mai 1772. Par une curieuse coïncidence, Needham, qui réside alors à Genève comme précepteur du fils de lord Dillon, s'en prend aux premières *Lettres sur les miracles* de Voltaire (1765) à l'instant même où le physiologiste italien Spallanzani envoie à Voltaire un recueil d'observations qui ruine les prétendues découvertes du savant anglais : l'« Anguillard » ne se relèvera pas des propos satiriques que Voltaire lui décoche à partir de ce moment jusqu'à la fin de sa vie. Un an plus tard, la « synagogue » déclenche une intense campagne d'édition d'ouvrages antireligieux qui culmine, en 1770, avec la publication du *Système de la nature* [1].

L'ouvrage commence à circuler à la fin de l'hiver 1769. Son retentissement est considérable : il suscite curiosité, panique, colère, réticences parmi les adversaires et les alliés. Le *Système de la nature* détonne par son ambition – il substitue à la foi et à ses dogmes une philosophie, une morale et une politique – et par son radicalisme, dans la mesure où il ne fait pas même de concession au déisme des Lumières. Premier grand traité matérialiste depuis l'Antiquité, il rompt délibérément avec les déguisements et les artifices habituels dans l'expression de la pensée subversive, et présente une somme de tous les arguments que la philosophie matérialiste est capable de grouper à cette époque.

Voltaire, qui lit l'ouvrage à la fin de mai 1770, est atterré : d'un côté il combat l'Infâme pour instaurer le déisme, de l'autre on combat les religions pour justifier l'athéisme. Sa réaction ne se fait pas attendre : c'est la brochure *Dieu. Réponse au Système de la nature*, d'un ton encore fort modéré, qu'il propose dès le 1er juin à son éditeur Cramer. Or face aux réactions hystériques des autorités envers cette nouvelle bombe lancée contre l'Ancien Régime, Voltaire change de tactique. Entre juillet 1770 et mars 1771, il procède à une véritable campagne par correspondance contre le *Système de la nature*, au cours de laquelle il envoie une quarantaine de lettres adaptées à la personnalité de ses destinataires : chaque correspondant a son mot, chaque mot a son destinataire

---

1. *Système de la nature, ou Des lois du monde physique et du monde moral*, Londres, 1770, 2 vol. L'anonymat ne fut levé qu'après la mort de l'auteur, le baron d'Holbach, en 1789.

apparent et son but secret [1] : il se montre tour à tour sévère et indulgent, et dans ce jeu de cache-cache, il est difficile de démêler la tactique et les convictions personnelles.

Le 10 juillet, Voltaire affirme que le *Système de la nature* comporte des chapitres qui lui paraissent bien faits, d'autres qui lui semblent longs. « Il est bien plus éloquent que Spinoza ; mais Spinoza a un grand avantage sur lui, c'est qu'il admet une intelligence dans la nature, [...] et que notre homme suppose que l'intelligence est un effet du mouvement et des combinaisons de la matière, ce qui n'est pas trop compréhensible [2]. » Sa *Réponse* est mentionnée pour la première fois dans une lettre à d'Alembert du 27 juillet 1770 [3]. Voltaire, dans cette lettre, se montre fort embarrassé car il ne doute pas que l'information de la publication prochaine de sa brochure puisse surprendre, voire irriter l'auteur ou les auteurs du *Système de la nature*. Dans cette polémique fratricide, il ne veut pas être pris pour un délateur comme l'avait été Jean-Jacques. Voltaire se préoccupe fort que, d'avance, d'Alembert s'emploie à faire savoir l'innocuité de sa réfutation destinée surtout, dit-il, à tromper les autorités. C'est l'ennemi qui doit croire que « la discorde est dans le camp d'Agramant [4] ». L'ancien codirec-

1. Quand on considère une *Correspondance*, et en particulier celle de Voltaire, il faut prendre en compte la personnalité à qui la lettre est écrite ainsi que son enjeu. Voltaire n'apprécie pas le *Système de la nature* de la même manière devant d'Alembert, le duc de Choiseul ou le roi de Prusse Frédéric II. La *Correspondance* de Voltaire, d'une certaine manière, est une œuvre de fiction dans laquelle l'auteur construit un personnage, au sens littéraire du terme, et ce personnage, c'est l'écrivain lui-même, ou plutôt l'image de lui-même qu'il veut donner, consciemment ou inconsciemment, dans ses lettres. Cette *Correspondance* n'est pas un simple journal documentaire, mais un ensemble ayant une structure et une valeur d'œuvre littéraire au même titre qu'un roman ou une pièce de théâtre.
2. Lettre à Grimm du 10 juillet 1770.
3. Confiée à l'imprimeur Cramer au début de juin, la brochure ne paraîtra que vers le 10 août (une autre édition en 34 pages, avec l'indication « Au château de Ferney », sera tirée par la Société typographique de Neuchâtel). Voltaire en reprendra l'essentiel l'année suivante, dans les sections III et IV de l'article *Dieu, dieux* des *Questions sur l'Encyclopédie*. Nous reproduisons ci-après la version originale qui n'a pas été rééditée depuis 1778.
4. Allusion à une expression du *Roland furieux*, chant XVII. Agramant était le chef suprême des infidèles qui conduisait le camp des adversaires de Pâris dans leur assaut.

teur de l'*Encyclopédie* doit se hâter d'éviter tout malentendu
et réunir les deux parties autour d'un compromis : « il faut
que les deux partis se réunissent. Je voudrais que vous fissiez
cette réconciliation, et que vous leur dissiez : passez-moi
l'émétique, et je vous passerai la saignée [1] ».

Le 18 août, le Parlement condamne au feu à la fois le *Sys-*
tème de la nature et quelques autres livres irréligieux, dont un
de Voltaire (*Dieu et les hommes*). « L'équanimité des premiers
mois, commente Roland Mortier, va maintenant faire place
à une mauvaise humeur croissante [2] » : petit à petit, le ton
monte dans la correspondance et l'indignation se fait mépri-
sante. Voltaire s'est maintenant imposé la tâche de réparer
« le tort irréparable » causé « à la vraie philosophie [3] » par les
athées radicaux. Ceux-ci, de leur côté, ne sont guère plus
tendres à l'égard du patriarche de Ferney qui n'est plus
selon eux qu'un vieillard qui radote. Quinze jours après sa
parution, la réponse de Voltaire au *Système de la nature* est
éreintée par Grimm en des termes peu amènes :

> Le patriarche n'a pas manqué de mettre son cachet à
> son nouvel écrit, mais ce n'est pas le bon cachet. Il rap-
> pelle les anguilles de Needham, le lapin de Bruxelles qui
> fait des lapereaux à une poule, les rats d'Égypte qui se for-
> maient de la fange du Nil, le blé qui pourrit pour germer,
> afin de prouver qu'il faut mourir pour naître. Le mal n'est
> pas de relever, pour la millième fois, cette kyrielle de pau-
> vretés, mais de les combattre avec une petite physique
> écourtée, aussi mesquine dans ses principes que pitoyable
> dans ses conséquences [4].

Ce « maudit *Système de la nature* », comme Voltaire appelle
le livre dans ses lettres, a donc tout gâché. Le front des philosophes est désuni et leurs ennemis peuvent se frotter les
mains. Et dire qu'au moment même où le *Système* commençait à circuler, est né le projet d'élever une statue au
champion des Lumières, avocat des causes humanitaires et
apôtre de la tolérance ! L'idée avait été lancée par Mme Necker,

1. Allusion à *L'Amour médecin* (III, I) de Molière. L'« émétique »,
ici, désigne la *Réfutation*, la « saignée », le *Système de la nature*.

2. R. Mortier, « Ce maudit *Système de la nature* », dans *Voltaire et*
ses combats, Oxford, Voltaire Foundation, 1997, t. I, p. 702.

3. Lettre au comte de Schomberg du 28 octobre 1770.

4. *Correspondance littéraire* du 1er septembre 1770.

femme du futur ministre de Louis XVI et mère de la future Mme de Staël ; elle avait été adoptée par tout le « gratin » philosophique lors d'une séance mémorable dans le salon de Necker où Pigalle présenta une ébauche pétrie dans la terre glaise. Une souscription, aussitôt lancée, suscita l'enthousiasme parmi les gens de lettres et de nombreuses personnalités du monde politique. Au mois de juin, Pigalle façonnait le buste du vieillard à Ferney. Au cours d'une séance, le sculpteur, interrogé par son modèle sur le célèbre épisode du veau d'or (voir Ex 32, 4), l'assura de l'impossibilité physique de la construction de l'idole en une seule nuit. Voltaire rédigea immédiatement l'article *Fonte* des *Questions sur l'Encyclopédie* afin de le joindre à sa brochure contre le *Système de la nature*. Il entendait ainsi marquer l'équilibre : il combattait tout ensemble les athées et ceux qui s'obstinent à défendre l'Ancien Testament.

La statue, qui ne fut terminée qu'en 1776 [1], ne put cependant effacer l'amertume du patriarche de Ferney. Ayant longtemps cherché un terrain d'entente avec les athées parisiens, Voltaire finit par abandonner son projet de réconciliation et se montra ouvertement hostile au parti de d'Holbach. La rupture fut d'abord publiée dans sa *Réponse au Système de la nature*, puis dans les *Lettres de Memmius à Cicéron* et *Il faut prendre un parti*. Imprimées en une brochure de faible tirage et discrètement diffusées en 1771 [2], les trois lettres fictives de Memmius suivies d'un traité en vingt-deux articles opposent sous des noms d'emprunt Spinoza (Straton), l'auteur du *Système de la nature* (Lucrèce) et Diderot (Archytas), que Voltaire-Memmius s'efforce de contredire. L'opuscule *Il faut prendre un parti* fut quant à lui rédigé dans l'été de 1772 mais publié seulement trois ans plus tard [3]. Parvenu à l'article XVI, Voltaire se souvient d'un anniversaire de ce qui fut l'un des sommets du « mal » : « aujourd'hui 24 auguste, ou 24 août 1772, jour où ma

---

1. Le *Voltaire nu*, d'un réalisme alors inouï, resta dans l'atelier de Pigalle, faute de pouvoir être exposé en public. Il se trouve aujourd'hui au Louvre.

2. Cette édition séparée est attestée par des exemplaires d'hommages adressés en octobre-novembre 1771 à d'Alembert, Marmontel et Mme Necker. Les *Lettres* parurent ensuite dans les *Nouveaux Mélanges* de 1771, puis, révisées, dans les *Questions sur l'Encyclopédie*.

3. Un passage sur le concours proposé par la Sorbonne fin 1772 (voir *infra*, p. 407) témoigne d'une révision ultérieure.

plume tremble dans ma main, jour de l'anniversaire centenaire de la Saint-Barthélemy » (p. 392). L'essentiel, dans les
deux ouvrages, est la question de Dieu et celle de l'âme. Si
la tentation de l'athéisme est vaincue par la profession de foi
en un « grand Être intelligent et nécessaire », Voltaire a con-
gédié, depuis sa lecture de Spinoza, le Dieu newtonien au
profit d'un « principe d'action » anonyme, indifférent à nos
maux [1]. En revanche, la grave maladie – sans doute un
cancer de la prostate – qui l'accompagnera à partir de 1773
jusqu'à sa mort ne lui fera pas changer d'avis sur la nature de
l'âme. Même dans la crise de 1773, l'anéantissement lui
paraît plus probable que l'immortalité d'une substance
immatérielle. Voltaire réitère sa conviction, inchangée depuis
la XIIIe *Lettre* sur Locke, que ce qu'on appelle âme n'est pas
un être ni une substance, mais une faculté accordée par le
grand Être, une propriété donnée à nos organes.

Jamais Voltaire ne s'est senti si proche des sentiments des
matérialistes que dans ses dernières années, et jamais il n'a
été rejeté par eux avec autant de véhémence. Irrité par les
critiques du patriarche, un certain Georges Le Roy, inspecteur des chasses pour Versailles et habitué de la synagogue
holbachique, attaque Voltaire en 1772 dans un libelle anonyme intitulé *Réflexions sur la jalousie, pour servir de commentaire aux derniers ouvrages de M. de Voltaire*. Quand Naigeon,
un autre habitué de la synagogue, reprend les accusations de
Le Roy, Diderot défend le vieillard de Ferney contre ces
attaques [2]. Après la mort de Voltaire, il prendra sa plus belle
plume pour écrire l'émouvant éloge que voici :

> Quoi ! Tu t'es immortalisé par une multitude d'ouvrages
> sublimes dans tous les genres de littérature ; ton nom,
> prononcé avec admiration et respect dans toutes les contrées
> du globe policé, passera à la postérité la plus reculée, et ne
> périra qu'au milieu des ruines du monde [...] : tu as fait
> entendre la voix de la philosophie sur la scène, tu l'as
> rendue populaire. [...] Tu nous as fait connaître Locke et
> Newton, Shakespeare et Congreve ; [...] tu t'es illustré
> par des actions éclatantes : on t'a vu prendre courageuse-
> ment la défense de l'innocence opprimée ; tu as restitué
> l'honneur à une famille flétrie par des magistrats impru-

---

1. Voir la Présentation, *supra*, p. 50 *sq.*
2. Voir sa lettre à Naigeon d'avril ou mai 1772.

dents ; tu as jeté les fondements d'une ville à tes dépens ; [...] quel est celui d'entre nous qui ne donnât sa vie pour un jour comme le tien ? Et la piqûre d'un insecte envieux, jaloux, malheureux, pourra corrompre ta félicité ? Ou tu ignores ce que tu vaux, ou tu ne fais pas assez de cas de nous : connais enfin ta hauteur, et sache qu'avec quelque force que les flèches soient lancées, elles n'atteignent point le ciel. C'est exiger des méchants et des fous une tâche trop difficile, que de prétendre qu'ils s'abstiendront de nuire ; leur impuissance ne me les rend pas moins haïssables : un vêtement impénétrable m'a garanti du poignard, mais celui qui m'a frappé n'en est pas moins un lâche assassin... Hélas ! tu étais, lorsque je te parlais ainsi [1].

Il n'y a rien à ajouter à cela.

NOTE SUR L'ÉTABLISSEMENT DES TEXTES

Les textes présentés ci-après sont quasiment inconnus du grand public. Publiés au cours des dix dernières années de la vie de Voltaire, ils furent imprimés pour la dernière fois à la fin du XIXᵉ siècle, perdus dans la masse des cinquante volumes des *Œuvres complètes* de Voltaire procurées par Moland. Exclus des quelques anthologies parues depuis un siècle, ils sont tombés dans un oubli injuste que nous tentons modestement de réparer aujourd'hui.

Les brochures *Tout en Dieu* et *Dieu* ont été reprises, sous une forme fortement remaniée, dans les *Questions sur l'Encyclopédie* (respectivement dans les articles *Idée* et *Dieu, dieux*). Nous en reproduisons les éditions originales : *Tout en Dieu. Commentaire sur Malebranche* [Genève, Cramer], 1769, in-8° de 24 pages ; *Dieu. Réponse au Système de la nature*. Section II. *Article d'un livre intitulé* Questions sur l'Encyclopédie, *en quelques volumes in-8°, qui n'a pas encore paru* [2].

----

1. Diderot, *Essai sur les règnes de Claude et de Néron* (1782), t. II, § 86.

2. On trouve à la suite le texte de l'article *Fonte* destiné à paraître au tome VI des *Questions sur l'Encyclopédie* en 1771. La brochure, sans l'article *Fonte*, a été rééditée sous le titre *Dieu. Réponse de M. de Voltaire au Système de la nature* avec la mention : « Au château de Ferney 1770 », in-8° de 34 pages.

Les *Lettres de Memmius à Cicéron* ont été publiées pour la première fois sous forme de brochure dont aucun exemplaire n'est connu aujourd'hui. Elles furent republiées la même année dans l'édition in-4° de la *Collection complète des œuvres de Voltaire*, t. XVII, Genève [Cramer], 1771. En 1772, le texte a été ajouté par Voltaire au tome IX des *Questions sur l'Encyclopédie par des amateurs*. Nous en reproduisons la nouvelle édition, soigneusement revue, corrigée et augmentée : [Genève, Cramer], 1771-1772, p. 324-370.

Il faut prendre un parti a été retouché par Voltaire après sa première publication dans le t. XVII des *Nouveaux Mélanges* paru en 1775. Dans son édition des *Œuvres de Voltaire*, A. Beuchot fait état d'un manuscrit, disparu depuis, sur lequel Voltaire a légèrement corrigé le titre de l'opuscule et ajouté au moins deux alinéas. Nous donnons cette dernière version, publiée par Beuchot dans les *Œuvres de Voltaire*, Paris, Lefèvre et Didot, 1828-1834, t. XLVII, p. 70-123.

Comme pour les *Lettres philosophiques*, l'orthographe et la ponctuation ont été modernisées dans tous les textes, ainsi que les noms propres (nous respectons toutefois la graphie de Voltaire lorsqu'il modifie un nom de manière significative – en écrivant par exemple « Philometai » au lieu de « Philomédée » –, et pour les noms persans, indiens, etc., dont la graphie est variable).

TOUT EN DIEU
COMMENTAIRE SUR MALEBRANCHE

In Deo vivimus, movemur, et sumus.
Tout se meut, tout respire, et tout existe en Dieu [1].

Aratus [2], cité et approuvé par saint Paul, fit cette confession de foi chez les Grecs.

Le vertueux Caton [3] dit la même chose : *Jupiter est quodcumque vides, quocumque moveris* [4].

Malebranche est le commentateur d'Aratus, de saint Paul et de Caton. Il a réussi en montrant les erreurs des sens et de l'imagination [5] ; mais quand il a voulu développer cette grande vérité que *Tout est en Dieu*, tous les lecteurs ont dit que le commentaire est plus obscur que le texte.

Avouons avec Malebranche que nous ne pouvons nous donner nos idées [6].

Avouons que les objets ne peuvent par eux-mêmes nous en donner. Car comment se peut-il qu'un morceau de matière ait en soi la vertu de produire dans moi une pensée [7] ?

Donc l'être éternel, producteur de tout, produit les idées, de quelque manière que ce puisse être [8].

Mais qu'est-ce qu'une idée ? Qu'est-ce qu'une sensation, une volonté, etc. ? C'est moi apercevant, moi sentant, moi voulant.

On sait enfin qu'il n'y a pas plus d'être réel appelé idée, que d'être réel nommé mouvement ; mais il y a des corps mus.

De même, il n'y a point d'être particulier nommé mémoire, imagination, jugement ; mais nous nous souvenons, nous imaginons, nous jugeons.

Tout cela est d'une vérité incontestable [9].

LOIS DE LA NATURE

Maintenant, comment l'être éternel et formateur produit-il tous ces modes dans des corps organisés ?

A-t-il mis deux êtres dans un grain de froment dont un fera germer l'autre ? A-t-il mis deux êtres dans un cerf dont l'un fera courir l'autre ? Non sans doute ; mais le grain est doué de la faculté de végéter, et le cerf, de celle de courir.

Qu'est-ce que la végétation ? C'est du mouvement dans la matière. Quelle est cette faculté de courir ? C'est l'arrangement des muscles qui, attachés à des os, conduisent en avant d'autres os attachés à d'autres muscles.

C'est évidemment une mathématique générale [10] qui dirige toute la nature, et qui opère toutes les productions. Le vol des oiseaux, le nagement des poissons, la course des quadrupèdes, sont des effets démontrés des règles du mouvement connues.

La formation, la nutrition, l'accroissement, le dépérissement des animaux, sont de même des effets démontrés de lois mathématiques plus compliquées.

Les sensations, les idées de ces animaux, peuvent-elles être autre chose que des effets plus admirables de lois mathématiques plus utiles ?

MÉCANIQUE DES SENS

Vous expliquez par ces lois comment un animal se meut pour aller chercher sa nourriture ; vous devez donc conjecturer qu'il y a une autre loi par laquelle il a l'idée de sa nourriture, sans quoi il n'irait pas la chercher.

Dieu a fait dépendre de la mécanique toutes les actions de l'animal : donc Dieu a fait dépendre de la mécanique les sensations qui causent ses actions.

Il y a dans l'organe de l'ouïe un artifice bien sensible : c'est une hélice à tours anfractueux, qui détermine les ondulations de l'air vers une coquille formée en entonnoir. L'air pressé dans cet entonnoir entre dans l'os pierreux, dans le labyrinthe, dans le vestibule, dans la petite conque nommée colimaçon ; il va frapper le tambour légèrement appuyé sur le marteau, l'enclume et l'étrier, qui jouent légèrement en tirant ou en relâchant les fibres du tambour.

Cet artifice de tant d'organes, et de bien d'autres encore, porte les sons dans le cervelet ; il y fait entrer les accords de la musique sans les confondre ; il y introduit les mots, qui sont les courriers des pensées, dont il reste quelquefois un souvenir qui dure autant que la vie.

Une industrie [11] non moins merveilleuse lance dans vos yeux, sans les blesser, les traits de lumière réfléchis des objets ; traits si déliés et si fins qu'il semble qu'il n'y ait rien entre eux et le néant ; traits si rapides qu'un clin d'œil n'approche pas de leur vitesse. Ils peignent dans la rétine les tableaux dont ils apportent les contours. Ils y tracent l'image nette du quart du ciel.

Voilà des instruments qui produisent évidemment des effets déterminés et très différents en agissant sur le principe [12] des nerfs, de sorte qu'il est impossible d'entendre par l'organe de la vue, et de voir par celui de l'ouïe.

L'auteur de la nature aura-t-il disposé avec un art si divin ces instruments merveilleux, aura-t-il mis des rapports si étonnants entre les yeux et la lumière, entre l'air et les oreilles, pour qu'il ait encore besoin d'accomplir son ouvrage par un autre secours ? La nature agit toujours par les voies les plus courtes : la longueur du procédé est une impuissance, la multiplicité des secours est une faiblesse.

Voilà tout préparé pour la vue et pour l'ouïe ; tout l'est pour les autres sens avec un art aussi industrieux. Dieu sera-t-il un si mauvais artisan, que l'animal formé par lui pour voir et pour entendre ne puisse cependant ni entendre ni voir, si on ne met dans lui un troisième personnage interne qui fasse seul ces fonctions ? Dieu ne peut-il nous donner tout d'un coup les sensations, après nous avoir donné les instruments admirables de la sensation ?

Il l'a fait, on en convient, dans tous les animaux ; personne n'est assez fou pour imaginer qu'il y ait dans un lapin, dans un lévrier, un être caché qui voie, qui entende, qui flaire, qui agisse pour eux.

La foule innombrable des animaux jouit de ses sens par des lois universelles ; ces lois sont communes à eux et à nous. Je rencontre un ours dans une forêt ; il a entendu ma voix comme j'ai entendu son hurlement ; il m'a vu avec ses yeux comme je l'ai vu avec les miens ; il a l'instinct de me manger comme j'ai l'instinct de me défendre ou de fuir. Ira-t-on me dire : « Attendez, il n'a besoin que de ses organes pour tout cela ; mais pour vous, c'est autre chose. Ce ne sont point vos yeux qui l'ont vu, ce ne sont point vos oreilles qui l'ont entendu ; ce n'est pas le jeu de vos organes qui vous dispose à l'éviter ou à le combattre. Il faut consulter une petite personne qui est dans votre cervelet, sans laquelle vous ne pouvez ni voir ni entendre cet ours, ni l'éviter, ni vous défendre ? »

MÉCANIQUE DE NOS IDÉES

Certes, si les organes donnés par la Providence universelle aux animaux leur suffisent, il n'y a nulle raison pour oser croire que les nôtres ne nous suffisent pas, et qu'outre l'artisan éternel et nous, il faut encore un tiers pour opérer.

S'il y a évidemment des cas où ce tiers vous est inutile, n'est-il pas absurde au fond de l'admettre dans d'autres cas ? On avoue que nous faisons une infinité de mouvements sans le secours de ce tiers. Nos yeux, qui se ferment rapidement au subit éclat d'une lumière imprévue, nos bras et nos jambes qui s'arrangent en équilibre par la crainte d'une chute, mille autres opérations démontrent au moins qu'un tiers ne préside pas toujours à l'action de nos organes.

Examinons tous les automates dont la structure interne est à peu près semblable à la nôtre : il n'y a guère chez eux et chez nous que les nerfs de la troisième paire [13], et quelques-uns des autres paires qui s'insèrent dans des muscles obéissants aux désirs de l'animal ; tous les autres muscles qui servent aux sens et qui travaillent au laboratoire chimique des viscères, agissent indépendamment de sa volonté. C'est une chose admirable, sans doute, qu'il soit donné à tous les animaux d'imprimer le mouvement à tous les muscles qui servent à les faire marcher, à resserrer, à étendre, à remuer les pattes ou les bras, les griffes ou les doigts, à manger, etc., et qu'aucun animal ne soit le maître de la moindre action du cœur, du foie, des intestins, de la route du sang qui circule tout entier environ vingt-cinq fois par heure dans l'homme.

Mais s'est-on bien entendu quand on a dit qu'il y a dans l'homme un petit être qui commande à des pieds et à des mains, et qui ne peut commander au cœur, à l'estomac, au foie, et au pancréas ? Et ce petit être n'existe ni dans l'éléphant, ni dans le singe, qui font usage de leurs membres extérieurs tout comme nous, et qui sont esclaves de leurs viscères tout comme nous ?

On a été encore plus loin ; on a dit : « Il n'y a nul rapport entre les corps et une idée, nul entre les corps et une sensation ; ce sont choses essentiellement différentes ; donc, ce serait en vain que Dieu aurait ordonné à la lumière de pénétrer dans nos yeux, et aux particules élastiques de l'air d'entrer dans nos oreilles pour nous faire voir et entendre, si Dieu n'avait mis dans notre cerveau un être capable de recevoir ces perceptions. Cet être, a-t-on dit, doit être simple [14] ; il est pur, intangible ; il est en un lieu sans occuper d'espace ; il ne peut être touché et il reçoit des impressions ; il n'a rien absolument de la matière, et il est continuellement affecté par la matière. »

Ensuite on a dit : « Ce petit personnage qui ne peut avoir aucune place, étant placé dans notre cerveau, ne peut, à la vérité, avoir par lui-même aucune sensation, aucune idée par les objets mêmes. Dieu a donc rompu cette barrière qui le sépare de la matière, et a voulu qu'il eût des sensations et des idées à l'occasion de la matière. Dieu a voulu qu'il vît quand notre rétine serait peinte, et qu'il entendît quand notre tympan serait frappé. Il est vrai que tous les animaux reçoivent leurs sensations sans le secours de ce petit être ; mais il faut en donner un à l'homme, cela est plus noble ; l'homme combine plus d'idées que les autres animaux, il faut donc qu'il ait ses idées et ses sensations autrement qu'eux [15]. »

Si cela est, messieurs, à quoi bon l'auteur de la nature a-t-il pris tant de peine ? Si ce petit être que vous logez dans le cervelet ne peut, par sa nature, ni voir ni entendre, s'il n'y a nulle proportion entre les objets et lui, il ne fallait ni œil ni oreille. Le tambour, le marteau, l'enclume, la cornée, l'uvée, l'humeur vitrée, la rétine, étaient absolument inutiles.

Dès que ce petit personnage n'a aucune connexion, aucune analogie, aucune proportion avec aucun arrangement de matière, cet arrangement était entièrement superflu. Dieu n'avait qu'à dire : « Tu auras le sentiment de la vision, de l'ouïe, du goût, de l'odorat, du tact, sans qu'il y ait aucun instrument, aucun organe. »

L'opinion qu'il y a dans le cerveau humain un être, un personnage étranger qui n'est point dans les autres cerveaux, est donc au moins sujette à beaucoup de difficultés ; elle contredit toute analogie [16], elle multiplie les êtres sans nécessité, elle rend tout l'artifice du corps humain un ouvrage vain et trompeur.

Dieu fait tout

Il est sûr que nous ne pouvons nous donner aucune sensation ; nous ne pouvons même en imaginer au-delà de celles que nous avons éprouvées. Que toutes les académies de l'Europe proposent un prix pour celui qui imaginera un nouveau sens, jamais on ne gagnera ce prix. Nous ne pouvons donc rien purement par nous-mêmes, soit qu'il y ait un être invisible et intangible dans notre cervelet, soit qu'il n'y en ait pas. Et il faut convenir que, dans tous les systèmes, l'auteur de la nature nous a donné tout ce que nous avons, organes, sensations, idées qui en sont la suite.

Puisque nous sommes ainsi sous sa main, Malebranche, malgré toutes ses erreurs, a donc raison de dire philosophiquement que nous sommes dans Dieu, et que nous voyons tout dans Dieu [17], comme saint Paul le dit dans le langage de la théologie, et Aratus et Caton dans celui de la morale.

Que pouvons-nous donc entendre par ces mots : *voir tout en Dieu* ?

Ou ce sont des paroles vides de sens, ou elles signifient que Dieu nous donne toutes nos idées.

Que veut dire recevoir une idée ? Ce n'est pas nous qui la créons quand nous la recevons, donc c'est Dieu qui la crée ; de même que ce n'est pas nous qui créons le mouvement, c'est Dieu qui le fait. Tout est donc une action de Dieu sur les créatures.

Comment tout est-il action de Dieu [18] ?

Il n'y a dans la nature qu'un principe universel, éternel et agissant ; il ne peut en exister deux, car ils seraient semblables ou différents. S'ils sont différents, ils se détruisent l'un l'autre ; s'ils sont semblables, c'est comme s'il n'y en avait qu'un [19]. L'unité de dessein dans un grand tout infiniment varié annonce un seul principe ; ce principe doit agir sur tout être, ou il n'est plus principe universel.

S'il agit sur tout être, il agit sur tous les modes de tout être : il n'y a donc pas un seul mouvement, un seul mode, une seule idée, qui ne soit l'effet immédiat d'une cause universelle toujours présente.

Cette cause universelle a produit le Soleil et les astres immédiatement. Il serait bien étrange qu'elle ne produisît pas en nous immédiatement la perception du Soleil et des astres [20].

Si tout est toujours effet de cette cause, comme on n'en peut douter, quand ces effets ont-ils commencé ? quand la cause a commencé d'agir. Cette cause universelle est nécessairement agissante puisqu'elle agit, puisque l'action est son attribut, puisque tous ses attributs sont nécessaires ; car s'ils n'étaient pas nécessaires, elle ne les aurait pas.

Elle a donc agi toujours. Il est aussi impossible de concevoir que l'être éternel, essentiellement agissant par sa nature, eût été oisif une éternité entière, qu'il est impossible de concevoir l'être lumineux sans lumière [21].

Une cause sans effet est une chimère, une absurdité, aussi bien qu'un effet sans cause. Il y a donc eu éternellement, et il y aura toujours des effets de cette cause universelle.

Ces effets ne peuvent venir de rien ; ils sont donc des émanations éternelles de cette cause éternelle [22].

La matière de l'univers appartient donc à Dieu tout autant que les idées, et les idées tout autant que la matière [23].

Dire que quelque chose est hors de lui, ce serait dire qu'il y a quelque chose hors de l'infini.

Dieu étant le principe universel de toutes les choses, toutes existent donc en lui et par lui [24].

Dieu inséparable de toute la nature

Il ne faut pas inférer de là qu'il touche sans cesse à ses ouvrages par des volontés et des actions particulières. Nous faisons toujours Dieu à notre image. Tantôt nous le représentons comme un despote dans son palais, ordonnant à des domestiques, tantôt comme un ouvrier occupé des roues de sa machine [25]. Mais un homme qui fait usage de sa raison peut-il concevoir Dieu autrement que comme un principe toujours agissant ? S'il a été principe une fois, il l'est donc à tout moment, car il ne peut changer de nature. La comparaison du Soleil et de sa lumière avec Dieu et ses productions est sans doute imparfaite ; mais enfin elle nous donne une idée, quoique très faible et fautive, d'une cause toujours subsistante et de ses effets toujours subsistants.

Enfin, je ne prononce le nom de Dieu que comme un perroquet ou comme un imbécile, si je n'ai pas l'idée d'une cause nécessaire, immense, agissante, présente à tous ses effets en tout lieu, en tout temps.

On ne peut m'opposer les objections faites à Spinoza. On lui disait qu'il faisait un Dieu intelligent et brute, esprit et citrouille, loup et agneau, volant et volé, massacrant et massacré ; que son Dieu n'était qu'une contradiction perpétuelle [26]. Mais ici on ne fait point Dieu l'universalité des choses. Nous disons que l'universalité des choses émane de lui [27]. Et pour nous servir encore de l'indigne comparaison du Soleil et de ses rayons, nous disons qu'un trait de lumière lancé du globe du Soleil, et absorbé dans le plus infect des cloaques, ne peut laisser aucune souillure dans cet astre. Ce cloaque n'empêche pas que le Soleil ne vivifie toute la nature dans notre globe.

On peut nous objecter encore que ce rayon est tiré de la substance même du Soleil, qu'il en est une émanation, et que si les productions de Dieu sont des émanations de lui-même, elles sont des parties de lui-même. Ainsi nous retomberions dans la crainte de donner une fausse idée de Dieu, de le composer de parties, et même de parties désunies, de parties qui se combattent [28]. Nous répondrons ce que nous avons déjà dit, que notre comparaison est très imparfaite, et qu'elle ne sert qu'à former une faible image d'une chose qui ne peut être représentée par des images. Nous pourrions dire encore qu'un trait de lumière, pénétrant dans la fange, ne se mêle point avec elle, et qu'elle y conserve son essence invisible ; mais il vaut mieux avouer que la lumière la plus pure ne peut représenter Dieu. La lumière émane du Soleil, et tout émane de Dieu. Nous ne savons pas comment, mais nous ne pouvons, encore une fois, concevoir Dieu que comme l'être nécessaire de qui tout émane. Le vulgaire [29] le regarde comme un despote qui a des huissiers dans son antichambre.

Nous croyons que toutes les images sous lesquelles on a représenté ce principe universel, nécessairement existant par lui-même, nécessairement agissant dans l'étendue immense [30], sont encore plus erronées que la comparaison tirée du Soleil et de ses rayons. On l'a peint assis sur les vents, porté dans les nuages, entouré des éclairs et des tonnerres, parlant aux éléments, soulevant les mers : tout cela n'est que l'expression de notre petitesse. Il est au fond très ridicule de placer dans un brouillard, à une demi-lieue de notre petit globe, le principe éternel de tous les millions de globes qui roulent dans l'immensité [31]. Nos éclairs et nos tonnerres, qui sont vus et entendus quatre ou cinq lieues à la ronde tout au plus, sont de petits effets physiques perdus dans le grand tout, et c'est ce grand tout qu'il faut considérer quand c'est Dieu dont on parle.

Ce ne peut être que la même vertu qui pénètre de notre système planétaire aux autres systèmes planétaires, qui sont plus éloignés mille et mille fois de nous que notre globe ne l'est de Saturne. Les mêmes lois éternelles régissent tous les astres ; car si les forces centripètes et centrifuges dominent dans notre monde, elles dominent dans le monde voisin, et ainsi dans tous les univers. La lumière de notre Soleil et de Sirius doit être la même ; elle doit avoir la même ténuité, la même rapidité, la même force ; s'échapper également en ligne droite de tous les côtés, agir également en raison directe du carré de la distance.

Puisque la lumière des étoiles, qui sont autant de soleils, vient à nous dans un temps donné, la lumière de notre Soleil parvient à elles réciproquement dans un temps donné. Puisque ces traits, ces rayons de notre Soleil, se réfractent, il est incontestable que les rayons des autres soleils, dardés de même dans leurs planètes, s'y réfractent précisément de la même façon s'ils y rencontrent les mêmes milieux.

Puisque cette réfraction est nécessaire à la vue, il faut bien qu'il y ait dans ces planètes des êtres qui aient la faculté de voir. Il n'est pas vraisemblable que ce bel usage de la lumière soit perdu pour les autres globes. Puisque l'instrument y est, l'usage de l'instrument doit y être aussi. Partons toujours de ces deux principes que rien n'est inutile, et que les grandes lois de la nature sont partout les mêmes ; donc ces soleils innombrables, allumés dans l'espace, éclairent des planètes innombrables ; donc leurs rayons y opèrent comme sur notre petit globe ; donc des animaux en jouissent [32].

La lumière est de tous les êtres, ou de tous les modes du grand être, celui qui nous donne l'idée la plus étendue de la divinité, tout loin qu'elle est de la représenter.

En effet, après avoir vu les ressorts de la vie des animaux de notre globe, nous ne savons pas si les habitants des autres globes ont de tels organes. Après avoir connu la pesanteur, l'élasticité, les usages de notre atmosphère, nous ignorons si les globes qui tournent autour de Sirius ou d'Aldébaram [33] sont entourés d'un air semblable au nôtre. Notre mer salée ne nous démontre pas qu'il y ait des mers dans ces autres planètes ; mais la lumière se présente partout. Nos nuits sont éclairées d'une foule de soleils. C'est la lumière qui, d'un coin de cette petite sphère sur laquelle l'homme rampe, entretient une correspondance continuelle entre tous ces univers et nous. Saturne nous voit, et nous voyons Saturne. Sirius, aperçu par nos yeux, peut aussi nous découvrir ; il découvre certainement notre Soleil, quoiqu'il y ait entre l'un et l'autre une distance qu'un boulet de canon, qui parcourt six cents toises [34] par seconde, ne pourrait franchir en cent quatre milliards d'années.

La lumière est réellement un messager rapide qui court dans le grand tout de mondes en mondes. Elle a quelques propriétés de la matière, et des propriétés supérieures. Et si quelque chose peut fournir une faible idée commencée, une notion imparfaite de Dieu, c'est la lumière ; elle est partout comme lui, elle agit partout comme lui.

RÉSULTAT

Il résulte, ce me semble, de toutes ces idées, qu'il y a un être suprême, éternel, intelligent, d'où découlent en tout temps tous les êtres, et toutes les manières d'être dans l'étendue.

Si tout est émanation de cet être suprême, la vérité, la vertu en sont donc aussi des émanations.

Qu'est-ce que la vérité émanée de l'être suprême ? La vérité est un mot général, abstrait, qui signifie les choses vraies. Qu'est-ce qu'une chose vraie ? Une chose existante, ou qui a existé, et rapportée comme telle. Or quand je cite cette chose, je dis vrai ; mon intelligence agit conformément à l'intelligence suprême.

Qu'est-ce que la vertu ? un acte de ma volonté qui fait du bien à quelqu'un de mes semblables. Cette volonté est émanée de Dieu, elle est conforme alors à son principe.

Mais le mal physique et le mal moral viennent donc aussi de ce grand être, de cette cause universelle de tout effet [35] ?

Pour le mal physique, il n'y a pas un seul système, pas une seule religion qui n'en fasse Dieu auteur. Que le mal vienne immédiatement ou médiatement de la première cause, cela est parfaitement égal. Il n'y a que l'absurdité du manichéisme qui sauve Dieu de l'imputation du mal ; mais une absurdité ne prouve rien. La cause universelle produit les poisons comme les aliments, la douleur comme le plaisir. On ne peut en douter.

Il était donc nécessaire qu'il y eût du mal ? Oui, puisqu'il y en a. Tout ce qui existe est nécessaire : car quelle raison y aurait-il de son existence ?

Mais le mal moral, les crimes ! Néron, Alexandre VI [36] ! Eh bien ! la terre est couverte de crimes comme elle l'est d'aconit, de ciguë, d'arsenic ; cela empêche-t-il qu'il y ait une cause universelle ? Cette existence d'un principe dont tout émane est démontrée ; je suis fâché des conséquences. Tout le monde dit : « Comment sous un Dieu bon y a-t-il tant de souffrances ? » Et là-dessus chacun bâtit un roman métaphysique ; mais aucun de ces romans ne peut nous éclairer sur l'origine des maux, et aucun ne peut ébranler cette grande vérité que tout émane d'un principe universel.

Mais si notre raison est une portion de la raison universelle, si notre intelligence est une émanation de l'être suprême, pourquoi cette raison ne nous éclaire-t-elle pas sur ce qui nous intéresse de si près [37] ? Pourquoi ceux qui ont découvert toutes les lois du mouvement, et la marche des lunes de Saturne [38], restent-ils dans une si profonde ignorance de la cause de nos maux ? C'est précisément parce que notre raison n'est qu'une très petite portion de l'intelligence du grand être.

On peut dire hardiment et sans blasphème qu'il y a de petites vérités que nous savons aussi bien que lui ; par exemple, que trois est la moitié de six, et même que la diagonale d'un carré partage ce carré en deux triangles égaux, etc. L'être souverainement intelligent ne peut savoir ces petites vérités, ni plus lumineusement, ni plus certainement que nous ; mais il y a une suite infinie de vérités, et l'être infini peut seul comprendre cette suite.

Nous ne pouvons être admis à tous ses secrets, de même que nous ne pouvons soulever qu'une quantité déterminée de matière.

Demander pourquoi il y a du mal sur la terre, c'est demander pourquoi nous ne vivons pas autant que les chênes.

Notre portion d'intelligence invente des lois de société bonnes ou mauvaises ; elle se fait des préjugés ou utiles ou funestes ; nous n'allons guère au-delà. Le grand être est fort, mais les émanations sont nécessairement faibles. Servons-nous encore de la comparaison du Soleil. Ses rayons réunis fondent les métaux ; mais quand vous réunissez ceux qu'il a dardés sur le disque de la Lune, ils n'excitent pas la plus légère chaleur.

Nous sommes aussi nécessairement bornés que le grand être est nécessairement immense.

Voilà tout ce que me montre ce faible rayon de lumière émané dans moi du soleil des esprits. Mais sachant combien ce rayon est peu de chose, je soumets incontinent cette faible lueur aux clartés supérieures de ceux qui doivent éclairer mes pas dans les ténèbres de ce monde.

Par l'ABBÉ DE TILLADET [39].

DIEU
RÉPONSE AU SYSTÈME DE LA NATURE

Si après avoir reconnu un Dieu suprême, il est permis à nos faibles cerveaux qui peuvent en un moment devenir imbéciles, de raisonner sur notre maître éternel, je m'adresserai encore au philosophe éloquent et méthodique, quoique diffus et peu correct, qui, dans son livre du *Système de la nature*, s'élève malheureusement contre toutes les notions de la Divinité.

Il détrône le Dieu des superstitieux et des fripons ; mais je le conjure de ne vouloir pas détrôner le Dieu des honnêtes gens et des sages.

Tout nous annonce un Être suprême ; rien ne nous dit ce qu'il est. La raison enseigne Dieu, et le sophisme le définit. L'affirmatif socinien Abbadie [1], le phraseur Houtteville [2] parlent au genre humain comme à des écoliers qu'ils régentent ; Socrate, Cicéron, Montaigne, Bacon doutaient.

1. Après avoir lu deux fois votre ouvrage avec toute l'attention dont je suis capable, et l'avoir comparé avec quelques autres écrits imprimés depuis peu de temps, voici ce que j'ai pensé de la marche de vos idées. Je crois voir que les crimes de religion ont soulevé votre cœur. Les opinions de quelques théologiens ultramontains, les décisions de quelques consulteurs [3] de Rome, les fourberies de quelques moines ennemis de la royauté et de la magistrature vous ont paru le comble

de l'extravagance humaine dans ceux qui ont débité tant d'absurdités, et dans ceux qui les ont encouragées.

D'autre part, Luther excitant la guerre civile, et Calvin allumant des bûchers auxquels il n'avait échappé qu'à peine dans son pays ; les abominables croisades contre les féroces hussites, et précédemment contre tout le Languedoc, ont alarmé votre imagination sensible. Vous avez vu dans l'Église chrétienne deux ou trois factions continuellement acharnées à se détruire pendant dix-sept siècles. Les mahométans vous ont paru des fanatiques sanguinaires. Vous n'avez voulu ni du Dieu de Léon X, ni de celui de Luther, ni de celui de Soliman. Vous vous êtes regardé comme entouré des flots de sang que la religion a fait répandre, et des échafauds dont elle a couvert la terre. Vous et vos adhérents, vous n'avez pu croire qu'il existât un Dieu au nom duquel on commettait cette foule de crimes, et qui ne les empêchait pas.

À cette horreur pour tant de scènes sanglantes s'est joint le mépris pour les sottises de l'École. Vous triomphez dans votre éloquent chapitre 3, seconde partie, quand vous combattez les rêveurs scolastiques qui ont composé Dieu de *qualités négatives*, ou qui lui ont donné des *attributs humains*. Vous dites *qu'un être revêtu à la fois de tant de qualités discordantes sera un être de raison*. Et qui attaquez-vous ? le Dieu de Bonaventure, d'Albert le Grand, de Scot, de Sanchez, de Suarez, des licenciés de Salamanque [4]. Je vous déclare que leur Dieu n'est point le mien. Mon Dieu est le maître de toute la nature, qui m'a donné l'idée de la justice et de la bienfaisance en me donnant la pensée. Je puis donc croire qu'il veut que je sois juste et bienfaisant. Voilà les deux bases sur lesquelles est fondé mon culte. Que Scot, Suarez et Sanchez disparaissent, et que Dieu me reste. Trouvez-vous cette théologie discordante, incohérente, absurde ?

2. Vous faites voir combien il est ridicule aux sots et faibles hommes de demander à Dieu qu'il dérange les lois éternelles pour guérir un gourmand de la fièvre que sa gloutonnerie lui a nécessairement attirée, ou

pour protéger un petit pays contre une autre petite contrée [5]. Mais le sage ne prononce point de tels vœux, il se résigne à DIEU et à la nécessité : il ne prie point DIEU d'aider des Persans à tuer des Turcs, ou de faire tuer des Turcs par des Persans.

3. Si je raisonne en physicien, je ne trouve sans un DIEU qu'un abîme d'incompréhensibilités. Le mot de *nature* n'est pour moi qu'un mot ; mais un agent intelligent me rend raison du peu qui est à ma portée. Avec lui je conçois quelque chose ; sans lui je ne conçois rien ; sans un DIEU je ne puis avoir l'idée de l'ordre ; sans un DIEU il me paraît impossible que tout soit arrangé comme il l'est. (Voyez l'article *Cause finale*.)

Vous attribuez à la seule matière le pouvoir de la gravitation, le pouvoir de communiquer le mouvement, etc. ; mais c'est ce que vous supposez, et non pas ce que vous démontrez. Il me semble que vous tombez dans le défaut que vous reprochez avec raison à tant de théologiens, de commencer par admettre ce qui est en question. Il faut savoir s'il est possible que la matière s'organise elle-même, qu'elle fasse à la fois des bouches pour manger, des dents pour broyer, un estomac pour digérer, un cœur pour recevoir le sang des veines et pour le rendre aux artères, une matrice pour recevoir et pour nourrir un fœtus qui en sort dans le temps marqué, etc., etc.

4. J'ai toujours cherché comment il était de la nature de la matière de composer une machine hydraulique, renfermée dans un autre ouvrage de mécanique, et d'ajuster à la circulation perpétuelle de vingt liqueurs [6] différentes un perpétuel laboratoire de chimie ; de joindre à ces trois opérations le sentiment et la pensée ; et enfin de donner à une moitié de ces automates des organes différents de ceux de l'autre moitié, lesquels organes formés les uns pour les autres se cherchent par un attrait invincible : de sorte que deux de ces machines sensibles s'étant unies volontairement en produisent une troisième. J'ai rêvé à ce problème pendant soixante ans ; tous ceux qui ont exercé leur raison l'ont examiné. Personne n'a jamais pu l'expli-

quer. Vous affirmez que tout ce que la matière produit, est son essence [7]. Mais l'essence est la propriété sans laquelle une chose ne peut jamais être. Or il n'y a qu'une très petite quantité de matière qui soit ainsi organisée : donc cette organisation n'est pas son essence.

5. Vous combattez le grand métaphysicien Samuel Clarke, vous croyez que la matière éternelle n'a pas besoin d'un moteur [8].

Je crois que la matière supposée éternelle a besoin d'un moteur, parce que je ne puis comprendre qu'elle soit capable de faire par elle-même des mouvements éternellement réguliers, et de produire des générations d'animaux toujours semblables à leurs pères.

6. Vous dites chapitre 2, page 23, première partie : « Si l'on eût observé la nature sans préjugé, on se serait depuis longtemps convaincu que la matière agit par ses propres forces, et n'a besoin d'aucune impulsion extérieure pour être mise en mouvement ; on se serait aperçu que toutes les fois que des mixtes sont mis à portée d'agir les uns sur les autres, le mouvement s'y engendre sur-le-champ, et que ces mélanges agissent avec une force capable de produire les effets les plus surprenants. En mêlant ensemble de la limaille de fer, du soufre et de l'eau, ces matières ainsi mises à portée d'agir les unes sur les autres s'échauffent peu à peu et finissent par produire un embrasement. En humectant de la farine avec de l'eau, et renfermant ce mélange, on trouve au bout de quelque temps, à l'aide du microscope, qu'il a produit des êtres organisés qui jouissent d'une vie, dont on croyait la farine et l'eau incapables. C'est ainsi que la matière inanimée peut passer à la vie, qui n'est elle-même qu'un assemblage de mouvements. »

Est-il possible, monsieur, qu'un philosophe tel que vous ait pu se laisser séduire par l'expérience aussi ridicule que fausse de Needham ? C'était un jésuite anglais ignoré dans son pays, déguisé en France en séculier, donné pour précepteur par M. Dillon, alors archevêque de Toulouse, à M. Dillon son neveu. Ce pauvre Needham prit bonnement de petits rouleaux de farine de seigle gâtée pour des anguilles. Un physicien qui avait de la réputation ne douta pas que ce Needham ne fût un profond athée [9]. Il conclut que puisque l'on faisait des anguilles avec de la farine de seigle, on pouvait faire des hommes avec de la farine de froment, que la nature et la chimie produisaient tout, et qu'il était démontré qu'on peut se passer d'un DIEU formateur de toutes choses. Cette propriété de la farine trompa aisément un homme malheureusement égaré alors dans des idées qui doivent faire trembler pour la faiblesse de l'esprit humain. Il voulait creuser un trou jusqu'au centre de la terre pour voir le feu central, disséquer des Patagons pour connaître la nature de l'âme, enduire les malades de poix résine pour les empêcher de transpirer, exalter son âme pour prédire l'avenir [10]. Si on ajoutait qu'il fut encore plus malheureux en cherchant à opprimer deux de ses confrères, cela ne ferait pas d'honneur à l'athéisme, et servirait seulement à nous faire rentrer en nous-mêmes avec confusion.

À l'égard des détonations et des phosphores, jamais la poudre fulminante n'a prouvé qu'il n'y a point de DIEU [11]. Quelque mouvement qui s'opère dans la nature, il est impossible de démontrer qu'il n'est point de premier moteur. Or de cela seul que vous ne pouvez démontrer qu'il n'existe pas, je dois croire qu'il existe. C'est ainsi que nous pensons, vous et moi, qu'un tableau indique un peintre, qu'une maison annonce un architecte. Souvenez-vous de celui qui, en voyant des figures de géométrie tracées sur le sable, dit : *Voilà des pas d'hommes* [12]. Les ouvrages de la nature sont les pas de DIEU.

Il est bien étrange que des hommes, en niant un créateur, se soient attribué le pouvoir de créer des anguilles.

Ce qu'il y a de plus déplorable, c'est que des physiciens plus instruits adoptèrent le ridicule système du jésuite Needham, et le joignirent à celui de Maillet, qui prétendait que l'océan avait formé les Pyrénées et les

Alpes, et que les hommes étaient originairement des marsouins dont la queue fourchue se changea en cuisses et en jambes dans la suite des temps [13]. De telles imaginations peuvent être mises avec les anguilles formées par de la farine.

Il n'y a pas longtemps qu'on assura qu'à Bruxelles un lapin avait fait une demi-douzaine de lapereaux à une poule.

Croyez-moi, monsieur, défiez-vous d'une telle physique. Vous ne voulez pas, sans doute, nous ramener au temps d'ignorance où l'on croyait que les rats d'Égypte se formaient de la fange du Nil, que le blé devait pourrir pour germer, et mourir pour naître [14], etc., etc., etc. Je répète quelquefois les faits et les erreurs que je viens d'exposer, parce que dans l'immensité des livres dont l'Europe est surchargée, ce qui ne parvient pas à un lecteur dans une brochure, lui parvient dans une autre, et qu'il y a des choses dont il est nécessaire que tout le monde soit instruit.

7. Je conviens que vous battez le docteur Clarke quand il s'agit de savoir si Dieu pénètre la matière, si l'espace est son *sensorium*, etc. [15]. J'avoue que Clarke a voulu être trop savant. Je ne nie pas que vous ne puissiez avoir raison sur quelques attributs que ce philosophe suppose plus qu'il ne les prouve ; mais écartons ces branches, l'arbre demeure ; il nous restera toujours un premier moteur puissant, intelligent, et qui ne peut être méchant. (Voyez la section première.)

8. Vous proscrivez les chimériques idées innées que renouvela Descartes [16] ; je les rejette avec vous. Vous n'épargnez pas Newton ; je vous accorde que Newton n'est pas aussi bon métaphysicien que grand géomètre. Sa définition de Dieu peut tenir un peu de son *Apocalypse* ; autre sujet de nous humilier. Mais si sa définition est obscure, elle n'est point contradictoire ; et je trouve de la contradiction dans un amas de matière mue régulièrement sans moteur, se donnant la pensée dans l'homme, et se la refusant dans la pierre ; mettant des rapports en toutes ses œuvres sans aucun but ; travaillant toujours en aveugle avec une sublime

industrie. Enfin, vous combattez Newton et Clarke dans ce qu'ils ont d'obscur, mais vous n'osez les attaquer dans ce qu'ils ont de lumineux.

9. Souffrez que je souscrive à ce verset : *Cœli enarrant gloriam Dei*. Les cieux annoncent la gloire de Dieu [17]. Je n'entends point par le mot *gloire* la gloire vaine des hommes. Je ne prétends point que Dieu *se rengorge*, cette idée me paraîtrait toute aussi impertinente qu'à vous. Gloire doit signifier ici *intelligence* et *puissance*. Je suis convaincu que le cours des seize planètes, tant primitives que secondaires, suivant des lois mathématiques dans un espace non résistant, est une démonstration de la Divinité, ainsi que la formation d'un insecte. On a dit, il y a quelques années : un catéchiste enseigne Dieu aux enfants, et Newton le démontre aux sages [18].

10. Quant aux difficultés ordinaires, pourquoi du mal, pourquoi des monstres ? Y en eût-il cent fois davantage, vous ne me tirerez jamais de ce point d'appui : *les cieux annoncent Dieu*. Malgré vos efforts de génie, vous n'avez point prouvé que Dieu n'existe pas. Vous avez seulement prouvé que des licenciés ont raisonné quelquefois pitoyablement. Vous avez étalé de grandes difficultés ; mais le système d'une nature aveugle me présente des absurdités.

11. Vous êtes obligé de convenir qu'il paraît un grand ordre dans toute la nature ; et vous prétendez que cette immense combinaison était nécessaire [19]. Je crois, comme vous, à cette nécessité. La contingence me paraît une contradiction, ainsi que le hasard. Il était nécessaire que le monde fût, puisqu'il est. L'inutile, en ce cas, est absurde. Tout ce que je dois en conclure, à ce qu'il me semble, c'est qu'il était nécessaire que le grand Être opérât ces choses admirables, comme il est nécessaire que cet Être suprême existe. Il ne peut les avoir faites sans intelligence et sans puissance : c'est ce que vous appelez *nature*, et c'est ce que j'appelle Dieu. Pourquoi ne voulez-vous pas que j'adore ce grand Être intelligent et puissant qui m'a donné la vie et la pensée ? J'ajouterai : craignez d'être

ingrat, vous à qui il a donné tant d'esprit ; ce n'est pas certainement vous qui vous l'êtes donné.

Vous êtes encore forcé d'admettre un dessein particulier dans la composition de votre être. Vous affirmez (page 2, seconde partie) *que le mal est nécessaire à l'homme, que sans le mal il ne pourrait ni connaître ce qui lui nuit, ni se procurer le bien*, etc. [20]. Vous avouez donc que ce qui a formé l'homme l'a formé dans ce dessein. Ce n'est donc pas le seul mouvement qui a fait cet ouvrage. Je n'examine point comment il était si indispensable qu'un enfant naquît pour mourir au bout de deux ans de la pierre [21] ou des écrouelles ; mais je m'arrête à vous prouver par vous-même qu'il y a des causes finales.

12. Vous citez Pline le naturaliste, qui dit : *Il faut croire que le monde est la divinité même, sans commencement, sans fin, immense, éternelle* [22]. Mais ni Pline, ni Varron qui en dit autant, n'excluent l'intelligence. Virgile dit comme eux :

> *Mens agitat molem et magno se corpore miscet.*
> Un esprit éternel agit dans ce grand corps [23].

Comment y aurait-il une intelligence dans nous, s'il n'y en avait pas dans la nature ? et comment une intelligence sans dessein ? Pesez cette idée, je vous en supplie ; je m'en rapporte à vos lumières, que vous voulez éteindre, et qui vous éclairent malgré vous.

13. *Ce DIEU*, dites vous, *ne serait pas immuable, puisque ses œuvres sont continuellement détruites* [24]. N'est-ce pas là un sophisme ? La destruction constante, et la reproduction continuelle des êtres vivants, n'est-elle pas l'indubitable preuve d'un maître immuable dans ses volontés et dans ses desseins, d'un Être qui a toujours voulu que toutes les générations périssent et se perpétuent ? Vous auriez raison, peut-être, s'il y avait parmi nous de temps en temps quelques animaux immortels, tandis que d'autres ne vivent qu'un jour ; quelques races d'hommes qui n'eussent ni jambes ni nez, d'autres dont le visage fût au bas de leur échine.

Mais toutes les races sont invariablement les mêmes ;
tout animal, tout végétal meurt, et son semblable prend
sa place par une loi immuable depuis l'homme jusqu'à
un brin d'herbe. C'est toujours le même dessein :
donc l'auteur de ce dessein est immuable.

14. Votre sauvage (chapitre 5, seconde partie,
page 159) qui devine qu'une montre est faite par un
horloger, parce qu'il a quelque idée de l'industrie
humaine, est précisément la preuve de l'existence de
Dieu. Je suis le sauvage : la montre est l'univers, l'horloger est le formateur de l'univers. J'ai quelque idée de
l'industrie en général, je vois le monde dans lequel une
industrie merveilleuse éclate de toutes parts ; et
j'adore l'auteur.

15. Vous ne voulez pas qu'on appelle la nature
aveugle. *Elle combine* (selon vous) *d'après des lois
nécessaires et certaines, une tête organisée de façon à faire
un poème*, etc. [25]. Si elle combine, elle est intelligente ;
si elle est intelligente, elle l'est en tout temps. Il y a
donc une intelligence éternelle, et c'est Dieu même ;
et alors vous êtes forcé de le reconnaître. Si elle ne
combine pas, elle est aveugle, impuissante ; et alors
vous êtes bien plus forcé de reconnaître Dieu son
maître.

16. J'avoue que votre argument de la page 100, première partie, est d'une grande force. Le voici. « Lorsqu'on demande aux théologiens, obstinés à admettre
deux substances essentiellement différentes, pourquoi
ils multiplient les êtres sans nécessité ; c'est, disent-ils,
parce que la pensée ne peut être une propriété de la
matière. On leur demande alors, si Dieu ne peut pas
donner à la matière la faculté de penser. Ils répondent
que non, vu que Dieu ne peut pas faire des choses
impossibles. Mais dans ce cas les théologiens, d'après
ces assertions, se reconnaissent pour de vrais athées ;
en effet, d'après leurs principes, il est aussi impossible
que l'esprit ou la pensée produisent la matière, qu'il
est impossible que la matière produise l'esprit ou la
pensée ; et l'on en conclura contre eux que le monde
n'a point été fait par un esprit, pas plus qu'un esprit

par le monde ; que le monde est éternel, et que s'il existe un esprit éternel, il y a deux êtres éternels, ce qui, selon eux, serait absurde ; ou s'il n'y a qu'une seule substance éternelle, c'est le monde, vu que le monde existe, comme on n'en peut douter. »

Rien n'est plus spécieux. Vous confondez les téméraires qui, ne connaissant que très peu de chose de la matière, et rien du tout de l'esprit, affirment avec un orgueil insupportable que l'Être des êtres ne peut donner le sentiment et la pensée à une monade que nous appelons *matérielle** ; d'autant plus inconséquents dans leur audacieuse décision qu'ils soutiennent que Dieu accorde le sentiment aux animaux, qui ne sont, selon eux-mêmes, que de la matière [26].

Votre raisonnement doit leur imposer silence ou, ce qui est bien pis et beaucoup plus ordinaire, les forcer à parler sans s'entendre. Mais en remportant cette victoire contre des hommes, la remportez-vous contre Dieu ? Détruisez-vous par là l'existence de l'Être suprême ? Suit-il de ce que les Écoles ne disent que du verbiage, que Dieu n'existe pas ? S'ensuit-il que la matière s'organise elle-même, se donne elle-même le pouvoir de raisonner, celui de sentir du plaisir et de la douleur ? Qu'on réfléchisse sur ces deux sentiments qui partagent la vie, le plaisir et la douleur ! Sur ces deux caractères de tous les êtres sensibles ; et qu'on imagine, si on peut, comment la matière non sentante a produit en nous ce sentiment inexplicable.

Vous voulez donner un nouveau poids à votre argument par une comparaison. « L'homme, dites-vous, ne peut se voir lui-même. En effet, il faudrait, pour cela, qu'il fût à la fois en lui et hors de lui. Il peut être comparé à une harpe sensible qui rend des sons d'elle-même, et qui se demande qu'est-ce qui les lui fait rendre : elle ne voit pas qu'en sa qualité d'être sensible

---

* On sait assez que plusieurs Pères de l'Église composèrent l'âme d'une substance éthérée, à l'exemple de tous les philosophes de l'Antiquité. (*Note de Voltaire.*)

elle se pince elle-même, et qu'elle est pincée et rendue sonore par tout ce qui la touche [27]. »

Comparaison n'est pas raison, monsieur ; vous prétendez que l'homme, dont nous ne connaissons point les ressorts, est comme une harpe sensible qui rend des sons d'elle-même ; mais nous connaissons encore moins cette harpe sensible qui se pince. Voulez-vous éclaircir ce qui est, par quelque chose qui n'existe pas ? Voulez-vous expliquer l'obscur par le plus obscur ? Cet artifice ne serait pas digne de votre philosophie éloquente.

17. La pensée, dites vous, est divisible. Je crois la chose démontrée malgré toutes les Écoles. Elle n'est pas divisible par des instruments mécaniques, mais elle est réellement divisée par le temps. On peut très aisément séparer une pensée en plusieurs parties ; il est même impossible de faire autrement. Un homme vous demande ce que vous feriez si vous étiez le maître. Voilà deux idées qui se présentent à vous l'une après l'autre : conduite à tenir, supposition que vous êtes le maître. Vous répondez que vous feriez du bien, et même à ceux qui vous auraient offensé. Voilà encore deux idées, dont l'une est indépendante de l'autre : faire du bien, et en faire à ses ennemis. On a donc réellement des moitiés, des quarts de pensées. Mais, qui nous donne ces pensées ? Il faut toujours en revenir là. Vous ne vous les donnez pas. Il n'est rien dans les objets qui soit du caractère de vos sensations, rien qui leur ressemble. Pourquoi vos oreilles entendent-elles ? Pourquoi vos yeux voient-ils ? Vous ne le savez pas. Vous dites que c'est la nature qui agit seule ; nous disons que Dieu agit sur la nature. Qui nous jugera ? J'ose croire qu'on peut s'en rapporter à cet argument-ci : rien ne nous montre que la matière et le mouvement aient une volonté ; il faut donc admettre un être qui en ait une.

18. *Mais sous cet être nous sommes presque tous malheureux et injustes* [28]. Cela n'est que trop vrai : tout ce que vous en pourriez conclure par la dialectique [29],

c'est que DIEU a fait des êtres pensants, dont la plupart sont injustes et malheureux.

Cette fatale vérité prouverait tout au plus que le grand Être éternellement agissant, éternel moteur de l'immensité des choses, regarde du même œil les hommes et les mouches ; et que les générations des hommes sont entrées dans le plan de la grande machine comme des roues et des pignons qui se brisent. Mais cela ne serait prouvé qu'à ceux qui pensent que tout meurt avec le corps.

Nous souffrons et nous faisons souffrir ; telle est notre destinée.

Depuis Job jusqu'à nous, un très grand nombre d'hommes a maudit son existence ; nous avons donc un besoin perpétuel de consolation et d'espoir. Votre philosophie nous en prive. La fable de Pandore valait mieux : elle nous laissait l'espérance, et vous nous la ravissez ! La philosophie, selon vous, ne fournit aucune preuve d'un bonheur à venir. Non, mais vous n'avez aucune démonstration du contraire. Il se peut très bien qu'il y ait en nous une monade indestructible qui sente et qui pense, sans que nous sachions le moins du monde comment cette monade est faite. La raison ne s'oppose point à cette idée, quoique la raison seule ne la prouve pas. Cette opinion n'a-t-elle pas un prodigieux avantage sur la vôtre ? La mienne est utile au genre humain, la vôtre est funeste ; elle peut (quoi que vous en disiez) encourager les Néron, les Alexandre VI et les Cartouche ; la mienne peut les réprimer.

Marc-Antonin, Épictète croyaient que leur monade (de quelque espèce qu'elle fût) se rejoindrait à la monade du grand Être ; et ils furent les plus vertueux des hommes.

Dans le doute où nous sommes tous deux, je ne vous dis pas avec Pascal : *prenez le plus sûr.* Il n'y a rien de sûr dans l'incertitude. Il ne s'agit pas ici de parier, mais d'examiner. Il faut juger, et notre volonté ne détermine pas notre jugement. Je ne vous propose pas de croire des choses extravagantes pour vous tirer d'embarras. Je ne vous dis pas : allez à La Mecque baiser la pierre noire pour vous instruire ; tenez une queue de vache à la main ; affublez-vous d'un scapulaire ; soyez imbécile et fanatique pour acquérir la faveur de l'Être des êtres. Je vous dis : continuez à cultiver la vertu, à être bienfaisant, à regarder toute superstition avec horreur ou avec pitié ; mais adorez avec moi le dessein qui se manifeste dans toute la nature, et par conséquent l'auteur de ce dessein, la cause primordiale et finale de tout ; espérez avec moi que notre monade qui raisonne sur le grand Être éternel pourra être heureuse par ce grand Être même. Il n'y a point là de contradiction. Vous ne m'en démontrerez pas l'impossibilité, de même que je ne puis vous démontrer mathématiquement que la chose est ainsi. Nous ne raisonnons guère en métaphysique que sur des probabilités ; nous nageons tous dans une mer dont nous n'avons jamais vu le rivage. Malheur à ceux qui se battent en nageant ! Abordera qui pourra ; mais celui qui me crie : vous nagez en vain, il n'y a point de port, me décourage et m'ôte toutes mes forces.

De quoi s'agit-il dans notre dispute ? de consoler notre malheureuse existence. Qui la console, vous ou moi ?

Vous avouez vous-même, dans quelques endroits de votre ouvrage, que la croyance d'un DIEU a retenu quelques hommes sur le bord du crime [30] : cet aveu me suffit. Quand cette opinion n'aurait prévenu que dix assassinats, dix calomnies, dix jugements iniques sur la terre, je tiens que la terre entière doit l'embrasser.

La religion, dites-vous, a produit des milliasses de forfaits [31]. Dites : la superstition, qui règne sur notre triste globe ; elle est la plus cruelle ennemie de l'adoration pure qu'on doit à l'Être suprême. Détestons ce monstre qui a toujours déchiré le sein de sa mère. Ceux qui le combattent sont les bienfaiteurs du genre humain. C'est un serpent qui entoure la religion de ses replis : il faut lui écraser la tête sans blesser celle qu'il infecte et qu'il dévore.

Vous craignez qu'en adorant Dieu on ne redevienne bientôt superstitieux et fanatique [32] : mais n'est-il pas à craindre qu'en le niant on ne s'abandonne aux passions les plus atroces et aux crimes les plus affreux ? Entre ces deux excès, n'y a-t-il pas un milieu très raisonnable ? Où est l'asile entre ces deux écueils ? Le voici : Dieu, et des lois sages.

Vous affirmez qu'il n'y a qu'un pas de l'adoration à la superstition [33]. Il y a l'infini pour les esprits bien faits, et ils sont aujourd'hui en grand nombre, ils sont à la tête des nations, ils influent sur les mœurs publiques ; et d'année en année le fanatisme qui couvrait la terre se voit enlever ses détestables usurpations.

19. Vous demandez en quel lieu résiderait l'Être des êtres, la cause finale de tout ce qui existe, le *Demiourgos*, l'éternel géomètre. Vous et moi nous sommes deux cirons qui contemplons la machine de Marly [34]. Il n'y a point de machiniste, dit l'un, car nous ne l'avons jamais vu. Il y en a un, dit l'autre, car voilà un dessein immense exécuté. Tu ne peux deviner, dit le premier, où est ce prétendu mécanicien ; donc il n'existe pas. Il ne m'importe, dit le second, je ne suis qu'un ciron ; il n'est pas dans ma nature de connaître cet artiste. Mais je crois raisonner juste en pensant qu'il y a un Être intelligent qui a fait la machine.

20. Je répondrai encore un mot à vos paroles de la page 223 [35]. *Si l'on présume des rapports entre l'homme et cet Être incroyable, il faudra lui élever des autels, lui faire des présents*, etc. ; *si l'on ne conçoit rien à cet Être, il faudra s'en rapporter à des prêtres qui...* etc., etc., etc. Le grand mal de s'assembler aux temps des moissons pour remercier Dieu du pain qu'il nous a donné ! Qui vous dit de faire des présents à Dieu ? L'idée en est ridicule ; mais où est le mal de charger un citoyen, qu'on appellera *vieillard* ou *prêtre*, de rendre des actions de grâces à la Divinité au nom des autres citoyens, pourvu que ce prêtre ne soit pas un Grégoire VII, qui marche sur la tête des rois [36], ou un Alexandre VI, souillant par un inceste le sein de sa fille qu'il a engendrée par un stupre, et assassinant, empoisonnant, à

l'aide de son bâtard, presque tous les princes ses voisins [37] ; pourvu que dans une paroisse ce prêtre ne soit pas un fripon, volant dans la poche des pénitents qu'il confesse [38], et employant cet argent à séduire les petites filles qu'il catéchise ; pourvu que ce prêtre ne soit pas un Le Tellier, qui met tout un royaume en combustion par des fourberies dignes du pilori [39] ; un Warburton, qui viole les lois de la société en manifestant les papiers secrets d'un membre du Parlement pour le perdre, et qui calomnie quiconque n'est pas de son avis [40]. Ces derniers cas sont rares. L'état du sacerdoce est un frein qui force à la bienséance.

Un sot prêtre excite le mépris ; un mauvais prêtre inspire l'horreur ; un bon prêtre, doux, pieux, sans superstition, charitable, tolérant, est un homme qu'on doit chérir et respecter. Vous craignez l'abus, et moi aussi. Unissons-nous pour le prévenir, mais ne condamnons pas l'usage quand il est utile à la société, quand il n'est pas perverti par le fanatisme ou par la méchanceté frauduleuse.

21. J'ai une chose très importante à vous dire. Je suis persuadé que vous êtes dans une grande erreur, mais je suis également convaincu que vous vous trompez en honnête homme. Vous voulez qu'on soit vertueux, même sans Dieu. Cette dispute philosophique ne sera qu'entre vous et quelques philosophes répandus dans l'Europe ; le reste de la terre n'en entendra pas parler. Le peuple ne nous lit point. Si quelque théologien voulait vous persécuter, il serait un méchant, il serait un imprudent qui ne servirait qu'à vous affermir et à faire de nouveaux athées.

Vous avez tort, mais les Grecs n'ont point persécuté Épicure, les Romains n'ont point persécuté Lucrèce. Vous avez tort, mais il faut respecter votre génie et votre vertu en vous réfutant de toutes ses forces.

Le plus bel hommage, à mon gré, qu'on puisse rendre à Dieu, c'est de prendre sa défense sans colère ; comme le plus indigne portrait qu'on puisse faire de lui est de le peindre vindicatif et furieux. Il est la vérité même : la vérité est sans passion. C'est être disciple de Dieu que de l'annoncer d'un cœur doux et d'un esprit inaltérable.

Je pense avec vous que le fanatisme est un monstre mille fois plus dangereux que l'athéisme philosophique. Spinoza n'a pas commis une seule mauvaise action ; Châtel et Ravaillac, tous deux dévots, assassinèrent Henri IV [41].

L'athée de cabinet est presque toujours un philosophe tranquille, le fanatique est toujours turbulent ; mais l'athée de cour, le prince athée pourrait être le fléau du genre humain. Borgia et ses semblables ont fait presque autant de mal que les fanatiques de Munster et des Cévennes : je dis les fanatiques des deux partis [42]. Le malheur des athées de cabinet est de faire des athées de cour. C'est Chiron qui élève Achille : il le nourrit de moelle de lion [43]. Un jour Achille traînera le corps d'Hector autour des murailles de Troie, et immolera douze captifs innocents à sa vengeance [44].

Dieu nous garde d'un abominable prêtre qui hache un roi en morceaux avec son couperet sacré [45], ou de celui qui, le casque en tête et la cuirasse sur le dos, à l'âge de soixante et dix ans, ose signer de ses trois doigts ensanglantés la ridicule excommunication d'un roi de France [46], ou de... ou de... ou de...

Mais que Dieu nous préserve aussi d'un despote colère et barbare qui, ne croyant point un Dieu, serait son dieu à lui-même ; qui se rendrait indigne de sa place sacrée en foulant aux pieds les devoirs que cette place impose ; qui sacrifierait sans remords ses amis, ses parents, ses serviteurs, son peuple, à ses passions. Ces deux tigres, l'un tondu, l'autre couronné, sont également à craindre. Par quel frein pourrons-nous les retenir ? etc., etc.

Si l'idée d'un Dieu, auquel nos âmes peuvent se rejoindre, a fait des Titus, des Trajan, des Antonins, des Marc Aurèle, et ces grands empereurs chinois dont la mémoire est si précieuse dans le second des plus anciens et des plus vastes empires du monde, ces exemples suffisent pour ma cause, et ma cause est celle de tous les hommes.

LETTRES DE MEMMIUS
À CICÉRON

AVERTISSEMENT

Nous croyons ne pouvoir mieux terminer ce neuvième volume [1] que par une nouvelle édition des *Lettres de Memmius à Cicéron*, que tous les savants ont reconnues unanimement pour être de Memmius.

PRÉFACE

Nul homme de lettres n'ignore que Titus Lucretius Carus, nommé parmi nous Lucrèce, fit son beau poème pour former, comme on dit, l'esprit et le cœur [2] de Caïus Memmius Gemellus, jeune homme d'une grande espérance, et d'une des plus anciennes maisons de Rome [3].

Ce Memmius devint meilleur philosophe que son maître, comme on le verra par ses lettres à Cicéron [4].

L'amiral russe Shermetof [5], les ayant lues en manuscrit à Rome dans la bibliothèque du Vatican, s'amusa à les traduire dans sa langue pour former l'esprit et le cœur d'un de ses neveux. Nous les avons traduites du russe en français, n'ayant pas eu, comme monsieur l'amiral, la faculté de consulter la bibliothèque du Vatican. Mais nous pouvons assurer que les deux traductions sont de la plus grande fidélité. On y verra l'esprit de Rome tel qu'il était alors (car il a bien changé depuis) [6]. *La philosophie de Memmius est quelquefois un peu hardie : on peut faire le même reproche à celle de Cicéron et de tous les grands hommes de l'Antiquité. Ils avaient tous le malheur de n'avoir pu lire la* Somme *de saint Thomas d'Aquin* [7]. *Cependant, on trouve dans eux certains traits de lumière naturelle qui ne laissent pas de faire plaisir.*

LETTRE PREMIÈRE

J'apprends avec douleur, mon cher Tullius, mais non pas avec surprise, la mort de mon ami Lucrèce. Il est affranchi des douleurs d'une vie qu'il ne pouvait plus supporter. Ses maux étaient incurables : c'est là le cas de mourir. Je trouve qu'il a eu beaucoup plus de raison que Caton [8] ; car si vous et moi et Brutus nous avons survécu à la république, Caton pouvait bien lui survivre aussi. Se flattait-il d'aimer mieux la liberté que nous tous ? Ne pouvait-il pas, comme nous, accepter l'amitié de César ? Croyait-il qu'il était de son devoir de se tuer parce qu'il avait perdu la bataille de Tapsa [9] ? Si cela était, César lui-même aurait dû se donner un coup de poignard après sa défaite à Dyrrachium [10] ; mais il sut se réserver pour des destins meilleurs. Notre ami Lucrèce avait un ennemi plus implacable que Pompée, c'est la nature. Elle ne pardonne point quand elle a porté son arrêt. Lucrèce n'a fait que le prévenir de quelques mois ; il aurait souffert, et il ne souffre plus. Il s'est servi du droit de sortir de sa maison quand elle est prête à tomber. Vis tant que tu as une juste espérance ; l'as-tu perdue, meurs : c'était là sa règle [11], c'est la mienne. J'approuve Lucrèce, et je le regrette.

Sa mort m'a fait relire son poème, par lequel il vivra éternellement. Il le fit autrefois pour moi, mais le disciple s'est bien écarté du maître : nous ne sommes ni

vous ni moi de sa secte ; nous sommes académiciens [12]. C'est, au fond, n'être d'aucune secte.

Je vous envoie ce que je viens d'écrire sur les principes de mon ami ; je vous prie de le corriger. Les
sénateurs aujourd'hui n'ont plus rien à faire qu'à philosopher. C'est à César de gouverner la terre, mais
c'est à Cicéron de l'instruire. Adieu.

LETTRE SECONDE

Vous avez raison, grand homme. Lucrèce est admirable dans ses exordes, dans ses descriptions, dans sa
morale, dans tout ce qu'il dit contre la superstition. Ce
beau vers :

Tantum religio potuit suadere malorum [13]

durera autant que le monde. S'il n'était pas un physicien aussi ridicule que tous les autres, il serait un
homme divin. Ses tableaux de la superstition m'affec-
tèrent surtout bien vivement dans mon dernier voyage
d'Égypte et de Syrie. Nos poulets sacrés et nos
augures, dont vous vous moquez avec tant de grâce
dans votre traité *De la divination*, sont des choses sen-
sées en comparaison des horribles absurdités dont je
fus témoin. Personne ne les a plus en horreur que la
reine Cléopâtre et sa cour. C'est une femme qui a
autant d'esprit que de beauté. Vous la verrez bientôt à
Rome ; elle est bien digne de vous entendre. Mais
toute souveraine qu'elle est en Égypte, toute philosophe qu'elle est, elle ne peut guérir sa nation. Les
prêtres l'assassineraient ; le sot peuple prendrait leur
parti, et crierait que les saints prêtres ont vengé
Sérapis et les chats.

C'est bien pis en Syrie : il y a cinquante religions, et
c'est à qui surpassera les autres en extravagances. Je
n'ai pas encore approfondi celle des Juifs, mais j'ai
connu leurs mœurs ; Crassus et Pompée ne les ont

point assez châtiés. Vous ne les connaissez point à Rome. Ils s'y bornent à vendre des philtres, à faire le métier de courtiers, à rogner les espèces [14]. Mais chez eux ils sont les plus insolents de tous les hommes, détestés de tous leurs voisins, et les détestant tous. Toujours ou voleurs ou volés, ou brigands ou esclaves, assassins et assassinés tour à tour.

Les Perses, les Scythes, sont mille fois plus raisonnables ; les brachmanes, en comparaison d'eux, sont des dieux bienfaisants.

Je sais bien bon gré à Pompée d'avoir daigné, le premier des Romains, entrer par la brèche dans ce temple de Jérusalem, qui était une citadelle assez forte [15] ; et je sais encore plus de gré au dernier des Scipions d'avoir fait pendre leur roitelet qui avait osé prendre le nom d'Alexandre [16].

Vous avez gouverné la Cilicie, dont les frontières touchent presque à la Palestine. Vous avez été témoin des barbaries et des superstitions de ce peuple ; vous l'avez bien caractérisé dans votre belle oraison pour Flaccus [17]. Tous les autres peuples ont commis des crimes, les Juifs sont les seuls qui s'en soient vantés. Ils sont tous nés avec la rage du fanatisme dans le cœur, comme les Germains et les Anglais [18] naissent avec des cheveux blonds. Je ne serais point étonné que cette nation ne fût un jour funeste au genre humain.

Louez donc avec moi notre Lucrèce d'avoir porté tant de coups mortels à la superstition. S'il s'en était tenu là, toutes les nations devraient venir aux portes de Rome couronner de fleurs son tombeau.

Troisième lettre

J'entre en matière tout d'un coup cette fois-ci, et je dis, malgré Lucrèce et Épicure, non pas qu'il y a des dieux, mais qu'il existe un Dieu. Bien des philosophes me siffleront, ils m'appelleront *esprit faible* [19] ; mais comme je leur pardonne leur témérité, je les supplie de me pardonner ma faiblesse.

Je suis du sentiment de Balbus dans votre excellent ouvrage *De la nature des dieux*. La terre, les astres, les végétaux, les animaux, tout m'annonce une intelligence productrice [20].

Je dis avec Platon (sans adopter ses autres principes) : « Tu crois que j'ai de l'intelligence, parce que tu vois de l'ordre dans mes actions, des rapports et une fin. Il y en a mille fois plus dans l'arrangement de ce monde : juge donc que ce monde est arrangé par une intelligence suprême [21]. »

On n'a jamais répondu à cet argument que par des suppositions puériles. Personne n'a jamais été assez absurde pour nier que la sphère d'Archimède et celle de Posidonius soient des ouvrages de grands mathématiciens ; elles ne sont cependant que des images très faibles, très imparfaites de cette immense sphère du monde que Platon appelle avec tant de raison l'*ouvrage de l'éternel géomètre* [22]. Comment donc oser supposer que l'original est l'effet du hasard quand on avoue que la copie est de la main d'un grand génie [23] ?

Le hasard n'est rien ; il n'est point de hasard. Nous avons nommé ainsi l'effet que nous voyons d'une cause que nous ne voyons pas. Point d'effet sans cause ; point d'existence sans raison d'exister : c'est là le premier principe de tous les vrais philosophes.

Comment Épicure, et ensuite Lucrèce, ont-ils le front de nous dire que des atomes s'étant fortuitement accrochés, ont produit d'abord des animaux, les uns sans bouche, les autres sans viscères, ceux-ci privés de pieds, ceux-là de têtes, et qu'enfin le même hasard a fait naître des animaux accomplis [24] ?

C'est ainsi, disent-ils, qu'on voit encore en Égypte des rats dont une moitié est formée, et dont l'autre n'est encore que de la fange [25]. Ils se sont bien trompés ; ces sottises pouvaient être imaginées par des Grecs ignorants qui n'avaient jamais été en Égypte. Le fait est faux ; le fait est impossible. Il n'y eut, il n'y aura jamais ni d'animal, ni de végétal sans germe.

Quiconque dit que la corruption produit la génération est un rustre, et non pas un philosophe ; c'est un ignorant qui n'a jamais fait d'expérience.

J'ai trouvé de ces vils charlatans qui me disaient : « Il faut que le blé pourrisse et germe dans la terre pour ressusciter, se former, et nous alimenter [26]. » Je leur dis : « Misérables, servez-vous de vos yeux avant de vous servir de votre langue. Suivez les progrès de ce grain que je confie à la terre : voyez comme il s'attendrit [27], comme il s'enfle, comme il se relève, et avec quelle vertu [28] incompréhensible il étend ses racines et ses enveloppes. Quoi ! vous avez l'impudence d'enseigner les hommes, et vous ne savez pas seulement d'où vient le pain que vous mangez. »

Mais qui a fait ces astres, cette terre, ces animaux, ces végétaux, ces germes, dans lesquels un art si merveilleux éclate ? Il faut bien que ce soit un sublime artiste ; il faut bien que ce soit une intelligence prodigieusement au-dessus de la nôtre, puisqu'elle a fait ce que nous pouvons à peine comprendre. Et cette intelligence, cette puissance, c'est ce que j'appelle Dieu.

Je m'arrête à ce mot. La foule et la suite de mes idées produiraient un volume au lieu d'une lettre. Je vous envoie ce petit volume, puisque vous le permettez ; mais ne le montrez qu'à des hommes qui vous ressemblent, à des hommes sans impiété et sans superstition, dégagés des préjugés de l'école et de ceux du monde, qui aiment la vérité et non la dispute ; qui ne sont certains que de ce qui est démontré, et qui se défient encore de ce qui est le plus vraisemblable.

Ici suit le Traité de Memmius.

I. Qu'il n'y a qu'un Dieu, contre Épicure, Lucrèce, et autres philosophes

Je ne dois admettre que ce qui m'est prouvé ; et il m'est prouvé qu'il y a dans la nature une puissance intelligente *.

Cette puissance intelligente est-elle séparée du grand tout ? Y est-elle unie ? Y est-elle identifiée ? En est-elle le principe ? Y a-t-il plusieurs puissances intelligentes pareilles ?

J'ai été effrayé de ces questions que je me suis faites à moi-même. C'est un poids immense que je ne puis porter ; pourrai-je au moins le soulever ?

Les arbres, les plantes, tout ce qui jouit de la vie, et surtout l'homme, la terre, la mer, le soleil et tous les astres m'ayant appris qu'il est une intelligence active, c'est-à-dire un Dieu, je leur ai demandé à tous ce que c'est que Dieu, où il habite, s'il a des associés. J'ai contemplé le divin ouvrage, et je n'ai point vu l'ouvrier. J'ai interrogé la nature, elle est demeurée muette.

Mais, sans me dire son secret, elle s'est montrée, et c'est comme si elle m'avait parlé. Je crois l'entendre. Elle me dit : « Mon soleil fait éclore et mûrir mes fruits sur ce petit globe qu'il éclaire et qu'il échauffe, ainsi que les autres globes. L'astre de la nuit donne sa lumière réfléchie à la terre, qui lui envoie la sienne. Tout est lié, tout est assujetti à des lois qui jamais ne se démentent : donc tout a été combiné par une seule intelligence.

« Ceux qui en supposeraient plusieurs doivent absolument les supposer ou contraires, ou d'accord ensemble, ou différentes, ou semblables. Si elles sont différentes et contraires, elles n'ont pu faire rien d'uniforme ; si elles sont semblables, c'est comme s'il n'y en avait qu'une. Tous les philosophes conviennent qu'il ne faut pas multiplier les êtres sans nécessité ; ils

---

* Il l'a prouvé dans sa Troisième lettre. (*Note de Voltaire.*)

conviennent donc tous malgré eux qu'il n'y a qu'un DIEU suprême. »

La nature a continué, et m'a dit : « Tu me demandes où est ce DIEU ? Il ne peut être que dans moi, car s'il n'est pas dans la nature, où serait-il ? dans les espaces imaginaires ? Il ne peut être une substance à part : il m'anime, il est ma vie. Ta sensation est dans tout ton corps, DIEU est dans tout le mien. » À cette voix de la nature, j'ai conclu qu'il m'est impossible de nier l'existence de ce DIEU, et impossible de le connaître.

Ce qui pense en moi, ce que j'appelle *mon âme*, ne se voit pas ; comment pourrais-je voir ce qui est l'âme de l'univers entier ?

II. SUITE DES PROBABILITÉS DE L'UNITÉ DE DIEU

Platon, Aristote, Cicéron et moi, nous sommes des animaux, c'est-à-dire nous sommes animés. Il se peut que dans d'autres globes il soit des animaux d'une autre espèce, mille millions de fois plus éclairés et plus puissants que nous, comme il se peut qu'il y ait des montagnes d'or et des rivières de nectar. On appellera ces animaux *dieux* improprement ; mais il se peut aussi qu'il n'y en ait pas : nous ne devons donc pas les admettre. La nature peut exister sans eux, mais ce que nous connaissons de la nature ne pouvait exister sans un dessein, sans un plan ; et ce dessein, ce plan ne pouvait être conçu et exécuté sans une intelligence puissante : donc je dois reconnaître cette intelligence, ce DIEU, et rejeter tous ces prétendus dieux, habitants des planètes et de l'Olympe, et tous ces prétendus fils de DIEU, les Bacchus, les Hercule, les Persée, les Romulus, etc., etc. Ce sont des fables milésiennes [29], des contes de sorciers. Un DIEU se joindre à la nature humaine ! J'aimerais autant dire que des éléphants ont fait l'amour à des puces et en ont eu de la race [30] ; cela serait bien moins impertinent.

Tenons-nous-en donc à ce que nous voyons évidemment [31], que dans le grand tout il est une grande intelligence. Fixons-nous à ce point jusqu'à ce que nous puissions faire encore quelques pas dans ce vaste abîme.

III. CONTRE LES ATHÉES

Il était bien hardi ce Straton [32] qui, accordant l'intelligence aux opérations de son chien de chasse, la niait aux œuvres merveilleuses de toute la nature. Il avait le pouvoir de penser, et il ne voulait pas qu'il y eût dans la fabrique du monde un pouvoir qui pensât.

Il disait que la nature seule, par ses combinaisons, produit des animaux pensants. Je l'arrête là et je lui demande quelle preuve il en a. Il me répond que c'est son système, son hypothèse, que cette idée en vaut bien une autre.

Mais moi, je lui dis : « Je ne veux point d'hypothèse, je veux des preuves. Quand Posidonius me dit qu'il peut carrer des lunules du cercle, et qu'il ne peut carrer le cercle, je ne le crois qu'après en avoir vu la démonstration [33]. »

Je ne sais pas si, dans la suite des temps, il se trouvera quelqu'un d'assez fou pour assurer que la matière, sans penser, produit d'elle-même des milliards d'êtres qui pensent. Je lui soutiendrai que, suivant ce beau système, la matière pourrait produire un DIEU sage, puissant, et bon.

Car si la matière seule a produit Archimède et vous, pourquoi ne produirait-elle pas un être qui serait incomparablement au-dessus d'Archimède et de vous par le génie, au-dessus de tous les hommes ensemble par la force et par la puissance, qui disposerait des éléments beaucoup mieux que le potier ne rend un peu d'argile souple à ses volontés, en un mot, un DIEU ? Je n'y vois aucune difficulté ; cette folie suit évidemment de son système.

IV. Suite de la réfutation de l'athéisme

D'autres, comme Archytas, supputent que l'univers est le produit des nombres [34]. Oh ! que les chances ont de pouvoir ! Un coup de dés doit nécessairement amener rafle [35] de mondes, car le seul mouvement de trois dés dans un cornet vous amènera rafle de six, le point de Vénus [36], très aisément en un quart d'heure. La matière, toujours en mouvement dans toute l'éternité, doit donc amener toutes les combinaisons possibles. Ce monde est une de ces combinaisons : donc elle avait autant de droit à l'existence que toutes les autres, donc elle devait arriver, donc il était impossible quelle n'arrivât pas, toutes les autres combinaisons ayant été épuisées ; donc à chaque coup de dés il n'y avait que l'unité à parier contre l'infini, que cet univers serait formé tel qu'il est [37].

Je laisse Archytas jouer un jeu aussi désavantageux ; et puisqu'il y a toujours l'infini contre un à parier contre lui, je le fais interdire par le préteur, de peur qu'il ne se ruine. Mais avant de lui ôter la jouissance de son bien, je lui demande comment, à chaque instant, le mouvement de son cornet qui roule toujours, ne détruit pas ce monde si ancien, et n'en forme pas un nouveau.

Vous riez de toutes ces folies, sage Cicéron, et vous en riez avec indulgence. Vous laissez tous ces enfants souffler en l'air sur leurs bouteilles de savon ; leurs vains amusements ne seront jamais dangereux. Un an des guerres civiles de César et de Pompée a fait plus de mal à la terre que n'en pourraient faire tous les athées ensemble pendant toute l'éternité.

V. Raison des athées

Quelle est la raison qui fait tant d'athées ? C'est la contemplation de nos malheurs et de nos crimes.

Lucrèce était plus excusable que personne : il n'a vu autour de lui et n'a éprouvé que des calamités. Rome, depuis Sylla, doit exciter la pitié de la terre dont elle a été le fléau. Nous avons nagé dans notre sang. Je juge par tout ce que je vois, par tout ce que j'entends, que César sera bientôt assassiné. Vous le pensez de même. Mais après lui je prévois des guerres civiles plus affreuses que celles dans lesquelles j'ai été enveloppé. César lui-même, dans tout le cours de sa vie, qu'a-t-il vu, qu'a-t-il fait ? des malheureux. Il a exterminé de pauvres Gaulois qui s'exterminaient eux-mêmes dans leurs continuelles factions. Ces barbares étaient gouvernés par des druides qui sacrifiaient les filles des citoyens après avoir abusé d'elles. De vieilles sorcières sanguinaires étaient à la tête des hordes germaniques qui ravageaient la Gaule et qui, n'ayant pas de maison, allaient piller ceux qui en avaient. Arioviste était à la tête de ces sauvages, et leurs magiciennes avaient un pouvoir absolu sur Arioviste. Elles lui défendirent de livrer bataille avant la nouvelle lune [38]. Ces furies allaient sacrifier à leurs dieux Procilius et Titius, deux ambassadeurs envoyés par César à ce perfide Arioviste, lorsque nous arrivâmes et que nous délivrâmes ces deux citoyens que nous trouvâmes chargés de chaînes [39]. La nature humaine, dans ces cantons, était celle des bêtes féroces, et en vérité nous ne valions guère mieux.

Jetez les yeux sur toutes les autres nations connues : vous ne voyez que des tyrans et des esclaves, des dévastations, des conspirations et des supplices.

Les animaux sont encore plus misérables que nous : assujettis aux mêmes maladies, ils sont sans aucun secours ; nés tous sensibles [40], ils sont dévorés les uns par les autres. Point d'espèce qui n'ait son bourreau. La terre, d'un pôle à l'autre, est un champ de carnage, et la nature sanglante est assise entre la naissance et la mort.

Quelques poètes, pour remédier à tant d'horreurs, ont imaginé les Enfers. Étrange consolation, étrange chimère ! Les Enfers sont chez nous. Le chien à trois têtes [41], et les trois Parques [42], et les trois Furies [43], sont des agneaux en comparaison de nos Sylla et de nos Marius.

Comment un DIEU aurait-il pu former ce cloaque épouvantable de misères et de forfaits ? On suppose un DIEU puissant, sage, juste et bon ; et nous voyons de tous côtés folie, injustice et méchanceté. On aime mieux alors nier DIEU que le blasphémer. Aussi avons-nous cent épicuriens contre un platonicien. Voilà les vraies raisons de l'athéisme ; le reste est dispute d'école.

VI. RÉPONSE AUX PLAINTES DES ATHÉES

À ces plaintes du genre humain, à ces cris éternels de la nature toujours souffrante, que répondrai-je ?

J'ai vu évidemment des fins et des moyens. Ceux qui disent que ni l'œil n'est fait pour voir, ni l'oreille pour entendre, ni l'estomac pour digérer, m'ont paru des fous ridicules ; mais ceux qui, dans leurs tourments, me baignent de leurs larmes, qui cherchent un DIEU consolateur et qui ne le trouvent pas, ceux-là m'attendrissent. Je gémis avec eux, et j'oublie de les condamner.

Mortels qui souffrez et qui pensez, compagnons de mes supplices, cherchons ensemble quelque consolation et quelques arguments. Je vous ai dit qu'il est dans la nature une intelligence, un DIEU ; mais vous ai-je dit qu'il pouvait faire mieux ? Le sais-je ? Dois-je le présumer ? Suis-je de ses conseils [44] ? Je le crois très sage ; son soleil et ses étoiles me l'apprennent. Je le crois très juste et très bon, car d'où lui viendraient l'injustice et la malice ? Il y a du bon, donc DIEU l'est ; il y a du mal, donc ce mal ne vient point de lui. Comment enfin dois-je envisager DIEU ? comme un père qui n'a pu faire le bien de tous ses enfants.

VII. Si Dieu est infini,
et s'il a pu empêcher le mal

Quelques philosophes me crient : « Dieu est éternel, infini, tout-puissant ; il pouvait donc défendre au mal d'entrer dans son édifice admirable. »

Prenez garde, mes amis : s'il l'a pu et s'il ne l'a pas fait, vous le déclarez méchant, vous en faites notre persécuteur, notre bourreau, et non pas notre Dieu [45].

Il est éternel sans doute : dès qu'il existe quelque être, il existe un être de toute éternité, sans quoi le néant donnerait l'existence. La nature est éternelle, l'intelligence qui l'anime est éternelle. Mais d'où savons-nous quelle est infinie ? La nature est-elle infinie ? Qu'est-ce que l'infini actuel ? Nous ne connaissons que des bornes ; il est vraisemblable que la nature a les siennes, le vide en est une preuve. Si la nature est limitée, pourquoi l'intelligence suprême ne le serait-elle pas ? Pourquoi ce Dieu, qui ne peut être que dans la nature, s'étendrait-il plus loin qu'elle ? Sa puissance est très grande : mais qui nous a dit qu'elle est infinie, quand ses ouvrages nous montrent le contraire ? quand la seule ressource qui nous reste pour le disculper est d'avouer que son pouvoir n'a pu triompher du mal physique et moral ? Certes, j'aime mieux l'adorer borné que méchant.

Peut-être, dans la vaste machine de la nature, le bien l'a-t-il emporté nécessairement sur le mal, et l'éternel artisan a été forcé dans ses moyens en faisant encore (malgré tant de maux) ce qu'il y avait de mieux.

Peut-être la matière a été rebelle à l'intelligence qui en disposait les ressorts.

Qui sait enfin si le mal qui règne depuis tant de siècles ne produira pas un plus grand bien dans des temps encore plus longs ?

Hélas ! faibles et malheureux humains, vous portez les mêmes chaînes que moi. Vos maux sont réels, et je ne vous console que par des peut-être.

VIII. Si Dieu arrangea le monde
DE TOUTE ÉTERNITÉ

Rien ne se fait de rien. Toute l'Antiquité [46], tous les philosophes sans exception conviennent de ce principe. Et en effet, le contraire paraît absurde. C'est même une preuve de l'éternité de Dieu, c'est bien plus, c'est sa justification. Pour moi, j'admire comment cette auguste intelligence a pu construire cet immense édifice avec de la simple matière. On s'étonnait autrefois que les peintres, avec quatre couleurs, pussent varier tant de nuances. Quels hommages ne doit-on pas au grand *Demiourgos* qui a tout fait avec quatre faibles éléments !

Nous venons de voir que si la matière existait, Dieu existait aussi.

Quand l'a-t-il fait obéir à sa main puissante ? Quand l'a-t-il arrangée ?

Si la matière existait dans l'éternité, comme tout le monde l'avoue, ce n'est pas d'hier que la suprême intelligence l'a mise en œuvre. Quoi ! Dieu est nécessairement actif, et il aurait passé une éternité sans agir ! Il est le grand Être nécessaire : comment aurait-il été pendant des siècles éternels le grand Être inutile ?

Le chaos est une imagination poétique : ou la matière avait par elle-même de l'énergie, ou cette énergie était dans Dieu. Dans le premier cas, tout se serait donné de lui-même et sans dessein, le mouvement, l'ordre et la vie, ce qui nous semble absurde.

Dans le second cas, Dieu aura tout fait, mais il aura toujours tout fait ; il aura toujours tout disposé nécessairement de la manière la plus prompte et la plus convenable au sujet sur lequel il travaillait.

Si on peut comparer Dieu au Soleil, son éternel ouvrage, il était comme cet astre dont les rayons émanent dès qu'il existe. Dieu, en formant le Soleil lumineux, ne pouvait lui ôter ses taches. Dieu, en formant l'homme avec des passions nécessaires, ne pouvait peut-être prévenir ni ses vices ni ses désastres. Toujours des peut-être ; mais je n'ai point d'autre moyen de justifier la divinité.

Cher Cicéron, je ne demande point que vous pensiez comme moi, mais que vous m'aidiez à penser.

IX. DES DEUX PRINCIPES,
ET DE QUELQUES AUTRES FABLES

Les Perses, pour expliquer l'origine du mal, imaginèrent, il y a quelque neuf mille ans [47], que DIEU, qu'ils appellent Oromaze ou Orosmad [48], s'était complu à former un être puissant et méchant qu'ils nomment, je crois, Arimane [49], pour lui servir d'antagoniste ; et que le bon Oromaze, qui nous protège, combat sans cesse Arimane le malin, qui nous persécute. C'est ainsi que j'ai vu un de mes centurions qui se battait tous les matins contre son singe pour se tenir en haleine.

D'autres Perses, et c'est, dit-on, le plus grand nombre, croient le tyran Arimane aussi ancien que le bon prince Orosmad. Ils disent qu'il casse les œufs que le favorable Orosmad pond sans cesse, et qu'il y fait entrer le mal ; qu'il répand les ténèbres partout où l'autre envoie la lumière, les maladies, quand l'autre donne la santé ; et qu'il fait toujours marcher la mort à la suite de la vie. Il me semble que je vois deux charlatans en plein marché, dont l'un distribue des poisons, et l'autre des antidotes.

Des mages s'efforceront, s'ils veulent, de trouver de la raison dans cette fable ; pour moi je n'y aperçois que du ridicule. Je n'aime point à voir DIEU, qui est la raison même, toujours occupé comme un gladiateur à combattre une bête féroce.

Les Indiens ont une fable plus ancienne : trois dieux réunis dans la même volonté, Birma ou Brama, la puissance et la gloire ; Vitsnou ou Bitsnou, la tendresse et la bienfaisance ; Sub ou Sib, la terreur et la destruction [50], créèrent d'un commun accord des demi-dieux, des debta, dans le ciel. Ces demi-dieux se révoltèrent, ils furent précipités dans l'abîme par les trois dieux, ou plutôt par le grand Dieu qui présidait à ces trois. Après des siècles de punition, ils obtinrent de devenir hommes ; et ils apportèrent le mal sur la terre : ce qui obligea Dieu, ou les trois dieux, de donner sa nouvelle loi du Veidam [51].

Mais ces coupables, avant de porter le mal sur la terre, l'avaient déjà porté dans le ciel. Et comment Dieu avait-il créé des êtres qui devaient se révolter contre lui ? Comment Dieu aurait-il donné une seconde loi dans son Veidam ? Sa première était donc mauvaise.

Ce conte oriental ne prouve rien, n'explique rien. Il a été adopté par quelques nations asiatiques ; et enfin il a servi de modèle à la guerre des Titans.

Les Égyptiens ont eu leur Osiris et leur Typhon [52].

Le Jupiter d'Homère avec ses deux tonneaux me fait lever les épaules. Je n'aime point Jupiter cabaretier, donnant, comme tous les autres cabaretiers, plus de mauvais vin que de bon. Il ne tenait qu'à lui de faire toujours du Falerne [53].

Le plus beau, le plus agréable de tous les contes inventés pour justifier ou pour accuser la Providence, ou pour s'amuser d'elle, est la boîte de Pandore. Ainsi on n'a jamais débité que des fables comiques sur la plus triste des vérités.

X. SI LE MAL EST NÉCESSAIRE

Tous les hommes ayant épuisé en vain leur génie à deviner comment le mal peut exister sous un Dieu bon, quel téméraire osera se flatter de trouver ce que Cicéron cherche encore en vain ? Il faut bien que le mal n'ait point d'origine, puisque Cicéron ne l'a pas découverte.

Ce mal nous crible et nous pénètre de tous côtés, comme le feu s'incorpore à tout ce qui le nourrit, comme la matière éthérée court dans tous les pores ; le bien fait à peu près le même effet. Deux amants jouissants goûtent le bonheur dans tout leur être : cela est ainsi de tout temps. Que puis-je en penser, sinon que cela fut nécessaire de tout temps ?

Je suis donc ramené malgré moi à cette ancienne idée que je vois être la base de tous les systèmes, dans laquelle tous les philosophes retombent après mille détours, et qui m'est démontrée par toutes les actions des hommes, par les miennes, par tous les événements que j'ai lus, que j'ai vus, et auxquels j'ai eu part : c'est le fatalisme, c'est la nécessité dont je vous ai déjà parlé.

Si je descends dans moi-même, qu'y vois-je que le fatalisme ? Ne fallait-il pas que je naquisse quand les mouvements des entrailles de ma mère ouvrirent sa matrice, et me jetèrent nécessairement dans le monde ? Pouvait-elle l'empêcher ? Pouvais-je m'y opposer ? Me suis-je donné quelque chose ? Toutes mes idées ne sont-elles pas entrées successivement dans ma tête, sans que j'en aie appelé aucune ? Ces idées n'ont-elles pas déterminé invinciblement ma volonté, sans quoi ma volonté n'aurait point eu de cause ? Tout ce que j'ai fait n'a-t-il pas été la suite nécessaire de toutes ces prémisses nécessaires ? N'en est-il pas ainsi dans toute la nature ?

Ou ce qui existe est nécessaire, ou il ne l'est pas. S'il ne l'est pas, il est démontré inutile. L'univers, en ce cas, serait inutile ; donc il existe d'une nécessité absolue. Dieu, son moteur, son fabricateur, son âme, serait inutile ; donc Dieu existe et opère d'une nécessité absolue, comme nous l'avons dit. Je ne puis sortir de ce cercle dans lequel je me sens renfermé par une force invincible.

Je vois une chaîne immense dont tout est chaînon : elle embrasse, elle serre aujourd'hui la nature ; elle l'embrassait hier, elle l'entourera demain. Je ne puis ni voir, ni concevoir un commencement des choses. Ou rien n'existe, ou tout est éternel.

Je me sens irrésistiblement déterminé à croire le mal nécessaire, puisqu'il est. Je n'aperçois d'autre raison de son existence que cette existence même.

Ô Cicéron ! détrompez-moi, si je suis dans l'erreur. Mais en combien d'endroits êtes-vous de mon avis dans votre livre *De fato*, sans presque vous en apercevoir ! Tant la vérité a de force, tant la destinée vous entraînait malgré vous, lors même que vous la combattiez.

XI. CONFIRMATION DES PREUVES DE LA NÉCESSITÉ DES CHOSES

Il y a certainement des choses que la suprême intelligence ne peut empêcher : par exemple, que le passé n'ait existé, que le présent ne soit dans un flux continuel, que l'avenir ne soit la suite du présent, que les vérités mathématiques ne soient vérités. Elle ne peut faire que le contenu soit plus grand que le contenant, qu'une femme accouche d'un éléphant par l'oreille, que la lune passe par un trou d'aiguille.

La liste de ces impossibilités serait très longue : il est donc, encore une fois, très vraisemblable que DIEU n'a pu empêcher le mal.

Une intelligence sage, puissante, et bonne, ne peut avoir fait délibérément des ouvrages de contradiction. Mille enfants naissent avec les organes convenables à leur tête, mais ceux de la poitrine sont viciés. La moitié des conformations est manquée, et c'est ce qui détruit la moitié des ouvrages de cette intelligence si bonne. Oh ! si du moins il n'y avait que la moitié de ses créatures qui fût méchante ! Mais que de crimes depuis la calomnie jusqu'au parricide ! Quoi ! un agneau, une colombe, une tourterelle, un rossignol ne me nuiront jamais, et DIEU me nuirait toujours ! Il ouvrirait des abîmes sous mes pas, ou il engloutirait la ville où je suis né, ou il me livrerait pendant toute ma vie à la souffrance, et cela sans motif, sans raison, sans qu'il en résulte le moindre bien ! Non, mon DIEU ; non, Être suprême, Être bienfaisant, je ne puis le croire, je ne puis te faire cette horrible injure.

On me dira peut-être que j'ôte à DIEU sa liberté. Que sa puissance suprême m'en garde ! Faire tout ce qu'on peut, c'est exercer sa liberté pleinement. DIEU à fait tout ce qu'un DIEU pouvait faire. Il est beau qu'un DIEU ne puisse faire le mal.

XII. RÉPONSE À CEUX QUI OBJECTERAIENT QU'ON FAIT DIEU ÉTENDU, MATÉRIEL, ET QU'ON L'INCORPORE AVEC LA NATURE

Quelques platoniciens me reprochent que j'ôte à DIEU sa simplicité, que je le suppose étendu, que je ne le distingue pas assez de la nature, que je suis plutôt les dogmes de Straton que ceux des autres philosophes.

Mon cher Cicéron, ni eux, ni vous, ni moi, ne savons ce que c'est que DIEU. Bornons-nous à savoir qu'il en existe un. Il n'est donné à l'homme de connaître ni de quoi les astres sont formés, ni comment est fait le maître des astres.

Que DIEU soit appelé *Être simple* [54], j'y consens de tout mon cœur ; simple ou étendu, je l'adorerai également. Mais je ne comprends pas ce que c'est qu'un être simple. Quelques rêveurs, pour me le faire entendre, disent qu'un point géométrique est un être simple [55] ; mais un point géométrique est une supposition, une abstraction de l'esprit, une chimère. DIEU ne peut être un point géométrique ; je vois en lui, avec Platon, l'éternel géomètre.

Pourquoi DIEU ne serait-il pas étendu, lui qui est dans toute la nature ? En quoi l'étendue répugne-t-elle à son essence ?

Si le grand Être intelligent et nécessaire opère sur l'étendue, comment agit-il où il n'est pas ? Et s'il est en tous les lieux où il agit, comment n'est-il pas étendu ?

Un être dont je pourrais nier l'existence dans chaque particule du monde, l'une après l'autre, n'existerait nulle part.

Un être simple est incompréhensible ; c'est un mot vide de sens, qui ne rend Dieu ni plus respectable, ni plus aimable, ni plus puissant, ni plus raisonnable. C'est plutôt le nier que le définir.

On pourra me répondre que notre âme est un exemple et une preuve de la simplicité du grand Être, que nous ne voyons ni ne sentons notre âme, qu'elle n'a point de parties, qu'elle est simple, que cependant elle existe en un lieu, et qu'elle peut ainsi rendre raison du grand Être simple. C'est ce que nous allons examiner. Mais avant de me plonger dans ce vide, je vous réitère qu'en quelque endroit qu'on pose l'Être suprême, le mît-on en tout lieu sans qu'il remplît de place, le reléguât-on hors de tout lieu sans qu'il cessât d'être, rassemblât-on en lui toutes les contradictions des écoles, je l'adorerai tant que je vivrai, sans croire aucune école, et sans porter mon vol dans des régions où nul mortel ne peut atteindre.

XIII. Si la nature de l'âme
peut nous faire connaître la nature de Dieu

J'ai conclu déjà que puisqu'une intelligence préside à mon faible corps, une intelligence suprême préside au grand tout. Où me conduira ce premier pas de tortue ? Pourrai-je jamais savoir ce qui sent et ce qui pense en moi ? Est-ce un être invisible, intangible, incorporel, qui est dans mon corps ? Nul homme n'a encore osé le dire. Platon lui-même n'a pas eu cette hardiesse. Un être incorporel qui meut un corps ! Un être intangible qui touche tous mes organes dans lesquels est la sensation ! Un être simple, et qui augmente avec l'âge ! Un être incorruptible, et qui dépérit par degrés ! Quelles contradictions, quel chaos d'idées incompréhensibles ! Quoi ! je ne puis rien connaître que par mes sens, et j'admettrai dans moi un être entièrement opposé à mes sens ! Tous les animaux ont du sentiment comme moi, tous ont des idées que leurs sens leur fournissent : auront-ils tous une âme comme moi ? Nouveau sujet, nouvelle raison d'être non seulement dans l'incertitude sur la nature de l'âme, mais dans l'étonnement continuel et dans l'ignorance.

Ce que je puis encore moins comprendre, c'est la dédaigneuse et sotte indifférence dans laquelle croupissent presque tous les hommes sur l'objet qui les intéresse le plus, sur la cause de leurs pensées, sur tout leur être. Je ne crois pas qu'il y ait dans Rome deux cents personnes qui s'en soient réellement occupées. Presque tous les Romains disent : « Que m'importe ? » Et après avoir ainsi parlé, ils vont compter leur argent, courent aux spectacles ou chez leurs maîtresses. C'est la vie des désoccupés. Pour celle des factieux, elle est horrible. Aucun de ces gens-là ne s'embarrasse de son âme. Pour le petit nombre qui peut y penser, s'il est de bonne foi, il avouera qu'il n'est satisfait d'aucun système.

Je suis prêt de [56] me mettre en colère, quand je vois Lucrèce affirmer que la partie de l'âme qu'on appelle esprit, intelligence, *animus*, loge au milieu de la poitrine *, et que l'autre partie de l'âme, qui fait la sensation, est répandue dans le reste du corps ; de tous les autres systèmes aucun ne m'éclaire.

Autant de sectes, autant d'imaginations, autant de chimères. Dans ce conflit de suppositions, sur quoi poser le pied pour monter vers DIEU ? Puis-je m'éle-

---

* Consilium quod nos animum mentemque vocamus / Idque situm media regione in corporis hæret. (Note de Voltaire. La citation, légèrement inexacte, est tirée de De la nature, III, v. 139-140. Trad. : « c'est ce conseil que nous appelons l'esprit et la pensée. Et celui-ci a son siège fixé au milieu du corps. »)

ver de cette âme que je ne connais point, à la contemplation de l'essence suprême que je voudrais connaître ?
Ma nature, que j'ignore, ne me prête aucun instrument pour sonder la nature du principe universel,
entre lequel et moi est un si profond abîme.

XIV. COURTE REVUE DES SYSTÈMES SUR L'ÂME,
POUR PARVENIR, SI L'ON PEUT,
À QUELQUE NOTION DE L'INTELLIGENCE SUPRÊME

Si pourtant il est permis à un aveugle de chercher
son chemin à tâtons, souffrez, Cicéron, que je fasse
encore quelques pas dans ce chaos en m'appuyant sur
vous. Donnons-nous d'abord le plaisir de jeter un
coup d'œil sur tous les systèmes.
Je suis corps, et il n'y a point d'esprits.
Je suis esprit, et il n'y a point de corps.
Je possède dans mon corps une âme spirituelle.
Je suis une âme spirituelle qui possède mon corps.
Mon âme est le résultat de mes cinq sens.
Mon âme est un sixième sens.
Mon âme est une substance inconnue, dont l'essence
est de penser et de sentir.
Mon âme est une portion de l'âme universelle.
Il n'y a point d'âme.
Quand je m'éveille après avoir fait tous ces songes,
voici ce que me dit la voix de ma faible raison, qui me
parle sans que je sache d'où vient cette voix :
Je suis corps, il n'y a point d'esprits. Cela me paraît
bien grossier. J'ai bien de la peine à penser fermement
que votre oraison *Pro lege Manilia* ne soit qu'un
résultat de la déclinaison des atomes.
Quand j'obéis aux commandements de mon général, et qu'on obéit aux miens, les volontés de mon
général et les miennes ne sont point des corps qui en
font mouvoir d'autres par les lois du mouvement. Un
raisonnement n'est point le son d'une trompette. On
me commande par intelligence, j'obéis par intelli-

gence. Cette volonté signifiée, cette volonté que j'accomplis, n'est ni un cube ni un globe, n'a aucune figure, n'a rien de la matière. Je puis donc la croire immatérielle. Je puis donc croire qu'il y a quelque chose qui n'est pas matière.

Il n'y a que des esprits et point de corps. Cela est bien délié [57] et bien fin : la matière ne serait qu'un phénomène [58] ! Il suffit de manger et de boire, et de s'être blessé d'un coup de pierre au bout du doigt pour croire à la matière.

Je possède dans mon corps une âme spirituelle. Qui, moi, je serais la boîte dans laquelle serait un être qui ne tient point de place ! Moi, étendu, je serais l'étui d'un être non étendu ! Je posséderais quelque chose qu'on ne voit jamais, qu'on ne touche jamais, de laquelle on ne peut avoir la moindre image, la moindre idée ? Il faut être bien hardi pour se vanter de posséder un tel trésor. Comment le posséderais-je, puisque toutes mes idées me viennent si souvent malgré moi, pendant ma veille et pendant mon sommeil ? C'est un plaisant maître de ses idées qu'un être qui est toujours maîtrisé par elles.

Une âme spirituelle possède mon corps. Cela est bien plus hardi à elle ; car elle aura beau ordonner à ce corps d'arrêter le cours rapide de son sang, de rectifier tous ses mouvements internes, il n'obéira jamais. Elle possède un animal bien indocile.

Mon âme est le résultat de tous mes sens [59]. C'est une affaire difficile à concevoir, et par conséquent à expliquer.

Le son d'une lyre, le toucher, l'odeur, la vue, le goût d'une pomme d'Afrique ou de Perse, semblent avoir peu de rapport avec une démonstration d'Archimède ; et je ne vois pas bien nettement comment un principe agissant serait dans moi la conséquence de cinq autres principes. J'y rêve, et je n'y entends rien du tout.

Je puis penser sans nez, je puis penser sans goût, sans jouir de la vue, et même ayant perdu le sentiment du tact. Ma pensée n'est donc pas le résultat des choses qui peuvent m'être enlevées tour à tour.

J'avoue que je ne me flatterais pas d'avoir des idées si je n'avais jamais eu aucun de mes cinq sens. Mais on ne me persuadera pas que ma faculté de penser soit l'effet de cinq puissances réunies, quand je pense encore après les avoir perdues l'une après l'autre.

L'âme est un sixième sens. Ce système a d'abord quelque chose d'éblouissant. Mais que veulent dire ces paroles ? Prétend-on que le nez est un être flairant par lui-même ? Mais les philosophes les plus accrédités ont dit que l'âme flaire par le nez, voit par les yeux, et qu'elle est dans les cinq sens. En ce cas, elle serait aussi dans ce sixième sens, s'il y en avait un ; et cet être inconnu nommé *âme*, serait dans six sens au lieu d'être dans cinq. Que signifierait : *l'âme est un sens* ? On ne peut rien entendre par ces mots, sinon *l'âme est une faculté de sentir et de penser*, et c'est ce que nous examinerons.

Mon âme est une substance inconnue, dont l'essence est de penser et de sentir. Cela revient à peu près à cette idée que l'âme est un sixième sens ; mais dans cette supposition elle est plutôt mode, accident, faculté que substance.

Inconnue, j'en conviens ; mais *substance*, je le nie. Si elle était substance, son essence serait de sentir et de penser, comme celle de la matière est l'étendue et la solidité. Alors l'âme sentirait toujours, et penserait toujours, comme la matière est toujours solide et étendue.

Cependant il est très certain que nous ne sentons ni ne pensons toujours. Il faut être d'une opiniâtreté ridicule pour soutenir que, dans un profond sommeil, quand on ne rêve point, on a du sentiment et des idées. C'est donc un être de raison, une chimère, qu'une prétendue substance qui perdrait son essence pendant la moitié de sa vie.

Mon âme est une portion de l'âme universelle [60]. Cela est plus sublime. Cette idée flatte notre orgueil ; elle nous fait des dieux. Une portion de la divinité serait divinité elle-même, comme une partie de l'air est de l'air, et une goutte d'eau de l'océan est de la même nature que l'océan. Mais voilà une plaisante divinité qui naît entre la vessie et le rectum, qui passe neuf mois dans un néant absolu, qui vient au monde sans rien connaître, sans rien faire, qui demeure plusieurs mois dans cet état, qui souvent n'en sort que pour s'évanouir à jamais, et qui ne vit d'ordinaire que pour faire toutes les impertinences possibles.

Je ne me sens point du tout assez insolent pour me croire une partie de la divinité. Alexandre se fit Dieu, César se fera Dieu s'il veut, à la bonne heure ; Antoine et Nicodème seront ses grands prêtres [61], Cléopâtre sera sa grande prêtresse. Je ne prétends point à un tel honneur.

Il n'y a point d'âme. Ce système, le plus hardi, le plus étonnant de tous, est au fond le plus simple. Une tulipe, une rose, ces chefs-d'œuvre de la nature dans les jardins, sont produites par une mécanique incompréhensible, et n'ont point d'âme. Le mouvement, qui fait tout, n'est point une âme, un être pensant. Les insectes, qui ont la vie, ne nous paraissent point doués de cet être pensant qu'on appelle *âme.* On admet volontiers dans les animaux un instinct qu'on ne comprend point, et nous leur refusons une âme que l'on comprend encore moins. Encore un pas, et l'homme sera sans âme.

Que mettrons-nous donc à la place ? du mouvement, des sensations, des idées, des volontés, etc. dans chacun de nos individus. Et d'où viendront ces sensations, ces idées, ces volontés dans un corps organisé ? Elles viendront de ses organes, elles seront dues à l'intelligence suprême qui anime toute la nature. Cette intelligence aura donné à tous les animaux bien organisés des facultés qu'on aura nommées *âme,* et nous avons la puissance de penser sans être âme, comme nous avons la puissance d'opérer des mouvements sans que nous soyons mouvement.

Qui sait si ce système n'est pas plus respectueux pour la divinité qu'aucun autre ? Il semble qu'il n'en est point qui nous mette plus sous la main de DIEU. J'ai peur, je l'avoue, que ce système ne fasse de

l'homme une pure machine. Examinons cette dernière
hypothèse, et défions-nous d'elle comme de toutes les
autres.

XV. Examen si ce qu'on appelle *âme* n'est pas une faculté qu'on a prise pour une substance

J'ai le don de la parole et de l'intonation, de sorte
que j'articule et que je chante ; mais je n'ai point d'être
en moi qui soit articulation et chant. N'est-il pas bien
probable qu'ayant des sensations et des pensées, je
n'ai point en moi un être caché qui soit à la fois sensation et pensée, ou pensée sentante nommée *âme* ?

Nous marchons par les pieds, nous prenons par les
mains, nous pensons, nous voulons par la tête. Je suis
entièrement ici pour Épicure et pour Lucrèce, et je
regarde son troisième livre comme le chef-d'œuvre de
la sagacité éloquente. Je doute qu'on puisse jamais
dire rien d'aussi beau ni d'aussi vraisemblable.

Toutes les parties du corps sont susceptibles de sensation. À quoi bon chercher une autre substance dans
mon corps, laquelle sente pour lui ? Pourquoi recourir
à une chimère quand j'ai la réalité ?

Mais, me dira-t-on, l'étendue ne suffit pas pour
avoir des sensations et des idées. Ce caillou est étendu,
il ne sent ni ne pense. Non, mais cet autre morceau de
matière organisée possède la sensation et le don de
penser. Je ne conçois point du tout par quel artifice le
mouvement, les sentiments, les idées, la mémoire, le
raisonnement, se logent dans ce morceau de matière
organisée ; mais je le vois et j'en suis la preuve à moi-
même.

Je conçois encore moins comment ce mouvement,
ce sentiment, ces idées, cette mémoire, ces raisonnements, se formeraient dans un être inétendu, dans un
être simple [62], qui me paraît équivaloir au néant. Je
n'en ai jamais vu de ces êtres simples, personne n'en

a vu, il est impossible de s'en former la plus légère idée. Ils ne sont point nécessaires, ce sont les fruits d'une imagination exaltée. Il est donc, encore une fois, très inutile de les admettre.

Je suis corps, et cet arrangement de mon corps, cette puissance de me mouvoir et de mouvoir d'autres corps, cette puissance de sentir et de raisonner, je les tiens donc de la puissance intelligente et nécessaire qui anime la nature. Voilà en quoi je diffère de Lucrèce. C'est à vous de nous juger tous deux. Dites-moi lequel vaut le mieux, de croire un être invisible, incompréhensible, qui naît et meurt avec nous, ou de croire que nous avons seulement des facultés données par le grand Être nécessaire.

XVI. DES FACULTÉS DES ANIMAUX

Les animaux ont les mêmes facultés que nous. Organisés comme nous, ils reçoivent comme nous la vie, ils la donnent de même. Ils commencent comme nous le mouvement et le communiquent. Ils ont des sens et des sensations, des idées, de la mémoire. Quel est l'homme assez fou pour penser que le principe de toutes ces choses est un esprit inétendu ? Nul mortel n'a jamais osé proférer cette absurdité. Pourquoi donc serions-nous assez insensés pour imaginer cet esprit en faveur de l'homme ?

Les animaux n'ont que des facultés, et nous n'avons que des facultés.

Ce serait, en vérité, une chose bien comique que quand un lézard avale une mouche, et quand un crocodile avale un homme, chacun d'eux avalât une âme.

Que serait donc l'âme de cette mouche ? un être immortel descendu du plus haut des cieux pour entrer dans ce corps, une portion détachée de la divinité ? Ne vaut-il pas mieux la croire une simple faculté de cet animal à lui donnée avec la vie ? Et si cet insecte a reçu ce don, nous en dirons autant du singe et de l'éléphant, nous en dirons autant de l'homme et nous ne lui ferons point de tort.

J'ai lu, dans un philosophe, que l'homme le plus grossier est au-dessus du plus ingénieux animal [63]. Je n'en conviens point. On achèterait beaucoup plus cher un éléphant qu'une foule d'imbéciles. Mais quand même cela serait, qu'en pourrait-on conclure ? que l'homme a reçu plus de talents du grand Être, et rien de plus.

XVII. DE L'IMMORTALITÉ

Que le grand Être veuille persévérer à nous continuer les mêmes dons après notre mort, qu'il puisse attacher la faculté de penser à quelque partie de nous-mêmes qui subsistera encore, à la bonne heure : je ne veux ni l'affirmer ni le nier, je n'ai de preuve ni pour ni contre. Mais c'est à celui qui affirme une chose si étrange à la prouver clairement, et comme jusqu'ici personne ne l'a fait, on me permettra de douter.

Quand nous ne sommes plus que cendre, de quoi nous servirait-il qu'un atome de cette cendre passât dans quelque créature, revêtu des mêmes facultés dont il aurait joui pendant sa vie ? Cette personne nouvelle ne sera pas plus ma personne, cet étranger ne sera pas plus moi que je ne serai ce chou et ce melon qui se seront formés de la terre où j'aurai été inhumé.

Pour que je fusse véritablement immortel, il faudrait que je conservasse mes organes, ma mémoire, toutes mes facultés. Ouvrez tous les tombeaux, rassemblez tous les ossements, vous n'y trouverez rien qui vous donne la moindre lueur de cette espérance.

XVIII. DE LA MÉTEMPSYCOSE

Pour que la métempsycose pût être admise, il faudrait que quelqu'un de bonne foi se ressouvînt bien positivement qu'il a été autrefois un autre homme. Je ne croirai pas plus que Pythagore a été coq, que je ne crois qu'il a eu une cuisse d'or [64].

Quand je vous dis que j'ai des facultés, je ne dis rien que de vrai. Quand j'avoue que je ne me suis point fait ces présents, cela est encore d'une vérité évidente. Quand je juge qu'une cause intelligente peut seule m'avoir donné l'entendement, je ne dis rien encore que de très plausible, rien qui puisse effaroucher la raison. Mais si un charbonnier me dit qu'il a été Cyrus et Hercule, cela m'étonne et je le prie de m'en donner des preuves convaincantes.

XIX. DES DEVOIRS DE L'HOMME, QUELQUE SECTE QU'ON EMBRASSE

Toutes les sectes sont différentes, mais la morale est partout la même : c'est de quoi nous sommes convenus souvent dans nos entretiens avec Cotta et Balbus [65]. Le sentiment de la vertu a été mis par DIEU dans le cœur de l'homme, comme un antidote contre tous les poisons dont il devait être dévoré. Vous savez que César eut un remords quand il fut au bord du Rubicon. Cette voix secrète qui parle à tous les hommes lui dit qu'il était un mauvais citoyen. Si César, Catilina, Marius, Sylla, Cinna, ont repoussé cette voix, Caton, Atticus, Marcellus, Cotta, Balbus et vous, vous lui avez été dociles.

La connaissance de la vertu restera toujours sur la terre, soit pour nous consoler quand nous l'embrasserons, soit pour nous accuser quand nous violerons ses lois.

Je vous ai dit souvent, à Cotta et à vous, que ce qui me frappait le plus d'admiration dans toute l'Antiquité, était la maxime de Zoroastre : *Dans le doute si une action est juste ou injuste, abstiens-toi.*

Voilà la règle de tous les gens de bien, voilà le principe de toute la morale. Ce principe est l'âme de votre excellent livre *Des offices.* On n'écrira jamais rien de plus sage, de plus vrai, de plus utile. Désormais ceux qui auront l'ambition d'instruire les hommes et de leur donner des préceptes, seront des charlatans s'ils veulent s'élever au-dessus de vous, ou seront tous vos imitateurs.

XX. QUE, MALGRÉ TOUS NOS CRIMES, LES PRINCIPES DE LA VERTU SONT DANS LE CŒUR DE L'HOMME

Ces préceptes de la vertu que vous avez enseignés avec tant d'éloquence, grand Cicéron, sont tellement gravés dans le cœur humain par les mains de la nature, que les prêtres mêmes d'Égypte, de Syrie, de Chaldée, de Phrygie et les nôtres, n'ont pu les effacer. En vain ceux d'Égypte ont consacré des crocodiles, des boucs et des chats, et ont sacrifié à leur ignorance, à leur ambition et leur avarice ; en vain les Chaldéens ont eu l'absurde insolence de lire l'avenir dans les étoiles ; en vain tous les Syriens ont abruti la nature humaine par leur détestables superstitions : les principes de la morale sont restés inébranlables au milieu de tant d'horreurs et de démences. Les prêtres grecs eurent beau sacrifier Iphigénie pour avoir du vent ; les prêtres de toutes les nations connues ont eu beau immoler des hommes, et c'est en vain que nous-mêmes, nous Romains qui nous réputions [66] sages, nous avons sacrifié depuis peu deux Grecs et deux Gaulois pour expier le crime prétendu d'une vestale [67] : malgré les efforts de tant de prêtres pour changer tous les hommes en brutes féroces, les lois portées par l'intelligence souveraine de la nature, partout violées, n'ont été abrogées nulle part. La voix qui dit à tous les hommes : « Ne fais point ce que tu ne voudrais pas qu'on te fît », sera toujours entendue d'un bout de l'univers à l'autre.

Tous les prêtres de toutes les religions sont forcés eux-mêmes d'admettre cette maxime ; et l'infâme Calchas, en assassinant la fille de son roi sur l'autel, disait : « C'est pour un plus grand bien que je commets ce parricide. »

Toute la terre reconnaît donc la nécessité de la vertu. D'où vient cette unanimité, sinon de l'intelligence suprême, sinon du grand *Demiourgos* qui, ne pouvant empêcher le mal, y a porté ce remède éternel et universel ?

XXI. Si l'on doit espérer que les Romains deviendront plus vertueux

Nous sommes trop riches, trop puissants, trop ambitieux, pour que la république romaine puisse renaître. Je suis persuadé qu'après César, il y aura des temps encore plus funestes. Les Romains, après avoir été les tyrans des nations, auront toujours des tyrans ; mais quand le pouvoir monarchique sera affermi, il faudra bien, parmi ces tyrans, qu'il se trouve quelques bons maîtres. Si le peuple est façonné à l'obéissance, ils n'auront point d'intérêt d'être méchants, et s'ils lisent vos ouvrages, ils seront vertueux. Je me console par cette espérance de tous les maux que j'ai vus, et de tous ceux que je prévois.

XXII. Si la religion des Romains subsistera

Il y a tant de sectes, tant de religions dans l'Empire romain [68] qu'il est probable qu'une d'elles l'emportera un jour sur toutes les autres. Quoique nous ayons un

Jupiter, maître des dieux et des hommes, que nous appelons le *très puissant* et le *très bon*, cependant Homère et d'autres poètes lui ont attribué tant de sottises, et le peuple a tant de dieux ridicules, que ceux qui proposeront un seul DIEU, pourront bien à la longue chasser tous les nôtres. Qu'on me donne un platonicien enthousiaste, et qui soit épris de la gloire d'être chef de parti, je ne désespère pas qu'il réussisse.

J'ai vu dans le voisinage d'Alexandrie, au-dessous du lac Mœris, une secte qui prend le nom de Thérapeutes [69]. Ils se prétendent tous inspirés, ils ont des visions, ils jeûnent, ils prient. Leur enthousiasme va jusqu'à mépriser les tourments et la mort. Si jamais cet enthousiasme est appuyé des dogmes de Platon, qui commencent à prévaloir dans Alexandrie, ils pourront à la fin détruire la religion de l'empire. Mais aussi une telle révolution ne pourrait s'opérer sans beaucoup de sang répandu, et si jamais on commençait des guerres de religion, je crois qu'elles dureraient des siècles, tant les hommes sont superstitieux, fous et méchants.

Il y aura toujours sur la terre un très grand nombre de sectes. Ce qui est à souhaiter, c'est qu'aucune ne se fasse jamais un barbare devoir de persécuter les autres. Nous ne sommes point tombés jusqu'à présent dans cet excès. Nous n'avons voulu contraindre ni Égyptiens, ni Syriens, ni Phrygiens, ni Juifs. Prions le grand Demiourgos (si pourtant on peut éviter sa destinée), prions-le que la manie de persécuter les hommes ne se répande jamais sur la terre : elle deviendrait un séjour plus affreux que les poètes ne nous ont peint le Tartare. Nous gémissons sous assez de fléaux, sans y joindre encore cette peste nouvelle.

IL FAUT PRENDRE UN PARTI,
OU LE PRINCIPE D'ACTION

Diatribe [1]

Ce n'est pas entre la Russie et la Turquie qu'il s'agit de prendre un parti ; car ces deux États feront la paix tôt ou tard [2] sans que je m'en mêle.

Il ne s'agit pas de se déclarer pour une faction anglaise contre une autre faction ; car bientôt elles auront disparu pour faire place à d'autres.

Je ne cherche point à faire un choix entre les chrétiens grecs, les arméniens, les eutychiens, les jacobites [3], les chrétiens appelés papistes, les luthériens, les calvinistes, les anglicans, les primitifs appelés quakers, les anabaptistes, les jansénistes, les molinistes, les sociniens, les piétistes et tant d'autres *istes*. Je veux vivre honnêtement avec tous ces messieurs quand j'en rencontrerai, sans jamais disputer avec eux ; parce qu'il n'y en a pas un seul qui, lorsqu'il aura un écu à partager avec moi, ne sache parfaitement son compte, et qui consente à perdre une obole pour le salut de mon âme ou de la sienne.

Je ne prendrai point parti entre les anciens parlements de France et les nouveaux [4], parce que, dans peu d'années, il n'en sera plus question.

Ni entre les Anciens et les Modernes [5], parce que ce procès est interminable.

Ni entre les jansénistes et les molinistes, parce qu'ils ne sont plus [6], et que voilà, Dieu merci, cinq ou six mille volumes devenus aussi inutiles que les œuvres de saint Éphrem.

Ni entre les opéras bouffons français et les italiens [7], parce que c'est une affaire de fantaisie.

Il ne s'agit ici que d'une petite bagatelle, de savoir s'il y a un Dieu [8] ; et c'est ce que je vais examiner très sérieusement et de très bonne foi, car cela m'intéresse, et vous aussi.

I. Du principe d'action

Tout est en mouvement, tout agit, et tout réagit dans la nature.

Notre Soleil tourne sur lui-même avec une rapidité qui nous étonne ; et les autres soleils tournent de même, tandis qu'une foule innombrable de planètes roule autour d'eux dans leurs orbites, et que le sang circule plus de vingt fois par heure dans les plus vils de nos animaux.

Une paille que le vent emporte tend, par sa nature, vers le centre de la Terre, comme la Terre gravite vers le Soleil, et le Soleil vers elle. La mer doit aux mêmes lois son flux et son reflux éternel. C'est par ces mêmes lois que des vapeurs qui forment notre atmosphère s'échappent continuellement de la terre, et retombent en rosée, en pluie, en grêle, en neige.

Tout est action, la mort même est agissante. Les cadavres se décomposent, se métamorphosent en végétaux, nourrissent les vivants qui à leur tour en nourrissent d'autres. Quel est le principe de cette action universelle ?

Il faut que le principe soit unique. Une uniformité constante dans les lois qui dirigent la marche des corps célestes, dans les mouvements de notre globe, dans chaque espèce, dans chaque genre d'animal, de végétal, de minéral, indique un seul moteur. S'il y en avait deux, ils seraient ou divers, ou contraires, ou semblables. Si divers, rien ne se correspondrait ; si contraires, tout se détruirait ; si semblables, c'est comme s'il n'y en avait qu'un ; c'est un double emploi.

Je me confirme dans cette idée qu'il ne peut exister qu'un seul principe, un seul moteur, dès que je fais attention aux lois constantes et uniformes de la nature entière.

La même gravitation pénètre dans tous les globes et les fait tendre les uns vers les autres en raison directe, non de leurs surfaces, ce qui pourrait être l'effet de l'impulsion d'un fluide, mais en raison de leurs masses.

Le carré de la révolution de toute planète est comme la racine du cube de sa distance au Soleil [9] (et cela prouve, en passant, ce que Platon avait deviné, je ne sais comment, que le monde est l'ouvrage de l'éternel géomètre) [10].

Les rayons de lumière ont leurs réflexions et leurs réfractions dans toute l'étendue de l'univers. Toutes les vérités mathématiques doivent être les mêmes dans l'étoile Sirius et dans notre petite loge.

Si je porte ma vue ici-bas sur le règne animal, tous les quadrupèdes, et les bipèdes qui n'ont point d'ailes, perpétuent leur espèce par la même copulation ; toutes les femelles sont vivipares.

Tous les oiseaux femelles pondent des œufs.

Dans toute espèce, chaque genre peuple et se nourrit uniformément.

Chaque genre de végétal a le même fond de propriétés.

Certes, le chêne et le noisetier ne se sont pas entendus pour naître et croître de la même façon, de même que Mars et Saturne n'ont pas été d'intelligence pour observer les mêmes lois. Il y a donc une intelligence unique, universelle et puissante, qui agit toujours par des loi invariables.

Personne ne doute qu'une sphère armillaire, des paysages, des animaux dessinés, des anatomies en cire colorée, ne soient des ouvrages d'artistes habiles. Se pourrait-il que les copies fussent d'une intelligence, et que les originaux n'en fussent pas ? Cette seule idée me paraît la plus forte démonstration, et je ne conçois pas comment on peut la combattre.

II. Du principe d'action nécessaire et éternel

Ce moteur unique est très puissant, puisqu'il dirige une machine si vaste et si compliquée. Il est très intelligent, puisque le moindre des ressorts de cette machine ne peut être égalé par nous qui sommes intelligents.

Il est un être nécessaire, puisque sans lui la machine n'existerait pas.

Il est éternel ; car il ne peut être produit du néant, qui n'étant rien ne peut rien produire ; et dès qu'il existe quelque chose, il est démontré que quelque chose est de toute éternité. Cette vérité sublime est devenue triviale. Tel a été de nos jours l'élancement de l'esprit humain, malgré les efforts que nos maîtres d'ignorance ont faits pendant tant de siècles pour nous abrutir.

III. Quel est ce principe ?

Je ne puis me démontrer l'existence du principe d'action, du premier moteur, de l'Être suprême, par la synthèse, comme le docteur Clarke [11]. Si cette méthode pouvait appartenir à l'homme, Clarke était digne peut-être de l'employer. Mais l'analyse me paraît plus faite pour nos faibles conceptions. Ce n'est qu'en remontant le fleuve de l'éternité que je puis essayer de parvenir à sa source.

Ayant donc connu par le mouvement qu'il y a un moteur ; m'étant prouvé par l'action qu'il y a un principe d'action, je cherche ce que c'est que ce principe universel ; et la première chose que j'entrevois avec une secrète douleur, mais avec une résignation entière, c'est qu'étant une partie imperceptible du grand tout, étant, comme dit Timée, un point entre deux éternités [12], il me sera impossible de comprendre ce grand tout et son maître, qui m'engloutissent de toutes parts.

Cependant je me rassure un peu en voyant qu'il m'a été donné de mesurer la distance des astres, de connaître le cours et les lois qui les retiennent dans leurs orbites. Je me dis : « Peut-être parviendrai-je, en me servant de bonne foi de ma raison, jusqu'à trouver quelque lueur de vraisemblance qui m'éclairera dans la profonde nuit de la nature. Et si ce petit crépuscule que je cherche ne peut m'apparaître, je me consolerai en sentant que mon ignorance est invincible, que des connaissances qui me sont interdites me sont très sûrement inutiles, et que le grand Être ne me punira pas d'avoir voulu le connaître, et de n'avoir pu y parvenir. »

IV. Où est le premier principe ? Est-il infini ?

Je ne vois point le premier principe moteur intelligent d'un animal appelé homme, lorsqu'il me démontre une proposition de géométrie, ou lorsqu'il soulève un fardeau. Cependant je juge invinciblement qu'il y en a un dans lui, tout subalterne qu'il est. Je ne puis découvrir si ce premier principe est dans son cœur, ou dans sa tête, ou dans son sang, ou dans tout son corps. De même, j'ai deviné un premier principe de la nature, j'ai vu qu'il est impossible qu'il ne soit pas éternel. Mais où est-il ?

S'il anime toute existence, il est donc dans toute existence : cela me paraît indubitable. Il est dans tout ce qui est, comme le mouvement est dans tout le corps d'un animal, si on peut se servir de cette misérable comparaison.

Mais, s'il est dans ce qui existe, peut-il être dans ce qui n'existe pas ? L'univers est-il infini ? On me le dit ; mais qui me le prouvera ? Je le conçois éternel, parce qu'il ne peut avoir été formé du néant ; parce que ce

grand principe, *rien ne vient de rien* [13], est aussi vrai
que deux et deux font quatre ; parce qu'il y a, comme
nous avons vu ailleurs [14], une contradiction absurde à
dire : « L'Être agissant a passé une éternité sans agir ;
l'Être formateur a été éternel sans rien former ; l'Être
nécessaire a été pendant une éternité l'Être inutile. »

Mais je ne vois aucune raison pourquoi cet Être
nécessaire serait infini [15]. Sa nature me paraît d'être
partout où il y a existence ; mais pourquoi, et comment une existence infinie ? Newton a démontré le
vide, qu'on n'avait fait que supposer jusqu'à lui. S'il y
a du vide dans la nature, le vide peut donc être hors de
la nature [16]. Quelle nécessité que les êtres s'étendent à
l'infini ? Que serait-ce que l'infini en étendue ? Il ne
peut exister non plus qu'en nombre [17]. Point de
nombre, point d'extension à laquelle je ne puisse
ajouter. Il me semble qu'en cela le sentiment de Cudworth doit l'emporter sur celui de Clarke [18].

Dieu est présent partout, dit Clarke [19]. Oui, sans
doute, mais partout où il y a quelque chose, et non pas
où il n'y a rien [20]. Être présent à rien me paraît une
contradiction dans les termes, une absurdité [21]. Je suis
forcé d'admettre une éternité, mais je ne suis pas forcé
d'admettre un infini actuel [22].

Enfin, que m'importe que l'espace soit un être réel,
ou une simple appréhension de mon entendement ?
Que m'importe que l'Être nécessaire, intelligent, puissant, éternel, formateur de tout être, soit dans cet
espace imaginaire ou n'y soit pas ? En suis-je moins
son ouvrage ? En suis-je moins dépendant de lui ? En
est-il moins mon maître ? Je vois ce maître du monde
par les yeux de mon intelligence, mais je ne le vois
point au-delà du monde.

On dispute encore si l'espace infini est un être réel
ou non. Je ne veux point asseoir mon jugement sur un
fondement aussi équivoque, sur une querelle digne
des scolastiques ; je ne veux point établir le trône de
Dieu dans les espaces imaginaires.

S'il est permis, encore une fois, de comparer les
petites choses qui nous paraissent grandes, à ce qui est

si grand en effet, imaginons un alguazil [23] de Madrid qui veut persuader à un Castillan son voisin que le roi d'Espagne est le maître de la mer qui est au nord de la Californie, et que quiconque en doute est criminel de lèse-majesté. Le Castillan lui répond : « Je ne sais pas seulement s'il y a une mer au-delà de la Californie. Peu m'importe qu'il y en ait une, pourvu que j'aie de quoi vivre à Madrid. Je n'ai pas besoin qu'on découvre cette mer pour être fidèle au roi mon maître sur les bords de Manzanarès. Qu'il ait ou non des vaisseaux au-delà de la baie d'Hudson, il n'en a pas moins le pouvoir de me commander ici. Je sens ma dépendance de lui dans Madrid, parce que je sais qu'il est le maître de Madrid. »

Ainsi notre dépendance du grand Être ne vient point de ce qu'il est présent hors du monde, mais de ce qu'il est présent dans le monde. Je demande seulement pardon au maître de la nature de l'avoir comparé à un chétif homme pour me mieux faire entendre.

V. Que tous les ouvrages de l'Être éternel sont éternels

Le principe de la nature étant nécessaire et éternel, et son essence étant d'agir, il a donc agi toujours ; car, encore une fois, s'il n'avait pas été toujours le Dieu agissant, il aurait été toujours le Dieu indolent, le Dieu d'Épicure, le Dieu qui n'est bon à rien [24]. Cette vérité me paraît démontrée en toute rigueur.

Le monde, son ouvrage, sous quelque forme qu'il paraisse, est donc éternel comme lui, de même que la lumière est aussi ancienne que le Soleil, le mouvement aussi ancien que la matière, les aliments aussi anciens que les animaux ; sans quoi le Soleil, la matière, les animaux auraient été non seulement des êtres inutiles, mais des êtres de contradiction, des chimères.

Que pourrait-on imaginer en effet de plus contradictoire qu'un Être essentiellement agissant qui n'aurait

pas agi pendant une éternité ; un Être formateur qui
n'aurait rien formé, et qui n'aurait formé quelques
globes que depuis très peu d'années, sans qu'il parût
la moindre raison de les avoir formés plutôt en un
temps qu'en un autre ? Le principe intelligent ne peut
rien faire sans raison ; rien ne peut exister sans une
raison antécédente et nécessaire [25]. Cette raison
antécédente et nécessaire a été éternellement ; donc
l'univers est éternel.

Nous ne parlons ici que philosophiquement : il ne
nous appartient pas seulement [26] de regarder en face
ceux qui parlent par révélation.

VI. QUE L'ÊTRE ÉTERNEL, PREMIER PRINCIPE, A TOUT ARRANGÉ VOLONTAIREMENT

Il est clair que cette suprême intelligence nécessaire,
agissante, a une volonté, et qu'elle a tout arrangé parce
qu'elle l'a voulu. Car comment agir et former tout sans
vouloir le former ? Ce serait être une pure machine, et
cette machine supposerait un autre premier principe,
un autre moteur. Il en faudrait toujours revenir à un
premier Être intelligent, quel qu'il soit. Nous voulons,
nous agissons, nous formons des machines quand nous
le voulons ; donc le grand Demiourgos très puissant a
tout fait parce qu'il l'a voulu.

Spinoza lui-même reconnaît dans la nature une
puissance intelligente, nécessaire. Mais une intelligence destituée de volonté serait une chose absurde,
parce que cette intelligence ne servirait à rien ; elle
n'opérerait rien, puisqu'elle ne voudrait rien opérer.
Le grand Être nécessaire a donc voulu tout ce qu'il a
opéré.

J'ai dit tout à l'heure qu'il a tout fait nécessairement,
parce que si ses ouvrages n'étaient pas nécessaires, ils
seraient inutiles. Mais cette nécessité lui ôterait-elle sa
volonté ? Non, sans doute. Je veux nécessairement
être heureux, je n'en veux pas moins ce bonheur ; au

contraire, je le veux avec d'autant plus de force que je le veux invinciblement.

Cette nécessité lui ôte-t-elle sa liberté ? Point du tout. La liberté ne peut être que le pouvoir d'agir. L'Être suprême étant très puissant est donc le plus libre des êtres.

Voilà donc le grand artisan des choses reconnu nécessaire, éternel, intelligent, puissant, voulant et libre.

VII. Que tous les êtres, sans aucune exception, sont soumis aux lois éternelles

Quels sont les effets de ce pouvoir éternel résidant essentiellement dans la nature ? Je n'en vois que de deux espèces, les insensibles et les sensibles.

Cette terre, ces mers, ces planètes, ces soleils paraissent des êtres admirables, mais brutes, destitués de toute sensibilité. Un colimaçon qui veut, qui a quelques perceptions, et qui fait l'amour, paraît en cela jouir d'un avantage supérieur à tout l'éclat des soleils qui illuminent l'espace.

Mais tous ces êtres sont également soumis aux lois éternelles et invariables.

Ni le soleil, ni le colimaçon, ni l'huître, ni le chien, ni le singe, ni l'homme, n'ont pu se donner rien de ce qu'ils possèdent ; il est évident qu'ils ont tout reçu.

L'homme et le chien sont nés malgré eux d'une mère qui les a mis au monde malgré elle. Tous deux tètent leur mère sans savoir ce qu'ils font, et cela par un mécanisme très délicat, très compliqué, dont même très peu d'hommes acquièrent la connaissance.

Tous deux, au bout de quelque temps, ont des idées, de la mémoire, une volonté ; le chien beaucoup plus tôt, l'homme plus tard.

Si les animaux n'étaient que de pures machines, ce ne serait qu'une raison de plus pour ceux qui pensent que l'homme n'est qu'une machine aussi. Mais il n'y a

plus personne aujourd'hui qui n'avoue que les animaux ont des idées, de la mémoire, une mesure d'intelligence ; qu'ils perfectionnent leurs connaissances ;
qu'un chien de chasse apprend son métier ; qu'un
vieux renard est plus habile qu'un jeune, etc.

De qui tiennent-ils toutes ces facultés, sinon de la
cause primordiale éternelle, du principe d'action, du
grand Être qui anime toute la nature ?

L'homme a les facultés des animaux beaucoup plus
tard qu'eux, mais dans un degré beaucoup plus émi-
nent. Peut-il les tenir d'une autre cause ? Il n'a rien
que ce que le grand Être lui donne. Ce serait une
étrange contradiction, une singulière absurdité que
tous les astres, tous les éléments, tous les végétaux,
tous les animaux obéissent sans relâche irrésistiblement aux lois du grand Être, et que l'homme seul pût
se conduire par lui-même.

VIII. QUE L'HOMME EST ESSENTIELLEMENT SOUMIS EN TOUT AUX LOIS ÉTERNELLES DU PREMIER PRINCIPE

Voyons donc cet animal-homme avec les yeux de la
raison que le grand Être nous a donnée.

Qu'est-ce que la première perception qu'il reçoit ?
celle de la douleur ; ensuite le plaisir de la nourriture.
C'est là toute notre vie : douleur et plaisir. D'où nous
viennent ces deux ressorts qui nous font mouvoir
jusqu'au dernier moment, sinon de ce premier principe d'action, de ce grand Demiourgos ? Certes, ce
n'est pas nous qui nous donnons de la douleur ; et
comment pourrions-nous être la cause du petit
nombre de nos plaisirs ? Nous avons dit ailleurs qu'il
nous est impossible d'inventer une nouvelle sorte de
plaisir, c'est-à-dire un nouveau sens. Disons ici qu'il
nous est également impossible d'inventer une nouvelle
sorte de douleur. Les plus abominables tyrans ne le
peuvent pas. Les Juifs, dont le bénédictin Calmet a fait
graver les supplices dans son *Dictionnaire* [27], n'ont pu

que couper, déchirer, mutiler, tirer, brûler, étouffer, écraser : tous les tourments se réduisent là. Nous ne pouvons donc rien par nous-mêmes, ni en bien ni en mal ; nous ne sommes que les instruments aveugles de la nature.

« Mais je veux penser, et je pense », dit au hasard la foule des hommes. Arrêtons-nous ici. Quelle a été notre première idée [28] après le sentiment de la douleur ? celui de la mamelle que nous avons sucée ; puis le visage de notre nourrice ; puis quelques autres faibles objets et quelques besoins ont fait des impressions. Jusque-là oserait-on dire qu'on n'a pas été un automate sentant, un malheureux animal abandonné, sans connaissance et sans pouvoir, un rebut de la nature ? Osera-t-on dire que dans cet état on est un être pensant, qu'on se donne des idées, qu'on a une âme ? Qu'est-ce que le fils d'un roi au sortir de la matrice ? Il dégoûterait son père, s'il n'était pas son père. Une fleur des champs qu'on roule aux pieds est un objet infiniment supérieur.

IX. Du principe d'action des êtres sensibles

Vient enfin le temps où un nombre plus ou moins grand de perceptions reçu dans notre machine semble se présenter à notre volonté. Nous croyons faire des idées. C'est comme si, en ouvrant le robinet d'une fontaine, nous pensions former l'eau qui en coule. Nous, créer des idées ! Pauvres gens que nous sommes ! Quoi ! il est évident que nous n'avons eu nulle part aux premières, et nous serions les créateurs des secondes ! Pesons bien cette vanité de faire des idées, et nous verrons qu'elle est insolente et absurde.

Souvenons-nous qu'il n'y a rien dans les objets extérieurs qui ait la moindre analogie, le moindre rapport avec un sentiment, une idée, une pensée. Faites fabriquer un œil, une oreille par le meilleur ouvrier en marqueterie, cet œil ne verra rien, cette oreille n'entendra rien. Il en est ainsi de notre corps vivant. Le principe universel d'action fait tout en nous. Il ne nous a point exceptés du reste de la nature.

Deux expériences continuellement réitérées dans tout le cours de notre vie, et dont j'ai parlé ailleurs, convaincront tout homme qui réfléchit que nos idées, nos volontés, nos actions, ne nous appartiennent pas [29].

La première, c'est que personne ne sait, ni ne peut savoir quelle idée lui viendra dans une minute, quelle volonté il aura, quel mot il proférera, quel mouvement son corps fera.

La seconde, que pendant le sommeil il est bien clair que tout se fait dans nos songes sans que nous y ayons la moindre part. Nous avouons que nous sommes alors de purs automates, sur lesquels un pouvoir invisible agit avec une force aussi réelle, aussi puissante qu'incompréhensible. Ce pouvoir remplit notre tête d'idées, nous inspire des désirs, des passions, des volontés, des réflexions. Il met en mouvement tous les membres de notre corps. Il est arrivé quelquefois qu'une mère a étouffé effectivement dans un vain songe son enfant nouveau-né qui dormait à côté d'elle ; qu'un ami a tué son ami. D'autres jouissent réellement d'une femme qu'ils ne connaissent pas. Combien de musiciens ont fait de la musique en dormant ! Combien de jeunes prédicateurs ont composé des sermons, ou éprouvé des pollutions [30] !

Si notre vie était partagée exactement entre la veille et le sommeil, au lieu que nous ne consumons d'ordinaire à dormir que le tiers de notre chétive durée, et si nous rêvions toujours dans ce sommeil, il serait bien démontré alors que la moitié de notre existence ne dépend point de nous. Mais, supposé que de vingt-quatre heures nous en passions huit dans les songes, il est évident que voilà le tiers de nos jours qui ne nous appartient en aucune manière. Ajoutez-y l'enfance, ajoutez-y tout le temps employé aux fonctions purement animales, et voyez ce qui reste. Vous serez étonné d'avouer que la moitié de votre vie au moins ne vous appartient point du tout. Concevez à présent de quelle inconséquence il serait qu'une moitié dépendît de vous, et que l'autre n'en dépendît pas.

Concluez donc que le principe universel d'action fait tout en vous.

Un janséniste m'arrêta là, et me dit : « Vous êtes un plagiaire, vous avez pris votre doctrine dans le fameux livre *De l'action de Dieu sur les créatures*, autrement *De la prémotion physique*, par notre grand patriarche Boursier [31], dont nous avons dit qu'il avait trempé sa plume dans l'encrier de la Divinité [32]. » Non, mon ami, je n'ai jamais pris chez les jansénistes ni chez les molinistes qu'une forte aversion pour leurs cabales, et un peu d'indifférence pour leurs opinions. Boursier, en prenant Dieu pour son cornet [33], sait précisément de quelle nature était le sommeil d'Adam, quand Dieu lui arracha une côte pour en former sa femme ; de quelle espèce était sa *concupiscence*, sa grâce habituelle, sa grâce actuelle [34]. Il sait avec saint Augustin qu'on aurait fait des enfants sans volupté dans le paradis terrestre, comme on sème son champ, sans goûter en cela le plaisir de la chair. Il est convaincu qu'Adam n'a péché dans le paradis terrestre que par distraction [35]. Moi, je ne sais rien de tout cela, et je me contente d'admirer ceux qui ont une si belle et si profonde science.

X. DU PRINCIPE D'ACTION APPELÉ ÂME

Mais on a imaginé, après bien des siècles, que nous avions une âme qui agissait par elle-même ; et on s'est tellement accoutumé à cette idée, qu'on l'a prise pour une chose réelle.

On a crié partout *l'âme !*, *l'âme !*, sans avoir la plus légère notion de ce qu'on prononçait.

Tantôt par âme on voulait dire la vie [36], tantôt c'était un petit simulacre [37] léger qui nous ressemblait, et qui allait après notre mort boire des eaux de l'Achéron ;

c'était une harmonie, une homéomérie, une enté-
léchie [38]. Enfin on en a fait un petit être qui n'est point
corps, un souffle qui n'est point air ; et de ce mot
souffle, qui veut dire esprit en plus d'une langue, on a
fait un je ne sais quoi qui n'est rien du tout.

Mais qui ne voit qu'on prononçait ce mot d'*âme*
vaguement et sans s'entendre, comme on le prononce
encore aujourd'hui, et comme on profère les mots
de mouvement, d'entendement, d'imagination, de
mémoire, de désir, de volonté ? Il n'y a point d'être
réel appelé volonté, désir, mémoire, imagination, entendement, mouvement. Mais l'être réel appelé homme
comprend, imagine, se souvient, désire, veut, se meut.
Ce sont des termes abstraits inventés pour faciliter le
discours. Je cours, je dors, je m'éveille, mais il n'y a
point d'être physique qui soit course, ou sommeil, ou
éveil. Ni la vue, ni l'ouïe, ni le tact, ni l'odorat, ni le
goût, ne sont des êtres. J'entends, je vois, je flaire, je
goûte, je touche. Et comment fais-je tout cela, sinon
parce que le grand Être a ainsi disposé toutes les
choses, parce que le principe d'action, la cause universelle, en un mot Dieu, nous donne ces facultés ?

Prenons-y bien garde, il y aurait tout autant de
raison à supposer dans un limaçon un être secret
appelé *âme libre* que dans l'homme. Car ce limaçon a
une volonté, des désirs, des goûts, des sensations, des
idées, de la mémoire. Il veut marcher à l'objet de sa
nourriture, à celui de son amour. Il s'en ressouvient, il
en a l'idée, il y va aussi vite qu'il peut aller ; il connaît
le plaisir et la douleur. Cependant vous n'êtes point
effarouché quand on vous dit que cet animal n'a point
une âme spirituelle, que Dieu lui a fait ces dons pour
un peu de temps, et que celui qui fait mouvoir les
astres fait mouvoir les insectes. Mais quand il s'agit
d'un homme, vous changez d'avis. Ce pauvre animal
vous paraît si digne de vos respects, c'est-à-dire vous
êtes si orgueilleux, que vous osez placer dans son
corps chétif quelque chose qui semble tenir de la
nature de Dieu même, et qui cependant, par la perver-
sité de ses pensées, vous paraît à vous-même diabo-

lique, quelque chose de sage et de fou, de bon et d'exécrable, de céleste et d'infernal, d'invisible, d'immortel, d'incompréhensible ; et vous vous êtes accoutumé à cette idée, comme vous avez pris l'habitude de dire *mouvement*, quoiqu'il n'y ait point d'être qui soit mouvement ; comme vous proférez tous les mots abstraits, quoiqu'il n'y ait point d'êtres abstraits.

XI. EXAMEN DU PRINCIPE D'ACTION APPELÉ ÂME

Il y a pourtant un principe d'action dans l'homme. Oui, et il y en a partout. Mais ce principe peut-il être autre chose qu'un ressort, un premier mobile secret qui se développe par la volonté toujours agissante du premier principe aussi puissant que secret, aussi démontré qu'invisible, lequel nous avons reconnu être la cause essentielle de toute la nature ?

Si vous créez le mouvement, si vous créez des idées parce que vous le voulez, vous êtes Dieu pour ce moment-là ; car vous avez tous les attributs de Dieu : volonté, puissance, création. Or figurez-vous l'absurdité où vous tombez en vous faisant Dieu.

Il faut que vous choisissiez entre ces deux partis, ou d'être Dieu quand il vous plaît, ou de dépendre continuellement de Dieu. Le premier est extravagant, le second seul est raisonnable.

S'il y avait, dans notre corps, un petit dieu nommé *âme libre*, qui devient si souvent un petit diable, il faudrait, ou que ce petit dieu fût créé de toute éternité, ou qu'il fût créé au moment de votre conception, ou qu'il le fût pendant que vous êtes embryon, ou quand vous naissez, ou quand vous commencez à sentir [39]. Tous ces partis sont également ridicules.

Un petit dieu subalterne, inutilement existant pendant une éternité passée, pour descendre dans un corps qui meurt souvent en naissant : c'est le comble de la contradiction et de l'impertinence.

Si ce petit *dieu-âme* est créé au moment que votre père darde je ne sais quoi dans la matrice de votre mère [40], voilà le maître de la nature, l'Être des êtres occupé continuellement à épier tous les rendez-vous ; toujours attentif au moment où un homme prend du plaisir avec une femme, et saisissant ce moment pour envoyer vite une âme sentante, pensante, dans un cachot, entre un boyau rectum et une vessie. Voilà un petit dieu plaisamment logé ! Quand madame accouche d'un enfant mort, que devient ce *dieu-âme* qui était enfermé entre des excréments infects et de l'urine ? Où s'en retourne-t-il ?

Les mêmes difficultés, les mêmes inconséquences, les mêmes absurdités ridicules et révoltantes subsistent dans tous les autres cas. L'idée d'une âme telle que le vulgaire la conçoit ordinairement sans réfléchir est donc ce qu'on a jamais imaginé de plus sot et de plus fou.

Combien plus raisonnable, plus décent, plus respectueux pour l'Être suprême, plus convenable à notre nature, et par conséquent combien plus vrai n'est-il pas de dire :

« Nous sommes des machines produites de tout temps les unes après les autres par l'éternel géomètre ; machines faites ainsi que tous les autres animaux, ayant les mêmes organes, les mêmes besoins, les mêmes plaisirs, les mêmes douleurs ; très supérieurs à eux tous en beaucoup de choses, inférieurs en quelques autres ; ayant reçu du grand Être un principe d'action que nous ne pouvons connaître ; recevant tout, ne nous donnant rien ; et mille millions de fois plus soumis à lui que l'argile ne l'est au potier qui la façonne ? »

Encore une fois, ou l'homme est un dieu, ou il est exactement tout ce que je viens de prononcer.

XII. SI LE PRINCIPE D'ACTION
DANS LES ANIMAUX EST LIBRE

Il y a dans l'homme et dans tout animal un principe d'action comme dans toute machine ; et ce premier moteur, ce premier ressort est nécessairement, éternellement disposé par le maître, sans quoi tout serait chaos, sans quoi il n'y aurait point de monde.

Tout animal, ainsi que toute machine, obéit nécessairement, irrévocablement à l'impulsion qui la dirige ; cela est évident, cela est assez connu. Tout animal est doué d'une volonté, et il faut être fou pour croire qu'un chien qui suit son maître n'ait pas la volonté de le suivre. Il marche après lui irrésistiblement : oui, sans doute, mais il marche volontairement. Marche-t-il librement ? Oui, si rien ne l'empêche ; c'est-à-dire il peut marcher, il veut marcher, et il marche ; ce n'est pas dans sa volonté qu'est sa liberté de marcher, mais dans la faculté de marcher à lui donnée. Un rossignol veut faire son nid, et le construit quand il a trouvé de la mousse. Il a eu la liberté d'arranger ce berceau, ainsi qu'il a eu la liberté de chanter quand il en a eu envie, et qu'il n'a pas été enrhumé. Mais a-t-il eu la liberté d'avoir cette envie ? A-t-il voulu vouloir faire son nid ? A-t-il eu cette absurde liberté d'indifférence que des théologiens ont fait consister à dire : « Je ne veux ni ne veux pas faire mon nid, cela m'est absolument indifférent ; mais je vais vouloir faire mon nid uniquement pour le vouloir, et sans y être déterminé par rien, et seulement pour vous prouver que je suis libre [41] » ? Telle est l'absurdité qui a régné dans les Écoles. Si le rossignol pouvait parler, il dirait à ces docteurs : « Je suis invinciblement déterminé à nicher, je veux nicher, j'en ai le pouvoir, et je niche. Vous êtes invinciblement déterminés à raisonner mal, et vous remplissez votre destinée comme moi la mienne. »

[42] Dieu nous tromperait, me dit le docteur Tamponet [43], s'il nous faisait accroire que nous jouissons de la liberté d'indifférence, et si nous ne l'avions pas.

Je lui répondis que Dieu ne me fait point accroire que j'aie cette sotte liberté ; j'éprouve au contraire vingt fois par jour que je veux, que j'agis invinciblement. Si quelquefois un sentiment confus me fait accroire que je suis libre dans votre sens théologal, Dieu ne me trompe pas plus alors que quand il me fait croire que le Soleil tourne, que ce Soleil n'a pas plus d'un pied de diamètre, que Vénus n'est pas plus grosse qu'une pilule, qu'un bâton droit est courbé dans l'eau, qu'une tour carrée est ronde, que le feu a de la chaleur, que la glace a de la froideur, que les couleurs sont dans les objets [44]. Toutes ces méprises sont nécessaires, c'est une suite évidente de la constitution de cet univers. Notre sentiment confus d'une prétendue liberté n'est pas moins nécessaire. C'est ainsi que nous sentons très souvent du mal à un membre que nous n'avons plus, et qu'en faisant un certain mouvement de deux doigts croisés l'un sur l'autre, on sent deux boules dans sa main lorsqu'il n'y en a qu'une. L'organe de l'ouïe est sujet à mille méprises qui sont l'effet des ondulations de l'atmosphère. Notre nature est de nous tromper sur tous les objets dans lesquels ces erreurs sont nécessaires.

Nous allons voir si l'homme peut être libre dans un autre sens que celui qui est admis par les philosophes.

XIII. De la liberté de l'homme, et du destin

Une boule qui en pousse une autre, un chien de chasse qui court nécessairement et volontairement après un cerf, ce cerf qui franchit un fossé immense avec non moins de nécessité et de volonté ; cette biche qui produit une autre biche, laquelle en mettra une autre au monde : tout cela n'est pas plus invinciblement déterminé que nous ne le sommes à tout ce que nous faisons ; car songeons toujours combien il serait inconséquent, ridicule, absurde, qu'une partie des choses fût arrangée, et que l'autre ne le fût pas.

Tout événement présent est né du passé, et est père du futur, sans quoi cet univers serait absolument un autre univers, comme le dit très bien Leibniz [45], qui a deviné plus juste en cela que dans son harmonie préétablie. La chaîne éternelle ne peut être ni rompue ni mêlée. Le grand Être qui la tient nécessairement ne peut la laisser flotter incertaine, ni la changer ; car alors il ne serait plus l'Être nécessaire, l'Être immuable, l'Être des êtres ; il serait faible, inconstant, capricieux ; il démentirait sa nature, il ne serait plus.

Un destin inévitable est donc la loi de toute la nature ; et c'est ce qui a été senti par toute l'Antiquité. La crainte d'ôter à l'homme je ne sais quelle fausse liberté, de dépouiller la vertu de son mérite, et le crime de son horreur, a quelquefois effrayé des âmes tendres [46] ; mais dès qu'elles ont été éclairées, elles sont bientôt revenues à cette grande vérité, que tout est enchaîné, et que tout est nécessaire.

L'homme est libre, encore une fois, quand il peut ce qu'il veut, mais il n'est pas libre de vouloir ; il est impossible qu'il veuille sans cause. Si cette cause n'a pas son effet infaillible, elle n'est plus cause. Le nuage qui dirait au vent : « Je ne veux pas que tu me pousses », ne serait pas plus absurde. Cette vérité ne peut jamais nuire à la morale. Le vice est toujours vice, comme la maladie est toujours maladie. Il faudra toujours réprimer les méchants ; car s'ils sont déterminés au mal, on leur répondra qu'ils sont prédestinés au châtiment.

Éclaircissons toutes ces vérités.

XIV. RIDICULE DE LA PRÉTENDUE LIBERTÉ, NOMMÉE LIBERTÉ D'INDIFFÉRENCE

Quel admirable spectacle que celui des destinées éternelles de tous les êtres enchaînés au trône du fabricateur de tous les mondes ! Je suppose un moment que cela ne soit pas, et que cette liberté chimérique rende tout événement incertain. Je suppose qu'une de ces substances intermédiaires entre nous et le grand Être (car il peut en avoir formé des milliards) vienne consulter cet Être éternel sur la destinée de quelques-uns de ces globes énormes placés à une si prodigieuse distance de nous. Le souverain de la nature serait alors réduit à lui répondre : « Je ne suis pas souverain, je ne suis pas le grand Être nécessaire ; chaque petit embryon est le maître de faire des destinées. Tout le monde est libre de vouloir sans autre cause que sa volonté. L'avenir est incertain, tout dépend du caprice. Je ne puis rien prévoir : ce grand tout, que vous avez cru si régulier, n'est qu'une vaste anarchie où tout se fait sans cause et sans raison. Je me donnerai bien de garde de vous dire : "Telle chose arrivera", car alors les gens malins dont les globes sont remplis feraient tout le contraire de ce que j'aurais prévu, ne fût-ce que pour me faire des malices. On ose toujours être jaloux de son maître lorsqu'il n'a pas un pouvoir absolu qui vous ôte jusqu'à la jalousie : on est bien aise de le faire tomber dans le piège. Je ne suis qu'un faible ignorant. Adressez-vous à quelqu'un de plus puissant et de plus habile que moi. »

Cet apologue est peut-être plus capable qu'aucun autre argument de faire rentrer en eux-mêmes les partisans de cette vaine liberté d'indifférence, s'il en est encore, et ceux qui s'occupent sur les bancs à concilier la prescience avec cette liberté, et ceux qui parlent encore, dans l'université de Salamanque ou à Bedlam [47], de la grâce médicinale et de la grâce concomitante [48].

XV. DU MAL, ET EN PREMIER LIEU DE LA DESTRUCTION DES BÊTES

Nous n'avons jamais pu avoir l'idée du bien et du mal que par rapport à nous. Les souffrances d'un animal nous semblent des maux, parce que étant animaux comme eux, nous jugeons que nous serions fort à plaindre, si on nous en faisait autant. Nous aurions la même pitié d'un arbre, si on nous disait qu'il éprouve des tourments quand on le coupe, et d'une pierre, si nous apprenions qu'elle souffre quand on la taille. Mais nous plaindrions l'arbre et la pierre beaucoup moins que l'animal, parce qu'ils nous ressemblent moins. Nous cessons même bientôt d'être touchés de l'affreuse mort des bêtes destinées pour notre table. Les enfants qui pleurent la mort du premier poulet qu'ils voient égorger, en rient au second.

Enfin, il n'est que trop certain que ce carnage dégoûtant, étalé sans cesse dans nos boucheries et dans nos cuisines, ne nous paraît pas un mal ; au contraire, nous regardons cette horreur souvent pestilentielle comme une bénédiction du Seigneur et nous avons encore des prières dans lesquelles on le remercie de ces meurtres. Qu'y a-t-il pourtant de plus abominable que de se nourrir continuellement de cadavres ?

Non seulement nous passons notre vie à tuer et à dévorer ce que nous avons tué, mais tous les animaux s'égorgent les uns les autres ; ils y sont portés par un attrait invincible. Depuis les plus petits insectes jusqu'au rhinocéros et à l'éléphant, la terre n'est qu'un vaste champ de guerres, d'embûches, de carnage, de destruction ; il n'est point d'animal qui n'ait sa proie et qui, pour la saisir, n'emploie l'équivalent de la ruse et de la rage avec laquelle l'exécrable araignée attire et dévore la mouche innocente. Un troupeau de moutons dévore en une heure plus d'insectes, en broutant l'herbe, qu'il n'y a d'hommes sur la terre.

Et ce qui est encore de plus cruel, c'est que, dans cette horrible scène de meurtres toujours renouvelés, on voit évidemment un dessein formé de perpétuer toutes les espèces par les cadavres sanglants de leurs ennemis mutuels. Ces victimes n'expirent qu'après que la nature a soigneusement pourvu à en fournir de nouvelles. Tout renaît pour le meurtre.

Cependant je ne vois aucun moraliste parmi nous, aucun de nos loquaces prédicateurs, aucun même de nos tartufes, qui ait fait la moindre réflexion sur cette habitude affreuse, devenue chez nous nature. Il faut remonter jusqu'au pieux Porphyre, et aux compatissants pythagoriciens [49], pour trouver quelqu'un qui nous fasse honte de notre sanglante gloutonnerie. Ou bien il faut voyager chez les brames : car, pour nos moines que le caprice de leurs fondateurs a fait renoncer à la chair, ils sont meurtriers de soles et de turbots, s'ils ne le sont pas de perdrix et de cailles ; et ni parmi les moines, ni dans le concile de Trente, ni dans nos assemblées du clergé, ni dans nos académies, on ne s'est encore avisé de donner le nom de mal à cette boucherie universelle. On n'y a pas plus songé dans les conciles que dans les cabarets.

Le grand Être est donc justifié chez nous de cette boucherie, ou bien il nous a pour complices.

XVI. DU MAL DANS L'ANIMAL APPELÉ HOMME

Voilà pour les bêtes ; venons à l'homme. Si ce n'est pas un mal que le seul être sur la terre qui connaisse Dieu par ses pensées, soit malheureux par ses pensées ; si ce n'est pas un mal que cet adorateur de la Divinité soit presque toujours injuste et souffrant ; qu'il voie la vertu, et qu'il commette le crime, qu'il soit si souvent trompeur et trompé, victime et bourreau de ses semblables, etc., etc. ; si tout cela n'est pas un mal affreux, je ne sais pas où le mal se trouvera.

Les bêtes et les hommes souffrent presque sans relâche, et les hommes encore davantage, parce que non seulement leur don de penser est très souvent un tourment, mais parce que cette faculté de penser leur fait toujours craindre la mort, que les bêtes ne prévoient point. L'homme est un être très misérable qui a quelques heures de relâche, quelques minutes de satisfaction, et une longue suite de jours de douleurs dans sa courte vie. Tout le monde l'avoue, tout le monde le dit, et on a raison.

Ceux qui ont crié que tout est bien sont des charlatans. Shaftesbury, qui mit ce conte à la mode, était un homme très malheureux. J'ai vu Bolingbroke rongé de chagrins et de rage, et Pope, qu'il engagea à mettre en vers cette mauvaise plaisanterie, était un des hommes les plus à plaindre que j'aie jamais connus, contrefait dans son corps, inégal dans son humeur, toujours malade, toujours à charge à lui-même, harcelé par cent ennemis jusqu'à son dernier moment. Qu'on me donne du moins des heureux qui me disent : « Tout est bien. »

Si on entend par ce *tout est bien* que la tête de l'homme est bien placée au-dessus de ses deux épaules, que ses yeux sont mieux à côté de la racine de son nez que derrière ses oreilles, que son intestin rectum est mieux placé vers son derrière qu'auprès de sa bouche : à la bonne heure. Tout est bien dans ce sens-là. Les lois physiques et mathématiques sont très bien observées dans sa structure. Qui aurait vu la belle Anne de Boleyn, et Marie Stuart plus belle encore, dans leur jeunesse, aurait dit : « Voilà qui est bien » ; mais l'aurait-il dit en les voyant mourir par la main d'un bourreau ? L'aurait-il dit en voyant périr le petit-fils de la belle Marie Stuart par le même supplice, au milieu de sa capitale ? L'aurait-il dit en voyant l'arrière-petit-fils plus malheureux encore, puisqu'il vécut plus longtemps ? etc., etc., etc.

Jetez un coup d'œil sur le genre humain, seulement depuis les proscriptions de Sylla jusqu'aux massacres d'Irlande.

Voyez les champs de bataille où des imbéciles ont étendu sur la terre d'autres imbéciles par le moyen d'une expérience de physique que fit autrefois un moine [50]. Regardez ces bras, ces jambes, ces cervelles sanglantes, et tous ces membres épars : c'est le fruit d'une querelle entre deux ministres ignorants, dont ni l'un ni l'autre n'auraient pu dire un mot devant Newton, devant Locke, devant Halley ; ou bien c'est la suite d'une querelle ridicule entre deux femmes très impertinentes. Entrez dans l'hôpital voisin où l'on vient d'entasser ceux qui ne sont pas encore morts ; on leur arrache la vie par de nouveaux tourments, et des entrepreneurs font ce qu'on appelle une fortune, en tenant un registre de ces malheureux qu'on dissèque de leur vivant, à tant par jour, sous prétexte de les guérir.

Voyez d'autres gens vêtus en comédiens gagner quelque argent à chanter, dans une langue étrangère, une chanson très obscure et très plate, pour remercier le père de la nature de cet exécrable outrage fait à la nature [51] ; et puis, dites tranquillement : « Tout est bien. » Proférez ce mot, si vous l'osez, entre Alexandre VI et Jules II ; proférez-le sur les ruines de cent villes englouties par des tremblements de terre, et au milieu de douze millions d'Américains [52] qu'on assassine en douze millions de manières, pour les punir de n'avoir pu entendre en latin une bulle du pape que des moines leur ont lue. Proférez-le aujourd'hui 24 auguste, ou 24 août 1772, jour où ma plume tremble dans ma main, jour de l'anniversaire centenaire de la Saint-Barthélemy. Passez de ces théâtres innombrables de carnage à ces innombrables réceptacles de douleurs qui couvrent la terre, à cette foule de maladies qui dévorent lentement tant de malheureux pendant toute leur vie. Contemplez enfin cette bévue affreuse de la nature qui empoisonne le genre humain dans sa source, et qui attache le plus abominable des fléaux au plaisir le plus nécessaire. Voyez ce roi si méprisé, Henri III, et ce chef de parti si médiocre, le duc de Mayenne, attaqués tous deux de la vérole [53] en faisant la guerre civile ; et cet insolent descendant d'un marchand de Florence, ce Gondi, ce Retz, ce prêtre, cet archevêque de Paris, prêchant un poignard à la main, avec la chaude-p… [54]. Pour achever ce tableau si vrai et si funeste, placez-vous entre ces inondations et ces volcans qui ont tant de fois bouleversé tant de parties de ce globe ; placez-vous entre la lèpre et la peste qui l'ont dévasté. Vous enfin qui lisez ceci, ressouvenez-vous de toutes vos peines, avouez que le mal existe, et n'ajoutez pas à tant de misères et d'horreurs la fureur absurde de les nier.

XVII. Des romans inventés
pour deviner l'origine du mal

De cent peuples qui ont recherché la cause du mal physique et moral, les Indiens sont les premiers dont nous connaissons les imaginations romanesques. Elles sont sublimes, si le mot sublime veut dire *haut* ; car le mal, selon les anciens brachmanes, vient d'une querelle arrivée autrefois dans le plus haut des cieux, entre les anges fidèles et les anges jaloux. Les rebelles furent précipités du ciel dans l'Ondéra pour des milliards de siècles. Mais le grand Être leur fit grâce au bout de quelque mille ans : on les fit hommes, et ils apportèrent sur la terre le *mal* qu'ils avaient fait naître dans l'empyrée. Nous avons rapporté ailleurs avec étendue cette antique fable, la source de toutes les fables [55].

Elle fut imitée avec esprit chez les nations ingénieuses, et avec grossièreté chez les barbares. Rien n'est plus spirituel et plus agréable, en effet, que le conte de Pandore et de sa boîte. Si Hésiode a eu le mérite d'inventer cette allégorie [56], je le tiens aussi supérieur à Homère qu'Homère l'est à Lycophron. Mais je crois que ni Homère ni Hésiode n'ont rien inventé ; ils ont mis en vers ce qu'on pensait de leur temps.

Cette boîte de Pandore, en contenant tous les maux qui en sont sortis, semble aussi renfermer tous les charmes des allusions les plus frappantes à la fois et les plus délicates. Rien n'est plus enchanteur que cette origine de nos souffrances. Mais il y a quelque chose de bien plus estimable encore dans l'histoire de cette Pandore. Il y a un mérite extrême dont il me semble

qu'on n'a point parlé, c'est qu'il ne fut jamais ordonné
d'y croire.

XVIII. De ces mêmes romans,
imités par quelques nations barbares

Vers la Chaldée et vers la Syrie, les barbares eurent
aussi leurs fables sur l'origine du mal, et nous avons
parlé ailleurs de ces fables [57]. Chez une des nations
voisines de l'Euphrate, un serpent ayant rencontré un
âne chargé, et pressé par la soif, lui demanda ce qu'il
portait. « C'est la recette de l'immortalité, répondit
l'âne ; Dieu en fait présent à l'homme qui en a chargé
mon dos ; il vient après moi, et il est encore loin, parce
qu'il n'a que deux jambes ; je meurs de soif, ensei-
gnez-moi de grâce un ruisseau. » Le serpent mena
boire l'âne, et pendant qu'il buvait, il lui déroba la
recette. De là vint que le serpent fut immortel, et que
l'homme fut sujet à la mort, et à toutes les douleurs
qui la précèdent.

Vous remarquerez que le serpent passait pour
immortel chez tous les peuples, parce que sa peau
muait. Or, s'il changeait de peau, c'est sans doute
pour rajeunir. J'ai déjà parlé ailleurs de cette théologie
de couleuvres ; mais il est bon de la remettre sous les
yeux du lecteur pour lui faire bien voir ce que c'était
que cette vénérable Antiquité chez laquelle les ser-
pents et les ânes jouaient de si grands rôles.

En Syrie, on prenait plus d'essor. On contait que
l'homme et la femme ayant été créés dans le ciel, ils
avaient eu un jour envie de manger d'une galette ;
qu'après ce déjeuner, il fallut aller à la garde-robe [58] ;
qu'ils prièrent un ange de leur enseigner où étaient les
privés. L'ange leur montra la terre ; ils y allèrent, et
Dieu, pour les punir de leur gourmandise, les y laissa.
Laissons-les-y aussi, eux, et leur déjeuner, et leur âne,
et leur serpent. Ces ramas d'inconcevables fadaises
venues de Syrie ne méritent pas qu'on s'y arrête un

moment. Les détestables fables d'un peuple obscur doivent être bannies d'un sujet sérieux.

Revenons de ces inepties honteuses à ce grand mot d'Épicure, qui alarme depuis si longtemps la terre entière, et auquel on ne peut répondre qu'en gémissant : « Ou Dieu a voulu empêcher le mal, et il ne l'a pas pu ; ou il l'a pu, et ne l'a pas voulu, etc. [59]. »

Mille bacheliers, mille licenciés ont jeté les flèches de l'École contre ce rocher inébranlable ; et c'est sous cet abri terrible que se sont réfugiés tous les athées, c'est là qu'ils rient des bacheliers et des licenciés. Mais il faut enfin que les athées conviennent qu'il y a dans la nature un principe agissant, intelligent, nécessaire, éternel, et que c'est de ce principe que vient ce que nous appelons le bien et le mal. Examinons la chose avec les athées.

XIX. Discours d'un athée sur tout cela

Un athée me dit : « Il est démontré, je l'avoue, qu'un principe éternel et nécessaire existe. Mais de ce qu'il est nécessaire, je conclus que tout ce qui en dérive est nécessaire aussi ; vous avez été forcé d'en convenir vous-même. Puisque tout est nécessaire, le mal est inévitable comme le bien ; la grande roue de la machine, qui tourne sans cesse, écrase tout ce qu'elle rencontre. Je n'ai pas besoin d'un être intelligent qui ne peut rien par lui-même, et qui est esclave de sa destinée comme moi de la mienne. S'il existait, j'aurais trop de reproches à lui faire. Je serais forcé de l'appeler *faible* ou *méchant.* J'aime mieux nier son existence que de lui dire des injures. Achevons, comme nous pourrons, cette vie misérable, sans recourir à un être fantastique que jamais personne n'a vu, et auquel il importerait très peu, s'il existait, que nous le crussions ou non. Ce que je pense de lui ne peut pas plus l'affecter, supposé qu'il soit, que ce qu'il pense de moi, et que j'ignore, ne m'affecte. Nul rapport entre lui et moi, nulle liaison, nul intérêt. Ou cet être n'est pas, ou il m'est absolument étranger. Faisons comme font neuf cent quatre-vingt-dix-neuf mortels sur mille : ils sèment, ils plantent, ils travaillent, ils engendrent, ils mangent, boivent, dorment, souffrent, et meurent sans parler de métaphysique, sans savoir s'il y en a une. »

XX. Discours d'un manichéen

Un manichéen ayant entendu cet athée, lui dit : «Vous vous trompez. Non seulement il existe un Dieu, mais il y en a nécessairement deux. On nous a très bien démontré que tout étant arrangé avec intelligence, il existe dans la nature un pouvoir intelligent ; mais il est impossible que ce pouvoir intelligent, qui a fait le bien, ait fait aussi le mal. Il faut que le mal ait aussi son Dieu. Le premier Zoroastre annonça cette grande vérité il y a environ douze mille ans, et deux autres Zoroastres sont venus la confirmer dans la suite. Les Parsis ont toujours suivi cette admirable doctrine, et la suivent encore. Je ne sais quel misérable peuple, appelé Juif, étant autrefois esclave chez nous, y apprit un peu de cette science, avec le nom de Satan, et de Knat-bull [60]. Il reconnut enfin Dieu et le diable ; et le diable même fut si puissant chez ce pauvre petit peuple, qu'un jour Dieu étant descendu dans son pays, le diable l'emporta sur une montagne [61]. Reconnaissez donc deux dieux ; le monde est assez grand pour les contenir et pour leur donner de l'exercice. »

XXI. Discours d'un païen

Un païen se leva alors, et dit : « S'il faut reconnaître deux dieux, je ne vois pas ce qui nous empêchera d'en adorer mille. Les Grecs et les Romains, qui valaient mieux que vous, étaient polythéistes. Il faudra bien qu'on revienne un jour à cette doctrine admirable qui peuple l'univers de génies et de divinités. C'est indubitablement le seul système qui rende raison de tout, le seul dans lequel il n'y a point de contradiction. Si votre femme vous trahit, c'est Vénus qui en est la cause. Si vous êtes volé, vous vous en prenez à Mercure. Si vous perdez un bras ou une jambe dans une bataille, c'est Mars qui l'a ordonné ainsi. Voilà pour le mal. Mais, à l'égard du bien, non seulement Apollon, Cérès, Pomone, Bacchus et Flore vous comblent de présents ; mais dans l'occasion, ce même Mars peut vous défaire de vos ennemis, cette même Vénus peut vous fournir des maîtresses, ce même Mercure peut verser dans votre coffre tout l'or de votre voisin, pourvu que votre main aide son caducée.

« Il était bien plus aisé à tous ces dieux de s'entendre ensemble pour gouverner l'univers, qu'il ne paraît facile à ce manichéen, qu'Oromase le bienfaisant, et Arimane le malfaisant, tous deux ennemis mortels, se concilient pour faire subsister ensemble la lumière et les ténèbres. Plusieurs yeux voient mieux qu'un seul. Aussi tous les anciens poètes assemblent sans cesse le conseil des dieux. Comment voulez-vous qu'un seul Dieu suffise à la fois à tous les détails de ce qui se passe dans Saturne, et à toutes les affaires de l'étoile de la Chèvre ? Quoi ! dans notre petit globe, tout sera réglé par des conseils, excepté chez le roi de Prusse et chez le pape Ganganelli [62], et il n'y aurait point de conseil dans le Ciel ! Rien n'est plus sage, sans doute, que de décider le tout à la pluralité des voix. La Divinité se conduit toujours par les voies les plus sages. Je compare un déiste, vis-à-vis un païen, à un soldat prussien qui va dans le territoire de Venise : il y est charmé de la bonté du gouvernement. "Il faut, dit-il, que le roi de ce pays-ci travaille du soir jusqu'au matin. Je le plains beaucoup. – Il n'y a point de roi, lui répond-on ; c'est un conseil qui gouverne."

« Voilà donc les vrais principes de notre antique religion.

« Le grand être appelé Jehovah ou Hiao chez les Phéniciens, le Jov des autres nations asiatiques, le Jupiter des Romains, le Zeus des Grecs, est le souverain des dieux et des hommes [63] :

> *Divum pater atque hominum rex* [64].

« Le maître de toute la nature, et dont rien n'approche dans toute l'étendue des êtres :

> *Nec viget quicquam simile aut secundum* [65].

« L'esprit vivifiant qui anime l'univers :

> *Jovis omnia plena* [66].

« Toutes les notions qu'on peut avoir de Dieu sont renfermées dans ce beau vers de l'ancien Orphée, cité dans toute l'Antiquité, et répété dans tous les mystères :

> Εἰς ἔοτ', αὐτογενὴς, ἑνὸς ἔκγονα πάντα τέτυκται [67].
> Il naquit de lui-même, et tout est né de lui.

« Mais il confie à tous les dieux subalternes le soin des astres, des éléments, des mers, et des entrailles de la terre. Sa femme, qui représente l'étendue de l'espace qu'il remplit, est Junon. Sa fille, qui est la sagesse éternelle, sa parole, son verbe, est Minerve. Son autre fille, Vénus, est l'amante de la génération, Philometai [68]. Elle est la mère de l'amour, qui enflamme tous les êtres sensibles, qui les unit, qui répare leurs pertes continuelles, qui reproduit, par le seul attrait de la volupté, tout ce que la nécessité dévoue à la mort. Tous les dieux ont fait des présents aux mortels. Cérès leur a donné les blés, Bacchus la vigne, Pomone les fruits ; Apollon et Mercure leur ont appris les arts.

« Le grand Zeus, le grand Demiourgos, avait formé les planètes et la terre. Il avait fait naître sur notre globe les hommes et les animaux. Le premier homme, au rapport de Bérose [69], fut Alore, père de Sarès, aïeul d'Alaspare, lequel engendra Aménon, dont naquit Métalare, qui fut père de Daon, père d'Éverodac, père d'Amphis, père d'Osiarte, père de ce célèbre Xixutros, ou Xixuter, ou Xixutrus, roi de Chaldée, sous lequel arriva cette inondation * si connue, que les Grecs ont appelée déluge d'Ogygès [70], inondation dont on n'a point aujourd'hui d'époque certaine, non plus que de l'autre grande inondation qui engloutit l'île Atlantide et une partie de la Grèce, environ six mille ans auparavant.

« Nous avons une autre théogonie, suivant Sanchoniathon [71], mais on n'y trouve point de déluge. Celles des Indiens, des Chinois, des Égyptiens, sont encore fort différentes.

« Tous les événements de l'Antiquité sont enveloppés dans une nuit obscure ; mais l'existence et les bienfaits de Jupiter sont plus clairs que la lumière du soleil. Les héros qui, à son exemple, firent du bien aux hommes, étaient appelés du saint nom de Dionysios, fils de Dieu. Bacchus, Hercule, Persée, Romulus, reçurent ce surnom sacré. On alla même jusqu'à dire que la vertu divine s'était communiquée à leurs mères. Les Grecs et les Romains, quoique un peu débauchés comme le sont aujourd'hui tous les chrétiens de bonne compagnie, quoique un peu ivrognes comme des chanoines d'Allemagne, quoique un peu sodomites comme le roi de France Henri III et son Nogaret, étaient très

---

* Plusieurs savants croient que ce déluge de Sixuter, Sixutrus, ou Xixutre, ou Xixoutrou, est probablement celui qui forma la Méditerranée. D'autres pensent que c'est celui qui jeta une partie du Pont-Euxin dans la mer Égée. Bérose raconte que Saturne apparut à Sixuter, qu'il l'avertit que la terre allait être inondée, et qu'il devait bâtir au plus vite, pour se sauver lui et les siens, un vaisseau large de mille deux cents pieds, et long de six mille deux cents.

Sixuter construisit son vaisseau. Lorsque les eaux furent retirées, il lâcha des oiseaux, qui, n'étant point revenus, lui firent connaître que la terre était habitable. Il laissa son vaisseau sur une montagne d'Arménie. C'est de là que vient, selon les doctes, la tradition que notre arche s'arrêta sur le mont Ararat. (*Note de Voltaire.*)

religieux. Ils sacrifiaient, ils offraient de l'encens, ils faisaient des processions, ils jeûnaient : "*Stolatæ ibant nudis pedibus, passis capillis…, manibus puris, et Jovem aquam exorabant ; et statim urceatim pluebat*[72]."

« Mais tout se corrompt. La religion s'altéra. Ce beau nom de fils de Dieu, c'est-à-dire de juste et de bienfaisant, fut donné dans la suite aux hommes les plus injustes et les plus cruels, parce qu'ils étaient puissants. L'antique piété, qui était humaine, fut chassée par la superstition, qui est toujours cruelle. La vertu avait habité sur la terre tant que les pères de famille furent les seuls prêtres, et offrirent à Jupiter et aux dieux immortels les prémices des fruits et des fleurs ; mais tout fut perverti quand les prêtres répandirent le sang, et voulurent partager avec les dieux. Ils partagèrent un effet, en prenant pour eux les offrandes, et laissant aux dieux la fumée. On sait comment nos ennemis réussirent à nous écraser, en adoptant nos premières mœurs, un rejetant nos sacrifices sanglants, un rappelant les hommes à l'égalité, à la simplicité, en se faisant un parti parmi les pauvres, jusqu'à ce qu'ils eussent subjugué les riches. Ils se sont mis à notre place. Nous sommes anéantis, ils triomphent ; mais, corrompus enfin comme nous, ils ont besoin d'une grande réforme, que je leur souhaite de tout mon cœur. »

XXII. Discours d'un Juif

« Laissons là cet idolâtre qui fait de Dieu un stathouder[73], et qui nous présente des dieux subalternes comme des députés des Provinces-Unies.

« Ma religion, étant au-dessus de la nature, ne peut avoir rien qui ressemble aux autres.

« La première différence entre elles et nous, c'est que notre source fut cachée très longtemps au reste de la terre. Les dogmes de nos pères furent ensevelis, ainsi que nous, dans un petit pays d'environ cinquante lieues de long sur vingt de large. C'est dans ce puits qu'habita la vérité, inconnue à tout le globe, jusqu'à ce que des rebelles, sortis du milieu de nous, lui ôtassent son nom de vérité, sous les règnes de Tibère, de Caligula, de Claude, de Néron ; et que peu à peu ils se vantassent d'établir une vérité toute nouvelle.

« Les Chaldéens avaient pour père Alore, comme vous savez. Les Phéniciens descendaient d'un autre homme qui se nommait Origine, selon Sanchoniathon. Les Grecs eurent leur Prométhée ; les Atlantides eurent leur Ouran, nommé en grec Ouranos. Je ne parle ici ni des Chinois, ni des Indiens, ni des Scythes. Pour nous, nous eûmes notre Adam, de qui personne n'entendit jamais parler, excepté notre seule nation, et encore très tard. Ce ne fut point l'Héphaïstos des Grecs, appelé Vulcanus par les Latins, qui inventa l'art d'employer les métaux ; ce fut Tubalcaïn [74]. Tout l'Occident fut étonné d'apprendre, sous Constantin, que ce n'était plus à Bacchus que les nations devaient l'usage du vin, mais à un Noé [75], de qui personne n'a jamais entendu prononcer le nom dans l'Empire romain, non plus que ceux de ses ancêtres, inconnus de la terre entière. On ne sut cette anecdote que par notre Bible traduite en grec, qui ne commença que vers cette époque à être un peu répandue. Le soleil alors ne fut plus la source de la lumière, mais la lumière fut créée avant le soleil et séparée des ténèbres, comme les eaux furent séparées des eaux [76]. La femme fut pétrie d'une côte que Dieu lui-même arracha d'un homme endormi [77], sans le réveiller, et sans que ses descendants aient jamais eu une côte de moins.

« Le Tigre, l'Araxe, l'Euphrate, et le Nil [78], ont eu tous quatre leur source dans le même jardin. Nous n'avons jamais su où était ce jardin ; mais il est prouvé qu'il existait, car la porte en a été gardée par un chérub [79].

« Les bêtes parlent. L'éloquence d'un serpent [80] perd tout le genre humain. Un prophète chaldéen s'entretient avec son âne [81].

« Dieu, le créateur de tous les hommes, n'est plus le père de tous les hommes, mais de notre seule famille. Cette famille toujours errante abandonna le fertile pays de la Chaldée, pour aller errer quelque temps vers Sodome [82] ; et c'est de ce voyage qu'elle acquit des droits incontestables sur la ville de Jérusalem, laquelle n'existait pas encore.

« Notre famille pullule tellement, que soixante et dix hommes [83], au bout de deux cent quinze ans, en produisent six cent trente mille [84] portant les armes ; ce qui compose, en comptant les femmes, les vieillards et les enfants, environ trois millions. Ces trois millions habitent un petit canton de l'Égypte qui ne peut pas nourrir vingt mille personnes. Dieu égorge en leur faveur, pendant la nuit [85], tous les premiers-nés égyptiens ; et Dieu, après ce massacre, au lieu de donner l'Égypte à son peuple, se met à sa tête pour s'enfuir avec lui à pied sec au milieu de la mer [86], et pour faire mourir toute la génération juive dans un désert.

« Nous sommes sept fois esclaves malgré les miracles épouvantables que Dieu fait chaque jour pour nous, jusqu'à faire arrêter la lune en plein midi, et même le soleil [87]. Dix de nos tribus sur douze périssent à jamais. Les deux autres sont dispersées et rognent les espèces [88]. Cependant nous avons toujours des prophètes. Dieu descend toujours chez notre seul peuple, et ne se mêle que de nous. Il apparaît continuellement à ces prophètes, ses seuls confidents, ses seuls favoris.

« Il va visiter Addo, ou Iddo, ou Jeddo, et lui ordonne de voyager sans manger. Le prophète croit que Dieu lui a ordonné de manger pour mieux marcher ; il mange, et aussitôt il est mangé par un lion (Troisième des Rois, chap. 13) [89].

« Dieu commande à Isaïe de marcher tout nu, et expressément de montrer ses fesses, *discoopertis natibus* (Isaïe, chap. 20) [90].

« Dieu ordonne à Jérémie de se mettre un joug sur le cou et un bât sur le dos (chap. 27, selon l'hébreu) [91].

« Il ordonne à Ézéchiel de se faire lier, et de manger un livre de parchemin, de se coucher trois cent quatre-vingt-dix jours sur le côté droit, et quarante jours sur le côté gauche, puis de manger de la m.... sur son pain * [92].

« Il commande à Osée de prendre une fille de joie et de lui faire trois enfants ; puis il lui commande de payer une femme adultère, et de lui faire aussi des enfants [93], etc., etc., etc., etc.

« Joignez à tous ces prodiges une série non interrompue de massacres, et vous verrez que tout est divin chez nous, puisque rien n'y est suivant les lois appelées honnêtes chez les hommes.

« Mais malheureusement nous ne fûmes bien connus des autres nations que lorsque nous fûmes presque anéantis. Ce furent nos ennemis les chrétiens qui nous firent connaître en s'emparant de nos dépouilles. Ils construisirent leur édifice des matériaux de notre Bible, bien mal traduite en grec. Ils nous insultent, ils nous oppriment encore aujourd'hui ; mais patience, nous aurons notre tour, et l'on sait quel sera notre triomphe à la fin du monde, quand il n'y aura plus personne sur la terre. »

XXIII. Discours d'un Turc

Quand le Juif eut fini, un Turc, qui avait fumé pendant toute la séance, se lava la bouche, récita la formule *Allah Illah*, et, s'adressant à moi, me dit :

---

* C'est ainsi que le convulsionnaire Carré de Montgeron, conseiller du parlement de Paris, dans son *Recueil des miracles*, présenté au roi, certifie qu'une fille remplie de la grâce efficace ne but, pendant vingt et un jours, que de l'urine, et ne mangea que de la m... ; ce qui lui donna tant de lait qu'elle le rendait par la bouche. Il faut supposer que c'était son amant qui la nourrissait. On voit par là que les mêmes farces se sont jouées chez les Juifs et chez les Welches. Mais ajoutez-y toutes les autres nations ; elles se ressemblent, au déjeuner près du prophète Ézéchiel et de la petite convulsionnaire. (*Note de Voltaire.*)

« J'ai écouté tous ces rêveurs ; j'ai entrevu que tu es un chien de chrétien, mais tu m'agrées, parce que tu me parais indulgent, et que tu es pour la prédestination gratuite [94]. Je te crois homme de bon sens, attendu que tu sembles être de mon avis.

« La plupart de tes chiens de chrétiens n'ont jamais dit que des sottises sur notre Mahomet. Un baron de Tott, homme de beaucoup d'esprit et de fort bonne compagnie, qui nous a rendu de grands services dans la dernière guerre [95], me fit lire, il n'y a pas longtemps, un livre d'un de vos plus grands savants, nommé Grotius, intitulé : *De la vérité de la religion chrétienne*. Ce Grotius accuse notre grand Mahomet d'avoir fait accroire qu'un pigeon lui parlait à l'oreille, qu'un chameau avait avec lui des conversations pendant la nuit, et qu'il avait mis la moitié de la lune dans sa manche [96]. Si les plus savants de vos christicoles [97] ont dit de telles âneries, que dois-je penser des autres ?

« Non, Mahomet ne fit point de ces miracles opérés dans un village, et dont on ne parle que cent ans après l'événement prétendu. Il ne fit point de ces miracles que M. de Tott m'a lus de *La Légende dorée* écrite à Gênes [98]. Il ne fit point de ces miracles à la Saint-Médard [99], dont on s'est tant moqué dans l'Europe, et dont un ambassadeur de France a tant ri avec nous. Les miracles de Mahomet ont été des victoires ; et Dieu, en lui soumettant la moitié de notre hémisphère, a montré qu'il était son favori. Il n'a point été ignoré pendant deux siècles entiers. Dès qu'on l'a persécuté, il a été triomphant.

« Sa religion est sage, sévère, chaste, et humaine. Sage, puisqu'elle ne tombe pas dans la démence de donner à Dieu des associés, et qu'elle n'a point de mystères ; sévère, puisqu'elle défend les jeux de hasard, le vin et les liqueurs fortes, et qu'elle ordonne la prière cinq fois par jour ; chaste, puisqu'elle réduit à quatre femmes ce nombre prodigieux d'épouses qui partageaient le lit de tous les princes de l'Orient ; humaine, puisqu'elle nous ordonne l'aumône bien plus rigoureusement que le voyage de La Mecque.

« Ajoutez à tous ces caractères de vérité la tolérance. Songez que nous avons, dans la seule ville de Stamboul [100], plus de cent mille chrétiens de toutes sectes, qui étalent en paix toutes les cérémonies de leurs cultes différents, et qui vivent si heureux sous la protection de nos lois, qu'ils ne daignent jamais venir chez vous, tandis que vous accourez en foule à notre porte impériale. »

XXIV. Discours d'un théiste

Un théiste alors demanda la permission de parler, et s'exprima ainsi :

« Chacun a son avis bon ou mauvais. Je serais fâché de contrister un honnête homme. Je demande d'abord pardon à monsieur l'athée ; mais il me semble qu'étant forcé de reconnaître un dessein admirable dans l'ordre de cet univers, il doit admettre une intelligence qui a conçu et exécuté ce dessein. C'est assez, ce me semble, que quand monsieur l'athée fait allumer une bougie, il convienne que c'est pour l'éclairer. Il me paraît qu'il doit convenir aussi que le soleil est fait pour éclairer notre portion d'univers. Il ne faut pas disputer sur des choses si vraisemblables.

« Monsieur doit se rendre de bonne grâce, d'autant plus qu'étant honnête homme, il n'a rien à craindre d'un maître qui n'a nul intérêt de lui faire du mal. Il peut reconnaître un Dieu en toute sûreté : il n'en payera pas un denier d'impôt de plus, et n'en fera pas moins bonne chère.

« Pour vous, monsieur le païen, je vous avoue que vous venez un peu tard pour rétablir le polythéisme. Il eût fallu que Maxence eût remporté la victoire sur Constantin [101], ou que Julien eût vécu trente ans de plus [102].

« Je confesse que je ne vois nulle impossibilité dans l'existence de plusieurs êtres prodigieusement supérieurs à nous, lesquels auraient chacun l'intendance d'un globe céleste. J'aurais même assez volontiers quelque plaisir à préférer les Naïades, les Dryades, les Sylvains, les Grâces, les Amours, à saint Fiacre [103], à saint Pancrace, à saints Crépin et Crépinien [104], à saint Vit, à sainte Cunégonde, à sainte Marjolaine [105] ; mais enfin il ne faut pas multiplier les êtres sans nécessité ; et puisqu'une seule intelligence suffit pour l'arrangement de ce monde, je m'en tiendrai là, jusqu'à ce que d'autres puissances m'apprennent qu'elles partagent l'empire.

« Quant à vous, monsieur le manichéen, vous me paraissez un duelliste qui aimez à combattre. Je suis pacifique, je n'aime pas à me trouver entre deux concurrents qui sont éternellement aux prises. Il me suffit de votre Oromase ; reprenez votre Arimane.

« Je demeurerai toujours un peu embarrassé sur l'origine du mal ; mais je supposerai que le bon Oromase, qui a tout fait, n'a pu faire mieux. Il est impossible que je l'offense quand je lui dis : "Vous avez fait tout ce qu'un être puissant, sage, et bon, pouvait faire. Ce n'est pas votre faute, si vos ouvrages ne peuvent être aussi bons, aussi parfaits que vous-même. Une différence essentielle entre vous et vos créatures, c'est l'imperfection. Vous ne pouviez faire des dieux ; il a fallu que les hommes, ayant de la raison, eussent aussi de la folie, comme il a fallu des frottements dans toutes les machines. Chaque homme a essentiellement sa dose d'imperfection et de démence, par cela même que vous êtes parfait et sage. Il ne doit pas être toujours heureux, par cela même que vous êtes toujours heureux. Il me paraît qu'un assemblage de muscles, de nerfs et de veines, ne peut durer que quatre-vingts ou cent ans tout au plus, et que vous devez durer toujours. Il me paraît impossible qu'un animal, composé nécessairement de désirs et de volontés, n'ait pas trop souvent la volonté de se faire du bien en faisant du mal à son prochain. Il n'y a que vous qui ne fassiez jamais de mal. Enfin, il y a nécessairement une si grande distance entre vous et vos ouvrages, que si le bien est dans vous, le mal doit être dans eux.

« "Pour moi, tout imparfait que je suis, je vous remercie encore de m'avoir donné l'être pour un peu de temps, et surtout de ne m'avoir pas fait professeur de théologie."

« Ce n'est point là du tout un mauvais compliment. Dieu ne saurait être fâché contre moi, quand je ne veux pas lui déplaire. Enfin, je pense qu'en ne faisant jamais de tort à mes frères, et en respectant mon maître, je n'aurai rien à craindre ni d'Arimane, ni de Satan, ni de Knat-bull, ni de Cerbère et des Furies, ni de saint Fiacre et saint Crépin, ni même de ce M. Cogé, régent de seconde, qui a pris *magis* pour *minus*, et que j'achèverai mes jours en paix *in ista quæ vocatur hodie philosophia* [106].

« Je viens à vous, monsieur Acosta [107], monsieur Abrabanel, monsieur Benjamin [108] ; vous me paraissez les plus fous de la bande. Les Cafres, les Hottentots, les nègres de Guinée, sont des êtres beaucoup plus raisonnables et plus honnêtes que les Juifs vos ancêtres. Vous l'avez emporté sur toutes les nations en fables impertinentes, en mauvaise conduite, et en barbarie ; vous en portez la peine, tel est votre destin. L'Empire romain est tombé ; les Parsis, vos anciens maîtres, sont dispersés ; les Banians le sont aussi. Les Arméniens vont vendre des haillons, et sont courtiers dans toute l'Asie. Il n'y a plus de trace des anciens Égyptiens. Pourquoi seriez-vous une puissance ?

« Pour vous, monsieur le Turc, je vous conseille de faire la paix au plus vite avec l'impératrice de Russie, si vous voulez conserver ce que vous avez usurpé en Europe. Je veux croire que les victoires de Mahomet, fils d'Abdalla, sont des miracles ; mais Catherine II fait des miracles aussi. Prenez garde qu'elle ne fasse un jour celui de vous renvoyer dans les déserts dont vous êtes venus. Continuez surtout à être tolérants ; c'est le vrai moyen de plaire à l'Être des êtres, qui est également le père des Turcs et des Russes, des Chinois et des Japonais, des nègres, des tannés et des jaunes, et de la nature entière. »

XXV. Discours d'un citoyen

Quand le théiste eut parlé, il se leva un homme qui dit :

« Je suis citoyen, et par conséquent l'ami de tous ces messieurs. Je ne disputerai avec aucun d'eux ; je souhaite seulement qu'ils soient tous unis dans le dessein de s'aider mutuellement, de s'aimer, et de se rendre heureux les uns les autres, autant que des hommes d'opinions si diverses peuvent s'aimer, et autant qu'ils peuvent contribuer à leur bonheur ; ce qui est aussi difficile que nécessaire.

« Pour cet effet, je leur conseille d'abord de jeter dans le feu tous les livres de controverse qu'ils pourront rencontrer ; et surtout ceux du jésuite Garasse, du jésuite Guignard, du jésuite Malagrida, du jésuite Patouillet, du jésuite Nonnotte, et du jésuite Paulian, le plus impertinent de tous [109] ; comme aussi la *Gazette ecclésiastique* et tous autres libelles qui ne sont que l'aliment de la guerre civile des sots.

« Ensuite chacun de nos frères, soit théiste, soit turc, soit païen, soit chrétien grec, ou chrétien latin, ou anglican, ou scandinave, soit juif, soit athée, lira attentivement quelques pages des *Offices* de Cicéron, ou de Montaigne, et quelques fables de La Fontaine.

« Cette lecture dispose insensiblement les hommes à la concorde que tous les théologiens ont eue jusqu'ici en horreur. Les esprits étant ainsi préparés, toutes les fois qu'un chrétien et un musulman rencontreront un athée, ils lui diront : "Notre cher frère, le ciel vous illumine !" et l'athée répondra : "Dès que je serai converti, je viendrai vous en remercier."

« Le théiste donnera deux baisers à la femme manichéenne à l'honneur des deux principes. La grecque et la romaine en donneront trois à chacun des autres sectaires, soit quakers, soit jansénistes. Elles ne seront tenues que d'embrasser une seule fois les sociniens, attendu que ceux-là ne croient qu'une seule personne en Dieu ; mais cet embrassement en vaudra trois, quand il sera fait de bonne foi.

« Nous savons qu'un athée peut vivre très cordialement avec un juif, surtout si celui-ci ne lui prête de l'argent qu'à huit pour cent ; mais nous désespérons de voir jamais une amitié bien vive entre un calviniste et un luthérien. Tout ce que nous exigeons du calviniste, c'est qu'il rende le salut au luthérien avec quelque affection, et qu'il n'imite plus les quakers, qui ne font la révérence à personne, mais dont les calvinistes n'ont pas la candeur.

« Nous exhortons les primitifs [110] nommés quakers à marier leurs fils aux filles des théistes nommés sociniens, attendu que ces demoiselles, étant presque toutes filles de prêtres, sont très pauvres. Non seulement ce sera une fort bonne action devant Dieu et devant les hommes ; mais ces mariages produiront une nouvelle race qui, représentant les premiers temps de l'Église chrétienne, sera très utile au genre humain.

« Ces préliminaires étant accordés, s'il arrive quelque querelle entre deux sectaires, ils ne prendront jamais un théologien pour arbitre, car celui-ci mangerait infailliblement l'huître, et leur laisserait les écailles.

« Pour entretenir la paix établie, on ne mettra rien en vente, soit de Grec à Turc, ou de Turc à Juif, ou de Romain à Romain, que ce qui sert à la nourriture, au vêtement, au logement, ou au plaisir de l'homme. On ne vendra ni circoncision, ni baptême, ni sépulture, ni la permission de courir dans la kaaba autour de la pierre noire [111], ni l'agrément de s'endurcir les genoux devant la Notre-Dame de Lorette, qui est plus noire encore.

« Dans toutes les disputes qui surviendront, il est défendu expressément de se traiter de chien, quelque colère qu'on soit ; à moins qu'on ne traite d'hommes les chiens, quand ils nous emporteront notre dîner et qu'ils nous mordront, etc., etc., etc. »

NOTES

Première Lettre

1. Voltaire reviendra souvent sur cette secte, et toujours de façon favorable, même si parfois il souligne certains ridicules de ses membres. Il apprécie en eux une tendance au déisme, l'absence de clergé, une morale respectable et leur pacifisme. **2.** Voltaire citera le nom de ce personnage important dans la note de 1739, car il était mort trois ans auparavant. Il avait également fait la connaissance d'un autre quaker, Edward Higginson, avec lequel il travaillait son anglais. Le quaker fut si fortement frappé de sa rencontre avec Voltaire qu'il en a laissé un récit intitulé *Edward Higginson's Account of a Conversation with Voltaire*. **3.** Parmi les sept sacrements catholiques, les luthériens et les anglicans n'en retiennent que deux, le baptême et l'eucharistie. Les quakers les refusent tous, y compris le baptême ainsi que, comme on le verra dans la IVᵉ *Lettre*, l'extrême-onction. **4.** Voir Matt 3, 13-17. **5.** Voir Jean 1, 26-27. **6.** C'est Higginson qui a signalé à Voltaire le passage tiré de saint Paul (1 Cor 1, 17). **7.** Voir 1 Cor 14 et Act 16, 3. **8.** Enthousiaste : ici, illuminé, voire fanatique (voir aussi la XIIIᵉ *Lettre*, p. 137). Mais le mot au sens grec – habité par un dieu – convient particulièrement aux quakers, qui, comme l'explique Voltaire dans la IIIᵉ *Lettre*, tirent leur nom des tremblements spasmiques que provoque en eux la parole directe de Dieu (voir IIIᵉ *Lettre*, note 8). **9.** Il s'agit de l'ouvrage intitulé *Theologiæ vere christianæ apologia* auquel Voltaire a emprunté de nombreux détails concernant les quakers et leur religion. **10.** Voir Suétone, *Auguste*, chap. 53. **11.** Ce sont les sergents recruteurs.

Seconde Lettre

1. Le Monument est une colonne érigée par Christopher Wren à Pudding Lane, en commémoration du Grand Incendie (1666) qui prit dans une boulangerie. La chapelle des quakers est située dans Gracechurch Street. **2.** Stupide : hébété. **3.** Matt 10, 8. **4.** Le plus célèbre des disciples anglais de Malebranche fut John Norris, qui a donné une exposition enthousiaste et poétique de la philosophie de Malebranche dans son *Essai d'une théorie du monde idéal et intelligible* (1701-1704). Il fut contraint par les évêques anglicans de montrer que sa doctrine de la vision en Dieu n'était pas la lumière intérieure des quakers, et de se défendre contre le soupçon d'être de leur parti.

Troisième Lettre

1. Erreur de Voltaire. La secte des quakers fut fondée par George Fox en 1649. Voltaire résume assez fidèlement, tout en arrangeant quelques anecdotes, plusieurs sources sur l'origine de la secte, sans oublier quelques réminiscences des Évangiles, afin de raconter symboliquement les débuts d'une religion. **2.** Allusion au conflit entre les indépendants, les épiscopaux et les presbytériens (1642-1649), qui aboutit à l'exécution du roi Charles Iᵉʳ. **3.** Affirmation inexacte : Fox, à sa mort, a laissé un *Journal*. **4.** Application rigoureuse d'un mot du Sermon sur la montagne (Luc 6, 29). **5.** Petites-maisons : nom donné autrefois à l'hospice des fous. **6.** À comparer avec Act 16, 27-34. **7.** « Où l'on ne s'enfermait pas » : allusion à la pratique du conclave. **8.** Dans l'article *Enthousiasme* du *Dictionnaire philosophique*, Voltaire propose une explication physiologique de l'enthousiasme qui annonce les interprétations modernes de l'hystérie : on donna ce nom « aux contorsions de cette Pythie qui, sur le trépied de Delphes, recevait l'esprit d'Apollon par un endroit qui ne semble fait que pour recevoir des corps ».

Quatrième Lettre

1. L'amiral William Penn, conquérant de la Jamaïque en 1655, mort en 1670 et non, comme Voltaire le laisse entendre plus loin, après le retour de son fils en Angleterre. **2.** William Penn (1644-1718), fondateur de la Pennsylvanie en 1682 (et non en 1680, comme Voltaire l'écrit plus loin), se serait converti vers 1659 selon la principale source de Voltaire, une *Vie de l'auteur* placée en tête de la *Collection of the Works of W. Penn*. D'autres sources situent cependant sa conversion en Irlande à l'âge de vingt-deux ans. Voltaire francise le prénom (« Guillaume »), de même qu'il francise ailleurs « George Iᵉʳ » et « George Fox » en « Georges ». **3.** (Se) relâcher : « céder, quitter, remettre quelque chose de ses droits, de ses prétentions, de ses intérêts » (*Dict. Acad.*, 1762). **4.** Selon F. Deloffre, il faut comprendre que les sermons des ministres anglicans et des autres sectes concurrentes attiraient de moins en moins de monde. **5.** Il s'agit en réalité du second voyage en Hollande effectué par Penn en 1677. **6.** Allusion à Matt 20, 1-16 ou 21, 33-43. **7.** Élisabeth de Bohême (1618-1680), princesse palatine en exil, entra en relation avec Descartes en 1642. Elle entretint avec le philosophe, qui lui dédia ses *Principes de la philosophie* (*Principia philosophiæ*, 1644), une importante correspondance. **8.** C'est une supposition de Voltaire. **9.** Erreur de Voltaire : la Pennsylvanie est située au nord du Maryland. **10.** C'est-à-dire les tribus indiennes. **11.** Se dit en Angleterre de toute personne n'appartenant pas à la religion officielle. **12.** Ayant succédé à son frère en 1685 sous le nom de Jacques II, le duc d'York favorisait ouvertement les catholiques, levant toutes les mesures discriminatoires contre les non-anglicans. Quelques années de règne suffirent à rallier contre lui les whigs, les tories et la majorité du peuple. **13.** En 1688, la « Révolution glorieuse » chassa Jacques II du trône en faveur de Guillaume d'Orange, gendre protestant du roi, stathouder des Provinces-Unies (Pays-Bas). Elle provoqua une scission chez les tories : un grand nombre d'entre eux se rallièrent à Guillaume et à Marie, mais un petit groupe d'extrémistes, appelés jacobites, restèrent fidèles aux Stuarts. **14.** En 1689, le Bill of Rights (Déclaration des droits) fixa la monarchie constitutionnelle, et le Toleration Act (Acte de tolérance) accorda la liberté de culte aux non-anglicans (hormis les catholiques et les sociniens). **15.** Sans contradiction : ici, sans résistance. **16.** Le deuxième séjour de Penn en Pennsylvanie eut lieu entre 1698 et 1701. **17.** L'anecdote rapportée dans la fin du texte de 1756 est inexacte, car le privilège en question ne fut accordé qu'en 1696, sous le règne de Guillaume III. **18.** En 1712. Les précisions de Voltaire au sujet de la vente sont exactes. Le droits de la famille Penn ne furent rachetés qu'en 1778 pour 130 000 livres. **19.** Cette discrimination ne fut effectivement pas sans conséquences sur l'orientation des non-conformistes du XVIIIe siècle vers la recherche du progrès économique, seule source de promotion sociale.

Cinquième Lettre

1. Le rappel malicieux du dernier mot de la lettre précédente suggère que toutes les manières de servir Dieu sont des effets de mode. **2.** L'Église d'Angleterre est la seule qui jouisse d'une reconnaissance officielle, mais la hiérarchie ecclésiastique se trouve dans la dépendance et souvent au service du gouvernement. Les non-conformistes traditionnels, généralement appelés *dissenters* (dissidents), comprenaient différentes confessions ou sectes. Les principales d'entre elles étaient les presbytériens, les indépendants, les baptistes, les quakers. Leur doctrine et leur rite variaient, mais leur trait commun était de ne pas reconnaître la structure épiscopale de l'Église d'Angleterre. Au point de vue du nombre, les quakers constituaient sans doute le groupe le plus important. **3.** Les adhérents des diverses confessions étaient effectivement frappés de mesures discriminatoires : ils ne pouvaient être élus au Parlement ni admis dans les universités. Les dissidents protestants qui acceptaient le dogme de la Trinité étaient autorisés à avoir leurs propres lieux de culte et à employer leurs propres professeurs et prédicateurs. En revanche, la tolérance excluait formellement les catholiques : les « papistes » n'étaient pas tant considérés comme des chrétiens égarés que comme des agents de l'étranger et des traîtres, parfaitement indignes de servir l'État ou de bénéficier de quelque liberté. **4.** Partis politiques italiens, dont les noms sont empruntés à des familles allemandes rivales. Les guelfes, partisans de la papauté, et les gibelins, partisans de l'empereur germanique Frédéric II, divisèrent la noblesse de Florence et les villes d'Italie au XIIIᵉ siècle. **5.** Accusation exagérée que Voltaire a trouvée chez les ennemis des whigs. **6.** Le gouvernement des tories dura de 1710 à 1714. Le successeur de la reine Anne, George Iᵉʳ, abandonna le pouvoir au parti whig. **7.** La *Dissertation sur la validité des ordinations anglicanes et sur la succession des évêques de l'Église anglicane* (1723) du père Le Courayer a provoqué un énorme scandale en France. **8.** La controverse autour de l'ordination de cet évêque est évoquée dans la *Dissertation* du père Le Courayer. **9.** Allusion aux controverses politico-théologiques du début du XVIIIᵉ siècle sur les rapports de l'Église et de l'État, auxquelles participèrent notamment Locke, Tindal et Warburton. **10.** Il s'agit, selon toute vraisemblance, de lord Bolingbroke (1678-1751). **11.** Vêtements ecclésiastiques. **12.** C'est-à-dire les manières rustres. **13.** Allusion aux abbés commendataires qui, contrairement aux abbés réguliers, sont des séculiers qui ont au moins la tonsure et doivent prendre l'ordre de la prêtrise quand ils atteignent l'âge. « Abbé » se dit aussi plus généralement de tout homme portant l'habit ecclésiastique. Voltaire vise peut-être les « abbés de cour », que le *Dictionnaire de Trévoux* définit comme de jeunes ecclésiastiques polis et dans leurs manières et dans leurs habits ; on y joint une idée de délicatesse, de volupté et de galanterie. **14.** « Faire l'amour », dans la langue classique, signifie « faire la cour ». **15.** Libre réminiscence du *Tiers Livre*, chap. 22. Mais on verra plus loin (XXᵉ *Lettre*) que Voltaire n'appréciait guère Rabelais.

Sixième Lettre

1. En 1707, l'Union Act (Acte d'union) avec l'Écosse signa la naissance du Royaume-Uni de Grande-Bretagne. La Kirk presbytérienne fut alors reconnue comme Église « établie » en Écosse, au même titre que l'Église anglicane en Angleterre. **2.** Le presbytérianisme, système ecclésiastique préconisé par Calvin, donne le gouvernement de l'Église à un corps mixte (pasteurs et laïques) appelé *presbyterium*. Au sens strict, le mot « presbytérianisme » est essentiellement réservé aux Églises calvinistes de langue anglaise. **3.** Diogène Laërce (*Vie, doctrines et sentences des philosophes illustres*, livre VI) rapporte plusieurs anecdotes sur les démêlés du philosophe cynique avec Platon. Un jour où celui-ci avait invité des amis, Diogène, qui marchait sur les tapis, dit : « Je foule aux pieds l'orgueil de Platon. » **4.** Autre anecdote, bien connue, rapportée par Diogène Laërce (*ibid.*) : dans le Cranéion, à une heure où il faisait soleil,

Alexandre le rencontrant lui dit : « Demande-moi ce que tu veux, tu l'auras. » Diogène lui répondit : « Ôte-toi de mon soleil ! » Une autre fois, Alexandre lui dit : « Je suis le grand roi Alexandre. » Diogène alors se présenta : « Et moi, je suis Diogène, le chien. » **5.** En 1650, Charles II s'était réfugié en Écosse, qu'il quitta en 1651 pour la France. **6.** Pour être bachelier en théologie, il faut avoir étudié la philosophie pendant deux ans et la théologie pendant trois ans. **7.** Seuls les anglicans avaient le droit de porter la soutane. **8.** Voir Apoc 17. Dans le langage codé du texte biblique, Babylone désigne Rome.

Septième Lettre

1. Dans la polémique religieuse, celui qui nie le dogme de la Trinité ou en donne une interprétation hétérodoxe est considéré comme un antitrinitaire. Issu des enseignements d'Arius (vers 250-336), prêtre d'Alexandrie, l'arianisme fut la première grande hérésie chrétienne. Il mettait en cause la Trinité et la divinité de Jésus-Christ qu'il considérait comme subordonné au Père, simple instrument de Dieu (voir Jean 14, 28). L'agitation produite dans l'Empire romain par cette hérésie conduisit l'empereur Constantin à convoquer le concile de Nicée en 325. L'arianisme y fut condamné solennellement, et la consubstantialité du Christ au Père proclamée. Malgré l'opposition farouche de saint Athanase, patriarche d'Alexandrie, le conflit se poursuivit jusqu'au concile de Constantinople (381). Cependant, l'arianisme survécut longtemps chez les peuples germaniques. Au XVIe siècle, certains groupes dissidents de la Réforme nièrent le dogme de la Trinité parce qu'ils y voyaient un abandon du monothéisme. Les solutions proposées par les divers unitaires (c'est-à-dire antitrinitaires) avaient en commun une insistance très forte sur le thème de l'unité divine et conduisaient à privilégier la nature humaine de Jésus-Christ. Exilés en Pologne, les réformateurs italiens Lelio et Fausto Sozzini rejoignirent l'Église des *Frères polonais* et inspirèrent le *Catéchisme de Rakow*. Diffusée en Europe occidentale au cours du XVIIe siècle, la pensée des Sozzini reçut en 1628, aux Pays-Bas, le nom de « socinianisme ». Les sociniens se distinguaient non seulement par un profond désir de tolérance et de charité, mais aussi par un rejet de toute la dogmatique catholique (la Trinité, la nature divine du Christ, le péché originel, la Rédemption, le pouvoir des sept sacrements, la damnation éternelle). Par l'importance qu'il accordait à la raison humaine et par son refus du surnaturel, le socinianisme joua un rôle historique important comme précurseur des Lumières. L'Acte de tolérance de 1689 excluait le socinianisme, appelé unitarisme en Angleterre ; un bill de 1711 le frappa d'interdiction. **2.** La leçon de 1752 est la seule correcte. La « consubstantialité » désigne le caractère de ce qui n'est constitué que d'une seule et unique substance. En théologie chrétienne, la Trinité est consubstantielle depuis le concile de Nicée qui condamna l'arianisme. En revanche, la « consubstantiation » s'applique à la doctrine luthérienne de l'Eucharistie qui rejette le dogme catholique de la transsubstantiation, selon lequel le pain et le vin sont *transformés* en corps et en sang du

Christ lors de la consécration. La doctrine de la consubstantiation signifie que le pain et le vin sont *aussi* corps et sang du Christ après la consécration (doctrine de la « présence réelle »). On est très loin de la relation du Père et du Fils dans la Trinité. **3.** L'origine de cette anecdote se trouve chez les historiens de l'Église Théodoret et Sozomène. Selon le premier, le nom de l'évêque était Amphiloque. **4.** Les deux livres de Samuel Clarke représentent la première édition des sermons prêchés pour la Fondation Boyle : le premier reproduisant les sermons de 1704 est intitulé *A Demonstration of the Being and Attributes of God* ; le second, qui contient les sermons de 1705, s'intitule *A Discourse concerning the Unchangeable Obligations of Natural Religion*. Les deux volumes furent ensuite réunis en 1706 sous le titre *A Discourse concerning the Being and Attributes of God, the Obligations of Natural Religion and the Truth and Certainty of the Christian Revelation*. La traduction française, parue sous le titre *Traités de l'existence et des attributs de Dieu, des devoirs de la religion naturelle et de la vérité de la religion chrétienne*, date de 1717. Plus tard, Voltaire brandira cet ouvrage contre le *Système de la nature* de d'Holbach. **5.** On peut penser à Bolingbroke ou à Swift – à moins que Voltaire ne se désigne lui-même. **6.** Une fois n'est pas coutume, Voltaire minimise la portée polémique de l'ouvrage de Clarke intitulé *The Scripture Doctrine of the Trinity* (1712), où l'auteur ne fait aucun mystère de ses sentiments antitrinitaires. **7.** Lanson a montré que l'anecdote rapportée dans la variante de 1739 est fort suspecte. **8.** « Cet homme singulier, note Voltaire, est le premier évêque de France qui ait fait une guerre civile sans avoir la religion pour prétexte. [...] C'était un homme qui, du sein de la débauche, et languissant encore des suites infâmes qu'elle entraîne, prêchait le peuple et s'en faisait idolâtrer » (*Le Siècle de Louis XIV*, chap. 4).

Huitième Lettre

1. Le nom exact de ce tory jacobite était Shippen. **2.** Lanson n'a pas retrouvé ces mots dans les discours de Shippen ». **3.** Affirmation ironique. Shippen et Bolingbroke ne cessèrent de dénoncer la corruption que Walpole avait érigée en système entre 1721 et 1742. **4.** *Flamen* : prêtre romain attaché à un dieu. La chemise désigne le surplis des prêtres catholiques, un vêtement liturgique léger, de toile blanche à manches larges, qui s'arrête au-dessus des genoux et se porte par-dessus la soutane. **5.** Allusion à la communion sous les deux espèces du pain et du vin (les « saintes espèces » sont le corps et le sang du Christ sous les apparences du pain et du vin, après la consécration) : du XIVᵉ siècle au concile de Vatican II (1965), les catholiques ne communiaient que sous la seule espèce du pain, contrairement aux fidèles des Églises orthodoxes et protestantes qui communiaient sous les deux espèces. **6.** Les guerres civiles se déroulèrent entre la fin des guerres puniques et l'avènement d'Auguste. **7.** Cette célèbre formule apparaît pour la première fois dans la XIVᵉ *Provinciale* de Pascal où Dieu est dit « impuissant pour faire le mal, et tout-puissant pour faire le bien », puis dans le livre V du *Télé-*

maque de Fénelon. Comme l'a montré Jean Garagnon (« Voltaire et Fénelon : sur une source de la VIIIe *Lettre philosophique*, "Sur le Parlement" », *French Studies*, 43, 1989, p. 140-144), Voltaire l'a probablement empruntée à l'entretien de Fénelon avec le fils du roi détrôné Jacques II (1709), publié dans l'*Histoire de la vie de François de Salignac de La Motte-Fénelon* du chevalier Ramsay (La Haye, 1723, p. 183). En ce qui concerne ce dernier et ses rapports avec Fénelon, voir la XXIIe *Lettre*, p. 223. **8.** Voltaire énonce ici un lieu commun de la réflexion politique anglaise : le gouvernement de l'Angleterre n'est ni une pure monarchie ni une pure république, mais un harmonieux mélange des trois formes classiques de la politique, monarchie, aristocratie et démocratie. Dans la *Lettre* suivante, il fera remonter aux envahisseurs germains – Saxons, Francs, Wisigoths, etc. – le « gouvernement mixte », qui permet d'associer chacun des trois ordres à la gestion des affaires. **9.** Voltaire oublie les ministres responsables auxquels le roi concède le gouvernement. **10.** Allusion aux luttes patricio-plébéiennes du Ve au IIIe siècle av. J.-C., qui s'achevèrent par la victoire de la plèbe et la naissance d'une classe dirigeante commune, la *nobilitas*. Selon les apparences, la constitution républicaine reposait désormais sur l'équilibre – ou la balance, pour employer un terme du vocabulaire politique anglais – de trois organes politiques qui se contrôlaient mutuellement : les magistrats, le sénat, les assemblées du peuple ; en pratique, tout pouvoir émanait du sénat, citadelle de la *nobilitas*. **11.** Dans tout ce paragraphe, et notamment dans la dernière phrase supprimée en 1739, Voltaire défend le point de vue anglais. **12.** Allusion au siège de Barcelone en 1714 et aux troubles au Maroc, en Turquie et en Perse vers la fin des années 1720. **13.** La comparaison est de Bossuet (*Oraison funèbre de Henriette-Marie de France*). **14.** Il s'agit de la Fronde qui eut lieu entre 1648 et 1652. La tête du cardinal Mazarin avait été mise à prix le 29 décembre 1651. Voir *Il faut prendre un parti*, note 54. **15.** Guerres opposant les Armagnacs et les Bourguignons en 1407-1419. **16.** Voltaire pense sans doute plus généralement aux guerres de Religion qui dévastèrent la France entre 1562 et 1598. La Ligue ne fut créée, par le duc Henri de Guise, qu'en 1576. **17.** En 1649. **18.** Erreur de Voltaire corrigée dans l'*Essais sur les mœurs* (chap. 68) : « On n'a point de preuves juridiques que Henri VII ait péri par cet empoisonnement sacrilège : frère Bernard Politien de Montepulciano en fut accusé, et les dominicains obtinrent, trente ans après, du fils de Henri VII, roi de Bohême, des lettres qui les déclaraient innocents. » **19.** Ministre : « celui dont on se sert pour l'exécution de quelque chose » (*Dict. Acad.*, 1762). **20.** Henri III fut assassiné par le moine ligueur Jacques Clément, et Henri IV par François Ravaillac.

Neuvième Lettre

1. Au Ve siècle, les souverains anglo-saxons avaient progressivement abandonné l'administration de la justice et le commandement militaire aux *thegns* (seigneurs) et aux évêques, qui recevaient des fiefs en bénéfice. **2.** Allusion aux assemblées du Witan, ou Conseil royal, qui désignait les rois, ratifiait les mesures importantes et débattait des affaires du royaume. Y siégeaient des nobles, des évêques et de nombreux personnages d'influence locale. À partir du Xe siècle, le Witan élargi constituait une institution officielle et une force non négligeable. Montesquieu (selon qui « ce beau système a été trouvé dans les bois », *De l'esprit des lois*, XI, 6) et certains historiens du XIXe siècle ont voulu y voir un « proto-parlement » ; ce n'était pourtant en aucune manière un corps démocratique et il n'imposait au roi nulle entrave constitutionnelle. Ce comparatisme ambitieux ne peut plus être maintenu aujourd'hui. **3.** Déformation écossaise du mot anglais *lord*, désignant essentiellement un grand propriétaire foncier. **4.** Il s'agit du roi du Wessex, Ine ou Ina, qui abdiqua en 726 pour embrasser la profession monastique. **5.** Ensemble de sept royaumes (heptarchie) fondé par les envahisseurs anglo-saxons et scandinaves : Kent, Sussex, Wessex, Essex, Northumbrie, East-Anglie et Mercie. **6.** Créé par le roi Offa au début du VIIIe siècle, l'impôt direct payé à l'Église – le *Peter's Pence* – fut confirmé par Ine pour financer une école anglaise à Rome. **7.** En 1209, le pape Innocent III excommunia le fils de Henri II, Jean sans Terre, après des années d'âpres querelles. Le roi riposta en confisquant des domaines ecclésiastiques. En 1213, le roi se réconcilia avec l'Église après avoir déclaré l'Angleterre et l'Irlande fiefs de Rome. **8.** Invité par les barons rebelles à monter sur le trône, Louis, le fils du roi de France Philippe Auguste, arriva à Londres en 1516 afin de prendre possession de son nouveau royaume. Abandonné par les barons après les défaites de Lincoln et de Douvres, Louis renonça à ses prétentions un an plus tard. **9.** Formulation prudente. La question de savoir si oui ou non les communes sont entrées au Parlement avant le règne de Henri III a beaucoup été discutée par les théoriciens politiques de l'Angleterre. **10.** Voltaire confond ici les classes moyennes (marchands, artisans, etc.) et les paysans libres avec les serfs ou vilains sur lesquels pesait lourdement une loi entièrement féodale : obligés de rester sur les terres de leur maître, ils ne pouvaient jouir des divers droits dont se prévalait un homme libre (droit de s'en aller, de marier sa fille, de léguer ses biens, d'acheter ou de vendre du bétail, etc.) sans l'autorisation du seigneur, qui ne la donnait, en général, que moyennant finances. **11.** En 1215, Jean sans Terre accepta avec réticence la Magna Charta qui mit en place un Conseil des barons. La Grande Charte fut trois fois renouvelée et enfin publié sous Henri III. **12.** Voltaire ne cite pas littéralement mais ramasse et condense le début de la Charte. **13.** En réalité l'article 21. **14.** En réalité l'article 38. Ici comme ci-dessus, Voltaire a dû s'embrouiller dans ses notes. **15.** Procurer : ici, obtenir. Au moyen d'une kyrielle d'instruments juridiques comme la confiscation des biens (actes d'*attainder*), le roi dompta la grande aristocratie pour l'asservir à ses fins. **16.** Autant il était malaisé de franchir la ligne séparant le hobereau de l'aristocrate, autant il était simple d'accéder à la *gentry* : quiconque pouvait vivre sans travailler tout en menant le train d'un homme de condition, quiconque possédait un diplôme d'Oxford ou de Cambridge pouvait passer pour gentilhomme. Si Élisabeth s'abstint d'anoblir la *gentry* alors en plein essor, Jacques Ier et Charles Ier recommencèrent à créer des titres de noblesse, les marchands étant devenus assez riches pour les acheter. **17.** Au début du XVIIIe siècle, la taille et la capitation faisaient partie, avec le dixième, des impôts directs ; ils étaient répartis inégalement et pesaient surtout sur les roturiers. La taille était l'impôt roturier par excellence ; c'était un impôt de répartition, c'est-à-dire que le gouvernement en fixait chaque année le montant. Celui-ci était réparti entre les généralités (circonscriptions financières) par le gouvernement et dans les généralités, entre les élections, par l'intendant. La capitation était un impôt de répartition pour le paiement duquel les Français étaient divisés en vingt-deux classes d'après leur condition sociale. La somme annuelle fixe payée par chaque classe était répartie également entre les contribuables de cette classe. Les nobles, en particulier les courtisans, payaient peu et très irrégulièrement. Le clergé se racheta en 1710 en versant en bloc vingt-quatre millions. Le dixième, impôt provisoire de crise en 1710, fut supprimé en 1717 et rétabli pour la guerre de 1733. **18.** Foulé : ici, opprimé, victime d'un abus.

Dixième Lettre

1. Lire : 1726. Inadvertance de Voltaire. **2.** En 1706. **3.** Pour une version différente de cette anecdote, voir *Le Siècle de Louis XIV*, chap. 20. **4.** Il s'agit des deux Townshend qui souscrivirent à *La Henriade* : le vicomte, qui était secrétaire d'État, et son frère cadet Thomas, négociant. **5.** Il s'agit de Nathaniel, l'un des trois frères du comte d'Oxford. Facteur : chargé de commerce pour le compte d'un autre, agent commercial. **6.** Un noble peut se prévaloir d'autant de quartiers de noblesse qu'il a d'ascendants nobles authentifiés. L'orgueil nobiliaire germanique était beaucoup plus strict que celui des Français. Mais la suite du texte peut donner à penser que Voltaire évoque par le mot « quartiers » l'une des quatre parties de l'écu. **7.** Surate : autrefois l'un des grands marchés de l'Orient, sur la côte occidentale de l'Inde. Le négociant en question est sans doute Everard Fawkener, le commerçant anglais chez qui Voltaire logea en 1726 et auquel il adressa, en 1733, l'épître dédicatoire de *Zaïre*. **8.** Ce nouveau début sort du travail de l'*Essai sur les mœurs* qui fut publié dans les années 1753-1756 (voir, par ordre d'importance, les chapitres 119, 156, 33, 45 et 92).

Onzième Lettre

1. On parle d'*insertion* (du latin : *insitio*) ou d'*inoculation* de la petite vérole, termes de jardinage qui signifient « greffe ». **2.** Aujourd'hui la variole. Officiellement déclarée éradiquée par l'OMS en 1978, elle occasionnait encore, au début du XVIIIe siècle, un décès sur dix. **3.** L'adversaire le plus résolu de l'inoculation fut le médecin montpelliérain Hecquet. L'histoire de la querelle a été faite par le docteur Théodore Tronchin dans l'article *Inoculation* de l'*Encyclopédie*. Elle naquit vers 1714 en Angleterre et occupa toute la première moitié du XVIIIe siècle. **4.** Les principales sources de Voltaire sont les observations personnelles de La Mottraye ainsi que la *Dissertation historique du docteur Timon sur l'inoculation de la petite vérole* reproduite en résumé à l'appendice 1 de son *Voyage* (La Mottraye a rencontré le docteur Timonis à Constantinople en 1725). **5.** Ancien nom pour le Caucase septentrional. Comme d'habitude, les indications données par Voltaire dans le passage qui suit ne sont pas tout à fait exactes. **6.** Voltaire a forcé le trait pour sa démonstration. La Mottraye parle uniquement de la beauté des filles et de leur valeur commerciale, mais sans établir un rapport causal avec la pratique de l'inoculation. **7.** Lady Mary Wortley Montagu (1690-1762), que Voltaire a connue lors de son séjour en Angleterre, est arrivée à Constantinople en compagnie de son mari et de leur jeune fils en 1716, quelques semaines après avoir été atteinte elle-même de la petite vérole (sa guérison fut fêtée par Pope). Elle fit inoculer son fils en 1718 par le chirurgien Maitland ; de retour en Angleterre en 1721 au milieu d'une violente épidémie, elle encouragea Maitland à entreprendre les premières expériences de l'inoculation. Deux ans plus tard, lors d'une nouvelle épidémie, elle fit inoculer sa fille née à Constantinople, ce qui lança le mouvement. **8.** Voltaire prête à ce religieux des propos qui circulaient lors de la querelle de l'inoculation. Ainsi pouvait-on lire, en 1722, dans *A Sermon against the Dangerous and Sinful Practice of Inoculation* d'Edmund Massey : « Là où les doctrines du salut ne sont pas connues, et où une vraie confiance en la Providence est subordonnée à la foi absurde en une fatalité, on ne s'étonnera pas de trouver des hommes donner dans des pratiques impies ou déraisonnables. [...] Que l'athée, le moqueur, le païen et le mécréant [...] inoculent et se fassent inoculer, eux qui n'ont de l'espoir que dans et pour cette vie » (nous traduisons). En 1754, la *Dissertation sur l'inoculation* d'Andrew Cantwell émettra une critique particulièrement virulente : « Les savants s'égarent quand ils portent trop loin leurs vues. On dirait que ce siècle fécond en témérités philosophiques va réaliser la fable de Prométhée. Ce n'est pas assez d'avoir voulu soumettre le feu du Ciel et diverses espèces de maladies au pouvoir de l'électricité, on veut encore attenter en quelque sorte sur les droits de la Providence et dispenser les fléaux pour les prévenir. [...] Celui qui suivant les décrets de sa Justice éternelle dispense les maux veut bien que nous prenions des moyens pour les éviter, il a créé les remèdes, mais il ne veut pas que nous exposions ses créatures pour les sauver, ni que nous portions trop témérairement nos regards dans l'avenir. » À travers la pratique de l'inoculation, il s'agit alors de faire le procès de tout le mouvement des Lumières. **9.** Il s'agit de la future reine Caroline, à qui Voltaire avait dédié l'édition de Londres de sa *Henriade*. La *Correspondance* entre Leibniz et Clarke (1715-1716), un des textes de Leibniz les plus lus au XVIIIe siècle, traite de Dieu, de l'espace et du temps. **10.** L'inoculation fut expérimentée en 1721 sur cinq ou six criminels. **11.** En 1722. C'est le début de la querelle de l'inoculation.

12. Chiffre exagéré : de 1721 à 1728, on recensa 897 inoculations, tant en Grande-Bretagne, en Amérique qu'en Hollande. **13.** Autre chiffre erroné. Il faut sans doute comprendre : un cinquième en meurt ou un cinquième « enlaidit ». Les statistiques anglaises parlent d'un mort sur cinq malades. **14.** Il s'agit de Louis de France (1661-1711), dit le Grand Dauphin et, de son temps, Monseigneur, fils de Louis XIV et de Marie-Thérèse. **15.** Chiffre contestable. La mortalité annuelle à Paris pour *toutes* les maladies était évaluée à 20 000. **16.** Les Chinois utilisaient une sorte de vaccination par l'inhalation en introduisant dans les narines un coton infecté avec du pus véroleux, ou des croûtes de pustules. **17.** En réalité, c'est un carme, non un jésuite, qui a inoculé les Indiens – et pas seulement les plus jeunes d'entre eux : les adultes aussi. Cela s'est passé vers 1727-1728, six ans environ avant la publication des *Lettres philosophiques*. **18.** Voltaire a pris cette information dans un *Recueil de pièces concernant l'inoculation de la petite vérole et propres à en prouver la sécurité et l'utilité* (1756) contenant un *Abrégé de la fondation d'un hôpital faite à Londres en 1746 pour l'inoculation, avec une partie du sermon prêché en 1752 par milord Isaac, évêque de Worcester, dans l'église paroissiale de cet hôpital*. **19.** Il s'agit du révérend Edmund Massey, de Saint Andrew's Holborn, auteur du *Sermon* de 1722 cité *supra*, note 8. Cette information se trouve également dans le *Recueil*.

Douzième Lettre

1. Cette idée était déjà défendue par Bacon dans son *Novum Organum*, I, 129. **2.** Protégé par le roi et le duc de Buckingham, Bacon fut fait successivement conseiller ordinaire de la Couronne, Solicitor General, Attorney General, conseiller privé de la Couronne, lord garde des Sceaux et lord chancelier (1618-1621). Il soutint sans hésitation les visées absolutistes du roi. **3.** Le mariage d'Henriette-Marie de France avec le futur Charles Ier fut négocié en 1624. **4.** L'amende était en réalité de 40 000 livres anglaises, soit un million de livres françaises. Bacon fut emprisonné un moment dans la Tour de Londres ; il perdit son droit d'assister aux séances du Parlement mais non sa qualité de pair. **5.** La réputation de Bacon était en réalité quelque peu déclinante en Angleterre après l'apparition de Newton. Elle fut ranimée par Diderot et les encyclopédistes français. **6.** Dans le *Novum Organum*, Bacon s'employait non seulement à renverser les obstacles qui empêchent d'accéder à la vérité, mais aussi à préparer les esprits à accueillir une nouvelle méthode destinée à remplacer l'*organon* de la tradition (l'ensemble des écrits logiques d'Aristote). **7.** L'aristotélisme médiéval négligeait les sciences pratiques au profit des sciences théoriques dont la plus importante (après la théologie) était la philosophie dite première, c'est-à-dire la métaphysique. D'où la préférence donnée à une présentation systématique du savoir déductible de premiers principes aux dépens d'une recherche inductive de ces principes. Dans ses fameuses *Disputationes metaphysicæ* (1597), le jésuite espagnol Francisco Suárez a donné le fondement de sa réinterprétation chrétienne d'Aristote. Au XVIIIe siècle, les universités françaises limitaient l'enseignement des sciences aux mathématiques et à quelques principes de physique ; on y restait fidèle, le plus souvent, à l'aristotélisme. **8.** La philosophie expérimentale se caractérise par la volonté de constituer son contenu empirique non seulement à partir de l'expérience naturellement accessible des phénomènes naturels, mais aussi à partir d'expérimentations artificiellement et intentionnellement mises en place : « la philosophie rationnelle [...] dit hardiment : on ne peut décomposer la lumière ; la philosophie expérimentale l'écoute, et se tait devant elle pendant des siècles entiers ; puis tout à coup elle montre le prisme, et dit : la lumière se décompose » (Diderot, *Pensées sur l'interprétation de la nature*, XXIII). La bonne méthode de la philosophie expérimentale consiste à aller d'une somme de connaissances particulières – l'ensemble des faits obtenus par observation et expérimentation – vers une connaissance des causes et des vérités générales : il s'agit donc d'une procédure inductive à partir d'un fondement empirique. **9.** Cette anecdote provient de l'*Histoire générale des Indes occidentales* (XII, 8) de Francisco Lopez de Gomara. **10.** Mécanique : se dit, par opposition aux arts libéraux, des arts qui ont principalement besoin du travail de la main pour être appris et exercés ; au sens figuré, le mot signifie « qui n'a rien d'élevé » (Littré). Plus loin, « les mécaniques » désignent la science intermédiaire entre les mathématiques et la physique qui étudie les forces motrices, les lois de l'équilibre et du mouvement. **11.** Navette : « instrument de tisserand qui sert à porter et à faire courir le fil, la soie ou la laine » (*Dict. Acad.*, 1762). **12.** L'astrophysique des philosophes milésiens fut introduite à Athènes par Anaxagore de Clazomène au Ve siècle av. J.-C. Rejetant avec eux l'astronomie des pythagoriciens qui considéraient les astres comme des dieux, Anaxagore enseignait que les corps célestes étaient des pierres arrachées à la Terre par la force centrifuge de son mouvement de rotation et chauffées à blanc par frottement dans de l'air ambiant. (On sait aujourd'hui que la Lune est effectivement née des débris de la Terre.) Selon Platon, cet enseignement a valu à Anaxagore et à ses disciples des procès d'impiété : « Tous ces corps célestes qui s'offraient à leurs yeux leur ont paru pleins de pierres, de terre, d'autres matières inanimées auxquelles ils ont attribué les causes de l'harmonie de l'Univers. Voilà ce qui a provoqué tant d'accusations d'athéisme et détourné tant de gens de l'étude de ces sciences ! » (*Lois*, 967c, trad. É. Chambry). **13.** Épreuves : ici, expériences. **14.** La première machine pneumatique fut inventée vers 1650 par Otto von Guericke. Mais c'est la pompe à air inventée par Robert Hooke quelques années plus tard qui devint rapidement l'emblème de la philosophie naturelle expérimentale : ce fut la plus importante machine à produire des faits de toute la révolution scientifique du XVIIIe siècle. Des expériences menées grâce à la pompe conduisirent Robert Boyle à supposer que les corpuscules de l'air avaient une élasticité semblable à celle d'un ressort. **15.** Contrairement à ce qu'affirme Voltaire, Bacon ne semble pas avoir eu idée de la pesanteur de l'air. L'idée même que l'air puisse

avoir un poids constituait un défi aux croyances traditionnelles en
un « lieu naturel », puisque les aristotéliciens soutenaient que ni l'air
ni l'eau ne pesaient en leur lieu naturel, et donc ni l'air présent dans
l'atmosphère ni l'eau dans la mer. L'expérience de Torricelli, véri-
fiée peu après par Pascal en 1647, consistait à construire un
baromètre dont le comportement était causé par le poids de l'air.
16. Le travail à l'aveuglette de la physique expérimentale peut avoir
des effets inattendus, illustrés par un apologue d'Ésope – immortalisé par La Fontaine dans *Le Laboureur et ses enfants* (*Fables*, V, IX) –
que Bacon cite à plusieurs reprises. **17.** Voir *Novum Organum*, II,
45. Avant Bacon, Kepler avait déjà évoqué une certaine forme
d'attraction entre les corps célestes. Voir XVe *Lettre*, notes 19 et 35.
18. Voir *Novum Organum*, II, 36. **19.** Allusion aux *Essays or Coun-
sels, Civil and Moral* publiés à partir de 1597, qui contiennent des
réflexions sur les sujets les plus divers : étude, conversation, cérémonies, amis, dépenses, santé, honneur, réputation, partis, négocia-
tions, thèmes auxquels s'ajoutent des développements sur la vérité,
l'envie, l'audace, les voyages, les colonies, l'usure, les jardins et la
vicissitude des choses. Quoi qu'en dise Voltaire, l'originalité du style
des *Essays* a exercé une grande influence sur la langue anglaise.
20. *The History of the Reign of King Henry the Seventh* de Bacon
parut en 1622. La première édition de l'*Historia mei temporis*
(« Histoire de mon temps »), de Jacques Augustin de Thou, également connue sous le titre *Thuana Historia*, fut publiée en latin de
1604 à 1608 ; la dernière édition ne vit le jour qu'en 1733. Elle fut
traduite en français en 1734 et intitulée *Histoire universelle*. C'est
l'une des œuvres les plus remarquables de l'historiographie française. **21.** Dans le chapitre intitulé « Perkin Warbeck », Bacon raconte
comment, en novembre 1491, cet imposteur, fils d'un juif converti,
débarqua à Cork et, se disant être Richard IV, duc d'York et fils
d'Édouard VI, réclama la couronne d'Angleterre. Il était fort du
soutien de lady Margaret, duchesse de Bourgogne, dont il était supposé être le neveu. Après avoir tenté trois fois l'invasion de l'Angleterre, il fut capturé en 1497. **22.** « Donner dans le phébus : se servir
d'un langage, d'un style guindé, trop figuré » (*Dict. Acad.*, 1762).

Treizième Lettre

1. Il serait plus exact de dire que Locke n'a rien publié sur les
mathématiques, ce qui le distinguait de Descartes et de Newton.
Mais Voltaire était lui-même assez piètre mathématicien. **2.** Tout ce
qui suit (jusqu'à Descartes exclusivement) provient essentiellement
du *Dictionnaire historique et critique* de Bayle, notamment de l'article
Âme (selon la Table des matières des éditions du *Dictionnaire* parues
à partir de 1720). Mais la présentation que fait Voltaire des philosophes est assez partiale et comporte quelques approximations.
3. Attribution erronée à Diogène d'Apollonie (Ve siècle av. J.-C.)
d'une opinion du naturaliste italien Cesalpino (1519-1603). **4.** On
sait que Socrate se disait parfois inspiré par ce qu'il appelait son
« démon familier », une puissance spirituelle inférieure à un dieu

mais supérieure aux hommes. **5.** Premier abbé de l'abbaye de Clairvaux, saint Bernard avait prêché à Vézelay la deuxième croisade dont l'échec assombrit la fin de sa vie. Il fut canonisé en 1174. Le père Mabillon a édité ses œuvres au XVIIe siècle. **6.** Dans *1734 (L)*, une note précise que les quatre premiers surnoms désignent Alexandre de Halès, Duns Scot, saint Thomas d'Aquin et saint Bonaventure. Le docteur chérubique, en revanche, n'est peut-être qu'une plaisanterie empruntée à Rabelais (voir *Pantagruel*, chap. 7). **7.** À partir de 1738, Voltaire affirmera qu'il avait eu « sans doute une intention toute contraire », et qu'il avait dit : « *Malebranche non seulement n'admit point les idées innées, mais il prétendit que nous voyons tout en Dieu.* En effet, qui peut avoir lu la *Recherche de la vérité*, sans avoir principalement remarqué le chapitre 4 du livre III, *de l'Esprit pur*, seconde partie ? J'en ai sous les yeux un exemplaire marginé de ma main, il y a près de quinze ans » (lettre au périodique de l'abbé Prévost, *Le Pour et Contre*, du mois d'août). Dans un mémoire publié dans le *Journal des savants* du mois d'octobre, Voltaire écrira que seul « n'admit point » fait sens avec le reste de la phrase. **8.** C'est-à-dire une reconstitution objective de sa formation progressive. **9.** Le mot « physique » désigne encore, au XVIIIe siècle, l'ensemble des sciences naturelles. **10.** Voir Locke, *Essai sur l'entendement humain*, II, 1, 6 et 21-22 ; II, 9, 6-7. **11.** Locke compare les facultés des bêtes à celles des hommes dans son *Essai*, II, 10, 10 ; II, 11, 5, 7, 10-11. **12.** Voir *Essai*, II, 11, 16. **13.** *Essai*, II, 1, 10. **14.** Voir *Essai*, VI, 3, 22. Au paragraphe précédent, Voltaire a résumé les trois premiers livres de l'*Essai*. **15.** Il s'agit de Boileau, qu'on appelait aussi Despréaux, du nom d'un petit enclos qu'il possédait dans la Nièvre. **16.** En 1696, Locke fut pris à partie par l'évêque de Worcester, Edward Stillingfleet, qui dénonçait, dans son *Discours pour défendre la Trinité* (*A Discourse in Vindication of the Doctrine of the Trinity*), le danger que représentait l'*Essai* pour la religion et la morale. Entre Locke et lui s'instaura alors un échange d'attaques et de réponses qui ne se termina qu'avec la mort de l'évêque (1699). **17.** Telle qu'elle soit : quelle qu'elle soit. **18.** Tout ce paragraphe ainsi que le suivant s'inspirent de l'*Essai*, IV, 3, 6, et de l'abrégé de la controverse avec Stillingfleet que P. Coste, le traducteur de Locke, donne en note à cet endroit. **19.** Voltaire reprend à son compte l'argumentation de Locke. **20.** Voltaire prend ici le mot « enthousiasme » au sens de Locke : « les hommes en qui la mélancolie a été mêlée avec la dévotion, et dont la bonne opinion d'eux-mêmes leur a fait accroire qu'ils avaient une plus étroite familiarité avec Dieu et plus de part à sa faveur que les autres hommes […], à quelque opinion extravagante qu'ils se sentent portés par une forte inclination, ils concluent que c'est une vocation ou une direction du Ciel qu'ils sont obligés de suivre » (*Essai*, IV, 19, 5-6 ; trad. P. Coste, Amsterdam et Leipzig, J. Schrender et P. Mortier, 1700. Toutes nos citations de l'*Essai* proviennent de cette traduction). **21.** Présentation caricaturale des luttes qui, au XIVe siècle, opposèrent les franciscains (ou cordeliers), qui refusaient de posséder des biens individuels ou collectifs, et ceux qui prônaient, comme les dominicains, quelque forme de propriété. **22.** Âme végétative : formule inventée par Aristote (*De l'âme*, 415a) pour désigner la partie de l'âme responsable de la nutrition, de la croissance, de la reproduction et du déclin des êtres vivants. Voir aussi *infra*, note 25. **23.** Mécanicien : adepte de la philosophie mécaniste. **24.** Allusion au célèbre apologue de l'opéra dans les *Entretiens sur la pluralité des mondes* (Premier soir) de Fontenelle, où un « machiniste » découvre comment sont produits, au théâtre, les effets qui donnent aux spectateurs l'illusion du merveilleux. Mais Voltaire ne suit pas Fontenelle jusqu'au bout, et pour cause : depuis la découverte de la force d'attraction, assimilée par les antinewtoniens à un pouvoir secret, le mécanisme cartésien du choc est battu en brèche par les tenants de la physique nouvelle. **25.** Sentiment : ici, sensation. L'aristotélisme reconnaissait aux bêtes, en plus d'une âme végétative, une âme sensitive, principe de la sensation et de la sensibilité. Mais à la différence de ses disciples de la scolastique, partisans de l'immatérialité de l'âme, Aristote la définissait comme le principe vital par quoi le corps se trouve « animé » et faute de quoi il retourne à la pure matérialité : l'âme n'est donc pas une substance distincte du corps, elle est au corps ce que la fonction est à l'organe, ce que la vision, par exemple, est à l'œil (voir *De l'âme*, 412b-413a). **26.** En 1740, le naturaliste anglais Abraham Trembley avait présenté ses expériences avec un polype, ou hydre d'eau douce, qu'on pouvait décapiter, mutiler, voire couper en morceaux : il en ressortait toujours vivant et en état de se reproduire. Ces propriétés étonnantes du polype de Trembley, qui semblaient mettre en lumière l'activité autonome de la matière vivante, son pouvoir de s'adapter à des circonstances inattendues et de diriger elle-même son propre développement, enthousiasmèrent tous les philosophes du XVIIIe siècle hostiles au spiritualisme. **27.** Voltaire critique ici la conception corpusculaire de la lumière selon laquelle les sources lumineuses émettent des corpuscules qui se propagent jusqu'à nos yeux. Il semble pencher en faveur de la conception ondulatoire de la lumière imaginée par Huygens qui assimile la lumière à la propagation d'une vibration longitudinale à travers un milieu ou éther matériel. Au moment de la rédaction de ce passage, Voltaire a dépassé son adhésion initiale sans faille à la physique newtonienne. Peu de temps après il écrira au chapitre 2 de *Micromégas* : « [Micromégas] s'informa combien de substances essentiellement différentes on comptait dans Saturne. Il apprit qu'on n'en comptait qu'une trentaine, comme Dieu, l'espace, la matière, les êtres étendus qui sentent, les êtres étendus qui sentent et qui pensent, les êtres pensants qui n'ont point d'étendue, ceux qui se pénètrent, ceux qui ne se pénètrent pas, et le reste. Le Sirien, chez qui on en comptait trois cents, et qui en avait découvert trois mille autres dans ses voyages, étonna prodigieusement le philosophe de Saturne. » **28.** « Au point de contact, [les couleurs] se confondent ; et pourtant, entre les plus éloignées, grande est la différence » (Ovide, *Métamorphoses*, VI, 67). **29.** Coiffe : « une certaine membrane que quelques enfants apportent sur leur tête en venant au monde » (*Dict. Acad.*, 1762). Voir les *Éléments de la philo-*

sophie de Newton (I, 7) : « nous sommes un ver avant que d'être reçus dans la matrice de notre mère, nous devenons chrysalides, nymphes dans l'utérus lorsque nous sommes dans cette enveloppe qu'on nomme coiffe, nous en sortons avec des bras et des jambes comme le ver devenu moucheron sort de son tombeau avec des ailes et des pieds [...] ». **30.** Pythagore est très vite devenu un héros légendaire : on lui attribuait toutes sortes de miracles. Les pythagoriciens étaient végétariens et s'abstenaient en outre des fèves, en vertu d'un ancien tabou religieux, probablement antérieur à Pythagore. **31.** Pour le stoïcisme, la divinité est au sein du monde : « Zénon dit que la substance de Dieu c'est l'ensemble du monde et le ciel » (Diogène Laërce, *Vies, doctrines et sentences des philosophes illustres*, livre VII). **32.** Sans nier formellement l'existence des dieux, Épicure prétendait qu'ils habitaient les espaces qui séparent les différents mondes composant l'Univers (les intermondes) et ne s'occupaient nullement des hommes. Raillant le concept du démiurge, du dieu artisan, il considérait que l'inactivité et le repos éternel étaient une marque de leur distinction et de leur noblesse. **33.** Voir par exemple Lucrèce, *De la nature*, livre III. **34.** Nom donné par les auteurs grecs aux ascètes de l'Inde. Voltaire les a raillés dans son conte *Lettre d'un Turc sur les fakirs et son ami Bababec*, contemporain de la rédaction de ce passage. **35.** Voltaire réunit ici les religions platonicienne et indienne, dont le trait commun est la croyance que des demi-dieux ont créé l'Univers. Voir *Essai sur les mœurs*, chap. 3. **36.** Sénèque, *Les Troyennes*, v. 397. **37.** Pharisiens, sadducéens, esséniens : groupes politico-religieux juifs auxquels il convient d'ajouter les zélotes. Voltaire tire ses informations des *Antiquités judaïques* (XVIII, 11-12) et de *La Guerre des Juifs* (II, 119-166) de Flavius Josèphe. **38.** Cette légende vient de la tradition, la *sahih*. Voltaire l'a trouvée dans le *Traité de la vérité de la religion chrétienne* de H. Grotius. **39.** Il s'agit de Claude de Bonneval (1675-1747), général français au service de l'armée autrichienne. Converti à l'islam, il dirigea, sous le nom d'Achmet pacha, la politique du sultan Mahmut.

Quatorzième Lettre

1. Voir Descartes, *Principes de la philosophie*, IV, 49-52. **2.** Selon Newton, les marées sont dues aux attractions combinées de la Lune et du Soleil. **3.** L'action de la Lune, reconnue dans les deux systèmes, n'est pas la même : pour Descartes, elle cause la marée haute, pour Newton, elle est à l'origine de la marée basse. **4.** Pour les tenants de Descartes, la Terre a la forme d'un melon allongé, les pôles étant séparés d'une distance supérieure au diamètre équatorial, ce qu'ils expliquent par le tourbillon terrestre et son effet constrictif sur l'équateur. **5.** L'aplatissement de la Terre aux pôles, preuve de l'attraction newtonienne, a été confirmée grâce aux expéditions de Maupertuis en Laponie (1736-1737) et de Bouguer et La Condamine au Pérou (1735-1744), qui permirent de corriger les mesures de Picard. **6.** Pour Descartes, la lumière n'est pas une substance matérielle mais une action qui se propage dans un milieu, elle peut « étendre ses rayons en un instant depuis le Soleil jusqu'à nous » (*La Dioptrique*, I). Hooke et Huygens pensaient que la lumière se transmettait de proche en proche dans les milieux transparents, et cherchaient à décrire cette transmission par analogie avec la propagation d'une onde sonore. En revanche, Newton imaginait la lumière constituée par des jaillissements de petites particules issues de la source lumineuse et filant à la vitesse de 300 000 km/s. Le temps que met la lumière pour parcourir la distance du Soleil à la Terre est alors évalué à 7-8 minutes (voir p. 167). **7.** Alcalis : bases. Pour la matière subtile, voir le Discours I des *Météores* de Descartes. **8.** Au XVIIIᵉ siècle, les chimistes se partagent essentiellement en deux camps : les « stahliens » considèrent que la chimie est surtout une science des substances, constituants universels de la matière, porteurs de qualités ; les « chimistes physiciens », newtoniens pour la plupart, veulent faire de la chimie une science des réactions, la force qui amène deux substances à se combiner et qui les maintient réunies après la combinaison étant la force d'attraction. Dans *De natura acidorum* (1692), Newton a développé sa théorie de l'attraction entre l'acide et l'alcali : si l'acide pique la langue, ce n'est pas qu'il a des pointes, comme le pensait Lémery, c'est qu'il est précipité par la force d'attraction. **9.** Formulation ambiguë. Dans son *Traité du monde*, Descartes avait considéré la matière comme « un vrai corps parfaitement solide qui remplit également toutes les longueurs, largeurs et profondeurs de ce grand espace » (chap. 6). Voltaire suggère-t-il que Newton, à l'instar des matérialistes antiques, adhérait à une définition atomistique de la matière (selon laquelle la matière est faite des particules indivisibles se mouvant dans le vide) ? Peut-être aussi pense-t-il à Locke qui, de manière bien plus explicite que Newton, a affirmé que « la solidité est, de toutes les idées, celle qui est la plus étroitement unie et la plus essentielle au corps » (*Essai*, II, 4, 1). **10.** « Il ne nous appartient pas de trancher entre vous d'aussi graves débats » (Virgile, *Bucoliques*, III, 108). Formule typique du pyrrhonisme qui refuse de trancher dans les faux débats qui dépassent le phénomène. Voltaire ne se prononce pas encore entre Descartes et Newton, à l'exception de l'avant-dernier paragraphe de la *Lettre*. Celle-ci semble n'avoir pas été écrite dans le même temps que les suivantes ; elle est sans doute antérieure à la conversion de Voltaire au newtonianisme, intervenue en 1732. **11.** Voltaire fait allusion à *Sur la paix de Münster*. **12.** Au début de la guerre de Trente Ans, Descartes rejoignit l'armée de Maurice de Nassau, puis, en 1619, celle du duc de Bavière. **13.** Voir Vᵉ *Lettre*, note 14. **14.** Le seul enfant de Descartes naquit en 1635 ; sa mère Hélène Jans était une servante. **15.** Descartes séjourna en Hollande de 1629 à 1649, puis partit pour Stockholm où il mourut en 1650. **16.** Éclaircir : ici, instruire. **17.** Philosophie de l'École : philosophie scolastique. **18.** En réalité, Descartes n'a jamais été condamné de son vivant. Peut-être Voltaire fait-il allusion à la défense d'enseigner sa philosophie dans la plupart des universités après la condamnation de ses œuvres par l'Église catholique en 1663. **19.** En 1642, le recteur Voetius de l'uni-

versité d'Utrecht fit condamner Regius et la philosophie cartésienne. **20.** Il n'est pas tout à fait exact d'affirmer que Galilée a
démontré le mouvement de la Terre. La preuve qu'il avançait en
faveur de cette théorie était fondée sur une explication fausse du
phénomène des marées (la théorie correcte des marées sera seulement donnée par Newton). Condamné à la prison, Galilée vécut en
résidence surveillée jusqu'à sa mort, à l'âge de soixante-dix-huit
ans. **21.** Il s'agit de William Cheselden, que Voltaire dut consulter en
tant que malade. **22.** Selon son biographe Richard Westfall, Newton
savait « ce qu'étaient l'attirance sexuelle, et – tout l'indique – sa
satisfaction, nécessairement en dehors des liens du saint mariage »
(*Newton. 1642-1727*, trad. M. Lescourret, Flammarion, 1994, p. 633).
23. Voltaire fait allusion aux remarques qui accompagnent la
traduction de l'*Éloge de Newton* (1727) donnée par *The Present State
of the Republic of Letters*. L'expression « battre leur nourrice » provient peut-être de La Bruyère (*Les Caractères*, « Des ouvrages de
l'esprit », 15). **24.** Descartes avait montré que l'algèbre et la géométrie, perçues jusqu'alors comme étrangères, peuvent se concevoir
comme les deux faces d'une même médaille. En particulier, grâce à
l'introduction d'un système de coordonnées dit cartésien, une
courbe plane comme l'ellipse peut être considérée comme l'ensemble
des points du plan dont les coordonnées x et y vérifient l'équation
$x^2/a^2 + y^2/b^2 = 1$, où a et b sont les longueurs des demi-axes de
l'ellipse. **25.** Frans Van Schooten a édité en latin avec des commentaires la *Géométrie* de Descartes. Pierre Fermat avait lui-même
découvert, indépendamment de Descartes, à peu près tout ce que
contenait sa *Géométrie* (voir *Isagoge ad locos planos et solidos*, 1637).
26. Voir la lettre de Descartes à Arnauld du 29 juin 1648. **27.** Le
Traité de physique (1671) de Jacques Rohault atteignit sa douzième
édition en 1708.

Quinzième Lettre

1. On sait aujourd'hui que les recherches théologiques (sur la chronologie et l'interprétation de la Bible) entreprises par Newton à
partir des années 1670, au même titre que ses intérêts alchimiques,
sont plus que de petites faiblesses d'un grand homme mais occupent une place importante dans la relation entre son œuvre scientifique et ses préoccupations ésotériques. L'économiste John May-
nard Keynes, qui avait racheté, en 1936, une partie de la fameuse
« malle » de Newton, conclut après l'examen des papiers alchimiques
qu'elle contenait que « Newton n'était pas le premier de l'âge de la
raison. Il fut le dernier magicien, le dernier des Babyloniens ou des
Sumériens, le dernier grand esprit qui ait regardé le monde visible
et intellectuel avec les mêmes yeux que ceux qui commencèrent à
construire notre héritage intellectuel il y a un peu moins de dix mille
ans » (*Newton, the Man*, dans *Essays in Biography*, New York, 1963,
p. 311 ; nous traduisons). Ainsi, Newton aurait été radicalement
« antinewtonien » au sens moderne que nous donnons à ce terme,
car il estimait que la philosophie mécaniste, potentiellement dange-

reuse d'un point de vue théologique, ne rendait compte que d'une petite partie des phénomènes naturels. **2.** La théorie des tourbillons est longuement exposée dans la IIIᵉ partie des *Principes de la philosophie*. Après les objections de Huygens, l'explication cartésienne de la pesanteur fut notamment corrigée par Régis, Rohault et Malebranche. **3.** Peut-être est-ce une réminiscence de Fontenelle : « On veut savoir plus qu'on ne voit, c'est là la difficulté. Encore, si ce qu'on voit, on le voyait bien, ce serait toujours autant de connu, mais on le voit tout autrement qu'il n'est. Ainsi les vrais philosophes passent leur vie à ne point croire ce qu'ils voient, et à tâcher de deviner ce qu'ils ne voient point, et cette condition n'est pas, ce me semble, trop à envier » (*Entretiens sur la pluralité des mondes*, Premier soir). **4.** Newton montra que la physique des tourbillons entrait en contradiction avec la troisième loi de Kepler. **5.** Comprendre : le plus ralenti (ancien superlatif). **6.** Dans la *Physique* (IV, 6-9), Aristote a réfuté l'existence du vide pour combattre l'atomisme de Démocrite et de Leucippe. **7.** C'est en 1665 – *annus mirabilis* – que Newton retourna auprès de sa mère à Woolsthorpe, où il fit des découvertes majeures dans les domaines des mathématiques, de l'optique et de la physique. **8.** Tout le récit qui suit s'inspire étroitement de la préface de *A View of Sir Isaac Newton's Philosophy* de Pemberton (Londres, 1728), sauf pour l'anecdote de la pomme que Voltaire prétend avoir apprise de Mrs. Conduitt, la nièce de Newton. Comprenant immédiatement la signification de l'épisode, il le publia dans le premier texte imprimé à paraître, l'*Essay upon Epic Poetry*. **9.** Dans les *Discours et démonstrations mathématiques concernant deux sciences nouvelles* (1638), Galilée posa les prémisses d'une nouvelle science du mouvement. Il y affirmait contre Aristote que tous les corps en chute naturelle libre tombent de la même manière et que leur mouvement est uniformément accéléré : les espaces parcourus sont proportionnels au carré du temps. Cependant, les *causes* du mouvement lui restèrent étrangères. Newton, quant à lui, posa qu'il y a identité dans les causes du mouvement de la chute des corps à la surface de la Terre et de celui des astres : la chute d'un corps « grave » (c'est-à-dire pesant) sur Terre n'est qu'une manifestation d'une loi universelle, celle de la gravitation, attraction mutuelle de deux corps en proportion du produit de leurs masses et en proportion inverse du carré de la distance qui les sépare (« en raison renversée des carrés des distances »). **10.** On lit dans Pemberton (*A View of Sir Isaac Newton's Philosophy, op. cit.*) : « at the remotest distance from the center of the earth », ce qui signifie exactement le contraire (« aussi éloigné que l'on soit du centre de la Terre »). Mais Voltaire pense sans doute à l'expérience de l'horloge relatée dans la XIIᵉ *Lettre* (p. 128). **11.** S'appuyant sur la troisième loi de Kepler, Newton avait d'abord démontré que la Lune est soumise à un effort centrifuge, inversement proportionnel au carré de la distance au centre, qui tend à l'éloigner de son centre de révolution. Pour que la Lune se maintienne sur son orbite, il postulait qu'il existe un « effort » égal mais de direction opposée, qui l'attire vers la Terre. Ayant pris connaissance, en 1686, du manuscrit du livre I des

Principia, Hooke prétendit que l'idée – sinon la démonstration – de la loi du carré inverse venait de lui. **12.** Contrairement à la légende, la réflexion de Newton sur la gravitation était effectivement encore loin de son aboutissement en 1666. **13.** En 1669-1670, l'astronome Jean Picard trouva qu'un degré de méridien valait 57 060 toises, ce qui ramenait la circonférence de la Terre à 40 000 kilomètres. **14.** Environ 60 000 mètres. **15.** 4,9 mètres. Le calcul fut établi par Huygens. **16.** Grâce au théorème de Pythagore, Newton démontra que si la Lune, affranchie de la force centrifuge, pouvait tomber vers la Terre, elle parcourrait 15 pieds dans la première *minute* (et non seconde, comme on le lit dans la variante de 1748 ; en relisant l'*Éloge de Newton*, qui indique pourtant la mesure correcte, Voltaire a dû s'égarer), alors que la pomme, elle, tombe de l'arbre d'une distance verticale égale à 15 pieds dans la première *seconde*. **17.** Calculant le rapport entre les distances de chute (celle de la Lune et celle de la pomme sur Terre), Newton trouva : $(1{,}3 \times 10^{-3})/4{,}9 \sim 1/60^2$, c'est-à-dire l'inverse du carré de la distance de la Terre à la Lune. Voltaire omettra cependant de signaler que le résultat n'était, aux dires de Newton lui-même, que « joliment approchant ». **18.** Cette preuve que le Soleil, et non la Terre, est le centre de notre système solaire s'appuie sur la deuxième loi de Kepler ; la gravitation, quant à elle, est tirée de la troisième loi. **19.** Kepler, le premier, a mobilisé et actualisé le concept d'attraction en astronomie, en proclamant que le Soleil régissait le système planétaire en exerçant sur toutes les planètes une mystérieuse force d'attraction. Reprenant à son compte ses lois et l'idée d'une force universelle, Newton délogea le Soleil de sa position privilégiée : suivant la troisième loi de Newton, les planètes et le Soleil, ainsi que les planètes entre elles, s'attirent *mutuellement*. **20.** « [...] à proportion de la matière que renferment les corps », c'est-à-dire de la masse. Voltaire traite à présent du deuxième volet de la loi d'attraction. **21.** Newton ne calcula que les masses des planètes ayant des lunes ou des satellites, c'est-à-dire des planètes de comparaison, ce qui n'est pas le cas de Mercure, de Vénus et de Mars. **22.** La vitesse et l'orbite de la Lune dépendent de sa plus ou moins grande proximité du Soleil. **23.** Nœuds : terme d'astronomie désignant les points d'intersection où l'orbite d'un corps céleste gravitant autour d'un autre corps céleste plus important rencontre l'orbite propre de ce second corps. **24.** Aristote identifiait les comètes à des feux follets, des exhalaisons qui s'enflamment dans l'air. Descartes comprit qu'elles étaient non des météores mais des astres comme les autres, mais prétendit qu'elles faisaient des excursions de tous côtés, passant d'un tourbillon dans un autre, dans l'espace immense qui est entre Saturne et les étoiles fixes (voir *Principes*, III, 41). Kepler montra que l'orbite d'une comète (comme celle des planètes) correspond à une ellipse dont l'un des foyers est le Soleil. Étant donné que l'autre foyer restait inconnu, il n'y avait toujours aucun moyen de calculer le trajet qu'elle suivrait, ni de savoir quand elle réapparaîtrait. L'originalité de Newton consista à traiter l'ellipse en question comme si elle était infiniment grande, ce qui lui permit de considérer le trajet de la comète de 1680 comme une simple parabole et lui en facilita le calcul. Au XVIIᵉ siècle, les comètes restaient des mystères pour les astronomes et effrayaient le peuple qui attachait à leur passage l'annonce de catastrophes imminentes. On sait que l'apparition d'une comète, en 1680, donna l'occasion à Bayle d'écrire ses *Pensées diverses sur la comète*. **25.** C'est le cas de la comète observée en 1680. **26.** Dans *Conamen novi systematis cometarum* (1682). La « comète de Halley » (1682), qui mit soixante-quinze ans à tourner autour du Soleil, ne réapparut que dans l'hiver 1758-1759, retardée, comme l'avaient prédit les calculs de Lalande et Clairaut, d'un an et huit mois par les perturbations dues à Jupiter et à Saturne. **27.** Comme le fit Halley pour la comète de 1680. **28.** Il s'agit de William Whiston, disciple de Newton, auquel il succéda à la chaire de mathématiques en 1701. Dans *A New Theory of the Earth* (1696), il utilisa la période supposée de 575 ans pour la comète de 1680 et, en remontant dans le passé, lui imputa la cause du Déluge biblique lors d'un passage précédent en 2349 av. J.-C. L'article *Comète* de l'*Encyclopédie* expose en détail le système de Whiston ainsi que les calculs de Halley. **29.** Résumé du *Scholium generale* qui termine la IIIᵉ partie des *Principia*. Voltaire supprime le dernier bout de phrase en 1739 parce que Newton y laisse entendre le contraire : « cette force [...] agit, non pas selon la quantité des superficies des particules de matière, comme font les causes mécaniques, mais selon la quantité de matière solide ». **30.** Dans l'*Examen d'une difficulté considérable proposée par M. Huygens contre le système cartésien sur la cause de la pesanteur*. **31.** Newton n'a jamais dit pareille chose, bien au contraire. Voir notre Présentation, p. 39. **32.** Citation inspirée du Livre de Job 38, 11 : *Usque huc venies et non procedes amplius* (« Tu viendras jusqu'ici, tu n'iras pas plus loin »). **33.** Saint Augustin parle ainsi des Antipodes dans *La Cité de Dieu* : « Quant à leur fabuleuse opinion qu'il y a des antipodes, c'est-à-dire des hommes dont les pieds sont opposés aux nôtres et qui habitent cette partie de la Terre où le Soleil se lève quand il se couche pour nous, il n'y a aucune raison d'y croire. Aussi ne l'avancent-ils sur le rapport d'aucun témoignage historique, mais sur des conjectures et des raisonnements. [...] Mais quand on montrerait que la Terre est ronde, il ne s'ensuivrait pas que la partie qui nous est opposée ne fût point couverte d'eau. D'ailleurs, ne le serait-elle pas, quelle nécessité qu'elle fût habitée, puisque, d'un côté, l'Écriture ne peut mentir, et que, de l'autre, il y a trop d'absurdité à dire que les hommes aient traversé une si vaste étendue de mer pour aller peupler cette autre partie du monde » (XVI, 9, trad. M. Raulx, *Œuvres complètes*, Bar-le-Duc, 1869). **34.** Voir *De revolutionibus orbium cœlestium*, I, 9. **35.** Allusion à l'*Astronomia nova seu de motu stellæ Martis* de Kepler (1609), III, 34, 38, 39 et 57. Voir *supra*, note 19.

Seizième Lettre

1. Jusqu'au XVIIᵉ siècle, les travaux sur la lumière s'inscrivirent dans le cadre d'une réflexion centrée sur le problème de la vision et du regard plutôt que sur celui de la lumière. Ainsi, la plupart des penseurs de l'Antiquité s'accordaient à considérer qu'un rayon visuel émis par l'œil allait à la rencontre des objets et permettait ainsi la vision. **2.** Voir la XVIIᵉ *Lettre*, notes 17 et 18. **3.** Voir la XIIᵉ *Lettre*, note 14. **4.** L'explication de l'arc-en-ciel avait été tentée par Aristote (voir *Les Météorologiques*, 375a) sur la base de sa théorie de la lumière, selon laquelle le mélange de la lumière blanche et de l'obscurité produit les autres couleurs. **5.** Dans son *De radiis visus et lucis in vitris perspectivis et iride tractatus* (1611), Marco Antonio De Dominis explique la genèse des couleurs de l'arc-en-ciel tout en maintenant la théorie trichromique d'Aristote suivant laquelle celles-ci sont au nombre de trois : le rouge, le vert et le violet (pourpre). **6.** Dans le Discours VIII des *Météores*. La loi de la réfraction exposée dans le Discours II de *La Dioptrique*, exprimant que le sinus de l'angle de réfraction et le sinus de l'angle d'incidence sont dans un rapport constant, a également été trouvée par le Hollandais Snell. **7.** La nature de la lumière est exposée dans le Discours I de *La Dioptrique*. Descartes y introduit trois comparaisons pour expliquer ses propriétés : le bâton de l'aveugle, la cuve de raisin et le mouvement d'une balle rencontrant une surface. **8.** À l'encontre de la tradition millénaire selon laquelle les couleurs sont des mélanges de blanc et de noir en proportions variables, Newton montra que la lumière blanche émise par le Soleil est un mélange de diverses couleurs qui doivent être considérées comme élémentaires. **9.** L'expérience du prisme n'est pas une invention de Newton. Au Discours VIII des *Météores*, Descartes décrit comment il conçut sa théorie des couleurs à partir de la décomposition de la lumière réfractée par un prisme. L'« expérience cruciale » de Newton consistait à arranger *deux* prismes de manière que seul l'un des rayons colorés produits par la première réfraction soit réfracté une deuxième fois. Selon la théorie traditionnelle concernant le caractère premier de la lumière blanche, une deuxième réfraction devait susciter un changement de couleur. Si cependant, comme Newton le suggérait, la lumière blanche était elle-même un mélange de rayons de différentes couleurs, alors le rayon soumis à une deuxième réfraction ne devait pas changer de couleur : ce fut le résultat obtenu par Newton. Il en conclut que chaque type de rayon est doté d'une réfrangibilité spécifique, autrement dit qu'à chaque degré de réfrangibilité correspond une couleur donnée. **10.** C'est-à-dire rouge. **11.** En réalité orangé. **12.** Voir l'*Optique*, I, 2, 2, 6. **13.** Les questions évoquées ci-après par Voltaire sont traitées par Newton dans l'*Optique* (II, 3). **14.** Comme Voltaire l'expliquera au paragraphe suivant, Newton considère que les interstices entre les particules de la matière « ne sont pas absolument vides de toute matière » (proposition II). On comprend alors pourquoi ce sont ces « pores » plus ou moins grands, et non les particules infiniment petites, qui réfléchissent la lumière. **15.** La « réfraction » désigne la courbure du rayon de lumière qui passe d'un milieu transparent à un autre, par exemple de l'air à la goutte de pluie. La « réfrangibilité », en revanche, désigne les différentes capacités des milieux à courber la lumière. S'appuyant sur les travaux de De Dominis et de Descartes, Newton proposa, dans l'*Optique* (I, 2, 9, 4), une nouvelle explication de l'arc-en-ciel grâce au phénomène de la réfrangibilité. **16.** Dans les *Éléments de la philosophie de Newton* (II, 10), Voltaire identifiera expressément ce pouvoir à la force d'attraction. Newton, quant à lui, s'était contenté d'une formulation très vague – où le mot « attraction » n'apparaît même pas – dans les premières Questions à la fin de l'*Optique*. Mais il est clair que ses travaux ont été menés dans la perspective privilégiée d'une conception corpusculaire de la lumière. **17.** Allusion au phénomène de la réflexion partielle, où des rayons sont soit transmis soit réfléchis en rencontrant une surface réfringente. Dans l'*Optique* (II, 3, 13), Newton a imaginé, pour expliquer ce phénomène, sa théorie des « accès » qui introduisait – ainsi que le signale Voltaire deux paragraphes plus loin – la considération d'un milieu interagissant avec les rayons. **18.** Les expériences relatives à l'apparition des couleurs dans le cas où une mince lame d'air ou d'eau se trouve comprimée entre les bases non parfaitement planes de deux prismes sont relatées et commentées dans le livre II de l'*Optique*. Le phénomène des lames minces a permis à Newton de prédire mathématiquement le lieu où telle ou telle couleur doit apparaître. **19.** Voici ce qu'écrivit Pemberton à ce sujet : « Notre auteur n'a point découvert quelle est dans la nature la puissance qui produit cette action entre la lumière et les corps. Mais il a découvert plusieurs effets de cette puissance tout à fait surprenants, et totalement différents de ce qui a pu être conjecturé à cet égard : si jamais une puissance si merveilleuse vient à être connue, ce sera sûrement à l'aide de ses découvertes. Le chevalier Newton est de sentiment que probablement les phénomènes dont il a été fait mention doivent être attribués à quelque substance très subtile élastique répandue dans l'univers, dans laquelle les rayons de lumière peuvent exciter, en la traversant, des vibrations propres à causer ces accès alternatifs de réflexion et transmission dont nous venons de parler » (*A View of Sir Isaac Newton's Philosophy*, trad. fr. parue sous le titre *Éléments de la philosophie newtonienne*, Amsterdam, Astrée et Merkus, 1755, p. 457-458). **20.** Pour corriger un défaut de focalisation de l'image appelé *aberration sphérique*, Descartes suggéra, dans le Discours IX de *La Dioptrique*, d'équiper les télescopes avec des lentilles aux surfaces non sphériques. Newton rejeta cette tentative en expliquant théoriquement l'échec des télescopes à réfraction, incapables d'éviter un autre défaut, l'*aberration chromatique*, ou *achromatisme* (l'image produite par une lentille est troublée par l'inégale réfraction des rayons lumineux, elle s'irise des couleurs de l'arc-en-ciel). Pour se débarrasser de cet effet indésirable, Newton abandonna la grosse lentille auparavant utilisée comme objectif, et la remplaça par un miroir sphérique qui ne disperse pas la lumière. Ainsi naquit le télescope à réflexion qui fut présenté à la Royal Society fin 1671, marquant l'entrée officielle de son inventeur dans le monde savant. **21.** En effet, c'est en travaillant à des verres non sphériques que Newton a sans doute conçu son hypothèse définitive concernant la nature de la lumière : il n'y a pas de surface susceptible de permettre à tous les rayons de converger en un foyer, c'est donc que la lumière

est un mélange hétérogène de rayons différemment réfrangibles.
22. Sous-double : terme de mathématiques qui désigne la moitié
(deux est le sous-double de quatre).

Dix-septième Lettre

1. La géométrie analytique inventée par Descartes se limitait à des
expressions algébriques en nombre fini (l'équation de l'ellipse, par
exemple, ne comporte que trois termes). Or un certain nombre de
grandeurs géométriques, comme des aires définies par des courbes
fermées, ne peuvent s'exprimer en n'utilisant qu'un nombre fini de
termes. Pour remédier à cela, les mathématiciens du XVIIe siècle
généralisèrent l'analyse cartésienne en recourant à différentes tech-
niques, dont la plus importante est celle des séries ou suites infinies,
mise au point en 1655 par John Wallis dans son ouvrage *Arithmetica
infinitorum (Arithmétique des infinis)*. **2.** Dans son ouvrage intitulé
Opus arithmeticum (1657), John Wallis réduisit la fraction $A/(1-R)$
par division à la série infinie $A + AR + AR^2 + AR^3 + AR^4 + \ldots$ (chap. 33,
prop. 68). **3.** Ami de Wallis, le vicomte William Brouncker donna en
1668 la première série infinie pour exprimer l'aire de l'hyperbole :
$1/(1 \times 2) + 1/(3 \times 4) + 1/(5 \times 6) + \ldots$ Il en était probablement en
possession dès 1654, mais ne la rendit publique que lorsque Nicolas
Mercator publia, dans sa *Logarithmotechnia*, une autre démonstration de la quadrature de l'hyperbole par le moyen de la division
inventée par Wallis : $x - /2x^2 + 1/3x^3 - 1/4x^4 + \ldots$ **4.** Allusion au célèbre
théorème binomial pour les fractions, qui permit à Newton d'établir
les premières formules de sa méthode des fluxions. **5.** Tout cet aperçu
historique résulte d'une lecture trop rapide du compte rendu
(*Account*) que fit Newton du recueil *Commercium epistolicum* (voir
infra, note 16). Voltaire se trompe lorsqu'il affirme que lord Brouncker
se servit de la suite de Wallis pour carrer l'hyperbole, car sa quadrature de l'hyperbole n'est pas redevable au développement de la
formule $A/(1-R)$. L'incompétence de Voltaire ressort encore
davantage dans l'édition de 1739 où le raccord entre l'ancienne et la
nouvelle version se fait très mal. Pour un exposé détaillé de la question, voir Gerhardt Stenger, « Sur un problème mathématique dans
la XVIIe *Lettre philosophique* de Voltaire », *Cahiers Voltaire*, 5, 2006.
6. L'idée centrale de la méthode des fluxions est de concevoir que
les grandeurs géométriques peuvent être engendrées par un mouvement. Cette conception cinématique sous-jacente à la construction newtonienne la distingue nettement de l'approche leibnizienne,
ce que Newton ne manqua pas de préciser dans les premières lignes
de son *Tractatus de quadratura curvarum* (publié en annexe à son
Optique en 1704) : « Je ne considère pas les grandeurs mathématiques comme formées de parties si petites soient-elles, mais comme
décrites d'un mouvement continu. Les lignes sont décrites et
engendrées non pas par la juxtaposition de leurs parties, mais par le
mouvement continu de points, les surfaces par le mouvement des
lignes ; les solides par le mouvement des surfaces ; les angles par la
rotation des côtés ; les temps, par un flux continu. » En revanche, le

calcul différentiel et intégral de Leibniz, qui s'imposera par la suite au détriment de la méthode de Newton, est un calcul qui permet de conduire à son terme un raisonnement comme en jouant avec des symboles. **7.** La réflexion sur l'infini – sa compréhension, son statut, ses enjeux théologiques – fut l'une des grandes affaires du XVIIᵉ siècle. On constate une tension entre, d'une part, un infini qui toujours surgit dans le mouvement (les fameux paradoxes de Zénon – Achille et la tortue, la flèche – ne seront résolus que grâce au calcul infinitésimal) ou dans la cosmologie, et d'autre part, l'impossibilité qu'il y a à saisir cet infini en tant qu'il appartient à Dieu seul. Dans les *Principes de la philosophie* (I, 26), Descartes affirmait clairement que le mot « infini » devait être réservé à Dieu seul, et introduisait l'*indéfini* comme unique domaine à l'intérieur duquel la pensée humaine peut effectivement se développer. Comment penser, dans ces conditions, un infini réel et présent, « actuel », dans le monde ? Après les recherches de Cavalieri et de Fermat, deux calculs de l'infini sont introduits dans les dernières décennies du siècle : le calcul différentiel et intégral de Leibniz (1684-1686), développé par les frères Bernoulli dans les années 1690, et le calcul des fluxions, ou calcul infinitésimal, de Newton (1670-1671), présenté au grand public seulement en 1704. Dans les *Éléments de la géométrie de l'infini*, Fontenelle procéda à une distinction subtile entre l'infini métaphysique, difficile à penser, et l'infini géométrique, accessible au calcul. Cette dernière est « une grandeur plus grande que toute grandeur finie, mais non pas plus grande que toute grandeur. Il est visible que cette définition permet qu'il y ait des infinis plus petits ou plus grands que d'autres infinis, et que celle de l'infini métaphysique ne le permettrait pas » (Préface). **8.** Allusion probable au postulat bien connu selon lequel deux lignes parallèles se coupent dans l'infini. Voir Fontenelle, *Éléments de la géométrie de l'infini* (I, 8, 693) : « ce qu'on appelle dans le fini deux lignes parallèles, sont deux lignes qui prolongées à l'infini, font entre elles à leur point de rencontre infiniment éloigné un angle infiniment petit dont la base est la distance finie des deux parallèles ». **9.** L'exemple provient encore de Fontenelle. Si une courbe est définie par un point qui coule et dont le mouvement change toujours de direction, il s'ensuit que lorsque ce point « change infiniment peu de direction, son second pas est en ligne droite avec le premier, à cause de la petitesse infinie du changement de direction, et par conséquent il ne se forme dans cette hypothèse qu'une ligne droite. [...] De là il suit qu'une droite qui à chaque pas fini quelconque changerait infiniment peu de direction, serait toujours une droite tant qu'elle serait finie, mais deviendrait courbe, ou changerait de direction dès qu'elle serait infinie » (*Éléments de la géométrie de l'infini*, I, 9, 729 et 732). **10.** Ce cas est expliqué par Fontenelle au § 778 intitulé *Courbe devenue infiniment moins courbe* : « il doit être possible que les angles de contingence qui sont naturellement infiniment petits du 1ᵉʳ ordre, viennent dans certaines suites où ils sont décroissants à être infiniment petits du 2ⁿᵈ, du 3ᵉ, etc., puisque tous ces angles sont possibles. En ce cas, dès que ces angles seront du 2ⁿᵈ ordre, la variation de la direction des courbes sera infiniment moindre qu'elle n'était ou, ce qui est le même, ces courbes deviendront lignes droites, du moins physiquement, car quoiqu'en elles-mêmes et réellement elles varient encore de direction, elles n'en varieront plus de la manière que nous connaissons, et auront infiniment moins de courbure, ce qui est équivalent à la rectitude ». **11.** Voir les *Éléments de la géométrie de l'infini* de Fontenelle : « Le parallélogramme circonscrit à l'espace asymptotique hyperbolique, c'est-à-dire le parallélogramme dont un des côtés sera la première et la plus grande ordonnée de l'hyperbole, et l'autre l'asymptote, ou axe infini, sera visiblement plus grand que l'espace asymptotique. Voilà donc un infini plus grand qu'un autre, et cet infini, je puis le doubler, tripler, etc. en concevant la première ordonnée de l'hyperbole deux fois, trois fois etc. plus grande ; les infinis peuvent donc avoir entre eux tous les rapports des nombres » (Préface). **12.** Tous ces problèmes ne peuvent être résolus qu'au moyen des nombres irrationnels. Voir *infra*, note 32. **13.** Voir *infra*, note 33. **14.** Voltaire était loin d'être convaincu, à l'encontre de nombreux savants et de philosophes, que la matière est divisible à l'infini. Dans les *Principes de la philosophie de Newton*, il se rangea du côté de Newton « qui s'était borné à croire que les éléments de la matière sont de la matière, c'est-à-dire un être étendu et impénétrable dans la nature intime duquel l'entendement ne peut fouiller, que Dieu peut le diviser à l'infini comme il peut l'anéantir ; mais qu'il ne le fait pourtant pas, et qu'il tient ces parties étendues et insécables pour servir de base à toutes les productions de l'univers » (I, 8). Au XVIIᵉ siècle, l'atomisme était encore une doctrine éminemment suspecte. **15.** La grande intuition de Newton fut de traiter les courbes non pas, à la manière de Wallis, comme des sommes *statiques* d'infinitésimaux, mais de les considérer comme des trajectoires d'un point en *mouvement*, les *fluxions* désignant sa vitesse instantanée, ou taux d'accroissement. Ainsi, le mouvement accéléré du point, analysé à partir de ses composantes infiniment petites, est constitué d'une infinité de mouvements rectilignes uniformes. Comme Voltaire le rappelle plus loin, Leibniz arriva au même résultat que Newton mais par une méthode bien plus souple et avec une notation beaucoup plus commode. Sans avoir recours aux fluxions, il considérait une ligne courbe comme une infinité de lignes droites, chacune infiniment petite. Pour étudier une grandeur variant de telle valeur à telle autre, il imaginait que cette variation était la somme ou l'*intégrale* d'une infinité de petites variations ou *différentielles*. **16.** Newton avait trouvé entre 1664 et 1666 les suites infinies et le calcul des fluxions mais ne publia presque rien de tout cela avant 1704, se contentant de montrer de temps à autre ses manuscrits à des lecteurs discrets. Entre-temps, en 1684 et 1686, Leibniz publia dans les *Acta eruditorum* deux courts mémoires – qui eurent rapidement un large écho – dans lesquels il présentait les éléments principaux du calcul différentiel et intégral. La querelle de priorité entre Newton et Leibniz éclata en 1710 par une accusation de plagiat lancée contre Leibniz ; la polémique qui s'ensuivit fut minutieusement retracée dans le *Commercium epistolicum* publié par

John Collins en 1712. Très défavorable à Leibniz, et partial, le livre créa un fossé profond et durable entre les mathématiciens anglais et ceux du continent. Jean Bernoulli, le principal défenseur de Leibniz, ainsi que son frère Jacques, qui utilisa pour la première fois le mot « intégral » en 1690, développèrent et systématisèrent le nouveau calcul, au point que Leibniz déclara en 1706 que ce calcul leur appartenait autant qu'à lui. **17.** Cette découverte fut notamment contestée à Harvey par Pietro Sarpi, dit Fra Paolo (1552-1623). **18.** Il s'agit de l'architecte et naturaliste Claude Perrault, frère du célèbre écrivain, qui publia sa découverte dans les *Essais de physique* (1680). **19.** Allusion à la découverte des spermatozoïdes, qu'on appela « vers » à la suite de Hartsoeker, ou « animalcules » à la suite de Leeuwenhoek. Leur découverte revient à ce dernier (1677), Hartsoeker ne les ayant observés qu'en 1678. **20.** Voir *infra*, note 53. **21.** En 1738, la *Chronologie de l'histoire sainte et des histoires étrangères qui la concernent* d'Alphonse des Vignoles compte plus de deux cents systèmes chronologiques différents, dont le plus court admet 3 483 ans de la création du monde à la naissance de Jésus-Christ, et le plus long 6 984 ans. Tous partent de l'une des trois traditions bibliques : la Vulgate, qui admet 3 740 ans entre les deux événements, le texte samaritain, qui l'élargit à 4 500 ans, et enfin la Septante, qui admet 5 200 ans. La chronologie la plus répandue était celle de l'évêque James Ussher qui, dans les *Annales Veteris Testamenti* (1650), fixait la création du monde au 23 octobre de l'année 4004 av. J.-C. Si les histoires grecque et romaine ne soulèvent pas de difficulté (puisque leurs temps mythologiques s'étendent bien en deçà des dates admises pour la dispersion des peuples), il n'en va pas de même pour les Chaldéens, les Égyptiens et les Chinois, dont les annales remontent bien au-delà de l'époque du Déluge. **22.** Dans son ouvrage intitulé *Chronologia veterum regnorum amendata* (*Chronology of Ancient Kingdoms Amended*), Newton a cherché à bâtir une chronologie qui établisse de manière irréfutable l'antériorité de l'histoire des Hébreux par rapport à celle des Égyptiens, des Assyriens et des Grecs, prouvant en même temps que les Écritures saintes étaient le texte écrit le plus ancien du monde. Suite à une indiscrétion de l'abbé Conti, un abrégé de cette chronologie fut publié en 1725. **23.** Voir Hérodote, *Histoire*, II, 142. **24.** Le phénomène de la précession des équinoxes, découvert selon Ptolémée par l'astronome Hipparque de Nicée au IIe siècle av. J.-C. et expliqué par Newton, est dû à l'axe de rotation de la Terre qui effectue, un peu à la manière d'une toupie, un lent pivotement qui lui fait décrire un cercle en 25 790 ans environ. Ainsi, les mois d'été d'une année donnée correspondent à l'hiver quelque 13 000 ans plus tard. Une autre conséquence de ce phénomène est que le point *gamma* (l'équinoxe du printemps), qui sert de référence au zodiaque tropique, se déplace lentement sur la sphère céleste et entraîne avec lui les signes astrologiques qui, depuis longtemps, ne recouvrent plus du tout les constellations d'origine et continuent de se décaler de plus en plus. Ainsi, le Soleil se lève aujourd'hui avec les Poissons (et non le Taureau) et la constellation du Bélier se trouve dans le signe du Taureau. **25.** Dans ses *Commentaires aux Phénomènes d'Aratos et d'Eudoxe*, Hipparque a transmis la description, due à Eudoxe, de la sphère étoilée au moment de l'équinoxe de printemps. Cette sphère, qui représenterait, selon Newton, la sphère primitive des Grecs avant la découverte de la précession des équinoxes, aurait été tracée pour les Argonautes par le centaure Chiron deux années environ avant le départ du navire *Argo* à la recherche de la Toison d'or. Pour avancer le nom de Chiron, Newton s'appuya sur le témoignage de Clément d'Alexandrie – c'est le point le plus faible des démonstrations de Newton selon Halley. **26.** Le commencement du printemps est fixé au moment où l'écliptique de la Terre coupe l'équateur. Selon Chiron, ce point correspondait au 15e degré du Bélier avant le départ des Argonautes. S'il avait été plus attentif aux contradictions présentées par ses sources astronomiques, et moins à les faire cadrer avec son hypothèse, Newton aurait vu que les anciens calendriers ne plaçaient pas tous les colures des équinoxes et des solstices au même endroit par rapport aux constellations. **27.** L'astronome athénien Méton fit cette observation en 432 av. J.-C. **28.** Newton compara la sphère de Chiron avec l'état du ciel en 1689 d'après les tables astronomiques de John Flamsteed, directeur de l'Observatoire de Greenwich et auteur de l'ouvrage *Historia cœlestis britannica* (1725), auquel Voltaire fait allusion dans sa XXVe *Lettre* (p. 257). Des calculs fondés sur la précession des équinoxes, fixée à 1 degré en 72 ans, lui permirent de dater la sphère chironienne approximativement de l'année 939 av. J.-C. et de situer l'expédition des Argonautes en 936. Ainsi, Newton réussit à supprimer 11 000 ans aux dynasties égyptiennes et à raccourcir l'histoire grecque d'environ 500 ans par rapport aux estimations traditionnelles : de cette façon, le début des civilisations égyptienne et grecque suivaient (au lieu de les précéder) les règnes de David et de Salomon. Blandine Kriegel souligne que la chronologie des époques obscures garde un caractère éminemment conjectural et que la chronologie égyptienne, qui a conduit à rectifier les chronologies biblique et romaine, n'est pas définitive : « elle est conjecturale et, conjecturalement, on peut prévoir qu'on pourrait revenir un jour, si d'autres preuves étaient apportées, à la chronologie de Newton » (« Nicolas Fréret chronologiste », dans *Nicolas Fréret, légende et vérité*, Oxford, Voltaire Foundation, 1994, p. 89-108). Dans la dernière note, elle signale l'ouvrage collectif intitulé *Centuries of Darkness*, publié en 1992 par des historiens de Cambridge, dans lequel on demande que soit reconsidérée la chronologie des temps obscurs et qu'on réduise 300 années à l'espace d'une génération… **29.** Les vues de Newton sur la chronologie antique reposent sur un mélange curieux d'esprit critique, de rigueur scientifique et de crédulité, sans parler du manque de discernement dans le choix des sources et de l'utilisation erronée qu'il en fit. Son recours aux hypothèses invérifiées lui a été fortement reproché par Fréret : « Les premières hypothèses de M. Newton ne se trouvent pas même toujours suffisantes pour lever toutes difficultés qui se présentaient ; lorsqu'il a voulu entrer dans le détail du système, il a eu recours à de nou-

velles suppositions, plus gratuites encore que les premières, et par là
il s'est exposé au reproche que méritent presque tous les auteurs de
systèmes, d'ajuster les faits à son hypothèse, au lieu de former son
hypothèse sur les faits » (*Défense de la chronologie [...] contre le système chronologique de M. Newton*, Paris, 1758, p. 45). Les premières
critiques à l'encontre de Newton furent formulées par le père Souciet dans une série de *Dissertations* publiée en 1726. **30.** Voltaire
exploite beaucoup plus qu'en 1734 l'ouvrage de Fontenelle.
31. Voltaire fait sans doute allusion à la 10ᵉ proposition du livre I
des *Éléments* d'Euclide, qui demande de « couper en deux une ligne
droite donnée ». Cette proposition pose la question de l'infini
puisque la division en deux d'une droite peut être recommencée à
l'infini et que le continu apparaît ainsi infiniment divisible. (Merci
à Évelyne Barbin pour ces précisions.) **32.** En appliquant le théorème de Pythagore, la longueur de la diagonale d'un carré mesurant
un mètre de côté s'exprime par la racine de 2 ; or cette racine de 2
n'est pas un nombre exact, de sorte que la longueur de la diagonale
du carré ne peut être mesurée ni par un nombre entier ni par une
fraction. Selon la tradition, c'est Hippasos de Métaponte qui, en
révélant l'incommensurabilité de la diagonale, a contribué au déclin
de l'école pythagoricienne, dont la doctrine « tout est nombre »
– c'est-à-dire nombre entier – s'écroulait. **33.** On peut tracer un
nombre infini de cercles entre un cercle donné et sa tangente en un
point. **34.** Il s'agit de l'hyperbole. **35.** Dès le début du deuxième
millénaire, les Égyptiens ont réussi à calculer approximativement
l'aire d'un cercle sans ouvrir la voie à une exploration théorique du
cercle pour lui-même. **36.** Dans *Les Coniques*, Apollonius de Perge
(IIIᵉ siècle av. J.-C.) traita le problème des sections coniques (cercle,
ellipse, parabole, hyperbole) par une méthode qui ressemble à la
géométrie analytique. L'étude de la propriété de ces courbes était
encore l'une des branches fondamentales de la géométrie jusqu'à
Newton. **37.** Dans le traité *De la mesure du cercle*, Archimède exposa
et démontra que la circonférence d'un cercle est égale au triple du
diamètre augmenté de moins de la septième partie, mais de plus des
dix soixante et onzièmes parties du diamètre. Ce résultat a donné le
fameux 22/7 comme valeur approchée de π au 2 500ᵉ. **38.** Antici-
pant de vingt siècles sur l'invention du calcul intégral (voir la note
suivante), Archimède réussit non seulement à calculer l'aire de la
parabole mais aussi celle de la spirale, dont une espèce particulière
porte son nom. **39.** L'opération de la quadrature sert à calculer
exactement l'aire d'une courbe (cercle, parabole, etc.). Elle consiste
à construire, à la règle et au compas, un carré ayant la même super-
ficie que la courbe donnée. En ce qui concerne le célèbre problème
de la quadrature du cercle, Hippocrate découvrit, à défaut de la
quadrature parfaite, les moyens de carrer des petits morceaux de
cercle en forme de croissants de lune, sans réussir pourtant à les
additionner : il resta toujours un petit résidu impossible à mesurer.
Deux siècles plus tard, Archimède aboutit à loger dans le cercle un
polygone régulier de trois cent quatre-vingt-quatre côtés ; en imagi-
nant la circonférence enclose entre deux polygones réguliers sem-

blables dont il augmentait peu à peu le nombre des côtés, il trouva une valeur très approchée de π. Étant donné que π est un nombre irrationnel, le problème, en 1775, fut reconnu géométriquement insoluble par l'Académie des sciences, qui décida de ne plus accueillir de mémoires concernant la quadrature du cercle, la trisection de l'angle, la duplication du cube et le mouvement perpétuel. **40.** La duplication du cube et la trisection de l'angle occupèrent beaucoup les géomètres antiques. Le premier problème consiste à construire le côté d'un cube dont le volume ferait le double de celui du cube initial, ce qui revient à exprimer la racine cubique de 2 à partir de racines carrées. Le deuxième consiste à construire, à partir d'un angle β, l'angle α = β/3, autrement dit à diviser un angle en trois angles égaux. Au IIe siècle, le mathématicien Nicomède inventa une courbe appelée conchoïde pour résoudre les deux problèmes ; son contemporain Dioclès imagina la cissoïde, une courbe particulière du troisième degré, pour l'étude du problème de la duplication du cube. Toutes ces tentatives préparèrent la voie aux développements futurs du calcul infinitésimal. **41.** Archimède montra que la spirale décrite par un point animé d'un mouvement uniforme sur une droite tournant elle aussi uniformément permet de carrer le cercle. **42.** Les signes < et > apparaissent pour la première fois dans *Artis analiticæ praxis ad æquationes algebraicas resolvandas* de Thomas Harriot, mais ils sont dus à l'éditeur de cet ouvrage, publié après sa mort en 1631. Au XVIe siècle, François Viète utilisait des mots latins pour écrire les puissances d'un nombre – *quadratum, cubus, potestats*, etc. –, mais c'est à Descartes qu'on doit la notation actuelle des exposants. **43.** Il s'agit de Francesco Bonaventura Cavalieri ou Cavallerius. **44.** Congrégation fondée en 1360 par le bienheureux Jean Colombini et supprimée par Clément IX en 1668. **45.** L'idée fondamentale de Cavalieri, très audacieuse pour l'époque, consiste à considérer les figures géométriques, planes ou solides, comme si elles étaient composées par l'addition d'éléments infiniment petits, appelés « indivisibles » (correspondant à toutes les lignes ou tous les plans que l'on peut imaginer tracés dans chaque figure). Soit par exemple un triangle ABC : on peut l'envisager comme la somme de toutes les droites parallèles à AB. Les travaux de Pascal sur la roulette reposent entièrement sur cette méthode. **46.** En affirmant que le mot d'infini doit être réservé à Dieu seul, Descartes introduisit l'indéfini comme unique domaine à l'intérieur duquel la pensée humaine peut se développer (voir *Principes de la philosophie*, I, 26 et 27). **47.** Dans une lettre à Torricelli de 1644, Roberval prétendait que dans le temps où Cavalieri publiait en Italie sa méthode des indivisibles, il avait utilisé auparavant le même principe dans le calcul de l'aire de la parabole. **48.** Dans son *Opus geometricum quadraturæ circuli et sectionum coni* (1667), Grégoire de Saint-Vincent démontra, par des méthodes entièrement géométriques, que l'aire délimité par l'hyperbole $y = 1/(1 + x)$ est égale au logarithme népérien de $1 + x$. (Newton parvint au même résultat par une méthode analytique plus générale.) Ses erreurs concernant la quadrature du cercle avaient été signalées par Huygens. Les

« trois *in-folio* » mentionnés par Voltaire résultent de la mauvaise lecture qu'il fit de la *Vie de Descartes* par Baillet, où on lit : « [Grégoire de Saint-Vincent] fit un fort gros livre imprimé deux ou trois ans après *in-folio*. » **49.** Descartes et Fermat avaient découvert, chacun de son côté, une méthode de détermination des tangentes. En lisant celle de Descartes, Fermat lui expédia, en 1637, son manuscrit *De maximis et minimis*, datant de 1629, où était exposée sa propre méthode : soit une expression dépendant d'une inconnue a ; les *extrema* de cette expression sont déterminés en substituant à a l'expression $a + e$, où e est une quantité très petite, puis en supposant que les deux expressions obtenues sont peu différentes, c'est-à-dire en les « adégalisant » et, finalement, en posant que $e = 0$. En lisant la méthode de Fermat, qui, rompant avec la stricte égalité, peut donner l'impression de transformer les mathématiques en un calcul d'approximation, Descartes écrivit à Mersenne une lettre si sévère que celui-ci n'osa pas la communiquer à Fermat. **50.** Dans *Arithmetica infinitorum*, Wallis développa un substitut du futur calcul différentiel en considérant une surface comme composée de parallélogrammes d'égale hauteur, chacune égale à $1/\infty$. Ce genre de parallélogramme est à peine autre chose qu'une ligne sauf que cette ligne est supposée extensible ou avoir une épaisseur si petite que, en la multipliant à l'infini, elle peut acquérir une hauteur ou largeur. **51.** En 1731, quand il présenta à l'Académie des sciences ce mémoire sur les courbes, Alexis Clairaut (1713-1765) n'avait que seize ans. **52.** Il s'agit du jésuite toulousain Antoine de La Loubère, auteur de l'ouvrage *De cycloïde Galilaei* (1658), qui participa au défi lancé par Pascal (voir la note suivante). Celui-ci s'aperçut qu'il avait été discrètement aidé par Fermat. Dans l'*Histoire de la roulette* (1658), Pascal rendit à chacun des concurrents les découvertes qui lui étaient dues. **53.** En concentrant son attention sur les problèmes de centres de gravité, Pascal fut ramené, à la fin de 1657, au problème des propriétés de la cycloïde qui avait occupé l'actualité scientifique quelques années plus tôt. La cycloïde, que Pascal appelait roulette, est une courbe engendrée par un clou fichu dans une roue de voiture en marche. Sur cette matière d'une extrême difficulté, il fit de nombreuses découvertes dont certaines, à son insu, n'étaient pas inédites. En juin 1658, il institua un concours doté de prix, où il défiait les mathématiciens de toute l'Europe de résoudre les questions qu'il leur soumettait. À la fin de l'année, il publia ses *Lettres de A. Dettonville*, série de traités consacrés à la roulette qui marquent une étape décisive dans l'invention du calcul infinitésimal.

Dix-huitième Lettre

1. Fleurir : être en vogue ; dans cette acception particulière, l'imparfait s'écrit « fleurissait » ou « florissait ». Le triomphe de Shakespeare, qui se situe entre 1590 et 1612, précède le Siècle d'or du théâtre espagnol (Tirso de Molina, Lope de Vega, Calderón de la Barca). Lope de Vega, auteur extrêmement fécond dans tous les genres littéraires, écrivit plusieurs centaines de pièces. **2.** C'est peut-être le critique Th. Rymer qui, en parlant de farces monstrueuses, a nourri la verve antishakespearienne de Voltaire. Voir *A Short View of Tragedy, its Original, Excellency and Corruption, with Some Reflections on Shakespeare* (1693). **3.** Il faut comprendre : seul le mauvais succès de ses copistes fait qu'on le croit inimitable. **4.** Le vaudeville est à l'origine une chanson de circonstance et à succès, un « tube ». **5.** Politesse : ici, bon goût. **6.** La courtisane s'appelle Aquilina dans la pièce (*Venice preserved*, 1682). **7.** L'abbé Prévost a condamné ce vers dans ses remarques sur la XVIIIe *Lettre* (*Le Pour et Contre*, septembre 1733) : « Voilà un blasphème que l'auteur prête gratuitement à Hamlet. Il n'y a rien d'approchant dans l'anglais, et rien n'est si contraire au caractère de la pièce. » **8.** Ce vers ne se trouve pas dans Shakespeare, pas plus que l'idée du chrétien timide dans le dernier vers. Rappelons que la religion chrétienne interdit le suicide. **9.** *Hamlet*, acte III, scène I. **10.** On reconnaît le mot de l'apôtre Paul dans 2 Cor 3, 6. **11.** *Aureng-Zeb* (1675), acte IV, scène I. Les vers 3 et 4 (« Tomorrow's falser than the former day »), de résonance pascalienne, peuvent être rapprochés de la pensée 43, où Pascal dit : « nous ne vivons jamais, mais nous espérons de vivre » (*Œuvres complètes*, éd. M. Le Guern, Gallimard, « Bibliothèque de la Pléiade », t. II, 2000). **12.** Corneille, *La Mort de Pompée* (1644). **13.** Dryden, *L'Empereur indien* (*The Indian Emperor*, 1665), acte V, scène II. L'échange suivant se trouve à l'acte I, scène II. Mais ce n'est pas une traduction, car Voltaire ajoute à l'original un célèbre distique d'une autre tragédie de Dryden, *La Biche et la Panthère* (*The Hind and the Panther*, 1687), ainsi qu'un extrait d'une troisième œuvre. **14.** Acte IV, scène III. **15.** Allusion au père Brumoy qui invita les lecteurs d'*Alceste* à oublier les sentiments modernes pour lire la scène d'Admète avec son père (v. 606-740). **16.** Allusion au vers d'Horace (*Art poétique*, v. 359) : *Quandoque bonus dormitat Homerus* (« parfois le bon Homère sommeille »). **17.** *Cato* (1713), acte V, scène I. Lanson remarque que le dernier vers est une citation quasi littérale d'un passage des *Dialogues curieux* de La Hontan (1703).

Dix-neuvième Lettre

1. Les *Lettres sur les Anglais et les Français et sur les voyages* du Suisse Louis Béat de Muralt furent publiées en 1725. Dans sa *Vie de Molière*, Voltaire donne un extrait de la préface de Thomas Shadwell, « aussi vain que mauvais poète », à *The Miser* (1672), son adaptation de *L'Avare*, qui vaut la peine d'être cité : « Je crois pouvoir dire, sans vanité, que Molière n'a rien perdu entre mes mains. Jamais pièce française n'a été maniée par un de nos poètes, quelque méchant [mauvais] qu'il fût, qu'elle n'ait été rendue meilleure. Ce n'est ni faute d'invention, ni faute d'esprit, que nous empruntons des Français, mais c'est par paresse ; c'est aussi par paresse que je me suis servi de *L'Avare* de Molière. » La réputation littéraire de ce Shadwell fut mise à mal dans la satire *Mac Flecknoe* de Dryden (1682). **2.** Ce vers semble inventé par Voltaire. **3.** Il s'agit de la

pièce *L'Homme franc* (*The Plain Dealer*), représentée en 1676.
4. Allusion à Widow Blackacre, personnage inspiré de Yolande
Cudasne, comtesse de Pimbesche, Orbesche et autres lieux, de la
comédie *Les Plaideurs* de Racine. **5.** Il s'agit de la pièce *La Provinciale* (*The Country Wife*), représentée en 1675. **6.** La construction
du palais de Blenheim, conçu par John Vanbrugh (ou Vanburgh),
fut entreprise un an après la défaite de Blenheim (ou Höchstädt) en
1705. Cette nouvelle résidence du duc de Marlborough était un
cadeau que la reine lui avait fait pour le remercier des services
rendus au royaume. **7.** La guerre de Succession d'Espagne ne commença qu'en 1702. Sir John Vanbrugh fut d'abord prisonnier à
Calais avant d'être transféré à la Bastille en 1692, où il resta de janvier à novembre. Son épitaphe est d'un certain Dr Evans. **8.** William
Congreve abandonna le théâtre après le mauvais accueil que le
public fit à sa dernière pièce, et obtint quelques charges politiques
de peu d'importance. **9.** Il semble que Voltaire ait confondu la réelle
modestie de Congreve avec du snobisme. **10.** Musicien italien qui
résida plusieurs années en Angleterre à partir de 1720, où il eut une
grande réputation. **11.** Richard Mead, célèbre médecin anglais, fut
médecin de la famille royale. **12.** Il s'agit de Jean Claude Adrien
Helvétius, premier médecin de la reine et père du philosophe, et de
Jean-Baptiste Silva, médecin consultant de Louis XV et de Voltaire.
13. Il s'agit de Richard Steele et de Colley Cibber, devenu poète
lauréat en 1730. **14.** En récompense : en revanche. **15.** Congreve,
Vanbrugh, Dryden et d'autres auteurs dramatiques du temps furent
attaqués par Jeremy Collier, dans un pamphlet contre l'immoralité
du théâtre, intitulé *Un coup d'œil sur l'immoralité et l'état profane du
théâtre anglais* (1698). **16.** Allusion à la pièce de Congreve *Le Vieux
Garçon* (*The Old Bachelor*, 1693). **17.** Allusion à la pièce de Vanbrugh *La Femme provoquée* (*The Provoked Wife*, 1697). **18.** Pièce de
Cibber représentée en 1704. La scène évoquée ne se trouve que
dans l'édition de 1705, mais les souvenirs de Voltaire ne sont pas
tout à fait fidèles. **19.** Cyniques : ici, adeptes de la philosophie
cynique, qui méprisent les conventions sociales et la morale communément admise. **20.** Dans l'article *Ovide* des *Questions sur l'Encyclopédie*, Voltaire cite le témoignage d'un certain Appuleius Cæcilius
Minutianus, selon lequel Ovide surprit Auguste se livrant à un
inceste. La source en question est mentionnée par un auteur de la
Renaissance, Lodovicus Cælius Rhodiginus, dans ses *Lectionum
antiquarum libri triginta* (XIII, 1). (Merci à Gilles Tronchet pour
cette précision.) **21.** Voir ses *Éclaircissements sur les obscénités* à la fin
du *Dictionnaire historique et critique* de l'édition de 1702. **22.** *Le
Tableau*, v. 33-34, dans les *Contes et nouvelles en vers*. Le fait est
cependant très peu vraisemblable. **23.** Voltaire a fait une imitation
de cette comédie, *La Prude*, représentée en 1747. **24.** Voltaire a pris
pour des danses réellement exécutées une fantaisie satirique du
Tatler, périodique fondé en 1709 par Steele.

Vingtième Lettre

1. En 1748, Voltaire signale qu'il s'agit de John Hervey, baron d'Ickworth, né en 1696, qui fit son voyage d'Italie en 1728 et revint en Angleterre en 1729, ce qui jette un doute sur la date de 1727 indiquée par Voltaire dans sa note. La traduction de son poème a connu plusieurs étapes. On consultera l'édition Deloffre des *Lettres philosophiques* qui les reproduit avec l'original. **2.** L'anticléricalisme prononcé de cette traduction n'a aucun équivalent dans l'original anglais.

Vingt et unième Lettre

1. Il n'est pas sûr que les *Memoirs of the Life of the R.H. John Late Earl of Rochester*, imprimés en 1707 en tête des œuvres de John Wilmot, comte de Rochester, soient effectivement dus à Saint-Évremond. **2.** Des éditions modernes donnent « dit-il » à la place d'« ici », en accord avec le texte original de Boileau. **3.** Boileau, Satire VIII. **4.** Emporté par son sujet, Voltaire commet ici un impair : l'adresse à un lecteur anonyme anéantit la fiction épistolaire. **5.** Les vers de Voltaire sont un résumé de longs développements de la *Satire sur l'homme* (*Satire against Man*, 1675). Mais la satire des pédants (v. 11-20) est un développement propre à Voltaire de deux vers : « modern cloistered coxcombs, who / Retire to think, cause they have naught to do ». **6.** Pour Voiture et Quinault, voir les Satires II, III et IX. Pour Segrais, voir l'*Art poétique*, chant IV. **7.** Erreur de Voltaire. L'anecdote n'est pas dans le *Dictionnaire* de Bayle mais dans les *Menagiana* (1715).

Vingt-deuxième Lettre

1. Agent secret à Paris en 1711, Matthew Prior négocia le traité d'Utrecht suite auquel l'Angleterre quitta la coalition. **2.** *Hudibras* (1663-1678) de Samuel Butler. **3.** La *Satire Ménippée*, œuvre collective de bourgeois parisiens, date de 1594. **4.** La traduction parut en 1730. **5.** La diatribe anticléricale des vers 15 à 18 n'a aucun équivalent dans l'original anglais. **6.** Traduction libre du poème *The Rape of the Lock* (1712), IV, v. 13-36. Voltaire s'est probablement inspiré d'une traduction précédente, parue en 1728 sous le titre *La Boucle de cheveux enlevée*. **7.** Parodie d'épopée de Boileau (1674). **8.** Il s'agit de l'*Histoire d'Angleterre* de Paul de Rapin-Thoyras. **9.** Il s'agit d'Archibald Campbell, Earl of Islay. **10.** Ce philosophe, ou plutôt mathématicien, s'appelait Stone. **11.** Allusion à l'*Histoire naturelle de l'âme* de La Mettrie parue en 1745. **12.** Il s'agit du poème *Alma, or the Progress of the Mind* (1718), une satire des systèmes métaphysiques dans le goût de Voltaire et qui a peut-être inspiré quelques chapitres des *Bijoux indiscrets* (1748) de Diderot. **13.** Le poème en trois livres intitulé *Salomon, on the Vanity of the World* (1708) compte en réalité 2 652 vers. Quant au poème de Prior sur la bataille de Höchstädt évoqué plus haut, il s'agit de *A letter to*

Mr. Boileau Despréaux Occasioned by the Victory of Blenheim. **14.** Poème de Grécourt (1720). **15.** Voir XIIIe *Lettre*, note 6. **16.** Voir Jg 16. **17.** Gaspare Tagliacozzi ou Taliacotius (1553-1599), professeur de physique et de chirurgie à Bologne, auteur d'un traité paru en 1597 sur la greffe du nez, des lèvres et des oreilles. **18.** Une traduction d'*Hudibras* paraîtra en 1757. **19.** Swift fut doyen de la cathédrale Saint Patrick à Dublin à partir de 1713. *A Tale of a Tub* parut en 1704. **20.** Pour ses raisons : pour s'excuser, se justifier. **21.** L'ancien conte auquel Voltaire fait allusion est de Boccace (*Décaméron*, Premier jour, 3e nouvelle). C'est aussi le modèle de la fameuse parabole des trois anneaux dans *Nathan le sage* de Lessing (1779). **22.** Allusion à la *Relation de l'île de Bornéo*, publiée dans les *Nouvelles de la république des lettres* sous le titre *Extraits d'une lettre écrite de Batavia dans les Indes Orientales, le 27 novembre 1684, contenu dans une lettre de M. de Fontenelle, reçue à Rotterdam par M. Basnage*. L'anagramme choisie par Fontenelle pour Rome était en réalité « Mréo », et celle choisie pour Genève, « Eenegu ». **23.** Le nom et les paroles de « milord Pierre » (Peter dans le conte de Swift) sont une allusion transparente au pape et à la cérémonie de l'Eucharistie. **24.** Il s'agit de *L'Espion du Grand Seigneur dans la cour des princes chrétiens* (1684) de l'écrivain italien Jean-Paul Marana, qui connut de nombreuses réimpressions. **25.** Voltaire pense sans doute à la doctrine de l'optimisme professée par Pope dont le poème est adressé à Bolingbroke. La doctrine du « tout est bien » de l'*Essai sur l'homme* remonte à Leibniz et se retrouve dans *The Moralists* (I, 3) publiés au tome II des *Characteristics* (1711) de Shaftesbury. **26.** L'idée de la grande chaîne des êtres prend effectivement sa source chez Platon, mais d'une façon implicite : l'idée du Bien est une réalité nécessaire qui n'est que ce qu'implique son essence et qui doit donc engendrer autant d'êtres finis qu'il le faut pour en former un monde sensible dont la plénitude réponde à celle des formes idéales. L'idée n'a définitivement pris forme que chez les néoplatoniciens. Voltaire cite peut-être Platon parce que Leibniz faisait allusion à lui dans sa *Théodicée* et présentait sa propre philosophie comme une tentative de systématisation du platonisme. Dans son *Essai sur l'homme* (1733), Pope fit de la chaîne des êtres une partie essentielle de son système. **27.** Voir *supra*, p. 268. **28.** L'original anglais de cette lettre ne sera imprimé pour la première fois que dans la septième édition de *La Religion* de Louis Racine (1756).

Vingt-troisième Lettre

1. En 1672, la fondation de l'observatoire de Greenwich répondait à un but utilitaire bien précisé dans son acte de fondation : la détermination des longitudes dans l'intérêt de la navigation et de l'astronomie. Après l'Espagne et la Hollande, l'Angleterre proposa un prix en 1714 ; la France suivit en 1722. Dans l'article *Longitudes* du Supplément Panckoucke de l'*Encyclopédie*, Lalande décrit en détail les différentes méthodes, tentatives et solutions proposées. **2.** Voltaire oublie de dire que, pour la plupart des écrivains, l'adhésion à un parti politique s'imposait dans la pratique. En revanche, grâce au système de la publication par souscriptions, expérimenté avec beaucoup de succès par Voltaire lui-même pour *La Henriade*, les auteurs anglais gagnaient des sommes auxquelles leurs confrères français ne pouvaient que rêver. De manière générale, on peut dire que la France fournissait à l'écrivain de médiocres possibilités matérielles mais lui assurait une relative sécurité, alors qu'en Angleterre une petite minorité faisait fortune tandis que l'instabilité était de règle pour la majorité. **3.** L'éloge décerné par Voltaire à la façon dont l'Angleterre avait reconnu le mérite de Prior doit être nuancé. Si les adhérents d'un parti l'envoyèrent à Utrecht, les adhérents d'un autre parti l'envoyèrent à la Tour de Londres. Son titre de plénipotentiaire ne fut jamais converti en celui d'ambassadeur. **4.** À cause de la législation anticatholique de l'Angleterre, Pope n'était pas citoyen à part entière. Mais son cas constitue une exception. Son collaborateur, Elijah Fenton, fut obligé de quitter Cambridge sans passer sa licence et fut réduit, par fidélité à ses convictions religieuses, à vivre d'expédients. **5.** La traduction de l'*Iliade* lui valut la somme très considérable de 4 000 ou 5 000 livres sterling, celle de l'*Odyssée* 5 000 livres, alors que le *Virgile* de Dryden n'avait rapporté « que » quelque 1 400 livres à son traducteur. **6.** Allusion à Crébillon père (auteur de *Rhadamiste et Zénobie*, 1711) et à Louis Racine, nommé inspecteur des fermes grâce à Fagon. Leur sort fut moins triste que Voltaire le dépeint ici. **7.** Poêle : drap recouvrant le cercueil pendant les funérailles. Celui de Newton fut porté par les plus qualifiés des membres de la Société royale. **8.** Anne Oldfield et Adrienne Lecouvreur furent enterrées en 1730. Le curé de Saint-Sulpice refusa à la dernière une sépulture chrétienne en vertu des ordonnances ecclésiastiques qui excommuniaient d'office les comédiens. Voltaire exhala sa fureur et son émotion contre cette « flétrissante injure » dans le poème *La Mort de Mlle Lecouvreur* (1732). **9.** Il s'agit de Henriette-Marie de France, fille d'Henri IV et de Marie de Médicis. Bossuet prononça son éloge funèbre. **10.** Voir VIe *Lettre*, note 7. Le non-conformiste William Prynne, qui fit des traités contre le fard, le port de la perruque, etc., tenait l'anglicanisme pour une idolâtrie. Voltaire donne un compte rendu fort infidèle de son livre *Histrio-Mastix* (1633). **11.** Allusion au titre réservé aux institutions ecclésiales destinées à recruter des missionnaires pour la diffusion de la foi. **12.** C'est en 1637 que les pamphlétaires puritains Prynne, Bastwick et Burton furent condamnés à l'essorillement et marqués au fer rouge des initiales S. L. (*Seditious Libeller*). **13.** Senesino était un castrat et Cuzzoni une chanteuse de l'opéra de Londres. **14.** Voltaire pense peut-être à Bossuet qui, dans les *Maximes et réflexions sur la comédie* (1694), s'était déchaîné contre l'art dramatique. Après lui, le père de Coustel et le père Le Brun se mirent aussi à écrire contre le théâtre. **15.** Voltaire pense sans doute à la reine Marie Leszczyńska, femme de Louis XV, qui assista à la représentation de *Zaïre*. **16.** Le *Discours sur la comédie* (1694) de Le Brun venait d'être réimprimé en 1731.

Vingt-quatrième Lettre

1. La Royal Society (ou Société royale) fut fondée en 1660, l'Académie des sciences en 1666. **2.** Assertion inexacte. La Royal Society était dotée dès le départ de statuts élaborés et formels, ratifiés par une charte, alors que l'Académie des sciences ne reçut qu'en 1699 son premier règlement écrit. **3.** L'état de 1734 révèle que les sommes perçues par les vingt pensionnaires de l'Académie des sciences variaient de 1 200 à 3 000 livres. **4.** Contrairement à la munificence de Louis XIV vis-à-vis de l'Académie des sciences, le roi Charles II n'apporta aucun soutien financier significatif à la Royal Society. Les droits d'entrée s'élevaient jusqu'à vingt livres et les contributions hebdomadaires à un shilling. Cette dernière imposition était suffisamment onéreuse pour que les membres fussent fréquemment poursuivis en justice ou même expulsés pour non-paiement. De nombreux académiciens auraient eu plus de chances en France de ne pas finir leurs jours dans la misère. **5.** Pendant la première moitié du XVIIIe siècle, la Royal Society ne comptait jamais moins de cent vingt membres, la proportion des savants ne dépassant guère trente pour cent. **6.** Le règlement de 1699 faisait obligation au secrétaire perpétuel de publier annuellement le bilan de l'année écoulée. La partie *Histoire* du volume résumait, en les commentant, les événements marquants de l'année ; la partie *Mémoires* présentait une sélection de mémoires originaux lus en séance. **7.** Il n'est pas question de Bolingbroke dans le projet de Swift (*A Proposal for correcting, improving and ascertaining the English Tongue*, 1712). **8.** Perrin n'a pas été de l'Académie. **9.** « Vice de l'époque plutôt que d'un homme » : idée fréquente chez Sénèque. **10.** Non seulement Voltaire oublie de mentionner le *Dictionnaire de l'Académie française*, dont les deux premières éditions datent de 1694 et de 1718, mais il exagère le nombre des discours de réception imprimés. En 1714, deux cent six harangues occupèrent en tout trois volumes. Après avoir lutté pendant près de quinze ans pour être admis parmi les quarante, Voltaire prononça en 1746 l'éloge du président Bouhier. L'abbé d'Olivet, directeur de l'Académie en 1746, répondit à ce titre au discours de Voltaire. **11.** L'Académie des inscriptions et des médailles (à partir de 1716 : des inscriptions et belles-lettres) fut fondée en 1663. **12.** Mémoire présenté par Henri Morin en 1723. **13.** Il s'agit du marchand anglais Peter Delmé et du financier français Samuel Bernard. **14.** L'édition anglaise nomme dans une note l'abbé Rothelin. **15.** L'Accademia della Crusca fut fondée à Florence en 1582-1583. Elle édita dès 1612 un dictionnaire de langue italienne. **16.** En 1699, l'abbé Bignon réorganisa l'Académie des sciences qui se vit transformée en institution d'État. Fontenelle en devint le secrétaire perpétuel (jusqu'en 1740). **17.** Après sa réorganisation, l'Académie des sciences comportait dix *honoraires*, choisis parmi les hauts fonctionnaires ou les courtisans en vue, vingt *pensionnaires*, vingt *associés* et vingt *élèves* (ou *adjoints*). **18.** En France, la supervision étatique n'a pas réellement porté préjudice au travail des académies. En Angleterre, la Royal Society était cooptée par un ensemble de savants dont l'objectif était de combattre le rationalisme au profit de l'empirisme. Ceux qui s'écartaient de cette voie, comme Hobbes, étaient évincés sans ménagement. Sous la présidence de Newton, à partir de 1703, ce dogmatisme se fit encore plus cinglant. **19.** Ayant été élu membre de la Royal Society en 1743, Voltaire se devait d'ajouter à sa *Lettre* le petit morceau qui suit. **20.** Voltaire vise ici le *Catilina* de Crébillon père (1748).

Vingt-cinquième Lettre

1. Les *Pensées* de Pascal sont citées par Voltaire d'après la réimpression de 1714 de l'édition de Port-Royal. Nous donnons entre crochets les numéros de l'édition de M. Le Guern (Pascal, *Œuvres complètes*, Gallimard, « Bibliothèque de la Pléiade », t. II, 2000). Les mots entre parenthèses dans les citations de Pascal précédant les remarques VII et XII sont ajoutés par Voltaire. **2.** Voltaire a peut-être eu connaissance, par le *Dictionnaire* de Moréri, d'une tradition d'exégèse rabbinique imputant au roi de Juda Ézéchias (VIIᵉ siècle) la destruction de « bois sacrés » et le bris d'un serpent d'airain. La tradition juive voit en lui un sage supérieur qu'elle loue d'avoir brûlé et détruit ce qui aurait pu inciter les faibles à l'idolâtrie et à la superstition. **3.** Allusion aux *Provinciales*. **4.** Allusion au livre de l'abbé Claude François Houtteville, *La Religion chrétienne prouvée par les faits* (1722). **5.** Discrétion : discernement. **6.** Voir *Le Banquet*, 189d-191d. **7.** Voltaire connaît encore mal les différentes religions orientales. Plus tard, il se moquera des Siamois et de leur dieu Sammonocodom sans relier leurs superstitions aux explications du mal. **8.** Le dogme du péché originel, formulé par saint Augustin, ne se trouve pas explicitement dans la Bible. **9.** Délié : fin. **10.** L'homme n'est donc pas le couronnement de la Création. Voltaire ne rejette pas l'idée qu'il existe d'autres êtres sur d'autres planètes, comme ceux qu'il imaginera plus tard dans *Micromégas*. **11.** C'est-à-dire la vie éternelle. **12.** Ce qu'on joue – la vie terrestre – est trop important par rapport au gain incertain. Le pari n'est intéressant que dans la mesure où le produit *gain × chances de gagner* l'emporte sur le produit *enjeu × chances de perdre*. Mais la vie terrestre est un néant par rapport à la vie éternelle. **13.** Pascal ne prétend pas démontrer l'existence de Dieu mais convaincre son lecteur qu'il a intérêt à sacrifier sa vie terrestre – en menant une vie vertueuse selon l'idéal chrétien – en vue de la vie éternelle. Étant donné qu'« il n'y a pas de salut en dehors de l'Église » (saint Cyprien), il va de soi que tous ceux qui ne sont pas catholiques – les païens, les infidèles, les athées, les hérétiques, etc. – sont automatiquement condamnés à l'enfer. **14.** Voir Matt 22, 1-14. Ne peuvent prétendre à la vie éternelle que les élus de Dieu, c'est-à-dire ceux qui bénéficient de la grâce, don surnaturel que Dieu accorde, à cause des mérites de Jésus-Christ, pour aider l'homme à faire son salut. Selon la doctrine officielle du catholicisme, l'homme peut en effet coopérer ou résister à la grâce offerte par Dieu ; les jansénistes, en revanche, estiment que la nature humaine, corrompue par le péché originel, sollicitée au mal par la concupiscence et incapable de faire quelque bien que ce soit, est sauvée seulement par la pure grâce de Dieu qui prédestine au salut. **15.** Il s'agit peut-être d'une lettre d'Everard Fawkener (voir Xe *Lettre*, note 7), écrite de Constantinople où celui-ci ne se rendit cependant qu'en 1733. **16.** Voir *infra*, Remarque XXVIII. **17.** Voir Philon d'Alexandrie, *La Vie de Moïse*, II, 12-15. **18.** Voir Flavius Josèphe, *Contre Appion*, II, 15. **19.** Selon H. Estienne, le mot loi (*nomos*), inconnu à Homère, n'apparaît que dans les œuvres d'Hésiode. **20.** Voltaire critique une fois de plus la chronologie officielle. Voir *supra* la XVIIe *Lettre* et les notes 21 et 22 qui l'accompagnent. **21.** Il s'agit de l'Ancien Testament. **22.** Charnel : attaché à la chair, aux plaisirs du corps. **23.** L'expression « Dieu caché », inspirée d'Es 45, 15, apparaît dans la pensée 653 (éd. cit.), où Pascal dit que le mystère de l'Incarnation a trompé le cœur endurci des Juifs qui n'ont pas voulu reconnaître le Fils de Dieu. **24.** Voir la fin de la Xe *Provinciale*. **25.** En réalité, Pascal avait écrit *bien manifeste*. Ce sont les éditeurs de Port-Royal qui ont donné la leçon fautive. **26.** Voir XIIe *Lettre*, note 10. **27.** Les mots incriminés proviennent en réalité des éditeurs de Port-Royal. **28.** Voir Boileau, *Épîtres*, I. L'anecdote est tirée de Plutarque, *Vie de Pyrrhus*. **29.** Voir Montaigne, *Essais*, II, 3. **30.** Voir Gen 15, 5. **31.** Voir Nicole, *Logique de Port-Royal*, III, 20, et Malebranche, *De la recherche de la vérité*, II, 3, 5. **32.** La citation est en réalité de Tite-Live (*Histoire de Rome*, XXXIV, 17) : « nation farouche, qui ne comprend pas la vie sans le port des armes ». **33.** « Même si tu ne peux rivaliser pour la vue avec Lyncée, ce n'est pas une raison pour ne pas bassiner tes yeux chassieux. » Citation légèrement tronquée tirée d'Horace, *Épîtres*, I, 1, 28-29. **34.** Elles parurent au tome V de la *Continuation des Mémoires de littérature et d'histoire*, 1728, p. 302-331. Les remarques de Voltaire furent rédigées entre mai 1735 et mai 1738. **35.** *De l'esprit géométrique*, in *Œuvres complètes*, éd. cit., p. 164. **36.** « Balivernes bonnes pour le peuple » (Perse, *Satires*, III, 26). **37.** Cette liste des athées se trouve dans l'ouvrage *Athei detecti* figurant dans les *Opera varia* du père Jean Hardouin publiés en 1733. **38.** Le pronom « elles » désigne les opinions des jésuites.

Annexes

1. Voir John Dennis, *Miscellanies in Verse and Prose* (1693). La France y est critiquée dans une lettre datée du 15 octobre 1688. Ennemi de Pope, Dennis fut amèrement critiqué dans son poème *The Dunciad* (1728). **2.** Voir Xe *Lettre*, note 5. **3.** La scène qui suit n'est pas autobiographique mais fut recomposée après coup, puisque Voltaire arriva à Londres en mai 1726 et que le défilé royal qui va suivre est de juillet 1727. **4.** C'est la distance de Greenwich à Londres. **5.** Voir XIXe *Lettre*, p. 202. **6.** Quadrille : « espèce de jeu d'hombre qui se joue à quatre » (*Dict. Acad.*, 1740). **7.** Il s'agit de Freind, médecin de la reine Caroline. **8.** Voir XXIIe *Lettre*, p. 214. **9.** Le fond de l'anecdote vient de *The Sailors' Advocate*, une brochure contre la « presse » (c'est-à-dire l'enrôlement forcé de mate-lots pour la marine de guerre), parue en 1728. Contrairement à ce que Voltaire affirme plus loin, il n'y eut pas, au XVIIIe siècle, d'acte du Parlement pour supprimer la presse mais seulement, en mai 1728, un acte pour encourager les enrôlements volontaires dans la marine. **10.** Allusion à une épître de lord Lyttelton écrite en 1728. Voir la lettre de Voltaire à Lyttelton du 17 mai 1750. **11.** Il s'agit de *A Discourse on the Miracles of our Saviour* de Thomas Woolston. La dédicace du quatrième traité est datée du 14 mai 1728. **12.** Le libraire Edmund Curll fut effectivement poursuivi entre 1726 et 1728 pour avoir publié, entre autres, le roman érotique *Vénus dans le cloître, ou la Religieuse en chemise* (1672). Il fut pilorié le 23 février 1728 à cause d'un autre livre. **13.** C'est-à-dire le culte anglican, symbolisé par l'usage du surplis. **14.** Allusion à l'effort du roi pour installer des catholiques dans les universités. **15.** Le mot « épithète » a longtemps été masculin. **16.** Au XVIIIe siècle, la Sorbonne hébergeait uniquement la Faculté de théologie. **17.** Voir *Essai*, III, 10, 2. **18.** Péripatéticien : sectateur de la philosophie d'Aristote. **19.** Jusqu'au XVIIe siècle, certains pensaient qu'il y avait derrière chaque planète un ange battant des ailes et la poussant sur son orbite. **20.** Palette : petit plat dans lequel on recevait le sang de ceux à qui on ouvrait la veine. **21.** Voir Ve *Lettre*, note 14. **22.** Voir *Essai*, IV, 4, 13. **23.** L'exemple de l'huître vient sans doute de Locke, *Essai*, II, 9, 13. **24.** Voir Matt 3, 9. Voltaire épingle ici la polémique autour de la transsubstantiation (voir VIIe *Lettre*, note 2). **25.** Voir Gen 1, 3 ; 1, 14-18, et Jos 10, 12-13. **26.** Voir Gen 9, 13-16. **27.** La plupart des Pères de l'Église des sept premiers siècles étaient des adversaires déclarés de la sphéricité de la Terre et de l'existence des antipodes. La croyance en l'habitation des antipodes fut notamment condamnée par le pape Zacharie au VIIIe siècle. Voir aussi la XVe *Lettre*, p. 163. **28.** De sa bonne foi : de sa foi sincère. **29.** On lit à la fin du livre III des *Principia*, dans le *Scholium generale*, la célèbre phrase : « Je n'ai pas encore pu faire dériver des phénomènes la raison des propriétés de la pesanteur, et je ne me mêle pas d'inventer des hypothèses. » Selon Pemberton, Newton s'était plaint d'avoir été mal compris du public. On croyait qu'il avait voulu par ce terme d'attraction donner une explication, alors qu'il voulait simplement attirer l'attention sur une force de la nature, dont il appartenait à une investigation plus complète de rechercher la cause et la puissance. **30.** Dans l'*Essai de la nature des couleurs* (Paris, 1681), l'abbé Mariotte, l'un des meilleurs expérimentateurs de l'époque, a rejeté l'inégalité dans la réfraction des rayons démontrée par Newton. **31.** Au troisième livre des *Principes de la philosophie*, Descartes distingue trois sortes d'éléments : l'élément de feu, l'élément de l'air et l'élément de la terre. Pour remplir l'espace entre les différentes particules de ces éléments, il imagine que la forme du troisième élément est cannelée. L'appellation « matière rameuse » pour désigner le troisième élément apparaît dans l'article *Éléments* de l'*Encyclopédie* (par d'Alembert). **32.** Voir *De la recherche de la vérité*, Éclaircissement XVI. **33.** L'abbé Joseph Privat de Molières, mathématicien et physicien de renom, tendait à concilier les principes de Descartes avec le système de Newton. Ses *Leçons de physique* furent publiées en 1733-1739. **34.** Allusion au poème latin *Anti-Lucretius* (1747), dans lequel le cardinal de Polignac rejetait les idées de Newton sur l'attraction et le vide. **35.** En 1616, les théories de Copernic furent déclarées « insensées et absurdes en philosophie, et formellement hérétiques, en tant qu'elles s'opposent expressément aux sentences de la Sainte Écriture, soit sur le sens littéral des mots, soit sur l'interprétation commune des Saints Pères et des docteurs en théologie ». **36.** Le tanneur Anytos, riche, influent, pieux et bon patriote, fut l'accusateur principal dans le procès contre Socrate qu'il accusa de ne pas croire aux dieux de la cité, d'en introduire de nouveaux, et de corrompre la jeunesse.

TOUT EN DIEU
COMMENTAIRE SUR MALEBRANCHE

1. Act 17, 28 (discours de saint Paul devant l'Aréopage athénien). Traduction littérale : « car en lui nous avons la vie, le mouvement, et l'être ». **2.** Aratus : poète, philosophe et astronome grec (IIIᵉ siècle av. J.-C.). Ce stoïcien a laissé un poème didactique, *Les Phénomènes*, sorte d'encyclopédie des connaissances de son temps en matière d'astronomie et de météorologie. Dans son discours aux Athéniens, saint Paul cite l'invocation à Zeus qui ouvre le poème des *Phénomènes*. **3.** Il s'agit de Caton d'Utique (95-46 av. J.-C.), arrière-petit-fils de Caton l'Ancien. Il tenta de conformer sa conduite au stoïcisme qu'il professait. Après la défaite de Thapsus, il se suicida. **4.** Lucain, *Pharsale*, IX, 580. **5.** Dans *De la recherche de la vérité*, livres I et II. **6.** Voir *De la recherche de la vérité*, III, 2, 3-4. La théorie combattue par Malebranche, selon laquelle l'âme peut produire les idées des choses auxquelles elle peut penser, implique que l'homme participe à la puissance de Dieu et qu'il a une certaine indépendance. **7.** Voir *De la recherche de la vérité*, III, 2, 1-2. **8.** Après avoir éliminé les hypothèses précédentes, Malebranche présente la thèse correcte « conforme à la raison » : « il est absolument nécessaire que Dieu ait en lui-même les idées de tous les êtres qu'il a créés [...] [et qu'il soit] très étroitement uni à nos âmes par sa présence, de sorte qu'on peut dire qu'il est le lieu des esprits, de même que les espaces sont le lieu des corps. Ces deux choses étant supposées, il est certain que l'esprit peut voir ce qu'il y a dans Dieu qui représente les êtres créés, puisque cela est très spirituel, très intelligible et très présent à l'esprit. Ainsi, l'esprit peut voir en Dieu les ouvrages de Dieu, supposé que Dieu veuille bien lui découvrir ce qu'il y a dans lui qui les représente » (*De la recherche de la vérité*, III, 2, 6). Voltaire, quant à lui, est bien moins affirmatif dans sa conclusion, sans compter que le nominalisme qu'il développe dans la suite du texte tranche complètement avec la pensée « réaliste » de Malebranche pour qui l'universel est avant le particulier : on ne passe pas du carré particulier à la figure par un mouvement de généralisation mais, au contraire, on parvient par une série de restrictions et de particularisations à la pensée d'objets déterminés. Voir *Entretiens sur la métaphysique et la religion*, II, 9. **9.** Cette « vérité incontestable » provient peut-être de la *Réfutation des erreurs de Benoît de Spinoza* par le comte de Boulainvilliers (Bruxelles, 1731) : « les facultés dont on prétend que l'âme humaine soit formée, telles que l'entendement, la volonté, etc., ne sont à proprement parler que les notions universelles des perceptions singulières de l'esprit [...]. Je ne saurais concevoir de volonté sans vouloir, ni d'intelligence sans idée et sans représentation » (p. 157). **10.** C'est la *mathesis universalis* ou mathématique universelle, expression usuelle à l'époque de Descartes pour signifier que le monde est régi par des lois générales et éternelles. Voir *Lettres de Memmius*, p. 341 et note 22. **11.** Industrie : ici, art, savoir-faire. **12.** Principe : origine, source. **13.** « Paire de nerfs : chaque division de nerfs semblables qui ont une origine commune, et qui vont l'un d'un côté, l'autre de l'autre » (Littré). **14.** L'âme, selon Leibniz, est un être simple et inétendu, autrement dit une monade. Voir *Monadologie*, 1-3. **15.** Voltaire fait allusion à l'occasionalisme de Malebranche, théorie selon laquelle Dieu, à l'occasion d'un événement corporel (une piqûre par exemple), produit une modification dans l'esprit (la douleur), et réciproquement : à l'occasion d'un événement mental (une volonté de mouvement), il provoque un processus corporel (le mouvement). La piqûre ou la volonté sont ainsi les « causes occasionnelles » qui déterminent Dieu à appliquer une efficace qu'il est le seul à posséder et qui est, au sens fort du terme, la *cause* productrice des effets que nous constatons. Voir *Entretiens sur la métaphysique et sur la religion*, IV. **16.** Avec les animaux. **17.** La première apparition du thème de la vision en Dieu apparaît dans le titre du IIIe livre, 2, 6 de *De la recherche* : « Que nous voyons toutes choses en Dieu ». Notons que « voir », comme souvent chez Malebranche, est ici synonyme de connaître, d'avoir des idées. D. Moreau a déploré la « maladresse » de l'expression *toutes choses* dans la mesure où Malebranche, dès le chapitre suivant, explique qu'en fait « nous ne « voyons » de cette façon ni Dieu, ni notre esprit, ni les esprits des autres hommes, mais seulement les objets matériels en tant qu'ils sont étendus » (*Malebranche. Une philosophie de l'expérience*, Vrin, 2004, p. 59). **18.** Voltaire semble s'inspirer étroitement du Ier livre de l'*Éthique* de Spinoza, propositions 14 et 15, avec leurs démonstrations et corollaires. **19.** Voir *Éthique*, I, 14, dém. **20.** Immédiatement : sans intermédiaire. Voir *Éléments de la philosophie de Newton* (II, 7) : Nous n'avons « aucun moyen immédiat » pour apercevoir la distance, « comme nous en avons pour sentir par l'attouchement si un corps et dur ou mou ; [...] or si je ne puis avoir ainsi immédiatement une idée de distance, il faut donc que je connaisse cette distance par le moyen d'une autre idée intermédiaire ». **21.** Voir l'*Éthique*, I, 33, scolie II. **22.** L'argument est subtilement dirigé contre l'acte créateur de Dieu : « La Création est supposée d'êtres non nécessaires, c'est-à-dire de ceux qui, n'étant rien par eux-mêmes, ont reçu l'existence par le bon plaisir de Dieu, que l'on ne conçoit pas comme une détermination de sa nature, mais comme un acte arbitraire qui pouvait n'être pas […]. Or si les êtres créés ne sont pas nécessaires, c'est-à-dire s'ils ne sont déterminés à exister que par un acte de volonté contingent, il faut conclure que Dieu, dont l'essence est l'existence nécessaire, n'est pas leur seul principe, puisque l'être nécessaire ne peut avoir que des conséquences nécessaires » (*Réfutation des erreurs de Spinoza, op. cit.*, p. 69). **23.** Voir l'*Éthique*, I, 15, scolie ; II, 1 et 2. Dans la section III de l'article *Dieu, dieux* des *Questions sur l'Encyclopédie*, Voltaire soulignera cette pensée fondamentale en citant l'*Éthique* (I, 14, corollaire II) d'après la *Réfutation* de Boulainvilliers : « l'Être absolu n'est ni pensée ni étendue, exclusivement l'un de l'autre, mais […] l'étendue et la pensée sont les attributs nécessaires de l'Être absolu ». Spinoza a admis « une substance infinie dont la pensée et la matière sont les deux modalités », une substance « qu'il appelle Dieu, et dont tout ce que nous voyons est mode ou accident ». **24.** Voir l'*Éthique*, I, 15, scolie : Tout est Dieu, « et tout ce qui arrive, arrive par les seules lois de la nature infinie de Dieu et suit de la nécessité de son essence » (les citations de l'*Éthique*, lorsqu'elles ne sont pas reprises de la *Réfutation* de Boulainvilliers, proviennent de la traduction de Ch. Appuhn, GF-Flammarion, 1965). **25.** Même comparaison dans l'*Éthique*, II, 3, scolie. Voltaire a fait sienne la critique de Leibniz adressée aux newtoniens : « Selon eux, Dieu a besoin de remonter de temps en temps sa montre. Autrement elle cesserait d'agir. Il n'a pas eu assez de vue pour en faire un mouvement perpétuel. Cette machine de Dieu est même si imparfaite, selon eux, qu'il est obligé de la décrasser de temps en temps par un concours extraordinaire et même de la raccommoder, comme un horloger son ouvrage » (in *Recueil de diverses pièces sur la philosophie, la religion naturelle, l'histoire, les mathématiques, etc. par MM. Leibniz, Clarke, Newton, et autres auteurs célèbres*, trad. P. Desmaizeaux, Amsterdam, H. du Sauzet, 1720, « Premier écrit de Leibniz »). **26.** Ces objections fondées sur l'impossibilité logique d'un infini divisible proviennent de l'article *Spinoza* du *Dictionnaire historique et critique* de Bayle. **27.** Dans le *Traité de la nature et de la grâce*, Malebranche a présenté le spinozisme comme une position affirmant que le monde est une « émanation nécessaire de la divinité » (I, 4). **28.** À comparer avec l'*Éthique*, I, 15, scolie. **29.** Le vulgaire : le commun des hommes, la foule. **30.** Nouvelle idée, inspirée peut-être de l'*Éthique*, I, 33 : « Les choses n'ont pu être produites par Dieu d'aucune manière autre et dans aucun ordre autre, que de la manière et dans l'ordre où elles ont été produites. » Voir aussi la scolie II. **31.** Même comparaison dans l'*Éthique*, II, 35, scolie. **32.** Au XVIIIᵉ siècle, la théorie de la pluralité des mondes était encore contraire à la théologie, comme Fontenelle l'explique plaisamment dans la préface des *Entretiens sur la pluralité des mondes* : « Quand on vous dit que la Lune est habitée, vous vous y représentez aussitôt des hommes faits comme nous ; et puis, si vous êtes un peu théologien, vous voilà plein de difficultés. La postérité d'Adam n'a pas pu s'étendre jusque dans la Lune, ni envoyer des colonies en ce pays-là. Les hommes qui sont dans la Lune ne sont donc pas fils d'Adam. Or il serait embarrassant, dans la théologie, qu'il y eût des hommes qui ne descendissent pas de lui. » **33.** Sirius : nom donné à l'étoile α Grand Chien ou *α Canis majoris*. Aldébaran : nom donné à l'étoile α Taureau ou *α Tauri*. **34.** La toise est une mesure de longueur de six pieds (un pied = env. 33 cm). **35.** Même interrogation dans l'*Éthique*, à l'appendice du livre I. **36.** Rodrigue Borgia (1431-1503) fut élu pape en 1492. Voir *Dieu*, note 37. **37.** À comparer avec l'appendice du livre I de l'*Éthique* : « Quant à ceux qui demandent pourquoi Dieu n'a pas créé tous les hommes de façon que la seule raison les conduisît et les gouvernât, je ne réponds rien, sinon que cela vient de ce que la matière ne lui a pas fait défaut pour créer toutes choses, savoir : depuis le plus haut jusqu'au plus bas degré de perfection. » **38.** Voltaire pense sans doute aux lunes de Jupiter. Mais le système d'anneaux dont Saturne est entouré avait été découvert en 1657 par Huygens. L'existence des nombreux satellites de Saturne ne fut établie que grâce aux missions spatiales. **39.** Pseudonyme de Voltaire.

DIEU
RÉPONSE AU SYSTÈME DE LA NATURE

1. Jacques Abbadie : célèbre apologiste dont le *Traité de la vérité de la religion chrétienne* (1684-1688) était également utilisé par les protestants, ses coreligionnaires, et les catholiques. **2.** L'abbé Houtteville, de l'Académie française, publia en 1722 *La Vérité de la religion chrétienne*, ouvrage apologétique qui fut tellement critiqué que l'auteur en prépara une seconde édition en 1740. **3.** Consulteur : théologien chargé par le pape de donner son avis sur une question de foi ou de discipline. **4.** Voir le *Système de la nature*, II, 4, note. **5.** Voir le *Système de la nature*, II, 7. **6.** Liqueurs : substances liquides. **7.** Voir le *Système de la nature*, I, 1. **8.** Voir le *Système de la nature*, II, 4. **9.** Il s'agit de Maupertuis dans sa *Dissertatio inauguralis metaphysica* (plus connue sous le titre *Système de la nature*, 1751). **10.** Voir la *Lettre sur le progrès des sciences* (1752) de Maupertuis. **11.** Voltaire se réfère à un passage du *Système de la nature*, II, 6. **12.** Selon une anecdote célèbre, Platon avait repris courage en reconnaissant sur le sable des figures géométriques. Voir Cicéron, *De la république*, I, 29. **13.** Voltaire raille l'ouvrage de Benoît de Maillet, *Telliamed* (1748), qui défend notamment l'idée que les espèces terrestres et aériennes sont issues d'espèces marines. **14.** Voir *Lettres de Memmius*, notes 25 et 26. **15.** Ces questions furent débattues par Clarke et Leibniz dans leur célèbre dispute. Voir *Recueil de diverses pièces sur la philosophie…*, *op. cit.* **16.** Voir *Système de la nature*, I, 10. **17.** La citation provient du 18ᵉ psaume de David. D'Holbach cite lui aussi ce passage et commente : « les Cieux ne prouvent rien, sinon la puissance de la nature […], les Cieux n'annoncent nullement l'existence d'une cause immatérielle, d'un dieu qui se contredit et qui jamais ne peut faire ce qu'il veut »

(*Système de la nature*, II, 10, note). **18.** Ce mot que Voltaire aime à répéter se trouve dès 1742 dans un morceau intitulé *Déisme*. **19.** Voir *Système de la nature*, I, 5. **20.** II⁰ partie, chap. 1. **21.** La pierre de la vessie. **22.** Voir *Système de la nature*, II, 2, note. **23.** *Énéide*, VI, v. 727. Traduction littérale : « l'esprit meut la masse tout entière et se mêle à ce corps puissant ». **24.** Voltaire paraphrase un passage du *Système de la nature*, II, 5. **25.** Voir *Système de la nature*, II, 5. **26.** Voir la XIII⁰ *Lettre*, p. 133-136. **27.** *Système de la nature*, I, 7. L'image de l'instrument sensible est empruntée à Diderot. **28.** La citation n'est pas littérale mais l'idée est omniprésente dans le *Système de la nature* (voir par ex. I, 13 et 14). **29.** Dialectique : ici, logique, art de raisonner. **30.** Voir *Système de la nature*, I, 13. **31.** Dans le *Système de la nature*, II, 10, d'Holbach parle de « forfaits sans nombre que le nom de Dieu a causés sur la terre ». Cette idée est évidemment présente en de nombreux autres endroits. **32.** Voir *Système de la nature*, II, 7 : « Ainsi le théisme, ou la prétendue *religion naturelle*, […] fondé dans l'origine sur un dieu sage, intelligent, dont la bonté ne peut jamais se démentir, dès que les circonstances viennent à changer, doit bientôt se convertir en fanatisme et en superstition. » **33.** Voir *ibid.* **34.** Allusion à la machine hydraulique construite en 1682 pour alimenter l'aqueduc de Marly. **35.** *Système de la nature*, II, 7. **36.** Couronné pape en 1073, Grégoire VII interdit le mariage des prêtres et l'investiture laïque. Cette dernière mesure provoqua un conflit avec l'empereur germanique Henri IV au cours duquel le pape excommunia l'empereur et le destitua de son trône. **37.** Fils de Vannozza Catanei (et non de sa tante Lucrèce), César Borgia perpétra effectivement de nombreux assassinats avec son père, le pape Alexandre VI. **38.** Il s'agit « du bon curé Fantin, / Qui prêchant, confessant les dames de Versailles, / Caressait tour à tour et volait ses ouailles » (*Le Père Nicodème et Jeannot*). Voltaire a ajouté une note à cette pièce en vers écrite vers 1770-1771 : « Fantin, curé de Versailles, fameux directeur qui séduisait ses dévotes, et qui fut saisi volant une bourse de cent louis à un mourant qu'il confessait. » **39.** Michel Le Tellier, confesseur de Louis XIV, était l'ennemi des jansénistes et des protestants. Dans *Le Siècle de Louis XIV*, Voltaire rapporte au chapitre 37 qu'il envoyait aux évêques « des accusations contre le cardinal de Noailles, au bas desquelles ils n'avaient plus qu'à mettre leur nom. De telles manœuvres, dans les affaires profanes, sont punies ; elles furent découvertes, et n'en réussirent pas moins ». **40.** L'évêque de Gloucester William Warburton est accusé par Voltaire d'avoir calomnié Cicéron dans son ouvrage *La Légation divine de Moïse* (1738-1741) en prétendant que le philosophe romain avait écrit, dans *Pour L. Flaccus*, qu'il « était indigne de la majesté de l'empire d'adorer un seul dieu ». Voltaire reviendra dans le détail sur cette imposture dans l'article *Dieu, dieux* des *Questions sur l'Encyclopédie*. Au sujet de l'oraison *Pour L. Flaccus*, voir *Lettres de Memmius*, note 17. **41.** Jean Châtel tenta d'assassiner Henri IV en 1594. Ravaillac y réussit en 1610. **42.** Allusion aux catholiques qui massacrèrent les anabaptistes de Munster au XVI⁰ siècle et aux Camisards protestants soulevés contre les armées de Louis XIV après la révocation de l'édit de Nantes. **43.** Le centaure Chiron est le plus grand pédagogue de la mythologie antique. La source de Voltaire est la *Troisième Néméenne* de Pindare. **44.** Voir *Iliade*, XXII, v. 295-304, et XXXIII, v. 175-176. **45.** Il s'agit du roi Agag, coupé en morceaux par Samuel. Voir 1 Sam 15, 33. **46.** Voltaire fait allusion au pape Jules II, qui a effectivement manœuvré pour déposer Louis XII.

LETTRES DE MEMMIUS À CICÉRON

1. Il s'agit du neuvième volume des *Questions sur l'Encyclopédie*. **2.** Cette expression est devenue un cliché entre 1725 et 1750. En témoignent, par exemple, l'ouvrage de Rollin, *De la manière d'enseigner les belles-lettres, par rapport à l'esprit et au cœur* (1726-1728), ou le célèbre roman de Crébillon fils, *Les Égarements du cœur et de l'esprit* (1736-1738). **3.** Mari de la fille de Sylla, protecteur des poètes Catulle et C. Helvius Cinna, Memmius fut l'ami de Lucrèce qui lui dédia son poème *De rerum natura* (*De la nature*). **4.** Ce destinataire n'est pas choisi au hasard. Éditeur des œuvres de Lucrèce, Cicéron est le philosophe romain que Voltaire admire peut-être le plus. **5.** Il s'agit sans doute du maréchal Boris Petrovitch Cheremetiev (1652-1719). **6.** Voltaire a dénoncé les bouleversements apportés à Rome par le christianisme dans le *Dialogue entre Marc Aurèle et un récollet* (1752). **7.** Allusion à la *Somme de théologie*. **8.** Sur Caton d'Utique, voir *Tout en Dieu*, note 3. **9.** Thapsus (au sud-est de Carthage). César y remporta une importante bataille (46 av. J.-C.) contre l'armée républicaine commandée par Metellus Scipion, le beau-père de Pompée. **10.** Pompée y battit César en 48 av. J.-C. C'est l'actuelle Durrës ou Durazzo, en Albanie. **11.** Voir *De la nature*, fin du IIIᵉ livre. **12.** La Nouvelle Académie (IIIᵉ siècle av. J.-C.), proche de l'école de Pyrrhon, substitua au dogmatisme platonicien ou stoïcien la discussion tendant à montrer que la vérité nous est inaccessible. Arcésilas soutenait qu'on ne peut rien connaître, rien percevoir, rien savoir, que les sens sont étroits et les esprits faibles ; selon Carnéade, nous devons nous contenter du probable. **13.** « Tant la religion put conseiller de crimes » (*De la nature*, I, v. 101 ; cette citation de Lucrèce ainsi que les suivantes proviennent de la traduction de A. Ernout, Gallimard, 1990). La traduction faite par La Grange (1768) de ce vers emblématique de la guerre contre l'Infâme renchérissait : « Tant la superstition inspire aux hommes de barbaries. » **14.** Dans l'art. *Dieu, dieux* des *Questions sur l'Encyclopédie*, Voltaire rapporte que le préteur d'Asie Mineure Flaccus « avait défendu qu'on fît passer des espèces d'or et d'argent à Jérusalem, parce que ces monnaies en revenaient altérées ». **15.** Pompée prit Jérusalem en 63 av. J.-C. **16.** Il s'agit du fils du roi Aristobule II, exécuté par Metellus Scipion sur l'ordre de Pompée. **17.** Voir *Pour L. Flaccus*, chap. 28. En 59 av. J.-C., Cicéron prononça une plaidoirie en faveur de son ami et client, Lucius Flaccus, accusé de diverses escroqueries, détournements et extorsions de fonds, accomplis lorsqu'il était gouverneur des provinces d'Asie Mineure (62 av. J.-C.). Parmi les nombreux accusateurs figurent des Juifs : Flaccus s'était approprié l'impôt religieux que les Juifs de sa province envoyaient au temple de Jérusalem chaque année. Mais il ne s'agissait que d'une malversation parmi beaucoup d'autres. L'accusation contre lui était donc pleinement justifiée, et les jugements modernes s'accordent à trouver que Cicéron a défendu une mauvaise cause. En fait, moins de trois pour cent du *Pour L. Flaccus* sont consacrés à l'accusation des Juifs. Ces pages sont cependant célèbres, car Cicéron y fait montre d'un antijudaïsme certain. Elles ont souvent été citées, de façon frauduleuse, par les antisémites, qui leur attribuent des significations qu'elles n'ont pas, voire qui les falsifient de façon à en accentuer l'antisémitisme. Cicéron qualifie la religion juive de « superstition barbare ». Le monothéisme des Juifs est pour Cicéron incompatible avec l'empire de Rome… **18.** Anachronisme de Voltaire, corrigé par une édition ultérieure en *Bretons*. **19.** Voltaire a fort bien deviné sa réputation auprès des athées de la coterie holbachique. **20.** Voir notamment II, 5. C'est Lucilius, et non Balbus, qui expose ce point de vue. **21.** Voir *Timée*, 30b-c et *République*, 902b-c. **22.** L'expression « éternel géomètre » ne se rencontre pas chez Platon. Dans le *Timée*, le Démiurge est appelé « artisan », « père » et « organisateur » (28c, 29d), mais on y lit aussi l'expression « calcul du Dieu qui est toujours » (34a). Rappelons que Platon avait fait inscrire sur le portique de son Académie : *Que nul n'entre ici s'il n'est géomètre*. **23.** Cette doctrine moderne, qui paraît avoir été enseignée par Prodicos, un des ancêtres d'Épicure, est exposée dans les *Lois*, 888e-889d. **24.** Voir *De la nature*, V, v. 837-854. L'idée a été développée par Diderot dans la *Lettre sur les aveugles* (1749). **25.** Allusion aux mangoustes. C'est encore La Grange, traducteur de Lucrèce et proche de la coterie holbachique, qui avait tissé un lien entre mangoustes et générations spontanées. (Merci à André Magnan pour cette précision.) **26.** Voir Jean 12, 24 et 1 Cor 15, 36. La parole de saint Paul servira de titre à l'ouvrage autobiographique de Gide *Si le grain ne meurt* (1926). **27.** S'attendrir : devenir tendre. **28.** Vertu : faculté. **29.** Les fables milésiennes (*Milesiaka*), attribuées à Aristide de Milet (IIᵉ siècle av. J.-C.), ont joui d'une notoriété extraordinaire dans l'Antiquité grecque et romaine. Les *Métamorphoses* d'Apulée, le *Satyricon* de Pétrone en conservent quelques exemples. **30.** Race : descendance, postérité. **31.** Évidemment : d'une manière évidente. **32.** Straton : philosophe grec péripatéticien, surnommé « le Physicien » (268 av. J.-C.). Sa philosophie consistait à considérer la nature comme un être universel animé de mouvements aveugles d'où toute intelligence ordonnatrice était absente. Mais c'est Lucrèce qui prêtait aux chiens de chasse des rêves de poursuite (voir *De la nature*, IV, v. 991-997). **33.** Sur la quadrature du cercle, voir la XVIIᵉ *Lettre*, note 39. **34.** Archytas de Tarente (430-360 av. J.-C.) : philosophe et savant pythagoricien, mathématicien et homme d'État. **35.** Rafle : terme de jeu. Coup où chacun des dés amène le même nombre de points.

36. Le « point de Vénus » désigne la « rafle de six ». **37.** Voltaire, à travers Archytas de Tarente, s'en prend en fait à l'aphorisme XXI des *Pensées philosophiques* de Diderot où celui-ci expose l'argument que le monde peut très bien résulter du jet fortuit des atomes, du moment que la quantité de jets est infinie : « si quelque chose doit répugner à la raison, c'est la supposition que la matière s'étant mue de toute éternité, et qu'y ayant peut-être dans la somme infinie des combinaisons possibles, un nombre infini d'arrangements admirables, il ne se soit rencontré aucun de ces arrangements admirables dans la multitude infinie de ceux qu'elle a pris successivement ». Commentaire de Voltaire en marge de son exemplaire (une réimpression publiée en 1777) : « Dans quelque moment que vous vous y preniez, il y a toujours l'infini contre un, que l'univers ne se formera pas tout seul. » Selon le mathématicien Condorcet, premier éditeur posthume de Voltaire, l'argument avancé ici « perd toute sa force si l'on suppose que les lois du mouvement sont nécessaires. Dans cette opinion, un coup de dés une fois supposé, tous les autres en sont la suite ; et il s'agit de savoir si entre tous les premiers coups de dés possibles, ceux qui donnent une combinaison d'où résulte un ordre apparent, ne sont pas en plus grand nombre que les autres, si cet ordre apparent n'est pas même une conséquence infaillible de l'existence de lois nécessaires. On croit inutile d'avertir que, par premier coup de dés, on entend la combinaison qui existe à un instant donné, et par laquelle les deux suites infinies de combinaisons dans le passé et dans l'avenir, sont également déterminées ». **38.** Voir *La Guerre des Gaules*, I, 50. Les mœurs des Gaulois et des Germains sont décrites au livre VI (chap. 13-24), mais Voltaire force le trait. **39.** Voir *La Guerre des Gaules*, I, 47 et 53. Les ambassadeurs s'appelaient Procillus et Metius. **40.** C'est-à-dire avec la faculté de sentir. **41.** Cerbère, chien à trois têtes, gardait les portes des Enfers dans la mythologie grecque. **42.** Déesses infernales qui filaient, dévidaient et coupaient le fil de la vie des hommes. **43.** Les Érinyes, déesses de la vengeance. **44.** Comprendre : « Suis-je dans les secrets de la Providence divine ? ». **45.** Voir *Il faut prendre un parti*, note 59. **46.** Ce terme constitue un anachronisme sous la plume d'un personnage ayant vécu au Iᵉʳ siècle av. J.-C. **47.** Autre bévue de Voltaire : à l'époque de Memmius, le *Zend-Avesta* – l'ensemble des livres sacrés attribués à Zarathoustra, qui fonda l'ancienne religion des Perses – ne remonterait qu'à sept mille ans. **48.** Il s'agit d'Ormuzd ou Ormazd, formes iraniennes du Moyen Âge généralement adoptées pour désigner le dieu suprême Ahura-Mazdâ, et constituées par fusion de ces deux noms. **49.** Il s'agit d'Ahriman, le principe du Mal dans la religion zoroastrienne, opposé à Ormuzd, principe du Bien. **50.** Il s'agit de la trinité hindoue : Brahma (le créateur), Vishnu (le conservateur) et Çiva (le destructeur). **51.** Le *Veda* (entre 1400 et le VIIᵉ siècle av. J.-C.) est l'ensemble des textes réputés révélés par Brahma. Il constitue, avec ses commentaires, l'essentiel de la « Révélation », par opposition à la « Tradition », dont les livres les plus connus sont les *Purana*, anciennes légendes mythologiques, et les *Çastra*, ou codes des lois, que Voltaire identifie abusivement au *Veda* et appelle ici « nouvelle loi du Veidam ». Toute cette information vient de la deuxième partie du livre de J.Z. Holwell, *Interesting Historical Events Relative to the Provinces of Bengal and the Empire of Indostan* (Londres, 1766). Mais l'auteur s'est trompé en identifiant le *Shasta*, un petit traité philosophique et théologique qui contient notamment la légende de la révolte des demi-dieux, avec les *Çastra*, et Voltaire a reproduit cette erreur. **52.** Le Titan Typhon correspond à Seth, frère d'Osiris, chez les Égyptiens. **53.** Voltaire a traité ce thème bien connu (voir Homère, *Iliade*, XXIV, v. 527-533) dans une épître en vers à Frédéric II (1753) et dans *Les Deux Tonneaux. Esquisse d'opéra comique* (impossible à dater). **54.** Voir Thomas d'Aquin, *Somme de théologie*, Ia, qu. 3, art. 7. **55.** Il s'agit de Pascal. Voir la Ve remarque des Additions de 1742 à la XXVe *Lettre* (*supra*, p. 273), ainsi que *Le Philosophe ignorant*, chap. 25. **56.** Prêt de : disposé à. **57.** Délié : subtil. **58.** Ici au sens employé par Leibniz : « apparences qui existent dans mon esprit » (*De modo distinguendi phænomena realia ab imaginariis*). Voltaire s'en prend à l'immatérialisme de Berkeley qui est resté largement incompris au XVIIIe siècle. **59.** Voltaire réfute ici la thèse principale du sensualisme. Selon Condillac, « le jugement, la réflexion, les désirs, les passions, etc. ne sont que la sensation même qui se transforme différemment » (*Traité des sensations*, « Dessein de cet ouvrage ») ; on peut aussi penser à Helvétius selon lequel « l'âme n'est [...] que la faculté de sentir » (*De l'homme*, II, 2). **60.** Allusion à l'âme du monde des stoïciens. **61.** Dans l'article *Athéisme* des *Questions sur l'Encyclopédie*, Voltaire a accusé César d'avoir été le « giton » du roi Nicomède (qu'il confond ici avec Nicodème). Suétone (*Vie des Césars*, II, 49) rapporte que cette accusation fut formulée par... Memmius et Cicéron. (Merci à André Magnan pour cette précision.) **62.** Voir *Tout en Dieu*, note 14. **63.** Réminiscence d'un passage de l'« Histoire naturelle de l'homme » de Buffon (*Histoire naturelle*, t. II) : « On conviendra que le plus stupide des hommes suffit pour conduire le plus spirituel des animaux. » **64.** Voir le supplément de la XIIIe *Lettre*, p. 143-144 et note 30. **65.** Deux interlocuteurs du dialogue *De la nature des dieux* de Cicéron. **66.** Réputer : estimer, tenir pour. **67.** En 216 av. J.-C., après la défaite des Romains à Cannes (voir Tite-Live, *Histoire romaine*, XXII, 57). **68.** L'expression « Empire romain » et encore un anachronisme de Voltaire. **69.** Ascètes juifs d'Égypte, groupés autour du lac Maréotis au Ier siècle apr. J.-C., qui avaient quelque ressemblance avec les esséniens.

Il faut prendre un parti,
ou le Principe d'action

1. Dans son dernier manuscrit, dit Beuchot, Voltaire avait ainsi corrigé le titre : *Il faut prendre un parti ou Du principe d'action et de l'éternité des choses, par l'abbé de Tilladet.* **2.** Ils la firent en juillet 1774. **3.** Arméniens, eutychiens, jacobites : chrétiens adeptes du monophysisme, hérésie qui privilégie la nature divine du Christ aux dépens de sa nature humaine (v^e-vi^e siècle). Ils avaient pour ennemi saint Éphrem, patriarche d'Antioche cité quelques lignes plus loin. **4.** Chancelier depuis 1770 après le renvoi de Choiseul, Maupeou avait exilé en 1771 cent trente parlementaires parisiens et mis en place un nouveau parlement formé de juges appointés et révocables. Voltaire fut le seul parmi les philosophes à applaudir ce coup de force contre l'ancien parlement de Paris. **5.** Allusion à la « Querelle des Anciens et des Modernes », particulièrement vive entre 1687 et 1697. **6.** Dissoute en France en 1764, la compagnie des Jésuites (ou molinistes) fut supprimée par le pape à l'échelle mondiale en 1773. **7.** Allusion à la « Querelle des Bouffons » (du nom que portait la troupe italienne de Manelli). **8.** Voltaire s'inspire peut-être d'un vers du poète latin Perse, comme le laisse entendre la lettre au marquis d'Argenson du 6 novembre 1770 : « Auriez-vous jamais, Monsieur, dans vos campagnes en Flandre et en Allemagne, porté les satires de Perse dans votre poche ? Il y a un vers qui est curieux, et qui vient fort à propos : *De Jove quid sentis ? Minimum est quod scire laboro*. Il ne s'agit que d'une bagatelle : que pensez-vous de Dieu ? » Voici la traduction de ce vers cité approximativement d'après les *Satires* (II, 17-18) : « Que penses-tu de Jupiter ? C'est la dernière chose dont je me soucie. » **9.** Allusion à la troisième loi de Kepler. Dans l'édition originale, Voltaire avait écrit : « comme le vide ». La correction ultérieure provient peut-être de la main du mathématicien Condorcet, selon lequel *Il faut prendre un parti* « renferme peut-être les preuves les plus fortes de l'existence d'un Être suprême qu'il ait été possible jusqu'ici aux hommes de rassembler » (*Vie de Voltaire*). **10.** Voir *Lettres de Memmius*, note 22. **11.** Dans son *Traité de l'existence et des attributs de Dieu* (voir VIIe *Lettre*, note 4), Clarke a déduit la nécessité de Dieu à partir de l'idée de son éternité. Voltaire a brièvement résumé sa démonstration au chapitre 2 du *Traité de métaphysique*, tout en restant sceptique quant à la valeur de l'argumentation : « Je ne crois pas qu'il y ait de démonstration proprement dite de l'existence de cet être indépendant de la matière. Je me souviens que je ne laissais pas en Angleterre d'embarrasser un peu le fameux docteur Clarke, quand je lui disais, on ne peut appeler démonstration un enchaînement d'idées qui laisse toujours des difficultés [...]. Je crois cette vérité, mais je la crois comme ce qui est le plus vraisemblable » (lettre à Frédéric II du mois d'avril 1737). **12.** Voir la lettre à Mme du Deffand du 4 mai 1772 : « Un philosophe nommé Timée a dit il y a plus de 2 500 ans que notre existence est un moment entre deux éternités ; et les jansénistes ayant trouvé ce mot dans les paperasses de Pascal, ont cru qu'il était de lui. » L'attribution de cette pensée à Timée de Locres est cependant douteuse. **13.** D'après Perse, *Satires*, III, 84. **14.** Voir *Tout en Dieu*, p. 314 et *Lettres de Memmius*, p. 350. **15.** Voltaire promeut ici le spinozisme tout en s'en distinguant pour une raison essentielle. Pour le philosophe hollandais, Dieu se trouve « partout où est l'existence », « il comprend tout, il est tout », c'est-à-dire il est infini, car son rejet du vide lui fait « regarder l'univers comme une seule substance » (*Le*

Philosophe ignorant, chap. 24). La conséquence de cette ontologie de la plénitude et de la continuité de l'être fut dénoncée par Voltaire dès les *Éléments de la philosophie de Newton* (I, 2) : « Si le vide était impossible, si la matière était infinie, si l'étendue et la matière étaient la même chose, il faudrait que la matière fût nécessaire : or si la matière était nécessaire, elle existerait par elle-même d'une nécessité absolue, inhérente dans sa nature primordiale, antécédente à tout, donc elle serait Dieu. Donc celui qui admet l'impossibilité du *vide* doit, s'il raisonne conséquemment, ne point admettre d'autre Dieu que la matière. » Voir aussi notre Présentation, p. 54 *sq.* **16.** Cette idée d'un espace vide fut vivement rejetée par Leibniz : « La même raison qui fait que l'espace hors du monde est imaginaire, prouve que tout espace vide est une chose imaginaire » (*Recueil de diverses pièces sur la philosophie…, op. cit.*, « Quatrième écrit de M. Leibniz », § 7). **17.** À comparer avec Locke, *Essai*, II, 17, 13 : « Il serait difficile, je crois, de trouver quelqu'un assez insensé pour dire qu'il a l'idée positive d'un nombre infini effectif : cette infinité réside uniquement dans le pouvoir de toujours ajouter toute combinaison d'unités à n'importe quel nombre antérieur, et ceci aussi longtemps et autant de fois qu'on le veut ; et il en va de même avec l'infinité de l'espace et de la durée, où ce pouvoir laisse toujours à l'esprit de quoi faire sans limite des additions. » **18.** Voltaire se réfère au chapitre 4 du *Traité de l'existence et des attributs de Dieu*, où Clarke résume un passage du livre *The True Intellectual System of the Universe* du philosophe anglais Ralph Cudworth (Londres, 1678, p. 643), selon lequel « un espace infini ou une durée infinie sont des chimères fondées sur l'impossibilité qu'une addition de parties finies compose ou épuise jamais l'infini ». Voir aussi la « Cinquième réplique » de Clarke à Leibniz, § 36-48 : « si le monde matériel *est*, ou *peut être*, borné, il faut nécessairement qu'il y ait un espace *actuel* ou *possible* au-delà de l'univers » (*Recueil de diverses pièces sur la philosophie…, op. cit.*). **19.** Voir la « Première réplique de M. Clarke », § 3 (*ibid.*) : « que Dieu étant présent partout, aperçoit les choses par sa présence immédiate, dans tout l'espace où elles sont ». **20.** C'est-à-dire le vide. Clarke avait écrit dans sa « Quatrième réplique », § 9 : « Dieu est certainement présent dans tout l'espace vide » (*ibid.*). **21.** Descartes avait rejeté l'existence du vide par un raisonnement semblable : la matière étant définie comme substance étendue, partout où il y a de l'espace il y a aussi de la matière. **22.** Voltaire estime que le concept de l'infini actuel est contradictoire (on peut rappeler dans ce contexte les arguments de Zénon contre le mouvement, cherchant à démontrer qu'il est impossible qu'un corps en mouvement puisse parcourir, dans un temps fini et dans un espace fini, un nombre infini de points) : il est impossible de comprendre l'infini actuel, c'est-à-dire de considérer comme actuel le non-achevé, de concevoir comme accomplie et terminée une division qui progresse à l'infini. Voir XVIIe *Lettre*, note 7. **23.** *Alguazil* : fonctionnaire espagnol de police attaché aux tribunaux. **24.** Voir la XIIIe *Lettre*, note 32. **25.** Voltaire fait flèche de tout bois. Il fait appel au principe leibnizien de raison suffisante (Dieu ne connaît pas une indifférence immotivée : il ne décrète rien au hasard mais veut avec raison l'univers qu'il crée), qui domine, en un sens, Dieu lui-même, ainsi qu'au principe déterministe, développé plus loin, selon lequel tout est nécessaire. **26.** Pas seulement : même pas. **27.** Voir Dom Calmet, *Dictionnaire de la Bible* (1722-1728), t. IV, article *Supplices des Hébreux*. **28.** Au sens d'image causée par une impression sensible, ici synonyme de « sentiment ». D'où la forme masculine du pronom démonstratif au début de la phrase suivante. **29.** Voir notamment l'article *Somnambule* des *Questions sur l'Encyclopédie*. **30.** Allusion aux pollutions nocturnes causées par des rêves érotiques. **31.** L'abbé Laurent Boursier (1679-1749) joua un rôle actif dans le jansénisme. Dans *De l'action de Dieu sur les créatures. Traité dans lequel on prouve la prémotion physique par le raisonnement* (1713), il définit la prémotion physique comme « secours physique qui précède la détermination de la volonté et qui fait qu'elle se détermine librement et avec indifférence » (Discours préliminaire, I, 8). Malebranche lui répliqua dans ses *Réflexions sur la prémotion physique* (1715). **32.** Dans le *Dictionnaire historique, littéraire et critique, contenant une idée abrégée de la vie et des ouvrages des hommes illustres en tous genres, en tous temps et de tous pays* (1758-1759), article *Boursier*. **33.** Cornet : partie de l'écritoire dans laquelle on met de l'encre. **34.** Selon la doctrine catholique, la grâce habituelle (ou justifiante, ou sanctifiante) est un don permanent et inhérent à l'âme, alors que la grâce actuelle est un secours passager donné à l'âme pour l'aider à éviter le mal et à faire le bien. **35.** Voir *De l'action de Dieu sur les créatures*, t. III, section v. **36.** « Dans le sens propre et littéral du latin et des langues qui en sont dérivées, [le mot âme] signifie ce qui anime. Ainsi on a dit, l'âme des hommes, des animaux, quelquefois des plantes, pour signifier leur principe de végétation et de vie. [...] Ainsi l'âme était prise en général pour l'origine et la cause de la vie, pour la vie même » (*Questions sur l'Encyclopédie*, article *Âme*). **37.** Dans *De la nature* (IV, v. 230 *sq.* et 721 *sq.*), Lucrèce explique que l'âme pense, comme l'œil voit, par des simulacres, c'est-à-dire des figures et des images subtiles émises par les objets et imperceptibles à nos sens. **38.** Allusion aux doctrines de Platon (*Phédon*, 86), d'Anaxagore (voir Lucrèce, *De la nature*, I, v. 830 *sq.*), d'Aristote (*De l'âme*, 412a) et de Leibniz (*Monadologie*, § 18-19). **39.** Ces différentes positions furent discutées par Grégoire de Nysse dans son traité *De la création de l'homme* (chap. 28-29). **40.** Thomas d'Aquin trouvait choquant de dire que « Dieu coopère avec les pécheurs », estimant que « l'âme intellective est créée par Dieu au terme de la génération humaine » (*Somme de théologie*, Ia, qu. 118, art. 2). **41.** La liberté d'indifférence, ou libre arbitre, réaffirmée avec force par Luis de Molina dans sa *Concordance entre le libre arbitre et les dons de la grâce, la prescience, la providence, la prédestination et la réprobation divines selon quelques articles de saint Thomas* (1588), était la doctrine officielle des jésuites ou molinistes. **42.** « Cet alinéa et le suivant n'existaient dans aucune édition lorsque, en 1819, je les ai donnés d'après l'errata manuscrit ou supplément à l'errata des éditions de

Kehl, rédigé par Decroix » (Beuchot). **43.** Religieux obscur, l'un des censeurs de la Sorbonne qui condamnèrent en 1752 la thèse d l'abbé de Prades. Il apparaît à plusieurs reprises dans l'œuvre de Voltaire comme symbole de l'obscurantisme et de l'intolérance religieuse. **44.** Rappelons que les soi-disant « qualités secondes » (chaleur, froid, couleur, odeur, etc.) ne sont pas des qualités immanentes aux choses. Elles ne reflètent que les impressions produites sur nos sens. L'impression de chatouillement produite par une plume, disait déjà Galilée, ne réside pas dans la plume. **45.** C'est le discours que tient l'ange Jesrad dans *Zadig* (chap. 18). Voltaire fait peut-être allusion à la célèbre fable du palais des Destinées (*Théodicée*, III, 414-417). Voir aussi la *Monadologie*, § 61. **46.** L'article *Liberté* de l'*Encyclopédie* résume fort bien cette opinion : « Ôtez la *liberté*, toute la nature humaine est renversée, et il n'y a plus aucune trace d'ordre dans la société. Si les hommes ne sont pas libres dans ce qu'ils font de bien et de mal, [...] si une nécessité inévitable et invincible nous fait vouloir tout ce que nous voulons, notre volonté n'est pas plus responsable de son vouloir qu'un ressort de machine n'est responsable du mouvement qui lui est imprimé [...]. Ôtez la *liberté*, vous ne laissez sur terre ni vice, ni vertu, ni mérite ; les récompenses sont ridicules et les châtiments sont injustes : chacun ne fait que ce qu'il doit, puisqu'il agit selon la nécessité. » **47.** Asile de fous à Londres. **48.** La grâce médicinale est la grâce du Christ, la grâce concomitante est une grâce donnée par Dieu dans le cours des actions pour les rendre méritoires. **49.** Pythagore et, bien plus tard, le philosophe néoplatonicien Porphyre (mort en 304 apr. J.-C.), auteur d'une *Vie de Pythagore*, ont recommandé de faire abstinence de la chair des animaux, le premier non pas absolument mais sous certaines conditions. Voir supplément de la XIIIe *Lettre*, p. 143-144 et note 30. **50.** Berthold Schwartz (« noir »), moine bénédictin ou cordelier allemand du XIVe siècle, passe à tort pour être l'inventeur en Europe de la poudre à canon. On raconte que, ayant mis dans un mortier du salpêtre, du soufre et du charbon pour une expérience chimique, il y laissa par hasard tomber une étincelle qui produisit une explosion. Il semblerait que Schwartz ait inventé non la poudre mais l'usage de l'artillerie. **51.** Allusion aux prêtres catholiques chantant le *Te Deum*. Les *Carnets* de Voltaire ont cette note cinglante : « Dieu n'est pas pour les plus gros bataillons, mais pour ceux qui tirent mieux. » **52.** Les Indiens d'Amérique. **53.** La syphilis, à ne pas confondre avec la petite vérole. **54.** Jean-François Paul de Gondi, cardinal de Retz, archevêque de Paris à partir de 1654, anima la résistance parisienne pendant la Fronde et contribua à l'exil de Mazarin. **55.** Voir l'*Essai sur les mœurs*, chap. 3. Sur la source de Voltaire, voir *Lettres de Memmius*, note 51. **56.** Le mythe de Pandore est effectivement raconté par Hésiode (voir *Théogonie*, v. 571 *sq.*, *Les Travaux et les Jours*, v. 60 *sq.*). Voltaire a eu parfaitement raison de supposer qu'il ne l'avait pas inventé. **57.** Voir *Essai sur les mœurs*, *Dieu et les hommes*, *Les Adorateurs*, *Lettres de Memmius à Cicéron*, etc. **58.** Aller à la garde-robe : aller aux toilettes. **59.** Ce mot célèbre fut rapporté par Lactance, *De la colère de Dieu*, chap. 13.

Dans l'article *Bien (Tout est)* du *Dictionnaire philosophique*, Voltaire a rapporté la citation en entier : « Ou Dieu veut ôter le mal de ce monde, et ne le peut ; ou il le peut, et ne le veut pas ; ou il ne le peut, ni ne le veut ; ou enfin il le veut et le peut. S'il le veut et ne le peut pas, c'est impuissance, ce qui est contraire à la nature de Dieu. S'il le peut et ne le veut pas, c'est méchanceté, et cela est non moins contraire à sa nature. S'il ne le veut ni ne le peut, c'est à la fois méchanceté et impuissance. S'il le veut et le peut (ce qui seul de ces parties convient à Dieu), d'où vient donc le mal sur la terre ? » **60.** Bévue de Voltaire : confondant une référence de Dom Calmet avec une citation, il fait de l'érudit anglais Norton Knatchbull, auteur de commentaires sur le Nouveau Testament, un nom commun désignant le diable. **61.** Voir Matt 4, 8 et Luc 4, 5. **62.** Clément XIV. **63.** Les citations suivantes semblent avoir été corrigées par Beuchot. **64.** Virgile, *Énéide*, I, 65 ; II, 648 ; X, 2 et 743. **65.** Horace, *Odes*, I, 12, 18. **66.** Virgile, *Bucoliques*, III, 60. **67.** Ce vers provient de l'hymne qu'Orphée adressa à son fils Musée. **68.** Philomédée (« qui aime les organes génitaux »), surnom donné à Vénus d'après Hésiode (*Théogonie*, v. 200). **69.** Historien et astronome chaldéen (IVᵉ siècle av. J.-C.). **70.** Ogygos ou Ogygès, premier roi, légendaire, de Béotie. **71.** Voir R. Cumberland, *Sanchoniatho's Phoenician History, Translated from the First Book of Eusebius De Praeparatione Evangelica* (1720). Voltaire connaît Sanchoniathon, dont l'existence paraît aujourd'hui douteuse, par cette traduction anglaise. **72.** « Vêtues de la stola, elles marchaient pieds nus…, les cheveux épars, les mains pures, et imploraient Jupiter pour avoir de l'eau ; et immédiatement il pleuvait à verse » (Pétrone, *Satyricon*, 44, 18). L'original porte *mentibus puris* (« avec un cœur pur »). **73.** Stathouder : chef du gouvernement exécutif aux Pays-Bas. **74.** Personnage biblique, descendant de Caïn et ancêtre mythique des forgerons. **75.** Autre descendant de Caïn, le patriarche Noé est l'inventeur de la vinification. Voir Gen 9, 20. **76.** Voir Gen 1, 47 **77.** Voir Gen 2, 21-22. **78.** Voir Gen 2, 11-14. **79.** Voir Gen 3, 24. **80.** Voir Gen 3, 1. **81.** Voir Nomb 22, 28-30. **82.** Voir Gen 13, 12. **83.** On lit « soixante-six » dans Gen 46, 26, et « soixante-dix » dans Ex 1, 5. **84.** Dans Nomb 1, 46, on lit « six cent trois mille cinq cent cinquante ». **85.** Voir Ex 12, 29. **86.** Voir Ex 14, 21-29. **87.** Jos 10, 12-13. Ce passage fut évoqué par l'Église pour condamner l'héliocentrisme. **88.** Voir *Lettres de Memmius*, note 14. **89.** Voir 1 Rois 13, 16-24. Voltaire, qui semble citer de mémoire, prend quelques libertés avec ce passage. **90.** Voir Es 20, 4. Isaïe, explique le commentaire de la Bible de Jérusalem, a prêché ainsi « pour mimer aux yeux de la foule la prochaine captivité des soldats égyptiens ». **91.** Voir Jér 27, 2. **92.** Voir Éz 3, 25 ; 2, 9-3, 3 ; 4, 4-6 (Voltaire intervertit les côtés) ; 4, 15. Voltaire force quelque peu le texte, car Ézéchiel a seulement mangé sa nourriture cuite sur des excréments humains (la bouse séchée était autrefois utilisée comme combustible en Orient). **93.** Voir Osée 1, 2 ; 3, 1. **94.** Il s'agit de la doctrine du fatalisme musulman, du *fatum mahometanum*. **95.** François, baron de Tott, né en France en 1733, est mort en Hongrie en 1793, après avoir reçu de la France plusieurs missions diplomatiques. Il a laissé des *Mémoires sur les Turcs et les Tartares* (1784). Dans une lettre du 23 avril 1767, Voltaire le remercie pour ses anecdotes. **96.** Voir Hugo Grotius, *Traité de la vérité de la religion chrétienne* (1622), VI, 6. **97.** Christicoles : adorateurs du Christ. **98.** Célèbre recueil de vies de saints, composé au milieu du XIIIᵉ siècle par l'écrivain religieux italien d'expression latine Jacques de Voragine (Jacopo da Varazze). **99.** Allusion aux prétendus miracles opérés sur la tombe du diacre janséniste Paris après sa mort en 1727. **100.** Constantinople. **101.** Allusion à la bataille du pont Milvius (312), où Constantin remporta une victoire décisive sur son rival Maxence. Adepte d'une religion solaire monothéiste, Constantin était porté à une certaine sympathie à l'égard du christianisme. Dès 313, il proclama la liberté du culte (édit de Milan) mais ne se convertit qu'à la fin de sa vie. C'est le premier empereur qui a rendu possible le triomphe du christianisme par les faveurs diverses qu'il accorda aux chrétiens et les entraves qu'il apporta au paganisme et au judaïsme. **102.** Il s'agit de Julien l'Apostat, empereur romain de 361 à 363, qui abjura le christianisme et favorisa une renaissance païenne. **103.** Patron des jardiniers. **104.** Patrons des cordonniers. **105.** Plaisanteries de Voltaire. Saint Vit et sainte Cunégonde figurent ici à cause de leur syllabe « sale ». Saint Vit (ou saint Guy) fut jeté dans un chaudron contenant du plomb bouillant, d'où il sortit indemne ; quant à sainte Marjolaine, elle provient de l'imagination de Voltaire, peut-être parce que la marjolaine, créée par Vénus selon la mythologie, est le signe distinctif du dieu Hymen (voir Catulle, *Poésies*, 61, 5-6). **106.** Abbé Coger : Voltaire écrit toujours « Cogé » (ou *coge pecus* – « rassemble le troupeau »), en souvenir de la *Bucolique* III, 19 de Virgile. En 1767, ce professeur de rhétorique au collège Mazarin avait attaqué Voltaire dans l'*Examen du Bélisaire de M. de Marmontel*. Devenu recteur de l'université de Paris, il incita la faculté de théologie à proposer pour le concours d'éloquence de 1773 un thème invitant les candidats à pourfendre, en latin, les philosophes. Mais l'intitulé – *Non magis Deo quam regibus infensa est ista quæ vocatur hodie philosophia* (« La philosophie n'est pas plus ennemie de Dieu que des rois ») – signifiait le contraire de ce qu'il voulait dire. Voltaire passa une nuit blanche, du 31 décembre au 1ᵉʳ janvier, à rédiger, mais en français, une composition, le *Discours de Mᵉ Belleguier*. **107.** Il s'agit du banquier anglais Anthony Mendes da Costa qui, ayant déposé son bilan, fit perdre à Voltaire tout l'argent (huit ou neuf mille francs) que celui-ci comptait toucher après son arrivée en Angleterre. **108.** Abrabanel et Benjamin de Tudèle étaient des rabbins juifs. **109.** Il venait de publier contre Voltaire un *Dictionnaire philosophico-théologique portatif* (1770). **110.** C'est-à-dire les adeptes du christianisme des origines. **111.** Confusion de Voltaire. C'est à La Mecque que les pèlerins courent autour de la Kaaba, édifice cubique recouvert d'une immense chape de brocart noir, qui contient la Pierre noire, apportée à Abraham par Gabriel.

INDEX

Cet index contient les noms des principales personnes nommées ou citées par Voltaire, ou auxquelles celui-ci fait seulement allusion, par le biais de leurs œuvres notamment. Il renvoie exclusivement aux textes de Voltaire – variantes, appendices et annexes compris –, et non aux commentaires qui les accompagnent.

POPE, Alexander, poète anglais (1688-1744) : 202, 211, 213, 214, 222, 223, 225, 230, 281, 391.
PRIOR, Matthew, écrivain et ambassadeur anglais (1664-1721) : 211, 215, 216, 225, 230.
PRYNNE, William, pamphlétaire puritain anglais (1600-1669) : 226, 227.
PULCI, Luigi, poète italien (1432-1484) : 222.
QUINAULT, Philippe, poète français (1635-1688) : 208.
RABELAIS, François, écrivain français (1483 ?-1553) : 97, 212.
RACINE, Jean, poète dramatique français (1639-1699) : 191, 223, 227, 234.
RACINE, Louis, poète français (1692-1763) : 223.
RAMSAY, André-Michel, chevalier de, écrivain français d'origine écossaise (1686-1743) : 223.
RAPIN DE THOYRAS, Paul, historien français (1661-1723) : 214.
RAVAILLAC, François, assassin d'Henri IV (1578-1610) : 108, 336.
RENAU D'ÉLISSAGARAY, Bernard, ingénieur naval français (1652-1719) : 232.
RESNEL, Jean-François du Belloy du, poète et traducteur français (1692-1761) : 213.
RETZ, Jean-François Paul de Gondi, cardinal de, homme politique et écrivain français (1613-1679) : 103, 107, 392.
RICHELIEU, Armand Jean du Plessis, cardinal de, homme d'État français (1585-1642) : 231.
ROBERVAL, Gilles Personne de, mathématicien français (1602-1675) : 182, 183.
ROCHESTER, John Wilmot, comte de, poète anglais (1647-1680) : 204, 206.
ROHAULT, Jacques, physicien français (1620-1675) : 151.
ROSCOMMON, Wentworth Dillon, comte de, écrivain anglais (v. 1633-1684) : 210, 211.
ROTHELIN, Charles d'Orléans, abbé de, théologien et littérateur français (1691-1744) : 233.
SAINT-ÉVREMOND, Charles de Marguetal de Saint-Denis de, écrivain français (v. 1615-1703) : 206, 208.
SAINT-VINCENT, Grégoire de, mathématicien flamand (1584-1667) : 182.
SALOMON, troisième roi d'Israël (Xe s. av. J.-C.) : 216, 236.
SARASIN (OU SARRASIN), Jean-François, écrivain français (v. 1604 ?-1654) : 204.
SAURIN, Joseph, géomètre (1659-1737) : 161.
SEGRAIS, Jean Regnault de, poète français (1624-1701) : 208.
SÉGUIER, Pierre, chancelier (1588-1672) : 231.
SÉNÈQUE, philosophe et auteur dramatique romain (4 av. J.-C.-65) : 144, 231.
SHADWELL, Thomas, auteur comique anglais (1642 ?-1692) : 194.
SHAFTESBURY, Anthony Ashley Cooper, comte de, philosophe anglais (1671-1713) : 137, 222, 292, 391.
SHAKESPEARE, William, auteur dramatique anglais (1564-1616) : 184-186, 189, 192.
SIXTE V (ou SIXTE QUINT), Felice Peretti, pape (1520-1590) : 85.
SOCRATE, philosophe grec (v. 470-399 av. J.-C.) : 131, 255, 295, 321.

CHRONOLOGIE

1694 : Baptême, le 22 novembre, de François Marie Arouet, dernier de trois enfants. Tout porte à croire que Voltaire a vu le jour le 20 février et a eu comme père réel un ancien officier, M. de Rochebrune.

1704 : Voltaire entre au collège des jésuites Louis-le-Grand. Son parrain, l'abbé de Châteauneuf, le présente à Ninon de Lenclos qui lègue à l'enfant mille francs « pour lui avoir des livres ».

1706 : Son parrain l'introduit dans les milieux libertins et dans la société du Temple.

1711 : Voltaire s'inscrit à la faculté de droit, mais s'attarde dans les cercles littéraires et mondains.

1713 : Voltaire est secrétaire de l'ambassadeur de France à La Haye. Il y tombe amoureux de « Pimpette » Dunoyer, jeune huguenote qu'il projette d'enlever. Il est renvoyé en France où son père menace de le déshériter et de le faire déporter à Saint-Dominique.

1714 : Voltaire entre comme pensionnaire dans l'étude de Mᵉ Alain, procureur au Châtelet. Il y rencontre Nicolas Thiriot (ou Thieriot), en apprentissage comme lui, qui restera un ami fort peu honnête.

1716-1717 : Des « vers exécrables » contre le Régent et sa fille lui valent un exil de quelques semaines à Sully-sur-Loire, puis un emprisonnement à la Bastille où il reste onze mois.

1718 : Succès éclatant de sa première tragédie, *Œdipe*, terminée en prison. L'auteur, qui prend le nom de Voltaire, devient le grand poète que la France espérait depuis la disparition de Corneille et de Racine.

1719 : Suite à une raillerie du comédien Poisson, Voltaire veut se battre en duel avec lui. Pensionné et décoré, il ambitionne un emploi à la cour, mais de nouvelles accusations (injustifiées) l'éloignent de Paris.

1722 : Il fréquente lord Bolingbroke, en exil depuis 1715, au château de la Source, près d'Orléans. Mort de son père.

1723 : Voltaire est gravement malade de la petite vérole. L'épidémie emporte son ami Genonville ainsi que de nombreuses personnalités de la cour. Après que Louis XV en a refusé la dédicace, Voltaire lance à Rouen une édition clandestine de son poème épique *La Ligue ou Henri le Grand*.

1724 : Sous l'impulsion de Bolingbroke, il lit l'*Essai sur l'entendement humain* de Locke, ainsi que *De la recherche de la vérité* de Malebranche et les *Pensées* de Pascal.

1725 : Ayant décidé de publier *La Henriade* à Londres, Voltaire écrit au roi George Ier pour lui demander l'autorisation de venir en Angleterre. À la fin de l'année, il prévoit le voyage comme imminent. Pour le transfert de ses fonds, il s'adresse au banquier Antony (Jacob) Mendes da Costa, qui fait faillite en décembre sans en avertir Voltaire.

1726-1728 : Séjour en Angleterre après la querelle avec le chevalier de Rohan qui lui a valu un deuxième séjour à la Bastille.

1728 : Voltaire publie à Londres, par souscription, *La Henriade*, version remaniée de *La Ligue*, ainsi que *An Essay upon the Civil Wars in France [...] and also upon the Epic Poetry of the European Nations from Homer down to Milton*.

1729 : Il gagne une fortune en achetant, avec quelques amis, tous les billets de la loterie (mal) organisée par le contrôleur général des Finances.

1730 : Mort de l'actrice Adrienne Lecouvreur ; le clergé ayant refusé la sépulture, le corps est jeté à la voirie. Voltaire s'en indigne dans le poème sur *La Mort de Mlle Lecouvreur* (publié en 1732). Première de la tragédie *Brutus*, entamée en prose anglaise en 1728. La pièce sera publiée en 1731 avec un *Discours sur la tragédie* dédié à Bolingbroke.

1731 : Première édition de l'*Histoire de Charles XII* ; interdite, elle est diffusée clandestinement.

1732 : Maupertuis initie Voltaire à Newton. Triomphe de *Zaïre*, tragédie orientale larmoyante, mais semi-échec d'*Ériphyle*, où Voltaire a combiné le sujet de *Hamlet* avec celui d'*Œdipe*, en y introduisant peut-être quelques réminiscences de *Macbeth*.

1733 : Début d'une liaison de seize ans avec Émilie du Châtelet. *Le Temple du goût* dresse les gens de lettres contre Voltaire. Première de *La Mort de César*, composée sous l'influence du *Julius Caesar* de Shakespeare, mais toute différente. Voltaire fait publier à Londres les *Letters concerning the English Nation*.

1734 : Publication des *Lettres philosophiques*. Le livre est saisi et son auteur, menacé d'arrestation, se réfugie à Cirey, en Lorraine, dans la propriété des époux du Châtelet, où il compose le *Traité de métaphysique* et *Le Siècle de Louis XIV*. Il n'obtiendra la permission de revenir à Paris qu'un an plus tard.

1736 : Début de la correspondance avec le prince Frédéric, futur roi de Prusse. *Le Mondain*, apologie du luxe et du plaisir, circule sous le manteau ; Voltaire doit se réfugier aux Pays-Bas.

1737-1742 : Composition des sept *Discours en vers sur l'homme*.

1738 : Publication à Amsterdam des *Éléments de la philosophie de Newton*. Voltaire et Mme du Châtelet concourent séparément pour le prix de l'Académie des sciences sur la nature du feu : double échec.

1739 : Première version de *Micromégas*, perdue. Voltaire et Mme du Châtelet commencent à faire de nombreux voyages entre la Belgique, Cirey et Paris.

1740 : *La Métaphysique de Newton* (l'ouvrage devient à partir de 1741 la première partie des *Éléments de la philosophie de Newton*). Après avoir révisé son *Anti-Machiavel*, Voltaire est invité par Frédéric II à Clèves et à Berlin. Idylle philosophique.

1741 : Sur le chemin du retour, à Lille, Voltaire faire représenter *Mahomet ou le Fanatisme*. Dénoncée l'année suivante par les jansénistes comme « scandaleuse et impie », la pièce est retirée par Voltaire après la troisième représentation parisienne.

1743 : Voltaire est élu à la Royal Society de Londres. Il accepte une mission diplomatique exploratoire auprès de Frédéric II.

1744 : Voltaire est associé à la préparation du mariage du Dauphin après que le marquis d'Argenson, son ancien condisciple, est devenu ministre des Affaires étrangères.

1745 : Le poète triomphe à la cour. Il est nommé historiographe du roi ainsi que gentilhomme ordinaire de la Chambre du roi. Pour entrer à l'Académie, Voltaire professe sa piété au pape, et lui dédie *Mahomet*. La pièce est réhabilitée.

1746 : Réception de Voltaire à l'Académie française. Début de sa liaison avec Mme Denis, veuve depuis deux ans et fille de sa sœur.

1747 : Fuite à Sceaux, chez la duchesse du Maine, après un mot désobligeant sur la cour. Il y lit une première version de *Zadig* sous le titre de *Memnon*.

1748 : Premier séjour à Lunéville, à la cour du roi Stanislas. À Cirey, Voltaire surprend Mme du Châtelet dans les bras de Saint-Lambert. Première version du *Monde comme il va*, peut-être conçu dès 1739. Composition de *Memnon ou la*

Sagesse humaine (publié en 1750). Publication de *Zadig ou la Destinée* et du *Monde comme il va.*

1749 : Mme du Châtelet meurt en couches. Fou de douleurs, Voltaire rentre à Paris.

1750 : Publication de la *Lettre d'un Turc sur les fakirs et son ami Bababec.*

1750-1753 : Séjour de Voltaire en Prusse. Voltaire y rencontre La Mettrie et se querelle avec Maupertuis, président de l'Académie de Berlin.

1751 : Publication, à Berlin, du *Siècle de Louis XIV.*

1752 : Publication de *Micromégas*. Suite à l'affaire de Prades, Voltaire aide l'encyclopédiste réfugié à Berlin à rédiger *Le Tombeau de la Sorbonne.*

1753 : Brouillé avec Frédéric II, il quitte Berlin. Après avoir été retenu de force à Francfort, il rentre en France par étapes et s'installe à Colmar, Louis XV lui ayant interdit d'approcher de Paris. Il prépare « une histoire en lettres dans le style de *Paméla* », croisement hybride de correspondance réécrite et de Mémoires déguisés, sur son séjour à la cour de Prusse.

1754 : Première version de l'*Essai sur les mœurs* intitulée *Histoire universelle depuis Charlemagne jusqu'à Charles-Quint.*

1754-1755 : Installation à Genève et achat de la propriété des *Délices.*

1755 : Après le tremblement de terre de Lisbonne (1er novembre), Voltaire rédige son *Poème sur le désastre de Lisbonne*. Début de sa collaboration à l'*Encyclopédie.*

1756 : Séjour de d'Alembert chez Voltaire. Tous deux préparent l'article *Genève* pour le tome VII de l'*Encyclopédie*. Voltaire publie les *Dialogues entre Lucrèce et Posidonius* et dessine un char de combat, destiné à tuer un maximum de Prussiens.

1757 : L'article *Genève*, signé d'Alembert, fait scandale. Voltaire, accusé d'avoir inspiré son auteur, est inquiété.

1758 : Menacé à Genève, il achète les propriétés de Ferney et de Tournay entre la France et Genève.

1759 : Publication de *Candide*. Suite aux nombreuses attaques lancées contre les encyclopédistes, Voltaire commence sa grande campagne contre « l'Infâme » ; elle s'intensifiera à partir de 1762.

1762 : Début de l'affaire Calas. Grâce à Voltaire, le protestant supplicié sera officiellement réhabilité en 1765.

1763 : Publication du *Traité sur la tolérance.*

1764 : Premier état du *Dictionnaire philosophique.*

1765 : Voltaire fait paraître des *Lettres sur les miracles* qui seront recueillies en 1767 sous le titre *Questions sur les miracles*. Il publie *La Philosophie de l'histoire* qui deviendra l'introduction à l'*Essai sur les mœurs* dans l'édition de 1769.

1766 : Torture et exécution du chevalier de La Barre ; le *Dictionnaire philosophique* est brûlé sur son corps. Voltaire se réfugie en Suisse et propose aux philosophes de s'établir en territoire prussien, puis rédige une *Relation de la mort du chevalier de La Barre*. Multiplication des brochures philosophiques : *Le Philosophe ignorant, Dialogue du Douteur et de l'Adorateur, Commentaire sur le livre Des délits et des peines de Beccaria*.

1767-1769 : Années de production intensive. Des contes : *L'Ingénu, L'Homme aux quarante écus, La Princesse de Babylone* ; des brochures philosophiques, déistes et anticléricales : *Examen important de milord Bolingbroke, Le Dîner du comte de Boulainvilliers, Homélies prononcées à Londres, Les Singularités de la nature, L'A.B.C., Épître à l'auteur du livre des Trois Imposteurs, Dieu et les hommes, Tout en Dieu, Les Adorateurs ou les Louanges de Dieu*. Quatrième et cinquième versions du *Dictionnaire philosophique*.

1769 : Voltaire échoue dans ses tentatives de s'installer à Paris.

1770 : Mme Necker lance une souscription pour une statue de Voltaire. Le patriarche publie *Dieu. Réponse au Système de la nature* et commence les *Questions sur l'Encyclopédie* en neuf volumes, qui l'occuperont jusqu'en 1772. Risque de rupture du front philosophique entre athées et déistes.

1771 : *Lettres de Memmius à Cicéron*.

1772 : *Il faut prendre un parti, ou le Principe d'action*. Georges Le Roy publie des *Réflexions sur la jalousie, pour servir de commentaire aux derniers ouvrages de M. de Voltaire*. La Sorbonne propose un concours d'éloquence pour fustiger la philosophie (décembre) ; Voltaire y répond dans son *Discours de Me Belleguier*.

1773 : Frappé par la maladie, Voltaire s'affaiblit.

1775 : Voltaire écrit ses derniers contes : l'*Histoire de Jenni, ou le Sage et l'athée*, et *Les Oreilles du comte de Chesterfield*. Publication de l'édition « encadrée » des *Œuvres complètes*, où paraît *De l'âme, par Soranus*.

1776 : *Sophronime et Adélos*.

1777 : *Dialogues d'Évhémère*.

1778 : Retour et mort à Paris. L'Église tente d'empêcher son enterrement. Son corps doit quitter clandestinement Paris pour être inhumé à l'abbaye de Seillières.

1785-1789 : Beaumarchais, Condorcet et Decroix font paraître l'édition de Kehl des *Œuvres complètes* de Voltaire.

BIBLIOGRAPHIE

ÉDITIONS MODERNES
DES *LETTRES PHILOSOPHIQUES*

Lettres philosophiques, édition critique avec une introduction et un commentaire par Gustave Lanson, Paris, 1909, 2 vol. Nouveau tirage revu et complété par André M. Rousseau, Didier, 1964.

Lettres philosophiques ou Lettres anglaises, avec le texte complet des remarques sur les Pensées de Pascal, introduction, notes, choix de variantes et rapprochements par Raymond Naves, Garnier, « Classiques Garnier », 1939.

Lettres philosophiques, édition présentée, établie et annotée par Frédéric Deloffre, Gallimard, « Folio », 1986.

Letters concerning the English Nation, éd. Nicolas Cronk, Oxford University Press, 1999.

AUTRES ŒUVRES DE VOLTAIRE

Complete Works/Œuvres complètes, Oxford, Voltaire Foundation, 1968 (les *Éléments de la philosophie de Newton* se trouvent au tome XV).

Correspondance, éd. Theodore Besterman et Frédéric Deloffre, Gallimard, « Bibliothèque de la Pléiade », 1975-1993, 13 vol.

Mélanges, éd. Emmanuel Berl et Jacques Van den Heuvel, Gallimard, « Bibliothèque de la Pléiade », 1961.

PRINCIPALES SOURCES DE VOLTAIRE
POUR LES *LETTRES PHILOSOPHIQUES*

*A Panegyric upon Sir Isaac Newton translated from the French
Pronounced by M. Fontenelle before the Royal Academy of
Sciences at Paris, with Remarks*, dans *The Present State of the
Republic of Letters*, janvier 1728 [XIVᵉ *Lettre*].

BAILLET (Adrien), *La Vie de Monsieur Descartes*, 1691
[XIVᵉ Lettre].

BARCLAY (Robert), *Theologiæ vere christianæ apologia*, Amsterdam, 1675 [Iʳᵉ *Lettre*].

FONTENELLE, *Éléments de la géométrie de l'infini*, 1727
[XVIIᵉ *Lettre*].

FONTENELLE, *Éloge de Newton*, 1727 [XVᵉ et XVIIᵉ *Lettres*].

LA MOTTRAYE (Aubry DE), *Voyages en Europe, Asie et Afrique*,
La Haye, Johnson et J. Van Duren, 1727 [IIᵉ et XIᵉ *Lettres*].

LOCKE (John), *Essai philosophique concernant l'entendement
humain*, trad. P. Coste, Amsterdam et Leipzig, J. Schrender
et P. Mortier, 1700 [XIIIᵉ *Lettre*].

MAUPERTUIS (Pierre Louis Moreau DE), *Discours sur les différentes figures des astres [...] avec une exposition abrégée des systèmes de M. Descartes et de M. Newton*, 1732 [XVᵉ *Lettre*].

NEWTON (Isaac), *An Account of the Book Entitled Commercium
epistolicum Collinii et aliorum, de analysi promota* ; *Published
by Order of the Royal-Society, in Relation to the Dispute between
Mr. Leibnitz and Dr. Keill, about the Right of Invention of the
Method of Fluxions, by Some Called the « differential method »*,
dans *Philosophical Transactions*, janvier-février 1714-1715
[XVIIᵉ *Lettre*].

NEWTON (Isaac), *La Chronologie des anciens royaumes corrigée à
laquelle on a joint une chronique abrégée qui contient ce qui s'est
passé antérieurement en Europe jusqu'à la conquête de la Perse
par Alexandre le Grand*, 1728 [XVIIᵉ *Lettre*].

PASCAL, *Pensées*, éd. de Port-Royal, 1714 [XXVᵉ *Lettre*]. Nous
nous référons dans nos commentaires à l'édition de M. Le
Guern, dans *Œuvres complètes*, Gallimard, « Bibliothèque de
la Pléiade », t. I, 1998 et t. II, 2000.

PEMBERTON (Henry), *A View of Sir Isaac Newton's Philosophy*,
Londres, 1728 [XIIIᵉ, XVᵉ et XVIᵉ *Lettres*]. La traduction fran-
çaise parut sous le titre *Éléments de la philosophie newtonienne*,
Amsterdam, Astrée et Merkus, 1755.

PENN (William), *A Collection of the Works of W. Penn*, Londres,
J. Sowle, 1726 [IVᵉ *Lettre*].

RAPIN-THOYRAS (Paul DE), *Histoire d'Angleterre, depuis l'établissement des Romains dans la Grande-Bretagne jusqu'à la mort de
Charles Iᵉʳ*, La Haye, Rogissart, 1724-1727 (continuée jusqu'à la mort de Guillaume III par David Durand, 1734). Le

tome VIII comprend une *Dissertation sur les whigs et les tories* parue pour la première fois en 1717 [V^e, IXe et XXIIIe *Lettres*].

RAWLEY (William), *Auctoris vita* (une vie de Francis Bacon souvent réimprimée dans les éditions de ses œuvres) [XIIe *Lettre*].

SEWEL (William), *The History of the Rise, Increase and Progress of the Christian People called Quakers*, Londres, J. Sowle, 1726 [Ire, IIIe et IVe *Lettres*].

WHISTON (William), *Historical Memoirs of the Life of Dr. Samuel Clarke*, Londres, 1730 [VIIe *Lettre*].

BIBLIOGRAPHIES DE L'ŒUVRE DE VOLTAIRE

BARR (Mary Margaret H.) et SPEAR (Frederick A.), *Quarante Années d'études voltairiennes : bibliographie analytique des livres et articles sur Voltaire, 1926-1965*, A. Colin, 1968.

SPEAR (Frederick A.), *Bibliographie analytique des écrits relatifs à Voltaire, 1966-1990*, Oxford, Voltaire Foundation, 1992.

DICTIONNAIRES VOLTAIRE

Dictionnaire général de Voltaire, sous la direction de Raymond Trousson et Jeroom Vercruysse, Champion, 2003.

Inventaire Voltaire, sous la direction de Jean Goulemot, André Magnan et Didier Masseau, Gallimard, 1995.

ÉTUDES CRITIQUES

Sur Voltaire

BROOKS (Richard A.), *Voltaire and Leibniz*, Genève et Paris, Droz, 1964.

COULET (Henri), « Voltaire et le changement », *Studies on Voltaire and the Eighteenth Century*, 152, 1976, p. 515-526.

DEPRUN (Jean), « "Jupiter est tout ce que tu vois" : note sur la fortune d'un vers "matérialiste" à l'âge classique », dans *Être matérialiste à l'âge des Lumières. Hommage offert à Roland Desné*, PUF, 1999, p. 109-116.

GOLDZINK (Jean), *Voltaire. La légende de saint Arouet*, Gallimard, 1989.

GOLDZINK (Jean), « La métaphysique du mal », *Europe*, 781, 1994, p. 63-78.

JAMES (Edward D.), « Voltaire on the nature of the soul »,
    French Studies, 32, 1978, p. 20-33.

JAMES (Edward D.), « Voltaire and Malebranche : from sensa-
    tionalism to *Tout en Dieu* », *Modern Language Review*, 75,
    1980, p. 282-290.

JAMES (Edward D.), « Voltaire on free will », *Studies on Voltaire
    and the Eighteenth Century*, 249, 1987, p. 1-18.

LANSON (Gustave), *Voltaire*, Hachette, 1906.

MARTIN-HAAG (Éliane), *Voltaire : du cartésianisme aux Lumières*,
    Vrin, 2002.

MERVAUD (Christiane), *Voltaire en toutes lettres*, Bordas, 1991.

MORTIER (Roland), « Ce maudit *Système de la nature* », dans
    Voltaire et ses combats, Actes du congrès international Oxford-
    Paris 1994, Oxford, Voltaire Foundation, 1997, t. I, p. 697-
    704.

POMEAU (René), *Voltaire en son temps*, Paris-Oxford, Fayard-
    Voltaire Foundation, 1995, 2 vol.

POMEAU (René), *La Religion de Voltaire*, Nizet, 1969.

PORSET (Charles), « Notes sur Voltaire et Spinoza », dans *Spi-
    noza au XVIIIᵉ siècle*, Klincksieck, 1990, p. 225-240.

PORSET (Charles), « La "philosophie" de Voltaire », *Europe*, 781,
    1994, p. 53-62.

ROE (S.A.), « Voltaire versus Needham : atheism, materialism
    and the generation of life », *Journal of the History of Ideas*, jan-
    vier 1985, p. 65-87.

ROGER (Jacques), *Les Sciences de la vie dans la pensée française au
    XVIIIᵉ siècle*, Albin Michel, 1963, p. 732-748.

SALAÜN (Franck), « Voltaire face aux courants matérialistes de
    son temps », dans *Voltaire et ses combats*, Actes du congrès
    international Oxford-Paris 1994, Oxford, Voltaire Founda-
    tion, 1997, t. I, p. 705-718.

SASSO (Robert), « Voltaire et le *Système de la nature* de
    d'Holbach », *Revue internationale de philosophie*, 32, 1978,
    p. 279-296.

STENGER (Gerhardt), « Le matérialisme de Voltaire », dans *Être
    matérialiste à l'âge des Lumières. Hommage offert à Roland
    Desné*, PUF, 1999, p. 275-285.

SPICA (Jacques), « Territoire de la philosophie », *Cahiers Vol-
    taire*, 3, 2004, p. 99-115.

VERNIÈRE (Paul), *Spinoza et la pensée française avant la Révolu-
    tion*, PUF, 1954, p. 495-527.

Sur l'Angleterre et les Lettres philosophiques

BARBER (William H.), « Voltaire and Samuel Clarke », *Studies
    on Voltaire and the Eighteenth Century*, 179, 1979, p. 47-61.

BARBER (William H.), « Voltaire et Newton », *Studies on Voltaire and the Eighteenth Century*, 179, 1979, p. 193-202.

BONNO (Gabriel), *La Culture et la civilisation britanniques devant l'opinion française, de la paix d'Utrecht aux Lettres philosophiques*, Philadelphie, American Philosophical Society, 1948.

BOUREZ (Marie-Thérèse), « L'affaire des *Lettres philosophiques* », dans *Presse et histoire au XVIIIᵉ siècle : l'année 1734*, Éditions du CNRS, 1978, p. 257-268.

BROWN (Harcourt), « The composition of the *Letters concerning the English Nation* », dans *The Age of Enlightenment : Studies presented to Theodore Besterman*, Édimbourg-Londres, Oliver and Boyd, 1967, p. 15-34.

CASINI (Paolo), « Briarée en miniature : Voltaire et Newton », *Studies on Voltaire and the Eighteenth Century*, 179, 1979, p. 63-77.

CLIVE (Megan), « La vingt-cinquième lettre des *Lettres philosophiques* de Voltaire sur les *Pensées* de M. Pascal », *Revue de métaphysique et de morale*, 88, 1983, p. 356-384.

CRONK (Nicolas), « The *Letters concerning the English Nation* as an English work : reconsidering the Harcourt Brown thesis », in *From Letter to Publication. Studies on Correspondance and the History of the Book*, Oxford, Voltaire Foundation, 2001, p. 226-239 (*SVEC*, 2001 : 10).

DURANTON (Henri), « Les circuits de la vie littéraire au XVIIIᵉ siècle : Voltaire et l'opinion publique en 1733 », dans *Le Journalisme d'Ancien Régime*, Presses universitaires de Lyon, 1982, p. 101-115.

GUNNY (Ahmad), *Voltaire and English Literature*, Oxford, Voltaire Foundation, 1979 (*Studies on Voltaire and the Eighteenth Century*, 177).

HAUGEARD (Philippe), *Voltaire. Lettres philosophiques*, Nathan, 1993.

HOFFMANN (Paul), « Voltaire lecteur de Descartes, de Locke, de Bayle, dans la XIIIᵉ *Lettre philosophique* », *Travaux de littérature*, 3, 1990, p. 125-137.

LACOMBE (Anne), « La *Lettre sur l'insertion de la petite vérole* et les *Lettres philosophiques* », *Studies on Voltaire and the Eighteenth Century*, 117, 1974, p. 131.

LE RU (Véronique), *Voltaire newtonien. Le combat d'un philosophe pour la science*, Vuibert-Adapt, 2005.

MASON (Haydn), « L'article *Inoculation* de l'*Encyclopédie* et Voltaire », dans *L'Encyclopédie, Diderot, l'esthétique. Mélanges en hommage à Jacques Chouillet*, PUF, 1991, p. 241-251.

McKENNA (Antony), *De Pascal à Voltaire. Le rôle des Pensées de Pascal dans l'histoire des idées entre 1670 et 1734*, t. II, Oxford, Voltaire Foundation, 1990, p. 837-910 (*Studies on Voltaire and the Eighteenth Century*, 277).

MERVAUD (Christiane), « Voltaire négociant en idées ou *"merchant of a nobler kind"* dans les *Lettres philosophiques* », *L'Information littéraire*, 3-4, 1988, p. 29-35.

MERVAUD (Christiane), « Des relations de voyage au mythe anglais des *Lettres philosophiques* », *Studies on Voltaire and the Eighteenth Century*, 296, 1992, p. 1-15.

POMEAU (René), « Les *Lettres philosophiques* : le projet de Voltaire », *Studies on Voltaire and the Eighteenth Century*, 179, 1979, p. 11-24.

POMEAU (René), « Les *Lettres philosophiques* ou l'avènement de l'esprit voltairien », *Littératures*, 19, 1988, p. 87-99.

ROUSSEAU (André-Michel), « Naissance d'un livre et d'un texte : les *Letters concerning the English Nation* », *Studies on Voltaire and the Eighteenth Century*, 179, 1979, p. 25-46.

ROUSSEAU (André-Michel), *L'Angleterre et Voltaire*, Oxford, Voltaire Foundation, 1976 (*Studies on Voltaire and the Eighteenth Century*, 145-147).

SCHØSLER (Jørn), *John Locke et les philosophes français : la critique des idées innées en France au XVIIIe siècle*, Oxford, Voltaire Foundation, 1997 (*Studies on Voltaire and the Eighteenth Century*, 353).

SCHØSLER (Jørn), « L'*Essai sur l'entendement* de Locke et la lutte philosophique en France au XVIIIe siècle : l'histoire des traductions, des éditions et de la diffusion journalistique (1688-1742) », *SVEC*, 2001 : 04, p. 1-259.

STACKELBERG (Jürgen VON), « Voltaire traducteur : les "belles infidèles" dans les *Lettres philosophiques* », dans *Le Siècle de Voltaire. Hommage à René Pomeau*, Oxford, Voltaire Foundation, 1987, t. II, p. 881-892.

STENGER (Gerhardt), « Sur un problème mathématique dans la XVIIe *Lettre philosophique* de Voltaire », *Cahiers Voltaire*, 5, 2006.

TICHOUX, Alain, « Sur les origines de l'Anti-Pascal de Voltaire », *Studies on Voltaire and the Eighteenth Century*, 256, 1988, p. 21-47.

WALLER (Richard), « L'homme de lettres en France et en Angleterre (1700-1730) », *Dix-huitième siècle*, 10, 1978, p. 229-252.

YOLTON (John W.), « Locke and materialism : the French connection », *Revue internationale de philosophie*, vol. 42, n° 165, 1988, p. 229-253.

TABLE

DERNIERS ÉCRITS SUR DIEU

GF Flammarion

05/12/118978-XII-2005 – Impr. MAURY Eurolivres, 45300 Manchecourt.
N° d'édition FG122430. – Janvier 2006. – Printed in France.